U1020975

现代法学
试题系列

15

高校法学专业
核心课程配套测试

依环境资源法核心课程教材
最新版本体例组编

第十一版

环境资源法
配套测试

依据最新立法及学术动态修订升级
新增考试习题、2021～2023年考研真题

教学辅导中心 / 组编

中国法制出版社
CHINA LEGAL PUBLISHING HOUSE

图书在版编目（CIP）数据

环境资源法配套测试／教学辅导中心组编．— 11版．—北京：中国法制出版社，2023.7
高校法学专业核心课程配套测试
ISBN 978-7-5216-3579-9

Ⅰ.①环… Ⅱ.①教… Ⅲ.①环境保护法-中国-高等学校-习题集②自然资源保护法-中国-高等学校-习题集 Ⅳ.①D922.6-44

中国国家版本馆CIP数据核字（2023）第093789号

责任编辑：谢雯　　封面设计：杨泽江　周黎明

环境资源法配套测试
HUANJING ZIYUANFA PEITAO CESHI

组编/教学辅导中心
经销/新华书店
印刷/三河市国英印务有限公司
开本/787毫米×1092毫米　16开　　印张/16　字数/395千
版次/2023年7月第11版　　2023年7月第1次印刷

中国法制出版社出版
书号 ISBN 978-7-5216-3579-9　　定价：48.00元

北京市西城区西便门西里甲16号西便门办公区
邮政编码：100053　　传真：010-63141600
网址：http://www.zgfzs.com　　**编辑部电话：010-63141802**
市场营销部电话：010-63141612　　**印务部电话：010-63141606**

（如有印装质量问题，请与本社印务部联系。）

第十一版说明

《高校法学专业核心课程配套测试丛书》是我社教学辅导中心组织编写的一套教辅丛书。该丛书专为法学院校学生掌握法律专业知识、培养法律思维能力而精心设计，分册设置涵盖法学专业核心课程，因考点全面、题量充足、解答详尽、应试性强等优点，受到广大师生的普遍欢迎，使得该丛书成为法学教辅图书中口碑相传的实力品牌。

《环境资源法配套测试》为上述丛书中的一本，自2005年首次出版后，历经多次改版重印，很多读者还来电、来信向我们表达感谢和期待。正是基于这种信赖，为及时体现该领域法学研究成果，并与我国立法发展相适应，在承继该书原有优点的基础上，我们对其全面修订。特点如下：

一、配套教材

本书结构上与环境资源法核心课程教材相配套，便于随学随练。

二、内容及时更新

1. 根据《野生动物保护法》(2022年修正)、《噪声污染防治法》(2021年修正)、《草原法》(2021年修正) 等法律文件进行全面修订。

2. 增加考试习题、部分高校2021~2023年考研真题等，并对陈旧题目进行替换。

三、加工精细考究

1. 章节前设置“重点知识讲解”，归纳每章的基本概念，帮助读者梳理知识点并检验学习成果。

2. 对重点题目的答案以脚注形式提醒注意要点，拓展解题思路。

3. 试题答案讲解细致，重点突出，为培养法律思维和提高应试能力提供有效指导。

4. 本书专门收录两套期末测试题，便于读者进行整体复习和预演自测。

四、附录全面实用

1. 收录全国部分高校环境资源法专业历年研究生入学考试真题，为准备考研的读者提供更多帮助。

2. 收录环境资源法领域的主要法律文件，方便读者了解立法动向。

3. 附录参考及推荐书目，为读者完成学习任务、深度研究环境资源法，提供扩展阅读的指引。

4. 随书赠送课程相关法律单行本一册，方便读者随时查阅我国现行法律规定。

教学辅导中心

2023年7月

目　　录

第一章 导 论

重点知识讲解

重点知识一：环境、自然资源和生态系统的关系

环境	环境是指影响人类生存和发展的各种天然的和经过人工改造的自然因素的总体，包括大气、水、海洋、土地、矿藏、森林、草原、湿地、野生生物、自然遗迹、人文遗迹、自然保护区、风景名胜区、城市和乡村等。
自然资源	在一定的技术经济条件下，自然界中对人类有用的一切物质和能量都称为自然资源。
生态系统	生态系统是指在一定时间和空间内，生物与其生存环境以及生物与生物之间相互作用，彼此通过物质循环、能量流动和信息交换，形成的不可分割的自然整体。
三者关系	1. 与环境的概念相比，自然资源的概念是从可否直接为人类利用的角度来理解的，它特指环境要素中可被人类利用的自然物质的总和。环境则指客观存在的物质世界中与人类社会发生相互影响的各种自然因素的总和。 2. 与环境相比，生态系统结构的各个要素与之基本相同，如生态系统既包括生命成分，也包括无生命成分。然而生态系统在概念上的出发点是以整个地球上的生物及其环境等客观存在为中心，而不是以人类为中心的。

重点知识二：环境资源问题

环境问题的概念与分类	环境问题，又称为环境资源问题，是指由于自然环境、自然资源的运动变化而给人类造成的一切有害影响和危害。 环境问题可分为第一类环境问题和第二类环境问题。第一类环境问题又称为原生环境问题，是由火山、地震、洪水等自然灾害所引起的环境问题；第二类环境问题又称为人为环境问题或次生环境问题，是由人类活动作用于自然界并反过来对人类自身造成有害影响和危害的环境问题。第二类环境问题又可以分为投入性损害或污染性损害和取出性损害或开发性损害。
环境问题的主要成因	1. 决策的科学不确定性因素 科学不确定性是指即使依靠现有科学技术也不能就某一行为可能造成的不良影响得出明确和确定结论的现象，即所谓“决策于未知之中”的情形。 2. 国际贸易的影响 具体表现为：（1）涉及对环境有影响的商品交易；（2）能够引起环境问题的贸易活动；（3）因国际投资带来的环境影响。

续表

环境问题的性质	观点：（1）认为环境问题主要是一个政治问题； （2）认为环境问题主要是一个经济问题； （3）认为环境问题是一个社会问题、技术问题等。 从总体上看，当代环境问题既是一个政治问题、经济问题、生态问题、技术问题、国际问题，也是一个道德问题，它与许多领域、部门、行业、学科和许多社会组织、团体、个人都有关联，更与自然环境的地理条件和生态机制有关，这就是当代环境问题所表现出来的综合性、复杂性、广泛性、累积性、流动性、地域性、多样性和公害性。
当前人类面临的主要环境资源问题	当今世界，人们面临的环境问题主要表现为：酸雨、臭氧层的破坏、温室效应全球性气候变化、生物多样性锐减、有毒化学品的污染及越境转移、土壤退化加速、淡水资源的枯竭与污染、突发性环境污染事故及其大规模生态破坏等。 其中，最严重的环境问题有：酸雨、臭氧层的破坏和温室效应及全球性气候变化。

配套测试

一、单项选择题

1. “人类环境”这个概念是在1972年联合国人类环境会议上被提出的，它是指以（　　）为中心、为主体的外部世界。

A. 人类　　B. 生物

C. 生态系统　　D. 生物和非生命物质

2. 依据组成环境的物质与人类活动的关系，环境可以分为（　　）

A. 生活环境与生态环境

B. 大气环境、水环境、土壤环境

C. 天然环境与人为环境

D. 室内环境、村镇环境、城市环境

3. 下列资源属于可更新资源的是（　　）

A. 煤　　B. 土壤

C. 石油　　D. 非金属矿藏

4. 下列属于无限资源的有（　　）

A. 淡水　　B. 动物

C. 植物　　D. 太阳能

5. 一般将人为原因引起的环境问题称为（　　）

A. 人口问题　　B. 原生环境问题

C. 次生环境问题　　D. 第一类环境问题

6. 2009年9月，甲公司与乙公司签订了一份废塑料碎片委托加工协议，双方约定加工好的半成品由甲公司负责处理，从2009年9月到2010年1月，甲公司共运进废塑料碎片500吨。但双方并未按照原协议加工成半成品后由甲公司处理，而是达成了由乙公司购进废塑料碎片的补充协议，委托加工合同实质成了购销合同关系，倾倒洋垃圾之实浮出水面。这种倾倒洋垃圾的行为对我国环境造成的破坏属于（　　）

A. 开发性损害

B. 生态破坏

C. 环境破坏

D. 工业“三废”污染

7. 按照“灰色系统”理论，环境保护所要鼓励的环境行为是（　　）

A. 黑色行为　　B. 白色行为

C. 灰色行为　　D. 蓝色行为

8. 第一次阐述“可持续发展”概念的文件是（　　）

A.《联合国人类环境宣言》

B.《约翰内斯堡可持续发展序言》

C.《我们共同的未来》

D.《里约环境与发展宣言》

9. 世界环境保护日是（　　）

A. 6月5日　　B. 5月22日

C. 6月27日　　D. 12月25日

10. 环境科学主要研究（　　）

A. 第一类环境问题

B. 科学技术问题

C. 环境与资源问题

D. 第二类环境问题

二、多项选择题

1. 下列构成人为环境的环境要素有（　　）
A. 万里长城　B. 太平洋
C. 长江　D. 圆明园遗址

2. 下列属于环境破坏行为的有（　　）
A. 有毒化学品污染
B. 滥捕滥杀藏羚羊
C. 滥抽地下水
D. 滥垦土地

3. 下列属于工业“三废”污染的有（　　）
A. 废气污染　B. 废水污染
C. 废物污染　D. 噪声污染

4. 当前，大气污染范围越来越大，出现了全球性的并直接影响整个生物圈的某些机制和平衡的三大问题是（　　）
A. 酸雨　B. 沙尘暴
C. 温室效应　D. 臭氧层的破坏

5.《环境保护法》列举的法律保护的范围有（　　）
A. 城市与乡村　B. 矿藏
C. 自然保护区　D. 人文遗迹

6. 关于人类与环境的关系中，下列表述正确的是（　　）
A. 人类是环境的产物
B. 人类能够主动地适应和改造环境
C. 随着科学的不断进步，人类可以逐步摆脱环境的限制和制约
D. 人类与环境是相互联系、相互作用、相互影响的

7. 产业革命以后到20世纪50年代著名的公害事件有（　　）
A. 洛杉矶光化学烟雾事件
B. 伦敦烟雾事件
C. 富山骨痛病事件
D. 米糠油事件

三、名词解释

1. 环境问题
2. 环境要素
3. 生态平衡
4. 自然环境
5. 可持续发展
6. 自然资源
7. 循环经济（武汉大学2011年考研真题）①

四、简答题

1. 简述当代环境问题的性质。
2. 简述我国进行环境保护的意义。
3. 简述循环经济与绿色消费的关系。
4. 简述环境科学的基本任务。
5. 当前人类面临的主要环境问题是什么？
6. 简述第一类环境问题与第二类环境问题。
7. 简述我国环境标准分类。

五、论述题

1. 论述环境、资源、人口和发展的关系。
2. 论述生态系统的组成。
3. 论述环境保护与可持续发展的关系。
4. 论述环境保护与深化企业改革。
5. 环境资源法规定的“环境”与环境科学规定的“环境”在范围上有哪些异同？
6. 论述生态规律在环境法中的运用。（清华大学2010年考研真题）

参考答案

一、单项选择题

1. 答案：A。一般而言，环境总是相对于某个中心而言的，中心不同，环境的内容也有所不同。生物中心主义的环境是以生物（包括人和动植物、微生物）为中心的，生态中心主义的环境以生态或者生态系统（包括生物与其赖以生存发展的非生命物质）为中心、除人类外的非人类世界。

2. 答案：C。生活环境与生态环境是按照环境的功能进行划分的；按照组成人类环境的各种自然要素的不同，环境可以分为大气环境、水环境、土壤环境等；按照组成环境的

① 注：本书中收录的考研题目为编者收集整理，仅供拓展参考。

物质与人类活动的关系，环境可分为天然环境与人为环境，前者又称自然环境，后者又称人工环境；室内环境、村镇环境、城市环境等划分标准是环境范围的大小。

3. 答案：B。按照自然资源的分布量和被人类利用时间的长短，自然资源可以分为有限资源和无限资源。有限资源又可以分为可更新资源与不可更新资源。前者如土壤、淡水、动物、植物等，后者如煤、石油、各种金属和非金属矿藏等。

4. 答案：D。无限资源是指取之不尽、用之不竭的资源，如太阳能、风能、潮汐能、海水等。

5. 答案：C。环境问题，又称为环境资源问题。它包括由火山、地震、洪水等自然灾害所引起的第一类环境问题或原生环境问题，以及由人类活动作用于自然界并反过来对人类自身造成有害影响和危害的第二类环境问题，又称为人为环境问题或次生环境问题。

6. 答案：D。人为环境问题分为环境污染和环境破坏两种，环境污染又称为投入性损害或污染性损害，是指由于人类不适当地向环境排入、投入污染物或其他物质、能量所造成的对环境和人类的不利影响和危害，如工业“三废”污染、农药化肥污染、有毒化学品污染等。倾倒洋垃圾给我国环境造成的破坏属于工业“三废”污染中的废物污染。

7. 答案：B。按照“灰色系统”理论，各种各样的环境行为可以分为三种类型：一是环境友好行为，又称为绿色行为或白色行为；二是环境有害行为，又称为黑色行为；三是中性的、不好不坏的或者有好有坏的行为，即灰色行为。环境保护是要鼓励、刺激、促进白色行为，预防、减少和消灭黑色行为，正确处理、协调灰色行为。

8. 答案：C。可持续发展（Sustainable Development）是20世纪80年代提出的一个新概念。1987年世界环境与发展委员会在《我们共同的未来》报告中第一次阐述了可持续发展的概念，得到了国际社会的广泛共识。

9. 答案：A。1972年联合国在瑞典斯德哥尔摩召开了有113个国家参加的联合国人类环境会议。会议通过了《人类环境宣言》。会议建议联合国大会将这次会议开幕的6月5日定为“世界环境保护日”。同年10月，联合国大会第27届会议接受并通过了这一建议。每年的6月5日，世界各国都会开展群众性的环境保护宣传纪念活动，以唤起全世界人民都来注意保护人类赖以生存的环境，自觉采取行动参与环境保护的共同努力，同时要求各国政府和联合国系统为推进环境保护进程作出贡献。

10. 答案：D。环境科学最早由美国科学家于1954年提出，当时仅限于研究宇宙飞船中的人工环境问题。现在的环境科学的研究范围已经扩大，不仅研究人工环境问题还研究天然环境问题，但主要研究人工环境问题即第二类环境问题。

二、多项选择题

1. 答案：AD。人为环境是与天然环境相对应的概念，人为环境是人类在自然环境的基础上进行加工、创造，体现人类文明的物质环境，通常由人文遗迹、城市、公园、乡村、风景名胜区等环境要素组成。天然环境是指早于人类出现之前就已经存在或者非人工培育的环境，通常由森林、草原、山岭、荒野、江河、大气、海洋等环境要素组成。

2. 答案：BCD。人为环境问题分为环境污染和环境破坏两种，环境破坏是指由于人类不适当地从环境中取出或开发出某种物质、能源所造成的对环境和人类的不利影响和危害，如滥捕野生动植物、滥伐森林、滥垦土地、滥采矿产资源、滥抽地下水等。环境污染如工业“三废”污染、农药化肥污染、有毒化学品污染等。

3. 答案：ABC。工业“三废”污染中的三废包括废气、废水、废物。

4. 答案：ACD。

5. 答案：ABCD。《环境保护法》第2条规定，本法所称的环境，是指影响人类生存和发展的各种天然的和经过人工改造的自然因素的总体，包括大气、水、海洋、土地、矿藏、森林、草原、湿地、野生生物、自然遗迹、人文遗迹、自然保护区、风景名胜区、城市和乡村等。

6. **答案**：ABD。人类与环境是相互联系、相互作用和相互影响的。首先，人类是环境的产物，人类必须依赖自然环境才能够生存和发展；其次，人类是环境的改造者，人类能够通过劳动和社会性的生产活动来利用和改造环境，使其更适应于人类的生存和发展。但是人类在改造环境的过程中必须遵循客观的自然规律，必须受到环境的限制和制约。

7. **答案**：ABCD。历史上的“八大公害事件”是：马斯河谷烟雾事件、洛杉矶光化学烟雾事件、多诺拉镇烟雾事件、伦敦烟雾事件、四日市气喘病事件、水俣病事件、富山骨痛病事件、米糠油事件。

三、名词解释

1. **答案**：环境问题是指因自然变化或人类活动而引起或可能引起的环境破坏和环境恶化，以及由此给人类的生存和发展带来的不利影响。

2. **答案**：环境要素是指构成环境整体的各个独立的、性质各异而又服从总体演化规律的基本物质组成部分，也叫环境基质。环境要素分为自然环境要素和社会环境要素。目前，研究较多的是自然环境要素，故环境要素通常是指自然环境要素，包括水、大气、生物、土壤、岩石、阳光等。

3. **答案**：生态平衡是指在一个正常的生态系统中，它的结构和功能包括生物种类的组成和各种种群的比例以及不断进行着的物质循环和能量流动都处于相对稳定的状态。

4. **答案**：自然环境又称为天然环境，是指环绕在人们周围的、人类生存和发展所依赖的各种自然条件的总和，它是与人为环境相对应的概念，是早于人类出现之前就已经存在的非人工培育的环境。

5. **答案**：可持续发展是指既满足当代人的需求又不损害后代人满足其需的能力。换言之，就是指经济、社会、资源和环境保护协调发展，它们是一个密不可分的系统，既要达到发展经济的目的，又要保护好人类赖以生存的大气、淡水、海洋、土地和森林等自然资源和环境，使子孙后代能够永续发展和安居乐业。

6. **答案**：自然资源是指自然界形成的可供人类利用作为生产资料和生活资料来源的一切物质和能量的总称，一般包括土地资源、水资源、生物资源、气候资源、旅游资源等。

7. **答案**：循环经济即物质循环流动型经济，是指在人、自然资源和科学技术的大系统内，在资源投入、企业生产、产品消费及其废弃的全过程中，把传统的依赖资源消耗的线性增长的经济，转变为依靠生态型资源循环来发展的经济。

四、简答题

1. **答案**：环境问题，又称为环境资源问题，是指由于自然环境、自然资源的运动变化而给人类造成的一切有害影响和危害。

关于环境问题或环境资源问题究竟属于什么性质的问题，不同的人从不同的角度有不同的理解。概括起来，主要有以下几种观点：

（1）认为环境问题主要是一个政治问题。环境问题成为政治问题的主要表现是：

①在解决环境问题的过程中，纷纷将环境问题与政治制度、国家体制、政党体制联系起来，认为环境的恶化是执政党和国家政府的政治失误；

②环境问题的状况、处理环境问题的能力和成效，逐渐成为衡量一届政府、一个政党名誉和前途的一种依据和标准；

③各政府部门和政党越来越多地关心、参与和卷入解决环境问题的种种活动，等等。

（2）认为环境问题主要是一个经济问题。从经济分析的角度来看，环境问题主要是一个经济问题，环境退化主要是各种不适当的经济活动和经济机制的产物。资源开发利用活动在内的经济活动的外部不经济是造成资源浪费和环境污染破坏的基本原因。

（3）认为环境问题主要是一个社会问题、技术问题等。

从总体上看，当代环境问题既是一个政治问题、经济问题、生态问题、技术问题、国际问题，也是一个道德问题，它与许多领域、部门、行业、学科和许多社会组织、团体、个人都有关联，更与自然环境的地理条件和生态机制有关，这就是当代环境问题所表现出来的综合性、复杂性、广泛性、累积性、流动性、地域性、多样性和公害性。各种环境问题的实质，都是人与自然关系的失调、失衡和恶化。①

2. 答案：当代环境问题已经成为制约我国经济、社会发展、危及人类生存的重大因素；环境保护就是防止环境污染和环境破坏，这对保护人的身心健康、促进我国经济和社会的可持续发展具有重要作用。

（1）目前，我国的环境质量已涉及国际关系、政治、经济、贸易和文化等多个领域，环境质量已成为衡量国家富强、社会文明、人民幸福的一个重要标志，创建一个良好适宜的生活环境和生态环境是社会主义现代化建设的重要目标。

（2）保护环境、促进人与自然的和谐共生是先进生产力发展的迫切需求，以环境保护为核心的生态文明观代表着先进文化的前进方向，使人们在优美的生态环境中工作和生活符合最广大人民的根本利益。

（3）环境保护已经成为我国现代化建设中一项光荣而艰巨的重要任务，已经成为实施可持续发展战略的关键和保障经济社会可持续发展的前提。

总之，搞好环境保护，对于开创21世纪的建设新局面和实现振兴中华民族的宏伟目标具有重大战略意义。

3. 答案：循环经济是指在人、自然资源和科学技术的大系统内，在资源投入、企业生产、产品消费及其废弃的全过程中，把传统的依赖资源消耗的线性增长的经济，转变为依靠生态型资源循环来发展的经济。循环经济是把清洁生产和废弃物的综合利用融为一体的经济，本质上是一种生态经济，它要求运用生态学规律来指导人类社会的经济活动。

绿色消费主要是指在社会消费中，不仅要满足我们一代人的消费需求和安全、健康，还要满足子孙万代的消费需求和安全、健康。绿色消费主要有三层含义：一是倡导消费者在消费时选择未被污染或有助于公众健康的绿色产品。二是在消费过程中注重对垃圾的处置，避免环境污染。三是引导消费者转变消费观念，崇尚自然、追求健康，在追求生活舒适的同时，节约资源和能源，实现可持续消费。

循环经济在社会消费环节的表现是，要求全社会大力提倡绿色消费：

（1）绿色消费是循环经济发展的内在动力。当人类正面临着由于环境污染和资源耗损造成的生存危机的关键时刻，在中国经济正处在高速发展的重要阶段，中国消费者能够接受"绿色消费"的理念，并能扎实地付诸行动，将会决定整个人类的命运。

（2）以绿色消费推动循环经济发展。绿色消费是循环经济发展的内在动力。通过广泛的宣传教育活动，提高公众的环境意识和绿色消费意识；各级政府要积极引导绿色消费，优先采购经过生态设计或通过环境标志认证的产品，以及经过清洁生产审计或通过ISO14000环境管理体系认证的企业的产品，鼓励节约使用和重复利用办公用品；要逐步制定鼓励绿色消费的经济政策。

4. 答案：环境科学是运用多学科的理论、技术和方法来系统研究环境问题的综合性学科。它的基本任务包括：

（1）探索全球环境的演化规律，包括环境的基本特性、结构、演化机制和规律，目的在于使人类改造环境的活动符合自然界的客观规律，使其朝有利于人类的方向发展，避免向不利的方向发展。

（2）研究人类活动同自然生态之间的关系，主要研究人类生产生活活动同环境的物质循环如何保持动态平衡，使人类与环境能够协调发展。

---

① 蔡守秋主编：《环境资源法教程》（第二版），高等教育出版社2010年版，第11页。

(3) 研究环境变化对于人类生存和发展的影响，包括环境退化的原因、污染物对环境质量和人体健康的影响。这些研究可以为维护环境质量、制定各种环境质量标准和污染物排放标准提供科学依据。

(4) 研究区域环境污染和破坏的综合防治措施，包括技术的、经济的、管理的，等等。这些研究可以为国家制定环境规划、环境政策以及环境立法提供依据。

5. 答案：环境问题，又称为环境资源问题，是指由于自然环境、自然资源的运动变化而给人类造成的一切有害影响和危害。环境问题可分为第一类环境问题和第二类环境问题，最初，环境资源法中的环境问题主要是指第二类环境问题即人为环境问题，后来逐步扩大到第一类环境问题即原生环境问题，但占主导地位的还是第二类环境问题。

当今世界，人们面临的环境问题主要表现为酸雨、臭氧层的破坏、全球性气候变化、生物多样性锐减、有毒化学品的污染及越境转移、土壤退化加速、淡水资源的枯竭与污染，污染导致海洋生态危机、森林面积减少、突发性环境污染事故及其大规模生态破坏等。其中，最严重的环境问题有：酸雨、臭氧层的破坏、温室效应及全球气候变化。

6. 答案：环境问题，又称为环境资源问题，是指由于自然环境、自然资源的运动变化而给人类造成的一切有害影响和危害。环境问题可分为第一类环境问题和第二类环境问题。

第一类环境问题又称为原生环境问题，是由火山、地震、洪水等自然灾害所引起的环境问题；第二类环境问题又称为人为环境问题或次生环境问题，是由人类活动作用于自然界并反过来对人类自身造成有害影响和危害的环境问题。这两类环境问题有时交叉发生、协同作用，如大型水库往往诱发地震、滥伐森林往往引发和加剧水旱虫灾等。

第二类环境问题又可以分为两类：

(1) 投入性损害或污染性损害，简称环境污染，即由于人类不适当地向环境排入、投入污染物或其他物质、能量（统称排污活动）所造成的对环境和人类的不利影响和危害，如工业“三废”污染、农药化肥污染、有毒化学品污染等；

(2) 取出性损害或开发性损害，简称生态破坏或环境破坏，又称非污染性的损害，即由于人类不适当地从环境中取出或开发出某种物质、能量（统称非排污活动）所造成的对环境和人类的不利影响和危害，如滥捕野生动植物、滥伐森林、滥垦土地、滥采矿产资源、滥抽地下水等。

这两类环境的损害有时同时发生在人类的同一项活动中，如开采矿产资源可能同时造成生态破坏和环境污染。

7. 答案：环境标准是国家依法对环境资源方面需要统一的技术要求所制定的标准。它是国家维护环境质量、控制污染、促进环境资源的永续利用，保护人体健康、社会财富和生态平衡，按照法定程序制定的各种技术规范的总称。它是具有法律性质的技术规范，是调整人们行为的规则和尺度，它通过一些具体的数据、指标、技术规范来表示行为准则的界限。

环境标准种类繁多，各国之间也不统一，我国的环境标准从不同的角度看有不同的分类。

(1) 按照适用范围的大小，环境标准分为国家环境标准、环境保护行业标准、地方环境标准、企业标准、国际标准和国外标准。

国家环境标准，是国务院生态环境主管部门制定的，在全国范围内执行，由环境质量标准、污染物排放标准、方法标准、标准样品标准和基础标准构成。

环境保护行业标准，由国家生态环境主管部门制定，在全国范围内执行。包括执行环境管理制度的技术要求、规范、导则、环境污染治理设备及环境保护仪器、设备的环境保护性能要求。

地方环境标准，省、自治区、直辖市人民政府对环境质量标准（或国家污染物排放标准）中未作规定的项目所制定的地方环境质量标准（或地方污染物排放标准），或者对国家污染物排放标准中已作规定的项目，可以制定严于国家污染物排放标准的地方污染物排放标准。

企业标准是企业生产的产品在没有国家标准和行业标准时由企业制定的并报当地政府标准化行政主管部门和有关行政主管部门备案的标准。

国际标准是国际标准化组织等国际组织制定的标准。

国外标准主要是有影响的区域标准、工业发达国家的标准、国际公认的有权威团体标准和企业标准等。

我国鼓励采用国际标准和国外先进标准。

(2) 根据效力分为强制性标准和推荐性标准。

凡是环境保护法规、条例、办法和标准化方法上规定的强制执行的标准为强制性标准，如污染物排放标准、环境方法标准、环境基础标准、环境标准、物质标准等均属强制性标准；环境质量标准中的警戒性标准亦属强制性标准，其他属推荐性标准。

各类环境标准之间存在着客观内在联系，它们相互依存、衔接、补充和制约，在我国已形成一个以国家标准为主，行业标准、地方标准和企业标准相互衔接配套的标准体系。

五、论述题

1. 答案： 就环境问题而言，它不是孤立存在的，要找到环境问题产生的根源和解决的对策，必须考察这些因素之间的相互关系，其中联系和制约最为密切的就是环境、资源、人口和发展这四种因素。

第一，环境与资源。自然资源是人类生存和发展的物质基础和必要条件。为了保证人类的生活和发展的正常需要，就必须对自然资源进行合理开发和养护。但是，人口的激增、经济的迅速发展，大大地刺激了对资源的需求量，加上不合理的开发和利用，造成资源的严重浪费和破坏。

第二，环境与人口。环境总是与人口有着密切的互为因果的联系。在一定社会发展阶段，一定地理环境和生产力水平的条件下，人口的增殖应有一个适当的比例。人口增长过快，会刺激需求和生产，从而破坏人类环境系统的平衡。特别是对于发展中国家，人口膨胀是最大挑战之一，它引起了粮食紧张、资源破坏、能源危机、环境污染加剧等一系列的问题。

第三，环境与发展。发展包括社会发展、经济发展两个方面，其中经济发展是物质发展的基础。经济发展尤其是物质资料的生产是人类活动的物质基础。在发展中国家，一方面，摆脱贫困的唯一出路是发展经济，包括环境问题的解决也必须依靠经济的发展为其提供资金和技术。另一方面，经济的发展，生产的增长也意味着取自环境的资源和排向环境的废弃物增多，因而受到资源可供量和环境容量的限制。盲目发展生产会造成资源、环境与发展之间的比例失调，导致资源枯竭、环境污染和破坏加剧。发达国家工业化进程中普遍走了一条重发展、轻环保，甚至牺牲环境发展经济的道路，曾经为之付出了巨大的社会和经济代价。

在人口、资源、环境与发展之间存在相互制约的关系。从生态学的角度来看，实际上，人类—环境系统所进行的物质循环与能量流动的关系，又是三种再生产，即人类自身的再生产（人口增长）、自然的再生产（资源增殖）和经济的再生产（经济的发展）相互结合和制约的关系。世界各国应当全面研究并从总体上把握人口、资源、发展和环境之间的制约关系，才能制定可持续发展的战略和找到解决环境问题的正确策略。

2. 答案： 生态系统是生态学研究的中心课题。所谓生态系统，是指自然界里由生物群体和一定的空间环境共同组成的具有一定结构和功能的综合体系。生态系统由生产者、消费者、分解者、无生命物质四部分组成。

(1) 生产者。生产者主要是指绿色植物及单细胞藻类。它能够通过光合作用把太阳能转化为化学能，把无机物转化为有机物，不仅供给自身的发育生长，也为其他生物提供物质和能量。生产者决定着生态系统的生产能力的大小，构成生态系统的基础，因而在生态系统中居于最终的地位。

(2) 消费者。消费者是指所有的动物。从低级动物直到人类，都是依赖生产者制造的有机物维持生存的。消费者又分为一级消费者、二级消费者，等等。以植物为食的草食动物为一级消费者；以草食动物为食的食肉动物为二级消费者；以二级消费者为食的食肉动物为三级消费者。有的动物包括人类是杂食者，既食植物又食动物，称为混合消费者。消费者虽不是有机物的直接生产者，但在生态系统的物质和能量转化过程中处于中间环节，因而也是生态系统的重要组成部分。

(3) 分解者。分解者主要是指有分解能力的各种微生物，也包括一些腐生性动物。分解者能把生态系统里的动物和植物尸体分解成简单的化合物，再提供给植物利用。分解者的作用是保证生态系统的循环，也是生态系统的有机组成部分。

(4) 无生命物质。无生命物质包括自然界中的各种有机物、无机物和自然因素，如阳光、水、土壤、空气等。这些无生命物质为生物提供必需的生存条件。

生产者、消费者、分解者和无生命物质组成生态系统的有机的统一体，并且沿着一定的途径不断地进行着物质循环与能量的流动。

3. 答案：环境保护是指采取行政的、法律的、经济的、科学技术的多方面措施，合理地利用自然资源，防止环境污染和破坏，以求保持和发展生态平衡，扩大有用自然资源的再生产，保障人类社会的发展。可持续发展是指既满足当代人的需求又不损害后代人满足其需求的能力。换言之，就是指经济、社会、资源和环境保护协调发展，它们是一个密不可分的系统，既要达到发展经济的目的，又要保护好人类赖以生存的自然资源和环境。

可持续发展与环境保护既有联系，又不等同：

(1) 环境保护是可持续发展的重要方面。可持续发展的核心是发展，但要求在严格控制人口、提高人口素质和保护环境、资源永续利用的前提下进行经济和社会的发展。可持续发展认为发展与环境保护相互联系，构成一个有机整体。可持续发展非常重视环境保护，把环境保护作为它积极追求实现的最基本目的之一，环境保护是区分可持续发展与传统发展的分水岭和试金石。

(2) 环境保护与可持续发展紧密相连。①可持续发展把环境建设作为实现发展的重要内容，因为环境建设不仅可以为发展创造出许多直接或间接的经济效益，还可以向发展提供适宜的环境与资源；②可持续发展把环境保护作为衡量发展质量、发展水平和发展程度的客观标准之一，越是高速发展，环境与资源越显得重要；③环境保护可以保证可持续发展最终目的实现，因为现代的发展早已不是仅满足于物质和精神消费，同时把为建设舒适、清洁、优美的环境作为实现的重要目标进行不懈努力；④环境保护和经济发展都与人类的生存和发展息息相关。环境是人类生存和发展的基础；经济活动是人们为获得生存所必需的物质资料和条件进行的生产、交换及相关的一系列活动，其本质和核心是满足人类生存所必需的物质资料和条件。

因此，基于环境保护和可持续发展的上述关系，可持续发展观认为：

首先，在环境保护方面，每个人都享有正当的环境权利。

其次，可持续发展要求人们放弃传统的生产方式和消费方式。就是要及时坚决地改变传统发展的模式——首先减少进而消除不能使发展持续的生产方式和消费方式。

再次，可持续发展要求加快环境保护新技术的研制和普及解决环境危机、改变传统的生产方式以及消费方式，根本出路在发展科学技术。

最后，可持续发展还要求普遍提高人们的环境意识。实施可持续发展的前提，是人们必须改变对自然的传统态度，树立起一种全新的现代文明观念，即用生态的观点重新调整人与自然的关系，把人类仅当作自然界中一个普通的成员，从而真正建立起人与自然和谐相处的崭新观念。

4. 答案：环境保护是指采取行政的、法律的、经济的、科学技术的多方面措施，合理地利用自然资源，防止环境污染和破坏，以求保持和发展生态平衡，扩大有用自然资源的再生产，保障人类社会的发展。改革开放后我国的经济迅速发展，我国国民经济每年保持高速增长的同时却是以资源浪费和环境破坏为代价的，而造成我国环境污染的则是生产活动的主体——企业，它们消耗了大部分资源，许多企业毫无限制并不经任何处理地排放污染物，造成这一局面的原因多种多样，首先是企业缺乏环境保护的意识，其次是企业自身在经营机制、经营技术等方面不符合环境保护的要求。因此，为了有效地保护环境，必须深化企业的改革。

首先，企业要做好环境规划，做到合理布局。在我国，企业由于没有统一的规划，布局都比较混乱，造成污染源头多、面广，给污染防治工作带来了困难。因而政府和企业都需要做好环境规划，企业的建设应当远离居民区和风景名胜区。

其次，企业应当树立环境保护意识，抢占环保“制高点”。企业要大力推进工业布局和产业、产品结构的调整、升级换代，加快技术改造步伐，淘汰污染重、能耗高的技术、工艺和设备，让环保工作积极抢占“制高点”，促进企业的可持续发展。企业应当积极主动地接受生态环境主管部门的监督管理，按照国家法律规定必须实行环保第一审批权制度，严格履行环境影响评价和“三同时”制度，严格实行排污总量控制，防止国有环境资源的损失。

最后，把环境保护和产业结构调整及科学技术结合起来，提高经济运行质量。产业结构尤其是工业结构的不合理是造成我国环境污染的重要原因。

因此，企业要积极调整产业结构，转变经济增长方式，在发展中注重解决资源、生态环境等重大问题。大力发展新技术、新工艺，提高资源利用率，提高污染防治能力，提高管理水平，以最少的投入获得最大的产出，同时积极发展生态工业，生产绿色产品。

5. 答案：我国《环境保护法》规定，环境是指影响人类生存和发展的各种天然的和经过人工改造的自然因素的总体。环境资源法规定的环境与环境科学中的环境在范围上主要有以下异同：

（1）环境资源法是把环境作为法律的保护对象来看待的，其概念和范围必须明确具体，不能用环境科学中水圈、生物圈之类抽象、概括的概念，而必须把环境所包括的主要因素作为法律的保护对象，尽可能具体、明确地作出列举规定。我国《环境保护法》规定了环境的定义后，又具体列举了“大气、水、海洋、土地、矿藏、森林、草原、湿地、野生生物、自然遗迹、人文遗迹、自然保护区、风景名胜区、城市和乡村等”。

（2）从环境科学的角度来看，一切与人类生存和发展有直接或间接关系的环境要素、成分、状态都是人类环境系统的组成部分，都是环境科学的研究对象。但是，整个自然界和无限的宇宙空间不可能成为法律保护的客体。作为法律保护客体，除了必须对人类的生存和发展发生影响以外，还必须是人类的行动和活动（包括利用经济和科学技术手段）所能影响、调节和支配的那些环境要素，否则法律的保护便没有实际意义。

（3）人类环境的结构具有相关性。各种环境要素之间相互联系和制约形成的一个有机结合的完整体系，这就是地球表面的人类生命维持系统。把人类环境作为法律保护的客体，其最根本的目的是从整体上保护生命维持系统功能，保护生态平衡，保护和改善人类环境。换言之，就是保护环境的质的状态。而对于某种作为环境要素的自然物，人类是以其在维持生态平衡和维护环境功能中的作用而决定对其取舍的，并不一定在任何情况下都无条件地、绝对地加以保护。

6. 答案：环境法将自然界的客观规律，尤其是生态基本规律和环境要素的总体演化规律作为自己的立法基础之一，生态规律在环境法中运用广泛。环境法相关的生态规律有以下几个：

(1) 物物相关律，是指生态系统的各个组成部分之间是相互关联、相互制约、相互依存的关系，改变其中一个因素或增加一个因素，都必然对其他部分产生直接或间接的影响。据此规律，在制订国民经济和社会发展计划时，应将环境保护纳入规划之中。在开发利用环境时，充分考虑环境的整体性和各要素自身的地位和功能，不能顾此失彼。环境规划制度和环境影响评价制度就是依据这一规律，规范人们的行为，在进行经济社会发展的同时，又能使环境优化，从而取得经济社会和环境保护双赢。

(2) 相生相克律，是指在生态系统中，每一种生物都有一定的位置，具有自己的功能。它们相互依赖、相互制约、协同进化，使整个生态系统构成一个稳定协调的统一整体。如果任意减少一个物种或增加一个物种，都可能破坏该生态系统的长链，造成生态灾难。据此规律，国家应立法保护生物多样性，保护野生动物、野生植物，并通过《进出境动植物检疫法》等严格实施重点保护野生动植物检疫和进出口制度、防止检疫对象传人制度，同时鼓励人们运用动植物“相生”规律促进生物协同进化获得丰收。

(3) 能流物复律，是指生态系统中，不断地进行着物质循环和能量流动，在流动过程中，有一部分散溢出去，进入环境中的物质或能量则会在环境中不断地循环。据此可见，排放到环境中的废弃物，特别是有毒有害物质，如重金属或不能被环境所吸收、降解的物质，一旦进入环境参与循环，便会通过食物链关系发生生物浓缩、生物放大和生物积累，从而在高一级的生物链条上（如人类）发生总爆发，产生极大的危害。保护环境、维护生态平衡、保护生物多样性，就要求人们遵循能流物复律，充分利用现有的物质和能量，防止危害生态系统的物质如臭氧物质、持久性有机物进入生态系统和人类环境。为此，国家确定了预防为主、防治结合、综合利用的原则，制定了《清洁生产促进法》和强制淘汰落后的设备、技术、工艺制度，以及对危险废物、危险化学品的特别管理制度。

(4) 负载定额律，是指生态系统的供养能力和承载负担是有一定限度的。在其限度内生产生活，生态系统就能维持或实现良性循环。超过了限度向生态系统索取或排放有害物质，就会造成生态系统的破坏或环境污染。生态系统的生物可供量和环境所能容纳污染物的容纳量就是这种定额的极限。据此，要求人类活动必须限制在环境负载定额的范围内，以维护生态系统的自我恢复能力和环境的自净能力。环境法中规定休海、休渔、休湖，禁猎期、禁猎区，就是为了恢复自然生态系统的生物生产能力。环境法控制污染物排放量以恢复环境的自净能力，保护人类环境不被污染和破坏。

(5) 协调稳定律，是指生态系统的生物物种、数量、结构和功能通常是处于相对稳定的状态，称为生态平衡。生态系统中生物多样性越复杂，能量流动、物质循环的途径越复杂，其自我调节的能力就越强，生态系统也越稳定，生态安全才越有保证。因此，为了维护生态安全，保护生物多样性，要求尽量保护自然生态系统，对脆弱的沙漠生态系统则应增加生物多样性，种草种树，打破旧的平衡、建立新的平衡。鼓励人们创造复杂多样的人工生态系统，改善环境。

(6) 时空有宜律，是指每一个地区因地形、地貌、水文、地质、气候等自然原因和社会经济条件等社会因素构成独特的区域生态系统，即环境的地域性或时空性。在开发利用环境时应充分考虑和遵循其独特性。据此规律，环境法要求，省级人民政府可以颁布严于国家标准的环境标准，而在实施环境标准中，执行地方标准优于国家标准。①

① 窦玉珍：《环境法》，清华大学出版社2008年版，第9~10页。

第二章　环境资源法概述

重点知识讲解

重点知识一：环境资源法的概念与特征

环境资源法的概念	环境资源法是指关于环境资源的开发、利用、保护、改善及其管理的各种法律规范和法律表现形式的总和。
环境资源法的特征	1. 法律规范构成的科技性 （1）根据科学技术、科学推理的结论确立行为模式和法律后果； （2）根据自然科学规律确立协调人与自然关系的法律准则。 2. 法律方法运用的综合性 （1）既包括环境保护一般法规以及环境救济特别法规，也包括其他法律部门有关的环境保护规范； （2）既有实体法又有程序法，既包括国家法规也包括地方性法规； （3）环境法的实施既有行政方法也有司法方法，并且综合运用了政策经济、技术和宣传教育等手段。 3. 保护法益确立的共同性 （1）在重新确定和调整人类既存利益的同时，环境法理念的出发点更多源于保护全人类的共同利益和保护人类生存繁衍基础的生态利益，以实现人类社会、经济可持续发展的目标。 （2）环境法的保护法益从个人利益、企业利益扩大到国家利益、人类利益甚至地球利益。

重点知识二：环境资源法体系的概念、分类

环境资源法体系的概念	环境资源法体系是一个历史的、动态的范畴。其概念是指由一国现行的有关保护和改善环境与自然资源、防止环境污染和其他公害的各种规范性文件所组成的相互联系、相辅相成、协调一致的法律规范的统一体。
环境资源法体系的分类	从不同的角度，可以将环境法的体系分为法律规范体系、法规体系、现行体系、目标体系、学术体系等类型。 我国环境资源法体系范畴： 综合性环境基本法、环境污染防治法、自然保护法、物质循环管理与节能法、环境侵害救济法、危害环境犯罪制裁法。

重点知识三：环境资源法是一个独立的法律部门

环境资源法是一个独立的法律部门	（1）环境法有特定的调整对象。环境法的调整对象是因环境资源的开发、利用、保护、改善和管理所形成的社会关系，简称为环境社会关系，它包括人与自然的关系以及与环境资源有关的人与人之间的关系。这是环境法区别于其他法律部门的一个根本特点。 （2）环境法有其产生、发展和存在的特定原因。环境法的产生、发展和存在，除一般性的原因外，根本原因是人类赖以生存、发展的环境受到了污染、破坏等人为因素的干预，是人与自然关系的失当、失衡和变化。这些原因是环境法得以产生、发展的物质基础。 （3）环境法有特定的目的、任务和功能。环境法的目的和任务是保护和改善环境，防治污染和其他公害，合理开发、利用环境资源，保障公众健康，推进生态文明建设，实现人与自然的和谐共处，促进经济社会的可持续发展。环境法的特定功能是调整环境社会关系，包括人与自然的关系以及与环境资源有关的人与人之间的关系。 （4）环境法已具备作为一个独立的法律部门的体系、规模和地位，这是一个无法否认的客观事实。目前，我国环境法已发展成为一个内容丰富、功能齐备、结构合理和数量繁多的环境法体系。 （5）其他理由。环境法作为一个独立的法律部门，除上述原因外，还具有其他法律部门无法包容的特点，如环境法具有综合性、科学技术性和公益性，民法、刑法和行政法的内容很难完全适应于环境法，环境有其特定的调整机制、行政执法机构、独特的理论基础等。

配套测试

一、单项选择题

1. 我国环境保护法律规范的产生最早可以追溯到（　　）

A. 殷商　　B. 唐朝

C. 明朝　　D. 清朝

2. 1972年6月，联合国人类环境会议在斯德哥尔摩举行，这次会议通过的文件有（　　）

A.《我们共同的未来》

B.《21世纪议程》

C.《人类环境宣言》

D.《生物多样性公约》

3. 标志着全球中心议题从“斯德哥尔摩时期”的环境保护向“可持续发展时期”的环境保护转变的会议是（　　）

A. 约翰内斯堡会议

B. 第二届地球首脑会议

C. 斯德哥尔摩会议

D. 里约会议

4. 在我国当前的环境法规体系中，属于综合性环境法律的是（　　）

A.《海洋环境保护法》

B.《水污染防治法》

C.《生态环境标准管理办法》

D.《环境保护法》

5. 关于环境法的性质，下列表述正确的是（　　）

A. 技术性

B. 阶级性

C. 公益性

D. 阶级性和公益性的统一

6. 环境法作为一个独立的法律部门、区别于其他法律部门的基本标志是（　　）

A. 环境法的性质具有特殊性

B. 环境法调整对象的特殊性

C. 环境法具有很强的科学技术性

D. 环境法以可持续发展为基本价值取向

7. 我国的环境资源立法实行的是（　　）

A. 目的一元论　　B. 目的二元论

C. 目的三元论　　D. 目的多元论

8. 1968年，国际学术性组织“罗马俱乐部”在其研究报告《增长的极限》中提出了著名的（　　）

A. 环境优先论　　B. 经济优先论
C. 零增长理论　　D. 负增长理论

9. 我国环境资源法在溯及力上，主要采用的是（　　）
A. 从旧原则　　B. 从新原则
C. 从新兼从轻原则　D. 从旧兼从轻原则

10. 在我国的环境资源法效力体系中，具有最高法律效力的是（　　）
A. 宪法中关于环境保护的条款
B.《环境保护法》
C. 国际环境资源保护条约
D.《生态环境标准管理办法》

11. 目前，现实的环境资源法治体系基本上处在何种价值观的指引下？（　　）
A. 人类中心主义　B. 生态中心主义
C. 动物权理论　　D. 功利主义

12. 动物权利论的代表人物是（　　）
A. J. 法因伯格
B. P. 辛格和 T. 里根
C. 诺顿和默迪
D. 阿伦·奈斯、德韦尔、福克斯等

13. 现代环境法的基本价值取向是（　　）
A. 环境安全　　B. 环境效益
C. 环境公平　　D. 可持续发展

二、多项选择题

1. 下列规定中体现环境资源保护思想的有（　　）
A.《逸周书·大聚篇》记载："禹之禁，春三月山林不登斧，以成草木之长；夏三月川泽不网罟，以成鱼鳖之长。"
B. 西周颁布的《伐崇令》规定："毋坏屋，毋填井，毋伐树木，毋动六畜。有不如令者，死无赦。"
C.《秦律·田律》规定："春二月，毋敢伐材木山林及雍堤水。不夏月，毋敢夜为灰，取生荔……毒鱼鳖，置阱罔，到七月而纵之。"
D.《唐律疏议·杂律下》规定："穿垣出秽者，杖六十；诸在市及人众者，故相惊动，令扰乱者，杖八十。"

2. 下列关于我国古代环境资源保护法律的表述正确的是（　　）
A. 体现了我国古代人民朴素的环境保护思想
B. 规定零散，通常只是关于环境资源保护某一方面的法律规定
C. 现存最早最完整的古代环境资源法规见于 1975 年湖北云梦县出土的秦简
D. 我国古代出现过专门的环境资源保护法规

3. 下列关于"斯德哥尔摩时期"的环境法特点的表述正确的是（　　）
A. 环境法发展的不平衡性和差别性逐渐缩小
B. 环境立法初现综合化的趋势
C. 环境法律开始重视设立统一的环境监督管理政府机构
D. 环境标准和环境规划逐步成为环境法体系的一个重要组成部分

4. 中华人民共和国成立之后的环境法即中国现代环境法，可以分为哪三个阶段？（　　）
A. 新中国成立初期的环境法
B. 创业时期的环境法
C. 改革开放时期的环境法或经济转型时期的环境法
D. 可持续发展时期的环境法

5. 下列属于环境资源法特征的有（　　）
A. 调整对象的特殊性
B. 综合性
C. 公益性
D. 科学技术性

6. 环境法的调整机制是一种综合性的调整机制，下列属于环境法三大调整机制的是（　　）
A. 技术机制　　B. 行政机制
C. 市场机制　　D. 社会机制

7. 下列关于环境资源立法"目的二元论"的说法正确的是（　　）
A. "目的二元论"是以"环境优先"为最高原则
B. "目的二元论"要求必须在经济发展和环境保护之间找到平衡点
C. 我国的环境资源立法实行的是"目的

二元论”

D. 日本、匈牙利等国的环境资源立法实行的是“目的二元论”

8. 环境资源法的调整对象是（　　）

A. 人与物的关系

B. 人与社会的关系

C. 人与自然的关系

D. 与环境资源有关的人与人之间的关系

9. 环境资源法的适用范围包括（　　）

A. 适地范围　　B. 适人范围

C. 适事范围　　D. 适时范围

10. 根据《环境保护法》和《海洋环境保护法》的有关规定，下列属于我国环境法空间适用范围的有（　　）

A. 外层空间

B. 中国驻外大使馆

C. 东海

D. 在大西洋航行的我国船舶

11. 我国环境法的适人范围包括（　　）

A. 法人单位

B. 非法人单位

C. 中华人民共和国公民

D. 享有外交特权和豁免权的外国人

12. 生态中心主义的两项最高准则是（　　）

A. 自我实现

B. 生态中心平等主义

C. 个人主义

D. 利他主义

13. 可持续发展的特点有（　　）

A. 公平性　　B. 可持续性

C. 共同性　　D. 需求性

14. 环境法律规范按其内容的不同可以分为（　　）

A. 委任性环境规范

B. 授权性环境规范

C. 义务性环境规范

D. 权义合成环境规范

15. 下列关于环境法是一个独立的法律部门的理解正确的是（　　）

A. 环境法作为一个独立的法律部门，主要是一个法学概念

B. 环境法既是一个独立的法律部门，又是一门独立的法学学科

C. 环境法作为一个独立的法律部门与其他法律部门存在密切的联系

D. 环境法成为一个独立的法律部门的基本标志是有独特的调整对象

16. 编制和实施环境与资源保护立法的规划，必须注意以下哪几个方面的关系和问题？（　）

A. 应当根据国家的政治、经济、文化和科学技术等各种社会关系的发展变化以及这些发展变化对立法提出的要求来制定立法规划

B. 必须从整体上、从立法的全过程中不断建立和完善国家的环境法律体系

C. 应当由具有立法权的国家机关进行立法规划的编制

D. 关于环境资源法的行政法规、法律实施细则的立法规划应当由司法部编制

17. 制定环境与资源法应当遵循的指导性原则是（　　）

A. 以可持续发展为导向的原则

B. 尊重和体现生态规律的原则

C. 向循环经济增长模式转变的原则

D. 突出运用环境经济学方法的原则

18. 环境资源保护法基本法和单行法的关系是（　　）

A. 基本法内容比较抽象，而单行法内容相对具体

B. 单行法是对基本法某一方面规定的具体化

C. 基本法效力高于单行法，单行法不能违背基本法的原则和立法精神

D. 基本法针对环境保护的重要问题进行全面的规定，单行法则针对特定的环境保护对象作出规定

三、名词解释

1. 环境保护法

2. 可持续发展能力

3. 环境基本法

4. 环境法体系

四、简答题

1. 简述“可持续发展时期”环境法的主要特点。
2. 简述环境法规范的类别。
3. 简述环境法产生和发展的主要规律。
4. 简述可持续发展对环境法的影响。
5. 简述我国关于环境保护的宪法性规定。
6. 环境保护法的适用范围包括哪几个方面?
7. 《环境保护法》中的环境是指什么?
8. 试分析环境法的科学性。
9. 试述环境经济政策的作用和意义。
10. 简述环境的外部不经济性及其内部化。(清华大学2010年考研真题)

五、论述题

1. 论环境资源法体系的构想。
2. 论环境法的特征。
3. 论民法与环境法的关系。
4. 论环境法的宗旨。
5. 论中国环境法治完善途径。
6. 试论环境法与自然资源法的关系。
7. 试论循环经济立法。
8. 论环境法是一个独立的法律部门的理由。
9. 结合可持续发展战略分析当代环境法的发展趋势。
10. 试评述环境法调整对象的几种主要观点。
11. 试论公众参与环境保护立法及其完善。

参考答案

一、单项选择题

1. **答案**：A。在防治污染方面，我国早在公元前16世纪的商朝，就已出现一些防止污染的零散的法律规定。据《韩非子·内储说上》记载：“殷之法，弃灰于公道者断其手。”[①] 也就是说，在街道上丢弃垃圾的要被砍手。
2. **答案**：C。1972年，在斯德哥尔摩举行的联合国人类环境会议通过了《人类环境宣言》；1987年，世界环境与发展委员会发布了《我们共同的未来》，即《布伦特兰报告》；1992年6月，在巴西里约热内卢召开了联合国环境与发展会议即里约会议，会议通过签署了《里约环境与发展宣言》《21世纪议程》《气候变化框架公约》《生物多样性公约》《关于森林问题的原则声明》五个体现可持续发展新思想、贯彻可持续发展战略的文件。
3. **答案**：D。1992年6月，在巴西里约热内卢召开了联合国环境与发展会议即里约会议，这次大会标志着全球中心议题从“斯德哥尔摩时期”的环境保护向“可持续发展时期”的环境保护的转变。会后，许多国家和国际组织纷纷掀起了一场可持续发展的运动。
4. **答案**：D。环境法规体系包括综合性的环境法律或具有较强综合性的法律、单行性专门环境法规、各种依法制定并具有法律效力的环境资源标准及其有关法律规定、各种依法制订并有法律效力的有关环境资源方面的计划和有关计划的法律规定、我国缔结或参加的国际环境条约以及民法、刑法、行政法、经济法等其他法律部门的法律法规中有关环境资源开发、利用、保护和改善及其管理的法律规定。综合性环境法律又称为环境基本法，如《环境保护法》《水污染防治法》，《海洋环境保护法》属于单行性的专门环境法规；《生态环境标准管理办法》是关于环境标准的行政规章。
5. **答案**：D。环境法是阶级性和公益性的统一，所谓阶级性，是指环境法由执政阶级或领导阶层制定和认可，反映执政阶级和领导阶层的利益和要求；环境法的公益性，是指环境法维护的环境资源保护事业基本上是一种公益事业。环境法的这种性质是由社会物质生活条件所决定的，是由人与自然或社会与自然相互关系决定的，是自然生态规律、社会经济规律和人与自然相互关系的规律同时起

① 陈奇猷校注：《韩非子集释》(上)，上海人民出版社1974年版，第541页。

作用的结果。①

6. **答案**：B。一个法律部门能否独立，主要取决于它是否具有独特的调整对象，环境法调整对象的特殊性，是其作为一个独立的法律部门、区别于其他法律部门的基本标志，也是环境法具有综合性、科学技术性和公益性的基础。

7. **答案**：B。在环境资源立法的目的上，存在两种观点，即目的一元论和目的二元论。目的一元论认为环境资源法的唯一目的在于保护人群健康；目的二元论认为环境资源法的最终目的，首先是保护人群健康，其次是促进经济社会的可持续发展，它是建立在正确认识环境和发展的关系的基础之上的。我国的环境资源立法实行的是目的二元论，因为任何把发展和环境对立起来的，片面强调某一方面的观点在实践中都是有害的。

8. **答案**：C。由于人口的激增、粮食需求和工业生产的急剧增长，全球会面临环境污染严重和资源的突破性枯竭的可怕前景，因此有些人主张限制甚至停止经济发展。比较著名的典型理论是"零增长"理论，该理论是由国际性学术组织"罗马俱乐部"于1968年在其研究报告《增长的极限》中提出的"必须把经济增长限制到零"的主张。

9. **答案**：D。关于环境法的溯及力，世界各国有从旧原则、从新原则、从轻原则、从旧兼从轻原则、从新兼从轻原则等不同形式。我国环境法在溯及力上主要采用的是从旧兼从轻原则，即新法原则上不溯及既往，只有新法规定处罚更轻时例外，但也有些环境法规溯及既往。

10. **答案**：A。环境资源法的效力体系是根据环境资源法各种形式意义上的子法律部门制定机关、具体内容的不同，按照不同的效力等级或层次而划分的环境资源法内部结构。宪法中关于环境资源保护的条款，在环境资源法效力体系中具有最高的法律效力，是其他环境资源法的宪法依据。《环境保护法》是我国的环境保护基本法，效力层次上低于宪法；《生态环境标准管理办法》是关于环境标准的行政规章，效力层次上比环境基本法更低。至于关于环境保护的国际条约，与我国国内法同具法律效力。

11. **答案**：A。环境资源法是在一定价值观的引导下产生和发展的，在世界范围内，人类的环境资源法价值观正在发展变化的过程中。目前，现实的环境资源法治体系基本上处在人类中心主义的价值观下，但不可否认的是，一些较为先进的价值观如动物权论、生态中心主义价值观在当代环境资源法的理论和实践中也有不同程度的体现。

12. **答案**：B。J. 法因伯格是泛人道主义的代表人物，诺顿是"弱的人类中心主义"的代表人物，默迪是"现代人类中心主义"的代表人物，P. 辛格和T. 里根是动物权利论的代表人物，阿伦·奈斯、德韦尔、塞申斯、福克斯等是生态中心主义的代表人物。

13. **答案**：D。环境法的价值是指环境法能促进主体的何种价值需要。现代环境法是以可持续发展为基本价值取向，环境正义、环境秩序、环境公平、环境安全、环境效益和环境效率等只是环境法的根本目的，其中环境安全或生态安全是环境法的起码目的。

二、多项选择题

1. **答案**：ABCD。《逸周书·大聚篇》记载："禹之禁，春三月山林不登斧，以成草木之长；夏三月川泽不网罟，以成鱼鳖之长。"这是关于合理开发、利用、保护自然资源的法规。西周颁布的《伐崇令》规定："毋坏屋，毋填井，毋伐树木，毋动六畜。有不如令者，死无赦。"这是中国古代关于保护森林、水源、幼小动物、水产资源的法律规定。《秦律·田律》规定："春二月，毋敢伐材木山林及雍堤水。不夏月，毋敢夜为灰，取生荔……毒鱼鳖，置阱罔，到七月而纵之。"意思是说，在春天

① 蔡守秋主编：《环境资源法教程》（第二版），高等教育出版社2010年版，第41页。

不准到山林里砍伐林木，不准堵塞水道；不到夏季不准烧草做肥料，不准采集刚发芽的植物，不准捕捉幼兽、鸟卵和幼鸟，不准毒杀鱼鳖，设置陷阱。到7月才解除禁令。《唐律疏议·杂律下》规定："穿垣出秽者，杖六十；诸在市及人众者，故相惊动，令扰乱者，杖八十。"这是防止废物和噪声污染的法律规定。

2. 答案：ABC。我国古代的环境资源法规定零散，在民刑不分、以刑为主的古代社会，并没有出现过专门的环境保护法，而是散见于各朝各代的刑事法律当中。

3. 答案：BCD。"斯德哥尔摩时期"的环境法特点主要表现在以下几个方面：第一，环境法发展的不平衡性和差别性明显；第二，同部门、同行业的环境资源法律逐渐系统化，环境法的子体系初步形成；第三，环境立法初现综合化的趋势；第四，环境法学开始酝酿、形成突破传统法学理论的一些新理论；第五，环境法律开始重视设立统一的环境监督管理政府机构，逐步形成统一的环境监督管理体制；第六，环境标准和环境规划逐步成为环境法体系的一个重要组成部分。

4. 答案：ABC。中华人民共和国成立之后的环境法即中国现代环境法，可以分为三个阶段，即新中国成立初期的环境法、创业时期的环境法、改革开放时期或经济转型时期的环境法。真正现代意义上的环境法是第三阶段的环境法。

5. 答案：ABCD。环境法作为一个新兴的独立法律部门，除具有法律的共性外，还具有如下区别于其他法律部门的特征：调整对象的特殊性、综合性、科学技术性和公益性。

6. 答案：BCD。环境法的综合调整机制包括市场机制、行政机制和社会机制三大机制，它涉及经济的、行政的、技术性的、宣传教育的各种手段。强有力的行政执法机构、市场调整手段和广泛的公众参与相结合则是这种综合性的突出表现。

7. 答案：BC。"目的二元论"反对以环境优先为最高原则，要求人们必须在经济发展与环境保护之间找到平衡点，把发展带来的环境问题限制在一定限度内，在不降低环境质量要求的前提下实现经济的可持续发展，我国环境法关于目的、任务的规定，总体上体现了"目的二元论"的要求。而日本、匈牙利等国是实行"目的一元论"的国家，认为环境法的唯一目的是保护人群健康。

8. 答案：CD。一个法律部门能否独立，主要取决于它有无独特的调整对象，环境法的调整对象就是人与自然的关系以及和环境资源有关的人与人之间的关系。①

9. 答案：ABCD。环境法的适用范围，是指环境法在什么范围内有效，根据环境法律对其适用范围的规定，可以将环境法的适用范围概括为适地范围、适人范围、适事范围、适时范围。

10. 答案：BCD。根据《环境保护法》和《海洋环境保护法》的有关规定，我国环境法的空间适用范围即适地范围是：中华人民共和国领域；中华人民共和国内水、领海、毗连区、专属经济区、大陆架以及中华人民共和国管辖的其他海域。中华人民共和国领域包括领路、领水、领空、底土以及延伸意义上的领域。领空只及于空气空间，不包括外层空间；延伸意义上的领域包括中国领海、领空之外的中国船舶、飞行器和中国驻外使馆。

11. 答案：ABC。环境法的适人范围，是指环境法对什么人有效。在我国环境法中，人一般包括单位和个人，这里的单位包括法人单位、非法人单位和国家机关。享有外交特权和豁免权的外国人，因严重污染、破坏我国环境，而必须对其依法追究刑事责任时，应通过外交途径解决。

12. 答案：AB。生态中心主义的两项最高准则是自我实现和生态中心平等主义。自我实现是生态中心主义的出发点和最高境界，生态中心平等主义是指生态系统中所有的存在物，包括大地、河流、冰川都是平等的。

---

① 蔡守秋主编：《环境资源法教程》（第二版），高等教育出版社2010年版，第20页。

13. 答案：ABCD。可持续发展的特性包括四个方面：公平性、可持续性、共同性和需求性。公平性包括本代人的公平和代际间的公平，可持续性是指生态系统受到某种干扰时能保持其生产力的能力，共同性是指可持续发展作为全球发展的总目标，所体现的公平性和可持续性是共同的，并且实现这一目标需要全球的联合行动。需求性是指可持续发展要满足所有人的基本需求，向所有人提供实现美好生活愿望的机会。

14. 答案：BCD。环境法律规范按照不同的标准可以进行多种分类，按规范的内容不同可以分为授权性环境规范、义务性环境规范和权义合成环境规范，授权性环境规范是赋予主体权利的规范，义务性环境规范是规定主体应当承担义务的规范，权义合成环境规范是指兼具授予权利和设定义务两种性质的法律规范。

15. 答案：ACD。环境法作为一个独立的法律部门，主要是从法学上对具有共同宗旨、性质相似、相互联系的某类法律规范进行的理论概括和归纳，这并没有割裂环境法与其他法律部门如经济法、刑法、行政法、民法等之间的联系，以环境法这一独立的法律部门为研究对象的环境法学才是一门独立的法学学科。

16. 答案：ABC。环境立法规划是指环境立法机关根据国家在中长期的任务、方针、政策，社会实际情况以及对法律的需求，所提出的环境立法设想和部署。在立法规划的编制方面应当由具有立法权的国家机关来进行。国务院行政法规、法律实施细则的立法规划应当由司法部编制。其中涉及环境污染与生态保护的，可以考虑主要由国家环境保护总局负责制定；涉及自然资源管理的，可以考虑主要由自然资源管理部门负责制定。而国务院所属各部、委的有关环境与资源保护行政规章的立法规划应当由各部、委自行编制。

17. 答案：ABCD。根据我国法律的有关规定，环境资源立法必须遵循以可持续发展为导向的原则、尊重和体现生态规律的原则、向循环经济增长模式转变的原则、突出运用环境经济学方法的原则四项原则。

18. 答案：ABCD。从环境资源法规的内容看，环境资源法可以分为环境资源基本法、环境资源单行法、环境标准、环境计划或规划、国际环境条约、相关环境法规等。而基本法和单行法构成了环境资源法的主体，题中的四项都是关于两者关系的论述，都是正确的。

三、名词解释

1. 答案：环境保护法，又称为环境法、环境资源法，是指关于环境资源的开发、利用、保护、改善及其管理的各种法律规范和法律表现形式的总称。①

2. 答案：可持续发展能力是指一个特定系统在规定目标和预设阶段内可以成功地将其发展度、协调度、持续度稳定地约束在可持续发展阈值内的概率，即一个特定的系统成功地延伸至可持续发展目标的能力。可持续发展能力的大小，既是衡量实施可持续发展战略成功程度的基本标志，又是可持续发展战略实施中着力培育的物质能力和精神能力的总和。

3. 答案：环境基本法又叫作综合性环境法律，是指从全局出发，对整体环境以及合理开发、利用和保护、改善环境资源等重大问题作出规定的法律，在整个环境法规体系中处于牵头地位。

4. 答案：环境法体系又称为环境资源法体系，是指相互联系、相互补充、相互制约，旨在调整因环境资源的开发、利用、保护、改善及其管理的法律规范和其他法律渊源所组成的系统。

四、简答题

1. 答案：可持续发展时期环境法的主要特

① 蔡守秋主编：《环境资源法教程》（第二版），高等教育出版社2010年版，第41页。

点是：

第一，环境法涉及更加广泛的环境、资源问题和经济、社会可持续发展等跨领域问题，环境立法的综合化、一体化进一步加强。

第二，环境道德和生态伦理成为环境法学认识论的重要组成部分和环境法治的重要条件。环境正义、环境秩序、环境公平、环境效益等环境法学基本理念日趋成熟。这种趋势使得环境法规范有了环境道德规范的支持，环境法学的认识论有了环境伦理学的基础，从而使得环境法学的理论更加成熟和更加富有说服力。

第三，环境法越来越多地采用经济手段、市场机制，环境资源税费、绿色贸易壁垒和环境资源市场逐渐成熟。

第四，环境法采用越来越多的科学技术手段和科学技术规范，环境标准制度、环境标志制度、环境监测制度、环境影响报告制度、清洁生产制度等有关环境科学技术的法律制度逐步推广并且越来越成熟。

第五，环境法的实施能力和执法效率大幅度提高。

第六，各国环境法治建设以及国内环境法与国际环境法之间的协调性日益增强。

第七，发展中国家的环境法正在崛起。

2. **答案**：对环境法规范可以从不同的角度进行分类：

(1) 依其表现形式，可分为综合性规范和具体性规范。综合性规范是环境法中对某一方面或某一种类的环境社会关系进行综合调整的规定。具体性规范是环境法中涉及某一具体事项的规定。它涉及具体的行为规则、权利、义务、范围、界限等。

(2) 依其功能，可分为依据和目的性规范、指导性规范、规则性规范、界定性规范。依据和目的性规范是阐明一项立法的依据和所要达到的目的的规定。指导性环境法规范是环境法中关于对某一类环境社会关系进行宏观调整的规定。规则性环境法规范是包含有具体环境权利和义务及法律后果的规定。它具有较严密的逻辑结构和很强的可适用性。这类规范从内容上来看，可分为授权性规范、义务性规范和权义复合规范。界定性环境法规范是环境法中对某一问题的内容、范围、界限等加以限定的规定。

(3) 依其内容，可分为实质性规范和辅助性规范。实质性规范，是指环境法中关于环境保护管理制度、措施、方法、途径和具体的权利义务等核心内容的规定。在环境法中，这类规范主要包括监理性规范、防治性规范、保护性规范、辅助性规范。监理性规范是环境法中关于环境保护监督管理的规定。辅助性规范，是指环境法中围绕实质性规范的实施而作出的各种规定。这些规范虽然不直接规定环境保护的监督管理制度、措施、方法、途径和具体的权利义务，但是它却直接涉及实质性规范的执行和遵守。这类规范主要包括目的和依据性规范、界定性规范、准用性规范、某些指导性规范和程序性规范等。

3. **答案**：环境法产生和发展的主要规律有：

(1) 环境法的产生和发展与环境问题的日益严重紧密相关。环境法的产生和发展是与环境资源问题的严重性和普遍性、人们对环境资源问题认识的深化和环境保护活动的强化的历史过程相联系的。环境法就是随着人类开发、利用、保护和改善环境资源活动的发展而逐步兴起的。人类社会的不同发展阶段产生了不同的环境问题，环境法的产生和发展同每一个社会发展阶段环境问题的性质、程度，环境保护在社会生活中的地位以及国家对环境问题采取的基本对策有着密切的联系。

(2) 可持续发展是指既满足当代人的需求又不损害后代人满足其需求的能力。可持续发展的核心是发展，但要求在严格控制人口、提高人口素质和保护环境、资源永续利用的前提下进行经济和社会的发展。

(3) 根据市场经济规律和生态规律加强环境法治建设，环境法越来越多地采用经济手段和市场机制。随着环境问题日益严重，人们逐渐认识到对环境的治理不能忽视客观的经济规律和生态规律，人们的生产和生活活动以及环境保护必须遵循这些客观规律。环境逐渐向综合性方向发展，表现为环境法既调整人与自然的关系也调整与环境有关的人与人的关系，环境法的调整机制也更加灵活，开始越来越多地采用市场机制、行政机制和社会机制。

（4）环境法采用越来越多的科学技术手段和科学技术规范。随着环境法的逐步发展，人们认识到环境保护是一项科学技术性很强的活动，旨在解决环境问题、为环境工作服务的环境法必须建立在科学理论和科学技术的基础上。现代环境法的许多重要制度如环境影响评价制度、“三同时”制度、环境资源许可制度、环境资源税费制度、清洁生产制度等都体现了环境法的技术性要求。

（5）环境立法的综合化进一步加强。特别是联合国环境与发展大会之后，各国认识到实现可持续发展，特别需要加强规范环境、社会、经济可持续发展行为的综合性环境法规体系的建设；环境法涉及的环境、资源问题及与之相关的跨领域问题越来越多，调整的社会关系和保护对象越来越广泛，调整这些问题的方式方法越来越协调，有关环境资源的各种法规的联系和结合日益紧密；各国环境法正在将环境与资源、环境保护与经济社会发展结合起来，正在发展成为以保护环境资源为主，综合调整环境、经济、社会发展问题的可持续环境法体系。

4. 答案：可持续发展把环境法的理念提高到了极致状态，是人类在同大自然融合过程中得出的宝贵经验，是推动环境正义、环境法科学化和规范化的理论升华。它对环境法的影响主要表现在：

（1）对环境法目的及价值取向的影响。代际公平理论是可持续发展观的核心内容，其宗旨是保证生态环境和文化遗产的可持续利用，并能与不同的政治经济制度相适应。由于这种公平理论是以保护人类利益为基础的，其思想和理念日益为广大立法者和社会成员所接受。

（2）对环境权主体的影响。环境权主体是包括当代人与未来人在内的全人类，把人类看成一个整体。从纵向来看，他们之间是一种环境权的继承与被继续的关系；从横向来看，体现为当代人的环境权关系。可持续发展观的代际公平原则对环境权的主体产生了根本的影响，它进一步认为，当代人与后代人是一种伙伴关系，当代人作为受托人为未来世代保管地球，现时也作为受益人享有使用它的权利，并且每一代人都作为群体拥有这些权利，当代人的权利在前代人的义务中得到体现。因此，赋予后代人作为环境权的主体本身是社会发展的必然，理应在环境立法中有所体现。

（3）对环境权内容的影响。可持续发展观的公平理论认为，后代人的权利来源于代际之间在使用自然环境和文化资源时形成的暂时关系，这就是代际权。环境立法的实践表明，代际公平权利的中心含义是各国公民享有同世代内和代际之间的公平，任何世代的某些人进行危及人类和生态系统的持续性的破坏环境、滥用资源的行为，都是对同时代的其他人及所有后代人的侵害。代际公平理论提供了一个很好的参照系，并且为后代创造一个与前代同样适宜生存发展的环境提供了条件，这些对环境权理论来说是具有十分明显的进步意义的。①

5. 答案：宪法中关于环境保护的规定是环境法体系的基础，是各种环境法律、法规、制度的立法依据。许多国家都在宪法中将环境保护作为一项国家职责和基本国策加以明确，把公民享有在良好生活环境中生活的权利及保护环境的义务作为公民的一项基本权利和义务加以规定，从而为环境保护奠定了宪法基础并赋予了最高的法律效力。我国宪法中关于环境保护的规定主要包括：

（1）国家的环境保护职责。规定保护环境和维持生态平衡是国家的一项基本职责。我国《宪法》第26条规定：“国家保护和改

① 宿晓：《可持续发展观及其对环境法发展的影响》，载《行政与法》2005年第9期。

善生活环境和生态环境，防治污染和其他公害。国家组织和鼓励植树造林，保护林木。”这一规定为国家环境保护活动和环境立法奠定了宪法基础。

（2）公民的环境权利和义务。许多国家的宪法中均规定公民有在良好的生活环境中生活的权利和保护环境的义务。我国《宪法》虽没有直接规定公民的环境权利和义务，但《宪法》第51条规定：“中华人民共和国公民在行使自由和权利的时候，不得损害国家的、社会的、集体的利益和其他公民的合法的自由和权利。”这一规定既是公民主张环境权的基础，也是防止滥用个人权利造成环境污染和破坏的基本环境义务规范。

（3）环境保护的基本政策和原则。我国《宪法》第9条第2款规定：“国家保障自然资源的合理利用，保护珍贵的动物和植物。禁止任何组织或者个人用任何手段侵占或者破坏自然资源。”第10条第5款规定：“一切使用土地的组织和个人必须合理地利用土地。”此外，我国《宪法》还对保护名胜古迹、珍贵文物和其他重要的历史文化遗产等作出了规定。

6. 答案：环境法的适用范围，是指环境法在什么范围内有效。根据环境法律对其适用范围的有关规定，可以将环境法的适用范围概括为适地范围、适时范围、适事范围、适人范围。

（1）适地范围。适地范围是指环境法在地域或空间的什么范围内有效，也称空间适用范围。根据《环境保护法》和《海洋环境保护法》的有关规定，我国环境法的空间适用范围即适地范围是：中华人民共和国领域；中华人民共和国内水、领海、毗连区、专属经济区、大陆架以及中华人民共和国管辖的其他海域。在中华人民共和国管辖海域以外，造成中华人民共和国管辖海域污染损害的，也适用《海洋环境保护法》。中华人民共和国领域包括领路、领水、领空、底土以及延伸意义上的领域。领空只及于空气空间，不包括外层空间；延伸意义上的领域包括中国领海、领空之外的中国船舶、飞行器和中国驻外使馆。

（2）适时范围。适时范围是指环境法规在什么时候有效，包括何时生效、何时终止效力，以及对开始生效以前的活动和事件有无效力（又称环境法的溯及力）等与时间有关的问题。关于环境法的生效日期，主要有两种方式：一是法规不对生效日期作明确规定，习惯上从颁布之日起开始生效；二是法规规定具体的生效日期，或规定自颁布之日起生效，或规定在法规颁布后的某个日期生效。关于环境法的失效日期，主要有三种形式：一是随着新法的颁布施行，相应的旧法自行失效；二是在新法颁布时宣布凡与新法相抵触的旧法失效；三是经修订的法规在颁布时宣布相应的旧法规失效。关于环境法的溯及力，主要采用从旧兼从轻的原则，但也有的环境法规溯及既往。

（3）适事范围。适事范围是指环境法对什么活动或事实有效。从总体而言，环境法适用于所有的对环境有影响的活动，包括开发、利用、保护、改善、治理、管理环境资源的各种活动或事项；就某一具体的环境法规而言，则有不同的适事范围。

（4）适人范围。适人范围是指环境法对什么人有效。在我国环境法中，人一般是指单位和个人，单位既包括法人单位，也包括非法人单位和国家机关。个人包括中国人、外国人和无国籍人。对于享有外交特权和豁免权的外国人，因严重污染、破坏我国环境，而必须对其依法追究刑事责任的，应通过外交途径解决。

7. 答案：根据《环境保护法》第2条的规定，环境保护法中所称的环境，是指影响人类生存和发展的各种天然的和经过人工改造的自然因素的总体，包括大气、水、海洋、土地、矿藏、森林、草原、湿地、野生生物、自然遗迹、人文遗迹、自然保护区、风景名胜区、城市和乡村等。

8. 答案：现代环境问题既是经济问题和社会问题，又是生态问题，现代环境保护是一项科学技术性很强的活动，旨在解决环境问题、为环境工作服务的环境法必须建立在科学理论和科学技术的基础之上。环境法的目的和任务，是保障合理开发、利用、保护和改善环境，而自然界是按照自己所固有的客观规律发展的，不以人的意志为转移，环境法必须遵循自然生态规律，依靠科学技术才能达到其目的。因此，环境法具有科学性的特征。

环境法具有极强的科学技术性也是其不同于其他法律部门的一个重要特点。环境法的科学性表现在：

首先，环境法的制定和实施都必须遵守自然规律，尤其是生态平衡规律。环境法的制定必须有环境科学技术所提供的科学技术情报和理论数据，必须有科学技术专家参加，只有法学家才能制定环境法。

其次，环境法中有大量的科学技术规范和技术性政策，这些科学技术规范通过法律规定具有法律规范的性质，如环境标准、环境监测规程、合理开发利用环境资源的操作规程、防治环境污染和破坏的生产工艺技术要求，等等。环境法中的许多规定措施都来自环境科学研究成果，没有环境科学技术，就没有切实可行的环境法规。

最后，环境法的实施在许多方面也必须依靠科学手段，如监测仪器、设备和科技人员；环境执法和环境司法也需要科学技术的保证。

9. 答案：环境经济政策是指按照价值规律的要求，运用价格、税收、信贷、收费、保险等经济手段，调节或影响市场主体的行为，以实现经济建设与环境保护的协调发展。在市场经济体制下，环境经济政策是实施可持续发展战略的关键措施。

环境经济政策的作用主要表现在以下三个方面：

（1）刺激作用。环境经济政策的刺激作用是指：通过实施环境经济政策，给市场主体一定的经济刺激，当人们的行为符合环境保护、可持续发展的要求时，行为人将获得相应的经济利益；反之，行为人将受到相应的经济处罚。通过环境经济政策，给市场经济主体施加一定的经济刺激，从而促使人们主动地保护环境。例如，建立适应环境保护及可持续发展要求的税收政策，当人们的行为符合环境保护、可持续发展的要求时，就会享受到相应的减税、免税的优惠；反之则会增加税收。

（2）筹集资金。通过实施环境经济政策，可以筹集一定的资金，用于环境保护及可持续发展建设。

（3）协调作用。环境经济政策可以有效地将环境保护行为与行为人的经济效益结合起来，从而使经济发展与环境保护的关系协调，以实现可持续发展。

此外，实施环境经济政策，可以兼顾公平与效率。①

10. 答案：外部性就是实际经济活动中，生产者或消费者的活动对其他消费者和生产者产生的超越活动主体范围的非市场性利益影响。这种影响可能是有益的，也可能是有害的。有益的影响称为外部经济性，或正外部性；有害的影响称为外部不经济性，或负外部性。环境问题的外部不经济性，是指市场主体行为对环境资源的不利影响由该行为主体以外的第三方——他人或后代人承担。例如，工矿企业的排放废水、废气、废渣等行为，居民在使用助力车或汽车的过程中排出的尾气，对他人和周围的环境均有负面影响。在海洋鱼类、公共牧场以及空气、水等共有资源、公共物品方面，“外部不经济性”表现得非常明显。为有效减少和控制经济行为的外部负效应，就应当使得外部成本内在化。②

从目前环境政策领域已实施或拟议的手段来看，环境外部不经济性内部化方法，大体上可分为直接管制（direct regulatory）手段和经济刺激（economic incentive）手段

① 李克国：《中国的环境经济政策》，载《生态经济》2000 年第 11 期。
② 张梓太、吴卫星等编著：《环境与资源法学》，科技出版社 2002 年版，第 13 页。

两大类。所谓管制就是指有关行政当局根据相关的法律、规章条例和标准等，直接规定活动者产生外部不经济性的允许数量及其方式，就环境污染活动控制而言，管制可分为直接管制和间接管制两种：前者是直接对污染物排放进行规定，而后者一般是通过对生产投入或消费的前端过程中，可能产生的污染物数量进行规定，最终达到控制污染排放的目的。

五、论述题

1. 答案：环境资源法体系简称为环境法体系，是指由相互联系、相互补充、相互制约，旨在调整因环境资源开发、利用、保护、改善及其管理的法律规范和其他法律渊源所组成的系统。

从不同的角度，可以将环境法的体系分为法律规范体系、法规体系、现行体系、目标体系、学术体系等类型。

环境法律现行体系和目标体系，是从时间角度对环境法体系的定义，前者是就目前环境法的状况而言的，是指由现有环境资源法律规范或法规组成的系统；后者是就将来环境法的状况而言的，是指按照国家的立法计划或规划在一定时期内建成的体系。

学术体系是专家学者从学术理论的角度提出的环境法体系，不同学者主张的环境法体系范围有所不同。

环境法律规范体系包括制裁性法律规范、奖励性法律规范和其他法律规范，实体性环境法律规范和程序性法律规范等。我国常见的环境法律规范包括宪法规范、行政法规范、民法规范、刑法规范、诉讼法规范、技术性法律规范以及其他法律规范。

环境法规体系又称为立法体系，它是从制定法的角度对环境法体系的定义。我国的环境法规体系，可以从立法体制和法规的内容这两个方面来认识其组成和结构：(1) 从现行立法体制或法律法规的效力级别来看，我国的环境法体系主要由七个层次所构成：宪法、环境法律、环境行政法规、地方环境法规、环境部门规章、地方政府环境规章、其他环境规范性文件。(2) 从法律法规的内容和功能的角度来看，我国的环境法体系包括：综合性环境法律或者具有较强综合性的环境法律，单行性专门环境法规，各种依法制定并具有法律效力的环境资源标准及其有关规定，各种依法制定并具有法律效力的有关环境资源方面的计（规）划和有关这类计（规）划的法律规定，我国缔结或者参加的国家环境条约，民法、刑法、行政法、经济法等其他法律部门的法律法规中有关环境资源开发、利用、保护、改善及其管理的法律规定。

此外，从环境资源法的内容来讲，环境法体系分为如下几大块或子体系：(1) 以防治环境污染为主要内容的环境保护法子体系，简称污染防治法；(2) 以自然资源开发、利用及其管理为主要内容的自然资源法子体系，又称为自然资源利用和管理法；(3) 以城市、乡村和西部区域开发整治为主要内容的国土开发整治法子体系；(4) 以防治自然灾害为主要内容的灾害防治法子体系；(5) 以保护野生动植物及其栖息环境为主要内容的自然保护法子体系；(6) 以防治生态破坏和建设生态环境为主要内容的生态环境建设法子体系；(7) 以能源开发、利用、节约及其管理为主要内容的能源法子体系。

2. 答案：环境法作为一个新兴的独立的法律部门，除具有法律的共性外，还具有如下区别于其他法律部门的特征：调整对象的特殊性、综合性、科学技术性和公益性。

(1) 调整对象的特殊性。环境保护的调整对象就是人与自然的关系以及和环境资源有关的人与人之间的关系。环境法的调整对象具有不同于其他法律部门的特殊性，它既调整人与自然的关系，也调整和环境资源有关的人与人之间的关系。从总体上看，调整人与自然的关系，是环境法这一独立的法律部门产生的基本原因，也是其发展的决定因素和长期存在的根本目的，是环境法的主导方面、本质方面；调整人与人之间的关系，是为了调整人与自然之间关系的需要，是实现人与自然的和谐共处的途径和手段。

(2) 综合性。环境法具有很强的综合性，它是在以往环境保护法、自然资源法、土地法、能源法、灾害防治法和区域开发整治法的基础上的更高层次的综合。环境问题的综合性、环境保护对象的广泛性和保护方法的多样性，决定了环境法是一个高度综合化的法律部门。环境法的综合性表现在调整对象的综合性，环境法律关系主体、客体和内容的综合性，环境法调整机制的综合性，法律规范的综合性即有关法律规范、道德规范和技术规范的综合。

(3) 科学技术性。环境法的科学技术性表现在：首先，环境法的制定和实施都必须遵守自然规律，尤其是生态平衡规律。环境法的制定必须有环境科学技术所提供的科学技术情报和理论数据。其次，环境法中有大量的科学技术规范和技术性政策，这些科学技术规范通过法律规定具有法律规范的性质，如环境标准、环境监测规程、合理开发利用环境资源的操作规程、防治环境污染和破坏的生产工艺技术要求，等等。环境法中的许多规定措施都来自环境科学研究成果，没有环境科学技术，就没有切实可行的环境法规。最后，环境法的实施在许多方面也必须依靠科学手段，如监测仪器、设备和科技人员；环境执法和环境司法也需要科学技术的保证。

(4) 公益性。环境法的公益性，是指环境法维护的环境资源保护事业基本上是一种公益事业，环境法的防治对象即污染、破坏和浪费环境资源的行为主要是一种公害，合理开发、利用和保护环境资源对全社会都有好处。搞好环境保护工作，既对先富起来的人和当代人有利，也对后富起来的人和子孙后代都有利。

3. 答案：环境法和民法之间既有联系也有冲突。它们之间的联系主要表现在：

(1) 民法中的许多原理和制度与环境法有着重要的联系，民法是环境法形成、发展的重要制度渊源和理论渊源，最初用于解决环境问题的法律规则，实际上直接来源于民法、刑法。民法对环境法、环境法学发挥的重要影响仍非其他部门法可取代，因而，环境法需要借助民法的调整手段解决环境问题。

(2) 发展经济、社会进步以及人权保障是环境法和民法的共同任务。

环境法和民法的冲突也很明显，可以概括为五个方面：

(1) 问题意识的冲突。民法的问题意识在于保障个人根据自己的意识通过其法律行为构筑起私法关系的可能性。环境法的问题意识很明显针对的是环境问题，当然环境问题包括环境污染的问题、自然资源受到破坏的问题、人健康的问题，也包括金钱的问题。但是这两类问题意识的区别在于，民法要解决的是给人自由、权利，使人获得更多的财富，不能达到这个目的法律上就要作出一些设计，这是民法的问题意识。而环境法的问题意识就是看到污染、自然资源破坏带来的一系列社会问题，基于这些问题考虑怎样设计制度，这是最大的不同。

(2) 不同世界图景。世界图景强调的就是世界客观地存在与人的主观世界之关系，民法的世界图景是建立在人类中心主义的世界观之上；而环境法从总体上来看，它是建立在人类非中心主义的世界图景认识之下。

(3) 环境法与民法的价值取向不同。民法的价值取向是以个人为本位，以权利为本位；而环境法解决的是人与自然资源和谐利用。

(4) 国家利益与多数人意志。民法包括建立在民法基础之上的一般法律都是以多数人的意志作为法律能不能制定、能不能实施的最基本标准，没有多数人的意志法律就通过不了，也实施不了。而环境保护往往不能够单纯地考虑多数人的意志，不能够仅是一般的法律多数人说了算，它的这种知识体系以及范式上必须要有国家意志。①

(5) 调整对象不同。环境法既调整人与自然的关系，也调整与环境有关的人与人之间的关系；民法的调整对象是平等主体之间的人身关系和财产关系。

4. 答案：环境法的宗旨，是环境法的主旨和主要意图，是人们希望通过环境法所要达到的目标或希望实现的结果。这个目标能否实现，只能由实践即环境法的贯彻实施来检验。环境法的宗旨决定着环境法的指导思想和调整对象，属于环境法的基本问题范畴。

现代环境法的产生，主要是人与自然的矛盾激化、人与环境的关系不相协调的结果。因此，环境法的宗旨，是保护人类赖以生存发展的环境、协调人与自然环境的关系。如果环境法不能协调人与自然环境的关系，那么它就没有存在和发展的必要，也就丧失了它的基本功能和意义，永远达不到它的目的，即实现人与环境的和谐共处，促进社会经济的可持续发展。

我国《环境保护法》第1条规定："为保护和改善环境，防治污染和其他公害，保障公众健康，推进生态文明建设，促进经济社会可持续发展，制定本法。"由此可见，我国环境法的宗旨包括五个方面的内容。(1) 保护和改善环境。环境法不仅保护环境、不使其质量退化，还要改善和治理环境、不断提高其质量；不仅要保护和改善人们的聚居地生活环境，还要保护和改善人们聚居区以外的生态环境。(2) 防治污染和公害。这是从防治客体出发对环境法宗旨内容的规定，即要保护和改善环境必须防治环境污染和破坏，而防治污染和破坏则是保护和改善环境的主要方式。(3) 合理开发、利用和可持续利用环境资源。合理开发和利用主要是指遵循社会经济规律、自然生态规律以及人与自然相互作用的规律，采用先进可行的技术手段，以对环境无污染无破坏或少污染少破坏的方式对环境资源进行开发和利用。只有在生产和经济活动中合理开发、利用资源，才能实现资源的可持续利用。(4) 保障公众健康。保障公众健康，是防治环境污染立法的基本出发点、根本任务。(5) 促进经济和社会的可持续发展。只有经济、社会实现可持续发展，才能为环境保护提供必要的经济、技术条件，才能保障、提高人的健康水平和生活舒适性。

5. 答案：环境法治是法治在环境领域的具体体现，将环境（保护）活动（工作）纳入法治的轨道就是实行环境法治。实行环境法治应该包括如下几个要素：一是要有一套体现环境正义，符合环境道德和生态伦理的，正确调整人与自然关系的，能够实现经济、社会和环境的协调、可持续发展的，旨在促进人与自然和谐共处的环境法律，即建立一套科学的环境法体系；二是强调环境法律的权威及在环境法律面前的平等和自由，公正、普遍地实施环境法律；三是形成环境法治意识和环境道德风气，将环境法的实施与提倡环境道德和生态伦理等精神文明建设结合起来。

完善环境法治建设是一项系统工程，具体而言，我国环境法治的完善途径主要有：(1) 加强立法，建立一套科学的环境法体系。环境立法要符合自然规律、生态规律和经济规律的要求，环境立法必须强化环境管理，突出重点，以环境保护工作的中心为环境保护立法的重点。在环境立法的过程中，应当积极学习环境立法经验，完善和健全可持续发展的环境法体系。(2) 司法与执法的改进。我国环境保护一直强调以行政为主导，行政主导具有严格的隶属关系，容易出现部门分割，而且会降低环境司法的地位和功能，使司法的作用收效甚微。因此，要实现环境法治，必须改进执法与司法。(3) 进一步加大法律监督力度。由于我国实行环境保护行政主导，行政部门自由裁量权大，因此法律监督尤为重要。环境法律监督包括权

① 周珂：《环境法与民法的对话》，载中国民商法律网，http://old.civillaw.com.cn/article/default.asp?id=31451，2023年6月5日访问。

力机关的监督、行政机关的监督、各政党和社会团体的监督以及新闻媒体的监督等。(4) 环境意识与守法观念的加强。加强环境法治建设，需要提高全民的环境意识与守法的自觉性。将环境法律规范道德化，使环境法律转变为更高的道德习惯和道德义务，使环境法律得以被主体普遍遵守、自觉遵守，有利于守法精神的养成和环境法治社会的形成。①

6. 答案：我国的环境法，作为一个新兴的法律部门和法学学科，经过较长时间的发展已经形成规模和体系。但是，理论上一直存在一个悬而未决的问题，即如何看待环境法与自然资源法的关系。通过环境法与自然资源法的具体分析来看，二者的关系是独立统一的，同时又是向着融合的方向发展的。

(1) 环境法与自然资源法的相对独立性。这种相对独立性主要体现在：

第一，环境与资源的区别。自然资源一般来说是一个经济概念，侧重点是它的经济效用、经济价值、经济效益，对自然资源的保护也着眼于“量”的状态的维持。而环境则是静与动的统一体。从静的角度来看，环境是指一定区域内自然界形成的一切能为人类所利用的物质和能量的总体。从动的角度来看，环境是指由一定数量、结构、层次并能相似相容的物质和能量所构成的物质循环与能量流动的统一体。它的根本目标是维持人类生态系统的平衡，是保护自然界“质”的状态，关注的是社会效益、生态效益。

第二，人环关系与人资关系的区别。人资关系强调的是物质实体或能量的天然性和对人的有用性，有用性强调的则是它们对人的财产价值，即经济价值和使用价值；人环关系强调的是一定区域内的一定类型生态系统所表现出来的对人的整体生态功能价值，这种生态功能不是通过实物形态为人类服务，而是以脱离其实物载体的一种相对独立的功能形式存在。

第三，环境法与自然资源法的基本内容与中心问题的不同。自然资源权和环境权的运行和保障分别是自然资源法和环境法的中心问题。自然资源权的实质是强调自然资源物质实体的财产权保护，是一种有体权；环境权的实质是一种基本生态功能权，包括生态功能权及与生态功能权相关的其他权利，是一种相对独立的无体权。

第四，环境法与自然资源法体系的相对独立性。

(2) 环境法与自然资源法体系的协调统一性。这种统一性主要表现在：第一，环境法与自然资源法保护客体的统一性：环境法与自然资源法的保护客体都是环境和自然资源。这种统一性使得环境法逐渐被自然资源化，自然资源逐渐被环境化。环境和自然资源这种共同作用的自然属性，以及环境和自然资源趋同发展的潮流，必然指引着环境法与自然资源法在立法目的、法律原则、法律制度等方面进一步融合。第二，环境法与自然资源法调整对象的融合性：环境法与自然资源法事实上共同调整这类特殊的社会关系——生态经济社会关系，而这正构成了环境法与自然资源法融合发展的社会属性基础。第三，环境法与自然资源法体系融合的理论与现实基础：因为环境是由环境因素组成，而环境因素是具有生态功能联系的自然资源，所以环境的保护与自然资源的保护息息相关。因此，环境法与自然资源法的合并是环境与自然资源得到可持续开发、利用、保护、治理与改善的客观要求。

环境法与自然资源法体系是相对独立统一的，但其最终是向融合的方向发展的。倡导环境法与自然资源法融合对于发展和完善我国环境法与自然资源法的部门法理论、部门法立法实践等方面有着积极的意义。

7. 答案：循环经济实质上是一种生态经济，它要求按照生态系统的能量守恒转换的循环规

① 汪劲、王明远：《中国的环境法治——任重而道远》，载《清华法治论衡》2005 年第 2 期；刘文燕、赵冬梅：《完善我国的环境法治建设》，载《河北省社会主义学院学报》2004 年第 4 期。

律，将经济活动纳入“资源—产品—再生资源”不断循环反复的闭合系统，以实现经济生产的低消耗、高质量、低废弃，从而将经济活动对自然资源的影响与破坏降到最低限度。循环经济包含三项主要原则，被归纳为3R原则：一是减量化原则，二是再使用原则，三是再循环原则。

当今世界许多国家纷纷将循环经济纳入法治轨道，以立法的形式将循环经济这种先进的经济发展模式确定下来。单行法未彻底体现循环经济的要求，而先在各个领域单独立法，待条件成熟时再制定循环经济基本法以统领各单行法的立法模式更为可取，我国更应加以吸收借鉴，但应结合我国实际，确立符合我国国情、具有我国特色的循环经济立法体系。

我国在环境与资源保护领域进行了大量立法，这些立法在各自领域都起到了相当作用，但我国却无循环经济专门立法，立法零散不完整、不彻底。因此，有中国特色的循环经济立法应当注意以下问题：

（1）在考察我国应选择的循环经济立法模式时，应该把握好以下几个关系和因素：一是需要与可能的关系；二是中国国情与外国经验的关系；三是与现有法律体系的配套；四是当前需要与目标适当超前的关系；五是理论与实际的关系。

（2）我国的循环经济立法应当遵循以下指导思想：一是坚持可持续发展理论；二是正确把握政策性，即相对较大的灵活性和变动性；三是坚持社会本位，注重维护社会经济的整体效益，兼顾社会各方经济利益公平。

（3）我国循环经济立法模式的选择。在上述指导思想的前提下，以我国现阶段国情为基准，借鉴立法经验，我国进行循环经济立法应采取“三步走”的分阶段立法模式：第一阶段，制定废物处置法和资源促进利用法等综合法，修改现有的综合法；第二阶段，制定有关各种特定物质循环利用的专项法，目前我国应把重点放在报废汽车、建筑材料、家电等废物的技术研究和循环利用立法上；第三阶段，条件成熟时，可以制定循环经济基本法。

（4）循环经济立法的范围限制。我国现在的循环经济立法范围应该限制在如下范围：第一，修改《固体废物污染环境防治法》，使之符合循环经济的要求，并逐渐向综合性《废弃物法》过渡。第二，制定《家用电器循环法》。我国家电制造业的技术水平较高，家电的循环利用技术支撑足以达到循环经济的要求。第三，制定《报废汽车循环法》，延伸汽车生产厂家的责任，促使厂家从现在开始投入汽车循环利用的技术研发，敦促消费者购买环境友好型的汽车。第四，暂缓制定全国性的《容器和包装物的分类收集与循环法》。因为在全国范围内，容器和包装物极为分散，收集困难，难以形成规模，成本较高，经济效益不明显，所以可以在这些地方试点，制定地方性法规。待条件成熟后，再制定全国性的法律。第五，制定《建筑废弃物回收利用法》。我国现正处于建设高峰期，建筑材料使用量大、污染严重，而建筑废弃物又是一种较容易集中回收的材料，由施工单位收集，再由有关机构统一回收，高效又便利。①

8. 答案：环境法是否是一个独立的法律部门，法学界还存在一些争议，这是环境法和环境法学发展过程中的一个正常现象。但大部分学者都已经承认环境法是一个独立的法律部门，其理由主要有：

（1）环境法有特定的调整对象。划定法律部门的主要标志之一是法的调整对象，即法所调整的社会关系。环境法正是有其特定的调整对象，才发展成为一个独立的法律部门。环境法的调整对象是因环境资源的开发、利用、保护、改善和管理所形成的社会关系，简称为环境社会关系。这种社会关系的产生和发展始终离不开人类环境和环境问

① 蔡守秋、蔡文灿：《循环经济立法研究——模式选择与范围限制》，载《中国人口·资源与环境》2004年第6期。

题，它包括人与自然的关系以及与环境资源有关的人与人之间的关系。这是环境法区别于其他法律部门的一个根本特点。

(2) 环境法有其产生、发展和存在的特定原因。环境法的产生、发展和存在，除一般性的原因外，根本原因是人类赖以生存、发展的环境受到了污染、破坏等人为因素的干预，是人与自然关系的失当、失衡和变化。这些原因是环境法得以产生、发展的物质基础。

(3) 环境法有特定的目的、任务和功能。环境法的目的和任务是保护和改善环境，防治污染和破坏环境资源，合理开发、利用环境资源，保障公众健康，实现人与自然的和谐共处，促进经济社会的可持续发展。环境法的特定功能是调整环境社会关系，包括人与自然的关系以及与环境资源有关的人与人之间的关系。这些目的、任务和功能是其他法律部门所无法完成的。

(4) 环境法已具备作为一个独立的法律部门的体系、规模和地位，这是一个无法否认的客观事实。目前，我国环境法已发展成为一个内容丰富、功能齐备、结构合理和数量繁多的环境法体系。在中国，环境法体系的规模、环境法的重要地位和作用已经得到了政府和人们的承认。

(5) 其他理由。环境法作为一个独立的法律部门，除上述原因外，还具有其他法律部门无法包容的特点，如环境法具有综合性、科学技术性和公益性，民法、刑法和行政法的内容很难完全适应环境法，环境法有其特定的调整机制、行政执法机构、独特的理论基础等。

9. 答案：可持续发展战略作为解决人与人、人与自然双重对立关系的新战略，是对人类自身和人与自然关系的重新审视，也是新的理论观、价值观和自然观对人类中心主义的深刻反思，它主张在人与自然的相互作用中，在将人类共同的、长远的和整体的利益置于首要地位的同时，还应当考虑将人类利益作为人类处理同外部生态环境关系的根本的价值尺度。它认为，人类保护环境的最终目的只有一个：实现自身的利益和发展。

当前，我国环境法经过上述几个持续、有序的发展阶段，正在形成一个比较完整、科学、合理的法律体系，已经成为中国环境保护和可持续发展的最为重要的基础和支柱，已经成为中国特色社会主义法律体系中新兴的、发展迅速的重要组成部分。然而，我国的环境法与可持续发展战略的结合不太紧密。为了更好地体现可持续发展战略，我国的环境法应朝以下几个方面发展。

第一，环境法涉及更加广泛的环境、资源问题和经济、社会可持续发展等跨领域问题，环境立法的综合化、一体化应进一步加强。

第二，环境法的道德化。环境道德和生态伦理成为环境法学认识论的重要组成部分和环境法治的重要条件。我国的环境法应树立环境正义、环境秩序、环境公平、环境效益等基本理念。

第三，环境法的科技化。我国的环境法需要采用越来越多的科学技术手段和科学技术规范，环境标准制度、环境标志制度、环境监测制度、环境影响报告制度、清洁生产制度等有关环境科学技术的法律制度应逐步推广。

10. 答案：在环境法调整对象上的争论，首先集中在环境资源法是否有自己独特的调整对象。在这个问题上有两种相反的观点：环境法有自己独特的调整对象和环境法没有自己独特的调整对象。持有第二种观点的学者认为，环境法所调整的社会关系完全可以由民法、行政法、刑法、经济法等法律部门来调整，这种观点在环境法的发展初期比较盛行，现在基本上已经衰落，绝大部分学者都认为环境法有自己独特的调整对象，因为环境法也是一个独立的法律部门。

虽然在环境法有自己独特的调整对象上学者们达成了一致意见，但是在环境法的调整对象究竟是什么这一点上又存在分歧，焦点主要在于环境资源法是否能够调整人与自然的关系。关于这一点，学术界主要有三种不同的观点：

第一种观点认为，环境资源法的调整对象仍然是人与人之间的关系，人与自然的关系不能也没有必要成为环境法的调整对象，自然物至多只是一个中介，不能成为环境法律关系的主体。这种观点被一些传统的法理学者所赞同，被学术界称为“人类中心论”，是一支较为强大的学术方向队伍。

第二种观点认为，环境资源法应当调整人与自然的关系，这是当代环境资源法得以兴旺发达的重要原因。近年来我国法学界越来越认识到环境资源法对于调整人与自然关系的重要意义。当今所有的环境资源法律或法规，都毫无例外地包含着、反映着、调整着人与自然的关系。这种观点是一种较为新兴的理论——“生态中心论”，逐渐被一些学者所认同。

第三种观点认为，所谓环境法的调整论，应当秉着客观、科学的态度进行审视、评判。这种观点认为，环境法既调整人与自然的关系，又调整与环境有关的人与人的关系。

应当说，认为环境法调整人与人的关系的观点具有一定的合理性，因为法是调整人与人所形成的社会关系的，环境法调整人与人的关系反映了包括环境法在内的法的共性，但人类中心论没有提出环境法具有不同于其他法律部门的调整对象。生态中心论认为环境法调整人与自然的关系反映了环境法的特性，具有合理性，但忽视了环境法对人与自然关系的调整在很大程度上需要通过人与人之间的关系来实现。因此，在环境法的调整对象上，较为科学的观点是第三种观点。从总体上看，调整人与自然的关系，是环境法这一独立的法律部门产生的根本原因，也是其发展的决定因素和长期存在的根本目的，是环境法的主导方面、本质方面；调整人与人的关系，是调整人与自然的关系的需要，是实现人与自然关系的和谐共处的途径和手段。

11. 答案：公众参与环境资源保护立法，是指在环境资源保护领域内，社会公众有权通过一定的程序或途径参与一切与环境资源利益相关的立法活动，使得其符合广大公众的切身利益。

公众参与环境资源保护立法是由环境资源问题的性质决定的，是协调人与自然环境关系的根本保证，是广大人民群众当家做主的具体表现；公众参与环境资源保护立法是由公民环境权这一基本权利决定的，有利于维护公民的环境权益；公众参与环境资源保护立法是发展我国环境保护事业的迫切需要。

但是，我国的环境立法在许多方面还不够完善：首先，就环境的知情权而言，这一权利应在立法中得到确认；其次，就公众监督污染企业和生态环境主管机关而言，我国公众参与的法律基础亦相当薄弱；最后，就政府提升公众的环境意识而言，虽然《环境保护法》第7条规定“国家支持环境保护科学技术研究、开发和应用，鼓励环境保护产业发展，促进环境保护信息化建设，提高环境保护科学技术水平”，但仍欠缺相关的配套规定，实际运作上也不完善。

因此，在强化国家对环境资源保护主导权的同时，应完善我国的公众参与环境保护立法的制度，为社会公众参与环境资源保护提供法律保障。(1) 在宪法中确立公民环境权。环境权是指环境法律主体就其赖以生存、发展的环境所享有的基本权利和承担的基本义务。公民环境权包括良好环境享有权，开发、利用环境资源权，参与环境资源管理权，环境检举、控告权，监督权，环境知情权，环境诉讼权等各项具体权利。(2) 根据《宪法》规定，在环境保护基本法中对公民环境权作出具体的规定。综合关于环境权的各种学说和实践，在环境保护基本法中对公民环境权作出明确的规定，包括环境使用权、环境知情权、环境参与权和环境请求权等内容。(3) 建立公众参与环境资源保护制度对行政法领域也提出了相应的要求，因而需要在行政法领域内建立相关法律制度。(4) 在环境法领域内主要是完善环境影响评价中的公众参与。环境影响评价中的公众参与，是指开发单位及审核环境影响评价机关以外的其他相应机关、团体、地方政府、人大代表、政协委员、学者专家、当地居民等参与审查与监督开发、建设项目。其基本目的在于广泛听取利害关系人或利害团体的意见和要求。

第三章　环境资源法学概述

重点知识讲解

重点知识一：环境资源法学是一门独立的学科

环境资源法学是一门独立的学科	环境资源法学又称为环境法学或环境保护法学，是指研究环境资源法这一新兴法律部门及其相关问题的学科。 环境资源法学是一门独立学科的理由： （1）具有独特的环境法学基本理念。 （2）具有独特的研究对象、基本理论、法律关系理论、研究范式、研究方向和社会需要。 （3）具有独特的法律人模式，即理性生态人。①

重点知识二：环境资源法律关系的概念、特征和构成要素

环境资源法律关系的概念	环境资源法律关系是指由环境与资源保护立法所确认和调整的、各主体在利用环境和自然资源活动中形成的权利义务关系。			
环境资源法律关系的特征	（1）各主体之间基于法律存在的多重牵连的社会关系，兼具有公、私法关系的特点； （2）以法定权利和义务为内容的社会关系； （3）体现一定意志并符合自然和生态规律思想的社会关系。			
环境资源法律关系的构成要素	要素	定义	内在表现	外在表现
	主体	依法享有权利和承担义务的参加者	管理者与被管理者主体间的关系；平等主体间的关系	国家；国家机关；各种企事业单位；社会团体；公民
	内容	环境利用行为中的权利义务关系	环境容量利用关系；自然资源利用关系；生态效益利用关系	环境利用权；环境享受权（益）；环境权的关联权利——自然的权利和自然享有权；关心环境的义务
	客体	主体的权利与义务的指向	可满足权利主体需要的客观物质财富；客观生理和精神世界的非物质财富和功能；可满足权利主体需要的行为	积极的作为和消极的不作为；适法与非法的行为

① 蔡守秋主编：《环境资源法教程》（第二版），高等教育出版社2010年版，第63~67页。

配套测试

一、单项选择题

1. 最早提出“环境科学”这一名词并成立了“环境科学学会”的国家是（　　）
A. 美国　　B. 英国
C. 日本　　D. 法国

2. 环境资源法学的基本理念是（　　）
A. 环境安全　　B. 环境公平
C. 环境效益　　D. 环境正义

3. 在国际环境法律关系中，可以成为法律关系主体的是（　　）
A. 公民个人　　B. 国家
C. 国家机关　　D. 企业

4. 在保护珍稀动植物的法律关系中，负有法律保护义务的是（　　）
A. 所有公民　　B. 法律工作者
C. 国家　　D. 猎人

5. 下列可以成为环境资源法律关系客体的是（　　）
A. 马戏团里的驯兽
B. 矿藏
C. 克隆人
D. 自然人

6. 下列哪一项表述是不正确的？（　　）
A. 地方各级人民政府应当对本行政区域的环境质量负责
B. 企事业单位和其他生产经营者应当防止、减少环境污染和生态破坏，对所造成的损害依法承担责任
C. 公民应当增强环境保护意识，采取低碳、节俭的生活方式，自觉履行环境保护义务
D. 环保宣传部门应当开展环境保护法律法规和环境保护知识的宣传，对环境违法行为进行舆论监督即可

二、多项选择题

1. 环境资源法学的主要研究对象是（　　）
A. 人与自然的关系
B. 与环境有关的人与人的关系
C. 环境资源法
D. 环境科学

2. 下列属于环境资源法律关系构成要素的有（　　）
A. 行为　　B. 主体
C. 客体　　D. 内容

3. 下列关于我国环境资源法律关系主体的理解正确的是（　　）
A. 环境资源法律关系的主体是环境法律关系中权利的享有者和义务的承担者
B. 环境法律关系的主体包括国家、国家机关、一切单位和个人
C. 年满 18 周岁的公民才能成为环境法律关系的主体
D. 我国环境法律关系的主体还包括除了人类之外的动物、非人生命体

4. 环境资源法律关系的主要客体包括（　　）
A. 精神财富　　B. 物
C. 智力成果　　D. 行为

5. 下列关于环境资源法律关系内容的论述正确的是（　　）
A. 环境资源法律关系的内容包括环境资源法权利和环境资源法义务
B. 环境资源法权利和环境资源法义务分别由不同的主体来享有或承担
C. 环境资源法律关系各主体的权利义务既不均衡也不对等
D. 环境资源法对同一主体权利义务的规定存在一定的倾斜性

6. 公民、法人和其他组织依法享有以下哪些的权利？（　　）
A. 获取环境信息　　B. 制定环境政策
C. 参与环境保护　　D. 监督环境保护

三、名词解释

1. 环境资源法学
2. 环境资源法学的调整论
3. 环境资源法律关系

四、简答题

1. 简述环境资源法学的特征。

2. 简述环境资源法学是一门独立学科的理由。
3. 简述环境资源法所调整的人与自然关系的特点。
4. 简述环境法律关系的含义及特点。
5. 试述环境资源法学的研究方法。

五、论述题

1. 试述环境资源法学和环境科学的关系。
2. 论述我国《环境保护法》的地位。

参考答案

一、单项选择题

1. **答案**：A。1954 年，美国一批学者最早提出了“环境科学”这一名词并成立了“环境科学学会”。
2. **答案**：D。维护和追求环境正义是环境资源法学的基本理念，同时，环境正义还能够衍生出环境秩序、环境安全、环境公平、环境效益等理念，但基本理念还是环境正义。
3. **答案**：B。国际法律关系的主体是指享有国际法上的权利和承担国际法律义务的国际法律关系的参加者。国际法律关系的主体通常包括国家、国际组织及其他组织。国际环境法律关系属于国际法律关系之一种，因此国际环境法律关系的主体不包括国家机关、个人以及企业。
4. **答案**：A。对珍稀动植物的保护是所有环境法律关系主体包括国家、国家机关、一切单位和个人的义务，而不限于某些主体。
5. **答案**：B。环境法律关系的主要客体是物和对环境资源有影响的行为。物主要是指各种具有自然因素的环境要素和资源，包括大气、水、海洋、矿藏、森林、野生动物、自然遗迹、自然保护区、风景名胜区、城市和乡村等。马戏团里的驯兽不具有自然因素，我国并不承认克隆人的法律地位，自然人通常是环境法律关系的主体。
6. **答案**：D。《环境保护法》第 6 条规定：“一切单位和个人都有保护环境的义务。地方各级人民政府应当对本行政区域的环境质量负责。企业事业单位和其他生产经营者应当防止、减少环境污染和生态破坏，对所造成的损害依法承担责任。公民应当增强环境保护意识，采取低碳、节俭的生活方式，自觉履行环境保护义务。”所以 A、B、C 正确，本题选 D。

二、多项选择题

1. **答案**：ABC。环境资源法学的主要研究对象，从法律法规方面讲是环境法这一新兴的法律部门，从法律关系的角度讲是人与自然的关系以及与环境有关的人与人之间的关系。环境科学与环境法学都是相互独立的一门学科，环境科学是指研究环境的运动变化规律及其与人类社会活动之间的关系，研究人类社会与环境之间协同演化、持续发展的规律和具体途径。
2. **答案**：BCD。法律关系包括三个不可或缺的构成要素：主体、客体和内容，即法律关系的“三要素学说”。环境资源法律关系亦不例外。
3. **答案**：AB。环境法律关系的主体是指在环境法律关系中享有权利和承担义务的当事人或参加者，又称权利义务主体、权利主体和义务主体。在中国，环境法律关系的主体包括国家、国家机关、一切单位和个人。与其他法律关系相比，环境法律关系中个人的权利能力和行为能力受年龄等条件限制较小，如我国环境保护法规定，一切个人不论年龄大小都有保护环境的义务，即都可以成为环境法律关系的主体。另外，有的法律还将全人类、人类后代甚至动物、非人生命体也规定为享有权利的主体，但我国的环境法并没有这样的规定。
4. **答案**：BD。环境法律关系的客体是主体的权利和义务所指向的对象，法律关系的客体一般包括物、行为、精神财富和其他权益。环境法律关系的客体也不例外，但能反映环境法律关系特点的主要客体是物和对环境资源有影响的行为。物主要是指各种具有自然因素的环境要素和资源，行为包括各种开发、利用、保护、改善和管理环境资源的行为。

5. **答案**：ACD。首先，环境资源法律关系的内容是指环境资源当事人的权利义务的总和，包括环境资源法权利和环境资源法义务。环境资源法权利和义务既可以统一在同一主体身上，又可以由不同的主体分别享有或承担。其次，环境资源法的权利和义务具有不对等性和不均衡性，有些环境资源法侧重规定管理主体的权利与义务，很少为受制主体设定义务；有些环境资源法更侧重于规定受制主体的义务，或更侧重于受制主体的权利。最后，环境资源法对同一主体权利义务的规定存在一定的倾斜性，总体来说，环境资源法赋予管理主体的权利要多于加之其上的义务，而赋予受制主体的权利则少于义务。

6. **答案**：ACD。《环境保护法》第53条第1款规定："公民、法人和其他组织依法享有获取环境信息、参与和监督环境保护的权利。"所以本题答案为A、C、D。

三、名词解释

1. **答案**：环境资源法学，又称为环境法学或环境保护法学，是指研究环境资源法这一新兴法律部门及其相关问题的学科。

2. **答案**：环境资源法学的调整论，简称为调整论，是有关环境资源法既调整人与自然的关系，又调整和环境资源有关的人与人之间关系的各种观点。

3. **答案**：环境资源法律关系，简称为环境法律关系，由环境法的规定和实施所确认、形成、变更和消灭的人与人的关系和人与自然的关系，或者说是指由环境法律规定、控制（合称为规制）的行为（环境法律行为）所形成的人与人的关系和人与自然的关系。

四、简答题

1. **答案**：环境资源法学的特征如下：

（1）环境法学的研究对象具有独特性。环境法学的主要研究对象，从法律法规方面讲是环境法这一新兴的法律部门，从法律关系的角度讲是人与自然的关系以及与环境有关的人与人的关系。环境法学主要研究人与自然的关系以及和环境资源有关的人与人的关系的这一独特性质，是区分环境法学与刑法学、民法学、行政法学、诉讼法学、经济法学等学科的重要特征。

（2）环境法学是一门新兴学科。环境法学是伴随着环境问题的日益严重、环境保护活动的日益加强以及环境法的产生和发展而出现的一门新兴学科。尤其是进入20世纪50年代以来，由于环境问题的严重和环境管理的强化，环境立法的要求也日益迫切。在新兴环境科学的带动下，法学家开始了环境权问题的讨论，环境法研究机构、环境法杂志、环境法课程纷纷出现，加速了环境法学的形成。

（3）环境法学是一门交叉学科。环境法学是生态学、环境学与法学相互渗透、结合而形成的一门交叉学科，是综合各种污染防治法、自然保护法、资源法、能源法、区域发展法、土地法的产物。它既是环境学、生态学的一个分支，也是法学的一个分支，具有明显的自然科学和生态科学交叉渗透的特点。

2. **答案**：环境资源法学是一门独立学科的理由：

（1）环境法学具有独特的环境法学基本理念。环境资源法学的基本理念，是指符合自然生态规律、社会经济规律和环境规律（人与环境相互作用规律）的基本观念。环境法学的基本理念是维护和追求环境正义。首先，环境正义可以衍生出环境秩序、环境安全、环境公平、环境效益等理念，其中，维护和追求人与自然的和谐共处、人与自然和谐共处的环境秩序，是最能体现环境正义的特色观念和核心观念。环境正义标示着环境法应该维护和实现环境公平，包括代内公平、代际公平、区际公平和种际公平。其次，环境正义标示着环境法应该追求经济效益、社会效益和环境效益的统一，追求最高的环境效率。最后，环境正义表示着环境法应该维护和追求社会、经济和环境的可持续发展。

(2) 环境法学具有独特的研究对象、基本理论、法律关系理论、研究范式、研究方向和社会需要。环境法学特定的研究对象，是反映在法律上的人与自然的关系，是已经成为一个独立的法律部门的环境法。环境法学特定的基本理论，是有关环境法既调整人与自然的关系，又调整和环境资源有关的人与人的关系的理论。环境资源法律关系的主体、客体和内容三要素上也有不同于其他法律部门法律关系的独特性。环境资源法学的研究方法，除了一般的法学研究方法之外，还包括以生态学为主的综合分析法以及自然科学技术研究方法。

3. 答案：人与自然的关系是指人与自然之间相互联系、影响和作用，它是环境科学和环境资源法学研究的基本问题，深刻理解和掌握人与自然关系的性质和特点是调整论的基础。人与自然关系的特点有：

(1) 人与自然的关系是伴随着人和人类始终的一种客观存在的关系；

(2) 人与人的关系和人与自然的关系是互为前提、相互影响的关系；

(3) 人与自然的关系既具有不同于人与人的社会关系的特点，又具有不同于物与物的自然关系的特点；

(4) 人与自然的关系的特点和状况除了取决于人之外还与自然有关，不能将人与自然的关系理解为物与物的关系或者物与大自然的关系；

(5) 人与自然的关系在许多情况下是一种可以由人类通过各种方式、方法调整或协调的关系。

4. 答案：环境资源法律关系，简称为环境法律关系，是由环境法的规定和实施所确认、形成、变更和消灭的人与人的关系和人与自然的关系，或者说是指由环境法律规定、控制（合称为规制）的行为（环境法律行为）所形成的人与人的关系和人与自然的关系。环境法律关系包括人与自然的关系和与环境有关的人与人的关系，而且，只有环境法实施时，才能形成环境法律关系。

环境法律关系作为法律关系之一种，既具有法律关系的共性，又具有区别于其他法律关系的特征：

(1) 环境法律关系包括人与人的关系和人与自然的关系，而不仅是人与人的关系。环境法律关系主体的一个重要特点是将人与自然的关系纳入法律关系的范畴，重视主体和客体之间的关系。即环境法律关系既包括主体之间、客体之间、主体与客体之间的人与人的关系或者人与人之间的权利义务关系，又包括主体与主体之间、客体与客体之间、主体与客体之间的人与自然的关系。

(2) 环境法律关系中人与人的关系始终以环境为媒介，人与自然的关系也离不开人与人的关系。环境法律关系中人与人的关系始终是以环境为媒介，因而同时反映人与环境的关系；人与自然的关系中的人，是社会化的人，因而人与自然的关系又离不开人与人的关系。

(3) 人与环境资源在不同的具体的法律关系中，具有不同的法律地位，可以成为主体也可以成为客体。

(4) 环境法律关系是一种综合性的法律关系。环境法律关系包括由合法环境行为、违法环境行为和环境犯罪行为引起的法律关系，而不仅是指合法行为引起的法律关系；在某些特定情况下，甚至包括动物行为或大自然行为所引起的法律关系。根据不同的环境法律事实，环境法律关系可能涉及民事性的法律关系、行政性的法律关系、刑事性的法律关系和其他性质的法律关系。

5. 答案：环境法学是重视促进传统法学研究方法的创新、新研究方法的探索、自然科学方法与社会科学方法及人文社会科学内部各学科研究方法之间的结合与互补的一门学科。

总的来说，环境法学最基本的研究方法是理论联系实际，即从环境问题、环境保护事业和环境法治建设的实际出发，以马克思主义关于人与环境的思想、关于法的理论和现代环境科学理论为指导，从理论与实践的结合上研究、分析环境法规和环境法律现象，促进环境保护事业和环境法治建设的发展。

具体来说，环境法学的研究方法有：

（1）传统法学的研究方法在法律调整人与自然关系领域的运用。环境法学经常采用的传统法学研究方法主要有唯物辩证法、阶级分析法、经济分析法、历史分析法、价值分析法、实证分析法等。

（2）以生态学方法为主的综合分析方法。生态学方法，又称为生态学思维，是用生态学观点思考问题、研究现实事务。以生态学为主的综合分析法，是指环境资源法学所采取的各种与生态学方法有关的研究方法。以生态学为主的综合分析法的基本要求是：结合环境法的特点，借鉴和运用现有各种研究方法；在借鉴运用现有研究方法时，注意发挥和挖掘各种研究方法的新意，即对各种研究方法实行生态化。

（3）自然科学技术的研究方法。环境资源法学与许多自然技术有着紧密的联系，应该采用有关自然科学技术的研究方法。运用自然科学技术的研究方法来研究法学问题，提高法学研究水平，实现法学研究的现代化，是环境资源法学研究方法的一个特点。

五、论述题

1. 答案：环境资源法学，又称为环境法学或环境保护法学，是指研究环境资源法（简称环境法）这一新兴法律部门及其相关问题的学科。它是在法学与环境科学相互渗透的基础上形成的，它既是法学的一个分支，又是环境科学的一个分支。环境科学的产生早于环境法学，环境科学作为一门综合性学科，是指运用多学科的理论、技术和方法来系统研究环境问题的学科。环境法学与环境科学既相互联系又相互区别。

（1）环境法学与环境科学相互联系。环境法学是在环境科学产生并系统化之后应运而生的综合性、边缘性学科，因此环境法学的发展离不开环境科学。只有环境科学技术得到发展，人们对环境问题的认识才能深化，才能更加有效地利用和改造自然，减少或者避免对环境的污染或破坏，环境法学才能建立在科学的基础上。如果没有现代环境科学提供准确的数据信息、精确有效的监测手段，就无法制定有关的环境法规。与此同时，环境法学的发展也会为环境科学的进步提供强有力的法律保障，从而促使其朝着健康的方向发展。

（2）环境法学与环境科学相互区别。首先，虽然环境法学与环境科学存在密切的渊源，但两者毕竟是不同的学科，环境科学属于自然科学领域，环境法学属于社会科学，具体而言是法学领域。其次，环境法学与环境科学的研究对象不同，环境法学的研究对象是环境法这一新兴的法律部门以及人与自然的关系和与环境资源有关的人与人的关系。环境科学的研究对象是环境的运动变化规律及其与人类社会活动之间的关系等。再次，环境法学与环境科学的主要任务不同，环境法学的主要任务是对环境法以及人与自然的关系和与环境资源有关的人与人的关系进行研究，以合理利用资源和保护环境，促进经济社会的可持续发展。而环境科学的主要任务是研究人类活动与自然生态的关系，为国家制定相关的环境规划、政策及立法提供依据。最后，环境法学与环境科学在理念、研究方法、研究范式、理论体系等方面都存在很大的不同。

2. 答案：《环境保护法》的地位是指该法在一国法律体系中的位置。具体而言，它应包括两个方面的内容：其一是该法在某国立法体系中与其他法律文件相比较而言所处的位置，其二是该法在某国环境法体系中所处的位置。

在我国，划分基本法与普通法的标准是立法机关的立法权限。通常认为，由全国人民代表大会制定的法律为普通法。根据这个标准，《环境保护法》与《水法》《森林法》《水污染防治法》等一系列有关环境资源保护的法律都是由全国人大常委会颁布的，应该属于同一层次，不存在基本法与普通法的区别。依此理论，我国的《环境保护法》就不是基本法，其地位根本不可能同《刑法》《民法典》等法律相提并论。

但是，我国的《环境保护法》不仅应该

而且必须是一部环境资源保护基本法，它在我国环境法体系中占有核心地位，同时，在我国法律体系中也有重要的位置：

(1)《环境保护法》成为基本法是我国实施可持续发展战略的需要。我国若想保持经济社会的高速持续发展，必须实施可持续发展战略，这一现实决定了环境资源法在整个法律体系中只能是基本法，只有这样，它才能对其他的法律形成制约，使得经济的发展遵循法律规范的保障。否则，不利于可持续发展战略的全面实现。

(2) 环境资源立法的现状也要求确立《环境保护法》作为本部门的基本法。近年来，环境资源立法呈现出加速发展的趋势，涉及的内容越来越广，程度也越来越深，各项法律法规已具备相当大的规模，这就要求必须有一个能统领全部法规的基本法从整体上进行把握，而这一任务目前只有《环境保护法》才能胜任。

(3)《环境保护法》的内容和体系结构就是一部环境资源保护基本法。其调整的内容和范围涉及环境资源保护的整个领域，全面调整环境资源社会关系。它以统一的立法宗旨、立法目标规定了中国环境资源保护的基本原则和基本法律制度，对环境资源保护的基本内容作了系统规定，并确立了我国的环境管理体制。这是其他环境资源法规所不具备的。

(4)《环境保护法》所规定的基本原则和制度为其他环境资源保护法律法规的制定提供了法律依据。《环境保护法》的一个重要特点就是具有很强的纲领性。这不仅有利于保障我国环境资源保护法事业的长期稳定发展，也为制定其他单项法律、法规提供了依据。

总之，虽然《环境保护法》是全国人大常委会通过的法律，但并不影响其基本法的性质，更不能否认其作为基本法的地位与作用。

第四章　环境资源法的基本原则

重点知识讲解

重点知识一：预防原则

含义	预防原则是指对开发和利用环境行为所产生的环境质量下降或者环境破坏等应当事前采取预测、分析和防范措施，以避免、消除由此可能带来的环境损害。
内容	一是运用已有的知识和经验，对开发和利用环境行为带来的可能的环境危害事前采取措施以避免危害的产生；二是在科学不确定的条件下，基于现实的科学知识去评价环境风险，促使开发决策避免这种可能造成的环境危害及其风险的出现。
与谨慎原则的比较	谨慎原则是指当某些开发行为的未来影响具有科学不确定性的情形下，只要发生危害的风险存在着可能性，决策者就应当本着谨慎行事的态度采取措施。与预防原则相比，谨慎原则要求在科学的不确定条件下，认真对待可能的环境损害和风险，即使在科学不确定的条件下也必须达成一定的措施，尤其是不作为的措施。预防原则则是适用于所有环境利用活动的普遍性原则。
原则的适用	1. 合理规划、有计划地开发利用环境和自然资源。 2. 运用环境标准控制和减少生产经营活动向环境排放污染物。 3. 对开发利用环境和资源的活动实行环境影响评价。 4. 增强风险防范意识，谨慎地对待具有科学不确定性的开发利用活动。

重点知识二：协调发展的原则

协调发展原则的概念	环境保护同经济、社会发展相协调的原则简称协调原则，是指环境保护与经济建设和社会发展统筹规划、协调发展，实现经济效益、社会效益和环境效益的统一。社会、经济与环境协调发展的原则实际就是可持续发展原则。
协调发展原则的内容	1. 该原则正确反映了环境与发展的关系。环境与发展是相互制约、相互促进的对立统一关系。环境是资源，是经济社会发展的物质基础和必要条件。 2. 该原则突出了可持续发展的实质。可持续发展是从纵向历史过程对发展提出的要求，既满足当代人的需要，又满足后代需要的发展；协调是从横向关系对环境保护和经济社会发展提出的要求，既满足经济发展，又满足环境保护需要的发展。 3. 该原则体现了社会经济规律和自然生态规律的客观要求，确定了国家科学决策和宏观调控的重要地位。 4. 该原则是对人类、国家、集体和个人利益，眼前、局部和长远、整体利益的综合考虑。协调发展，实际上是对经济利益、社会利益和环境利益的协调，是对代内人类利益和代际人类利益的兼顾，是代内公平和代际公平的最佳结合。 5. 该原则明确了协调发展的基本要求。该原则的基本要求是经济、社会发展与环境保护相协调，统一实现经济效益、社会效益和环境效益。
协调发展原则的贯彻途径	1. 该原则作为国家活动的总体战略方针，应贯穿于各级政府的综合决策和计划调控之中。 2. 该原则作为环境法的目标，应贯穿于整个环境法体系和环境法治建设中。 3. 该原则作为环境政策的指导思想，应贯穿于各项具体政策、制度和行动计划中。

重点知识三：受益者负担原则

从污染者负担到受益者负担	污染者负担原则是根据经济学家有关“外部性理论”而在环境法上确立的具有直接适用价值的原则。必须采取措施使治理环境的费用（外部费用）由生产者或消费者承担，也即使外部费用内部化。具体做法就是，企业应当为排污损害环境而付出一定的费用用于治理环境，这就是污染者负担原则的本意。
费用负担的最终主体与受益者负担原则的提倡	1. 随着环境保护的概念从污染防治扩大到自然保护和物质消费领域，污染者负担原则的适用范围也在逐步扩大。 2. 从实际支付费用的主体看，因从原材料的加工、生产到流通、消费、废弃以及再生等各个环节都存在着分担费用的现象，污染者的概念范围也由企业扩大到所有的受益者。 因此，在学理上将污染者负担原则用受益者负担原则来表述更为恰当。
我国环境资源法上表现为“开发者养护、污染者治理原则”	开发者养护、污染者治理，是指在对自然资源和能源的开发和利用过程中，对于因开发资源而造成资源的减少和环境的损害以及因利用资源和能源而排放污染物造成环境污染危害等的养护和治理责任，应当由开发者和污染者分别承担。
适用	主要表现在环境保护的费用负担方面，并且各国相应地建立了环境费或者环境税制度。具体表现在以下几个方面： 1. 实行排污收费或者征收污染税制度； 2. 实行废弃物品再生利用和回收制度； 3. 实行开发利用自然资源补偿费或税制度； 4. 建立环境保护的共同负担制度。

重点知识四：公众参与原则

概念	公众参与原则是指公众有权通过一定的程序或途径参与一切与公众环境权益相关的开发决策等活动之中，并有权受到相应的法律保护和救济，以防止决策的盲目性，使得该项决策符合广大公众的切身利益和需要。
参与决策的公众（广义）的范围	对于参与有关环境和开发决策的公众范围的界定，各国一般采取的是“受到直接影响”和“存在利害关系”为其标准。一般包括：居民、各类专业人士、社会团体、与拟议行为有关的行政机关。
公众享有三个基本权利	被告知相关信息的权利；被咨询相关意见的权利；其意见被慎重考虑的权利。
适用	1. 在环境影响评价和其他涉及公众利益的许可程序中建立公众参与制度。 2. 建立决策信息公开与披露制度。 3. 鼓励各类非政府的环境组织代表公众参与环境决策。 4. 建立公众参与的司法保障制度。

重点知识五：协同合作原则

概念	协同合作原则，是指以可持续发展为目标，在国家内部各部门之间、在国际社会国家（地区）之间重新审视既得利益与环境利益的冲突，实行广泛的技术、资金和情报交流与援助，联合处理环境问题。
适用	1. 国家内部政府各部门之间的协同合作：一是生态环境部门与其他有关资源、能源以及经济等行政主管部门和公共事业管理部门之间的协同合作；二是各行政区划、各级人民政府之间的协同合作。 2. 管理者与被管理者及其与公众之间的协同合作。 3. 国际社会和国家之间的协同合作："共同但有区别的责任""发达国家承担主要责任""向发展中国家和地区提供新的、额外的资金"。

配套测试

一、单项选择题

1. 我国最早提出经济、社会与环境协调发展的战略方针是在（　　）

A. 1973 年第一次全国环境保护会议

B. 1978 年党的十一届三中全会

C. 1983 年第二次全国环境保护会议

D. 1992 年党的第十四次代表大会

2. 在改革开放的背景下，我国处理经济发展和环境保护的正确决策是（　　）

A. 经济发展优先

B. 环境保护优先

C. 经济与环境同步发展

D. 经济与环境协调发展

3. 将环境资源的开发、利用与保护、改善结合起来的中心环节是（　　）

A. 实行资源综合开发和区域综合开发整治

B. 大力推行可持续性的生产和消费方式

C. 建立健全环境政策体系、环境资源法规体系和环境资源管理制度

D. 制订并实施国土规划或环境资源开发整治规划

4. 在环境保护的综合调整机制中，属于市场调整机制主体的有（　　）

A. 政府组织

B. 营利性企业

C. 非政府组织

D. 非营利性组织

5. 我国对预防为主、防治结合、综合治理原则的真正重视，是从（　　）

A. 20 世纪 50 年代末 60 年代初开始的

B. 20 世纪 70 年代末 80 年代初开始的

C. 20 世纪 80 年代末 90 年代初开始的

D. 20 世纪 90 年代末 21 世纪初开始的

6. 为了解决造成环境污染者的责任问题，由 24 个国家组成的经济合作与发展组织环境委员会于 1972 年首次提出了（　　）

A. 利用者补偿原则

B. 开发者保护原则

C. 污染者付费原则

D. 破坏者恢复原则

7. 我国环境管理制度的核心是（　　）

A. 谁主管谁承担责任

B. 谁破坏谁承担责任

C. 谁污染谁承担责任

D. 谁受益谁补偿

8. 把环境权作为基本人权规定下来的国际性文件是（　　）

A.《世界人权宣言》

B.《我们共同的未来》

C.《可持续发展实施计划》

D.《人类环境宣言》

9. 在各种环境权中，最基础的环境权是（　　）

A. 公民环境权

B. 单位环境权

C. 国家环境权

D. 人类环境权

10. 国家环境权的行使主体是（　　）

A. 公民个人　　B. 国家

C. 国家机关　　D. 全人类

二、多项选择题

1. 下列关于经济、社会与环境协调发展原则的论述正确的是（　　）

A. 该原则突出了可持续发展的实质

B. 该原则正确反映了环境保护同经济、社会发展的关系

C. 该原则体现了社会经济规律和自然生态规律的客观要求

D. 该原则是对人类、国家、集体和个人利益，眼前、局部和长远、整体利益的综合考虑

2. “经济、社会与环境协调发展原则”与“可持续发展原则”的关系是（　　）

A. 二者的目的都在于保证未来社会的可持续发展

B. 二者都认为环境保护与经济、社会的发展是可以协调的

C. 前者是从纵向方面对发展提出的要求

D. 后者是从横向方面对发展提出的要求

3. 人与自然的四种主要关系是（　　）

A. 开发关系　　B. 利用关系

C. 保护关系　　D. 改善关系

4. 我国“三项建设”“三同步”“三统一”中的“三项建设”是（　　）

A. 法治建设　　B. 经济建设

C. 城乡建设　　D. 环境建设

5. 下列环境法制度中主要体现预防为主、防治结合、综合治理原则的有（　　）

A. 环境影响评价制度

B. 事前控制制度

C. 清洁生产制度

D. 源头控制制度

6. 贯彻预防为主、防治结合、综合治理原则的方法有（　　）

A. 搞好全面规划、合理布局和宏观调控

B. 对自然资源的开发者规定各种强制性的整治和养护责任

C. 建立健全各种环境管理法律制度

D. 综合运用各种环境保护管理的方法和手段

7. 我国预防为主、防治结合、综合治理原则的提出是针对（　　）

A. 环境问题的特点

B. 政治经济体制改革的需要

C. 改革开放基本国策的需要

D. 国内外环境管理的主要经验和教训

8. 下列关于环境责任原则的论述正确的是（　　）

A. 环境责任原则是“谁污染谁承担责任”“谁开发谁保护”“谁破坏谁恢复”“谁利用谁补偿”“谁主管谁负责”“谁承担谁负责”“环境保护由党政一把手亲自抓、负总责”等原则的概括

B. 明确了政府和污染源单位的不同责任

C. 目前，环境责任原则已经从污染者、破坏者、主管者的责任扩大到相关人员的合作责任、协作责任，从而形成了共同责任

D. 环境责任与环境利益的公平以及利益增进

9. “谁污染谁承担责任”的责任内容有（　　）

A. 污染者直接防治

B. 承担治理费用

C. 整顿环境

D. 依法购买排污权或排污指标

10. 国际上一般认为“污染者负担原则”中污染者应当承担的费用是（　　）

A. 消除污染费用

B. 损害赔偿费用

C. 污染预防费用

D. 防止公害费用

11. 下列环境权中属于公民环境权的有（　　）

A. 开发利用权

B. 日照权

C. 利用本国资源的主权权利

D. 景观权

12. 从理论上看，环境权是一个由多项子权利组成的内容丰富的权利系统，下列各项属于环境权子权利的有（　　）

A. 环境开发利用权

B. 知情权

C. 参与权

D. 请求权

13. 下列关于环境权的理解正确的是（　　）

A. 环境权是自然权利和道德权利的法定化

B. 环境权仅指基本环境权利而不包括基本环境义务

C. 环境权具有预防性、公益性、指导性和有限性等特征

D. 环境权是一种与多种基本人权或与社会经济性法律权利有关联的新型法律权利

三、名词解释

1. 预防为主原则

2. 损害环境者付费原则

3. 公民环境权

4. 环境法的基本原则（中国人民大学 2013 年、2017 年考研真题）

四、简答题

1. 简论风险预防原则。

2. 简论环境权。

3. 论述受益者负担原则。

4. 试论“谁主管谁负责”原则的意义及贯彻途径。

5. 试述我国环境保护法中预防为主、防治结合、综合治理的原则。

6. 简述公众参与原则。（中国政法大学 2012 年考研真题）

7. 简述环境保护同经济、社会发展相协调的原则。

8. 简述环境公平理论。

五、论述题

1. 论相邻权在环境法中的适用。

2. 论述环境权的“多元主体论”和“单一主体论”及其合理选择。

3. 试述公民环境权立法及政策。

4. 试述环境资源物权。

5. 试述环境资源合同。

6. 试述环境责任原则。

参考答案

一、单项选择题

1. 答案： C。社会、经济与环境协调发展的原则实际就是可持续发展原则。1973 年第一次环境保护会议只是强调“经济发展和环境保护，同时并进，协调发展”。1983 年年底召开的第二次全国环境保护会议制定了“经济建设、城乡建设和环境建设要同步规划、同步实施、同步发展，实现经济效益、社会效益和环境效益的统一”的战略方针，这次会议成为社会、经济与环境协调发展的原则发展的一个里程碑。

2. 答案： D。环境保护与经济发展是相互制约、相互促进的对立统一关系。社会、经济与环境协调发展说明了经济发展与环境保护应当协调进行，而不是同步进行。

3. 答案： D。环境资源的开发、利用与保护、改善相结合原则的贯彻实施需要从多方面入手，包括实行资源的综合开发和区域综合开发整治，大力推行可持续性的产生和消费方式，建立健全环境政策体系、环境资源法规体系和环境资源管理制度，制订并实施国土规划。但中心环节是制订并实施国土规划或环境资源开发整治规划。

4. 答案： B。要贯彻预防为主、防治结合、综合治理的原则，需要健全以政府组织为主的行政调整机制、以营利性企业为主的市场调整机制和非政府、非营利性组织为主的社会调整机制，并将这三种机制有机地结合起来。

5. 答案： B。我国对预防为主、防治结合、综合治理原则的高度重视，是从 20 世纪 70 年代末到 80 年代初开始，而且是从中国环境问题造成的损失和社会损害中认识到预防为

主原则的极端必要性的。

6. **答案**：C。为了解决造成环境污染者的责任问题，由24个国家组成的经济合作与发展组织环境委员会于1972年首次提出了“污染者付费原则”或“污染者负担原则”。

7. **答案**：A。谁主管谁承担责任即谁主管谁负责，是我国环境管理制度的核心，它确立了省长、市长、县长、镇长等行政区域首长对所辖区域环境质量负责和环境保护目标责任制度，确立了厂长、经理、承包者对其主管、承包的生产经营活动所产生的环境后果负责的制度。

8. **答案**：D。1972年6月，在斯德哥尔摩召开了联合国人类环境会议，会上通过的《人类环境宣言》提出，“人类环境的两个方面，即天然和人为的两个方面，对于人类的幸福和对于享受基本人权，甚至生存权利本身，都是必不可缺的”，“人类有权在一种能够过着尊严和幸福生活的环境中，享受自由、平等和适当生活条件和基本权利，并且负有保护和改善这一代和将来的世世代代的环境的庄严责任”。

9. **答案**：A。公民环境权，有的学者称为个人环境权，应当说，个人虽然主要是指公民，但范围要大于公民。在各种环境权中，公民环境权是最基础的环境权，它不仅是单位环境权、国家环境权和人类环境权的基础，也是实现个人财产权、劳动权、休息权、生存权、生命健康权等其他基本权利的必需条件。

10. **答案**：C。国家环境权的主体是国家，由于国家是一个抽象的概念，在实际生活中，国家环境权在法律上往往表现为作为国家代表的政府机关的权利。因此，国家环境权的行使主体实际上是国家机关，主要表现为国家行政机关即国家环境行政主管部门，如生态环境部等。

二、多项选择题

1. **答案**：ABCD。社会、经济与环境协调发展的原则突出了可持续发展的实质；该原则正确反映了环境保护同经济、社会发展的关系；该原则体现了社会经济规律和自然生态规律的客观要求，确定了国家科学决策和宏观调控的重要地位；该原则是对人类、国家、集体和个人利益，眼前、局部和长远、整体利益的综合考虑；此外，该原则还体现了协调发展的基本要求。

2. **答案**：AB。可持续发展是从纵向历史过程对发展提出的要求，既满足当代人的需要，又满足后代需要的发展；社会、经济与环境协调发展是指保护和经济、社会发展结合起来进行处理，协调发展是一种多头、并行的发展，是从横向关系对环境保护和经济社会发展提出的要求，既满足经济发展的需要，又满足环境保护的需要。二者的目的都在于保证未来社会的可持续发展。

3. **答案**：ABCD。环境资源的开发、利用与保护、改善相结合的原则实际上指出了人与自然的开发、利用、保护和改善这四种主要关系。并注意将这四种关系相互结合和协调，要同步规划、同步实施、同步发展。

4. **答案**：BCD。1992年我国召开的第二次全国环境保护会议制定了“经济建设、城乡建设和环境建设要同步规划、同步实施、同步发展，实现经济效益、环境效益和社会效益的统一”的战略方针，这就是我国的“三项建设”“三同步”“三统一”。

5. **答案**：ABCD。预防为主、防治结合、综合治理的原则主要体现在环境影响评价、源削减、清洁生产和综合管理思想上，它主张环境重视事前控制、源头控制和多种环境介质管理、全过程管理，它使管理从废物、末端管理扩大到产品、源头管理，是建立更加节约的环境管理法律制度的指导原则。

6. **答案**：ACD。搞好全面规划、合理布局、宏观调控是贯彻预防为主、防治结合、综合治理原则的关键；建立健全各种环境保护管理法律制度，是贯彻该原则的基本途径；综合运用各种环境保护管理的方法和手段，加强环境法治、管理、宣传、教育、科学、技术等各项工作，提高人们的环境资源保护意识、道德观念、科学技术水平、环境法治观念等是贯彻该原则的具体手段。

7. 答案：AD。工业发达国家在经济发展过程中，大体都走过了一条“先污染后治理”的道路，这给整个世界造成了严重的环境危机和经济危机，我国认识到不能走发达国家的老路，必须采取预防为主、防治结合、综合治理原则；另外，环境问题在时间上和空间上的可变性很大，而且环境污染和破坏一旦发生，往往难以消除和恢复，为防患于未然，也要采取预防为主、防治结合、综合治理原则。

8. 答案：ABCD。

9. 答案：ABD。“谁污染谁承担责任”原则是指造成环境污染的单位和个人对造成的污染承担责任，责任的内容包括污染者直接防治、承担治理费用、依法购买排污权或排污指标；“谁破坏谁承担责任”的责任内容有采取预防措施、整顿环境、治理破坏和恢复原状。

10. 答案：AB。国际上一般认为“污染者负担原则”中污染者应当承担的费用有消除污染费用、损害赔偿费用、治理污染源费用、恢复被污染环境的费用，而不包括污染预防费用、分担国内综合治理费用和防治公害费用。

11. 答案：BD。环境权经过多年的发展，目前已形成了个人（自然人）环境权（主要是公民环境权）、单位（法人）环境权、国家环境权、人类环境权、自然体的权利。按环境要素、环境功能或环境资源将个人环境权分为清洁空气权、清洁水权、风景权（景观权）、环境美学权、宁静权（静稳权）、眺望权、通风权、日照权、公园利用权、享有自然权等。单位环境权包括开发利用权、排污权、劳动环境权等。国家环境权包括开发利用本国环境、资源的主权权利，对国家管辖范围以外的人类共有资源和环境，各国有依照国际法享受开发、利用人类共有环境资源的权利。

12. 答案：ABCD。从内容上看，环境权包括环境开发利用权、知情权（信息权）、参与权和请求权。

13. 答案：ACD。由于所有的人都生活在自然环境中，都离不开大地、阳光和空气，因而环境权是一种自然法和道德权利，作为法律上的环境权必然是自然权利和道德权利的法定化；环境权并不仅是指权利，而是基本环境权利和基本环境义务的统一体，即环境权中的基本权利和基本义务具有不可分割性，这是环境权的重要特征；环境权还具有预防性、公益性、指导性和有限性等特征，这是由环境问题的特点和权利的性质所决定的；由于环境权主体广泛、客体多样、内容丰富，环境权与生存权、自然资源权、生命健康权、发展权、财产权、休息权、劳动权等许多基本人权或经济社会权利既有联系又有区别，是一种价值取向具有多重性的新型权利，属于第三代人权。

三、名词解释

1. 答案：预防为主原则，全称是预防为主、防治结合、综合治理的原则，是指国家在环境保护工作中采取各种预防措施，以防止环境问题的产生和恶化，或者把环境污染和破坏控制在能够维持生态平衡、保护人体健康和社会物质财富及保障经济、社会可持续发展的限度之内，而对已造成的环境污染和破坏积极治理的原则。

2. 答案：损害环境者付费原则又称为污染者付费原则或污染者负担原则，是指开发利用环境和资源或排放污染物，对环境造成不利影响和危害者，应当支付由其活动所形成的环境损害费用或治理其造成的环境污染与破坏。

3. 答案：公民环境权，是指每个公民都享有有益于生活和健康的适宜环境的权利，并对任何污染和破坏环境资源的行为都有权进行监督和干预。

4. 答案：环境法的基本原则，是指通过环境法规明确规定或者体现的，反映环境法基本理念、价值、特点和目的的，对环境资源工作或活动具有普遍指导作用的准则。

四、简答题

1. 答案：风险预防原则是指在环境资源保护工

作中，采取可能的各种预防措施，防止环境问题的产生；在遇到严重或者不可逆转损害的威胁时，不能以缺乏充分确定的科学证据为由，延迟采取预防措施防止环境恶化。风险预防原则强调在科学上存在不确定性的前提下，也必须采取预防措施，这是对预防为主原则的进一步深化。这一原则符合环境问题所具有的高度科技不确定性的特征。为此，必须在环境资源法中贯彻风险预防原则，以较小的经济代价取得较高的环境效益。

风险预防原则并不意味着削弱或者忽视对已经形成的环境问题的治理，而是要求在切实做到“防”的前提下，控制新的污染和破坏的发生，以集中力量治理老的污染。从环境资源法的功能来看，它也必须是立足于“防”，在“防”的基础上，根据环境问题的特点和自然规律，综合整治，改变过去那种单纯治理、单项治理的办法，强化环境资源管理手段和措施，真正解决环境问题，实现协调发展。

贯彻风险预防原则，可以采取以下措施：

（1）全面规划。全面规划就是对工业和农业、城市和乡村、生产和生活、经济发展和环境资源保护各方面的关系进行统筹安排和全面部署，通过计划的综合平衡，使得各项事业得以协调发展。

（2）合理布局。环境资源的污染和破坏同生产的不合理布局有重大的联系。因此，在经济建设过程中，要建立合理的城乡结构、生产结构、产业结构、生态结构以及城镇的布局结构。

（3）积极治理。制定和实施具有预防性的环境资源管理制度，强化环境资源的监督管理，加强环境监测，严格控制出现新的环境资源污染和破坏的情况，对已经造成的环境资源的污染和破坏，要积极进行治理。

（4）加强制度改革和制度创新。推广清洁生产工艺、最佳可行技术、最佳环境工程；广泛运用环境经济评估以改善环境质量；促进为降低风险提供备选政策方案的科学研究，尤其是要加强环境影响评估制度的执行。

2. 答案：作为一种新的社会主张和一种新的法律理论，目前法学界对环境权有不同的理解。根据各国法律的有关规定和环境权理论，可以将环境权界定为环境法律关系主体就其赖以生存、发展的环境所享有的基本权利和承担的基本义务，即环境法律关系主体有享用适宜环境的权利，也有保护环境的义务。

作为一种环境法律权利和法律理念，环境权具有以下特征：

（1）环境权是环境社会关系的反映和法定化，是自然权利和道德权利的法定化。说环境权是环境社会关系的反映，实际上是说环境权是人与人的关系和人与环境关系的反映。作为环境社会关系集中反映的环境权，它具有自然性、不可缺乏性、不可取代性、不可转让性和稳定性。

（2）环境权重的基本权利和基本义务具有不可分割性。环境权是基本环境权利和基本环境义务的统一，基本环境权利和基本环境义务具有相互依赖的关系，任何主体都必须享有基本环境权利和承担基本环境义务。

（3）环境权具有预防性、公益性、指导性和有限性等特征。所谓预防性，是指环境权重在预防，对人类环境重在防患于未然；所谓公益性，是指环境权建立在人们共享环境条件这个基础上，强调公益，具有公权之性质；所谓指导性，又称为母体性，即环境权对确定、推导其他具体环境权利和义务具有指导作用；所谓有限性，又称为相对性，是指环境权中的基本权利和基本义务，都有一个法律规定的、合理的限度。

（4）环境权是一种与多种基本人权或社会经济性法律权利有关联的新型法律权利。由于环境权主体广泛、客体多样、内容丰富、涉及人与自然两个方面，环境权与生存权、自然资源权、生命健康权、公益权、私权、发展权、财产权、休息权、劳动权、行政管理权等许多基本人权或经济社会权利既有联系又有区别，是一种价值取向具有多重性的新型权利。

从主体上看，环境权包括个人（自然人）环境权（主要是公民环境权）、单位（法人）环境权、国家环境权、人类环境权、自然体的权利。从内容上看，环境权包括环境开发利用权、知情权（信息权）、参与权和请求权。环境权中最重要最主要的两类权利是公民环境权和国家环境权。公民环境权是指公民有享用适宜环境的权利，它包括环境使用权、环境保护相邻权、环境人格权等。国家环境权的主体是国家，由于国家是一个抽象的概念，在实际生活中，国家环境权在法律上往往表现为作为国家代表的政府机关的权利。因此，国家环境权的行使主体实际上是国家机关，主要表现为国家行政机关即国家环境行政主管部门，如生态环境部等。

3. 答案：受益者负担原则或污染者付费、受益者补偿原则，是指在生产和其他活动中造成环境资源污染和破坏的单位和个人，应承担治理污染、恢复生态环境的责任。

单位和个人在其生产经营活动中利用环境资源取得了一定的经济利益，这些经济利益的一部分是以污染和破坏环境资源为代价的。这些单位和个人是污染和破坏环境资源的受益者。因此，必须明确受益者即污染和破坏环境资源者的环境责任，让他们承担治理污染、恢复生态环境的义务。受益者负担原则有利于单位和个人积极防治环境资源的污染和破坏；有利于环境资源的节约和合理利用，实现资源的永续利用，促进和保证经济与社会的可持续发展。

受益者负担原则的核心内容是“谁污染谁治理、谁开发谁养护”，具体表现为：

（1）结合技术改造防治工业污染，对工业污染实行限期治理；

（2）实行征收排污费制度和资源有偿使用制度；

（3）明确开发利用环境者的义务和责任等。实行谁污染谁治理、谁开发谁养护，目的在于强化人们的环境保护责任感并解决环境保护的资金渠道问题，它并不排斥污染和破坏环境者及其上级主管部门或者有关部门在保护和改善环境、防治污染和其他公害方面的责任，也不与各级人民政府承担的对全面环境质量负责的职责相悖。

贯彻受益者负担原则，主要采用以下几种途径：

（1）实行环境资源保护目标责任制。地方各级人民政府必须加强对环境资源保护工作的统一领导，有计划地解决有关环境问题。

（2）加强对承担经营活动的环境资源管理。承担经营土地、企业及其他经营活动，应同时承包保护环境资源的任务。

（3）制定并实施环境资源质量标准、污染物排放标准、生态标准和开发活动规程，建立健全环境资源评估和检测管理制度。

（4）建立和健全排污申报登记许可制度、排污收费制度、破坏环境资源补偿制度、限期治理制度、现场检查制度、“三同时”制度等有关制度，加强对排污制度和开发利用环境资源活动的监督管理。

4. 答案：“谁主管谁负责”是环境责任原则的一个重要方面。所谓环境责任原则是指导致环境问题的主体承担责任并建立相应的环境责任制度的一项环境法基本原则。谁主管谁负责原则是谁主管谁负责、谁承包谁负责、谁管辖谁负责的统称。谁主管谁负责是指：行政区的首长对该行政区的环境质量负责，如省长、市长、县长、镇长、乡长对本省（市、县、镇、乡）的环境质量负责；企业、事业单位的法定代表人（如厂长、经理等）对本单位的环境保护负责；承包人对所承包的生产、建设和经营活动的环境保护负责。

谁主管谁负责原则是我国环境管理制度的核心，它确立了省长、市长、县长、镇长等行政区域首长对所辖区域环境质量负责和环境保护目标责任制度，确立了厂长、经理、承包者对其主管、承包的生产经营活动所产生的环境后果负责的制度。

贯彻谁主管谁负责原则的基本途径，是制定并实施体现该原则的法律措施和法律制度，即通过有关环境立法、守法和执法活动来贯彻。首先，应该建立健全环境保护目标责任制。地方各级人民政府必须加强环境保护工作的统一领导，制定措施，有计划地解决环境问题，切实对本辖区的环境质量负起责任。环境保护目标的完成情况应作为评定政府工作成绩的依据之一，并向同级人民政府人民代表大会和上一级政府报告。市长、县长在任期内要向上级政府签订责任书。其次，应该建立健全单位环境保护责任制和考核制。单位负责人，如厂长、经理等，作为企业的法定代表人或单位领导，负有“认真搞好环境保护”的责任，厂长任期内实行的目标责任制应包括防治环境污染和破坏的内容。再次，要加强对承包经营活动的环境管理。承包经营土地、企业和其他承包经营活动，应同时承包有关的环境保护任务。最后，建立健全其他环境责任制度和各种环境保护监督管理的法律制度。如排污申报登记许可制度、排污收费制度、破坏环境资源补偿制度、限期治理制度等。

5. 答案：预防为主、防治结合、综合治理的原则又称为污染综合防治原则，是指对污染的整体的、系统的、全过程的、多种环境介质的防治。

实行预防为主、防治结合、综合治理原则的原因在于：一方面，我国吸取了发达国家“先污染后治理”的经验教训，必须采取预防为主、防治结合、综合治理原则；另一方面，环境问题在时间上和空间上的可变性很大，而且环境污染和破坏一旦发生，往往很难以消除和恢复，为防患于未然，必然也要采取预防为主、防治结合、综合治理原则。

实行预防为主、防治结合、综合治理原则主要包括以下内容：

(1) 该原则明确了防与治的辩证关系，是先进的环境保护战略和科学的环境管理思想的体现。防与治都是保护环境的方法和措施，两者相互联系并在一定条件下可以转化，从总体上看，应以预防为主。

(2) 该原则针对环境问题的特点，明确了防治环境问题的基本方法和措施。

(3) 该原则集中了当代环境保护和环境管理思想的精华，使环境保护战略、环境管理思想更加全面、完整和科学。该原则主要体现在环境影响评价、清洁生产和综合管理思想上，它主张环境法重视事前控制，源头控制和多种环境介质管理、全过程管理，它使环境管理从废物、末端管理扩大到产品、源头管理，走集约化、内涵扩大再生产的道路。

(4) 该原则是建立健全环境管理法律制度体系的指导原则。该原则要求将有关预防、治理、管理污染的各种措施和制度结合起来，将末端控制和源头控制、废物控制和产品控制的措施和制度结合起来，建立健全环境影响评价、综合决策、清洁生产、综合利用、排污申报、污染集中治理、排污收费、排污许可证、排污指标转让等各项制度。

(5) 该原则明确了科学不确定性与环境保护实际行动的关系，是当代科学技术的产物。

贯彻预防为主、防治结合、综合治理原则的途径主要有：①搞好全面规划、合理布局、宏观调控是贯彻预防为主、防治结合、综合治理原则的关键。②建立健全各种环境保护管理法律制度，是贯彻该原则的基本途径。③综合运用各种环境保护管理的方法和手段，加强环境法治、管理、宣传、教育、科学、技术等各项工作，提高人们的环境资源保护意识、道德观念、科学技术水平、环境法治观念等是贯彻该原则的具体手段。

6. 答案：公众参与，是指生态环境的保护和自然资源的合理开发利用必须依赖社会公众的广泛参与，公众有权参与解决生态问题的决策过程，参与环境管理并对环境管理部门以及单位、个人与生态环境有关的行为进行监督。

(1) 公众参与原则的内容。第一，立法赋予公众监督环保的权利与义务，确立环境权。公民的环境权是指公民有权在适宜的、舒适的环境中生活，是一项基本权利。第二，营造环保氛围、加强环保教育，提高公众的环保意识与法治观念。环保事业起步较晚，公众对环境问题的了解比较缺乏，只有通过宣传教育使公众认识到环境的好坏与自己的切身利益相关，才能树立起保护环境人人有责的良好社会风气，把保护环境变成全体公民的自觉行动。第三，每个公民都有权对环保行政机关所持有的环境信息进行适当的获得和利用，即环境知情权。应保证公众获得各种环境资料的权利，包括公众所在国家、地区、区域环境状况的资料，公众所关心的开发建设活动、生产经营活动可能的环境影响及其防治对策的资料等，使公众了解环境决策过程和环境信息。

（2）公众参与原则的意义。公众参与原则的目的是保证行政机关合理行使权力，减少环境污染与经济利益之间的矛盾，保障各种环境法律制度得以顺利有效地实施，它有利于解决和处理广泛存在的普遍环境问题，实行对环境问题的全过程及全方位管理，所以它有着十分重要的意义。

第一，在良好环境下生存是每个公民的权利，公众参与环境保护能够发挥公众积极性、主动性和创造性，使其参与到环境保护工作中。环境是影响人类生存和发展的根本因素，人人享有在良好、舒适、清洁、安静的环境中生活的权利，这是保障公民生命健康的首要条件，也是公民环境权内容的重要组成部分。

第二，国家单方面对环境的监管必然会出现灰色地带，公众参与环境管理可以增加政府决策与管理的公平、公开、公正。公众只有通过参与环境事务，才能了解和掌握环境资源信息，监督环境资料的执法，保护自身的环境权益。

第三，公众参与有利于可持续性发展。1992年联合国在巴西里约热内卢召开的环境与发展大会上通过的《21世纪议程》认为“公众的广泛参与和社会团体的真正介入是实现可持续发展的重要条件之一”。

第四，环境保护事业的公益性和群众性得到了各国政府的认可。实践证明，公众参与环境管理有利于推动整个环境保护事业的发展。

7. 答案：环境保护同经济、社会发展相协调的原则简称协调原则，是指环境保护与经济建设和社会发展统筹规划、协调发展，实现经济效益、社会效益和环境效益的统一。社会、经济与环境协调发展的原则实际就是可持续发展原则。

环境保护同经济、社会发展相协调的原则反映了当代世界文明进步成果的不断累积和深化，是中国环境、经济、社会工作的基本出发点和战略方针，包括十分丰富的内容，概括起来主要表现在如下几个方面：

（1）该原则正确反映了环境保护同经济、社会发展的关系（简称环境与发展的关系）。环境与发展是相互制约、相互促进的对立统一关系。环境是经济社会发展的物质基础和必要条件，保护环境就是保护生产力，就是保护经济和社会赖以发展的物质基础，环境资源问题可以直接影响、制约经济、社会发展的方向和速度，只有搞好环境保护，社会经济的发展才能持续。该原则的实质是人与环境的共同、协调发展，是人与环境发展的一体化。

（2）该原则突出了可持续发展的实质。可持续发展是从纵向历史过程对发展提出的要求，既满足当代人的需要，又满足后代需要的发展；协调是从横向关系对环境保护和经济社会发展提出的要求，既满足经济发展，又满足环境保护需要的发展。实际上，可持续发展就是环境保护与经济、社会协调发展，是人与自然和谐、平衡的稳定发展。

（3）该原则体现了社会经济规律和自然生态规律的客观要求，确定了国家科学决策和宏观调控的重要地位。社会、经济与环境协调发展原则的基本要求，是使发展立足于环境之上而又不超过环境的承载能力、环境保护立足于社会经济条件而又不能超出社会经济承受能力，这反映了社会经济规律、自然生态规律的客观要求。

（4）该原则是对人类、国家、集体和个人利益，眼前、局部和长远、整体利益的综合考虑。协调发展，实际上是对经济利益、社会利益和环境利益的协调，是尽可能持续地保持和维护最佳的综合利益和效益，是对代内人类利益和代际人类利益的兼顾，是代内公平和代际公平的最佳结合。

(5) 该原则明确了协调发展的基本要求。该原则的基本要求是，经济、社会发展与环境保护相协调，统一实现经济效益、社会效益和环境效益。

环境保护同经济、社会发展相协调的原则的贯彻途径有：

首先，该原则作为国家活动的总体战略方针，应贯穿于各级政府的综合决策和计划调控之中。该原则应作为指导综合决策的基本原则，促进建立健全综合决策机制和协调管理机制；该原则作为市场经济目标，还应该贯穿于国家计划调控之中，要求国家调控要统筹兼顾、全面规划。

其次，该原则作为环境法的目标，应贯穿于整个环境法体系和环境法治建设中。

最后，该原则作为环境政策的指导思想，应贯穿于各项具体政策、制度和行动计划中。

8. 答案：环境公平，是指每一个公民都有权平等地利用和享有公共环境资源，每一个公民都有义务维护公共环境资源的质量，每一个公民都应当对自己危害公共环境质量的行为承担责任。环境公平包括环境权利公平、环境机会公平、环境分配公平和环境人道主义公平等内容。环境权利公平，是指每一个人都具有平等的生存权、发展权、环境权和其他环境权益，主要是指公民环境权平等。环境机会公平，是指满足人对环境资源的不同层次的需要和不同的人对环境资源的不同层次的需要以利于发挥每个人的潜能。环境分配公平，是指法律在配置环境资源时或政府在分配环境资源时，必须公平。环境人道主义公平，是指对于弱势群体、弱者，要实行照顾弱者、扶持弱者的政策，为其生存发展提供基本的环境资源条件。

环境公平不同于传统公平之处是扩大了公平的范围，环境公平包括代内公平、代际公平、区际公平和种际公平（或物种公平），其中种际公平是最能体现环境公平特色的内容。区际公平包括：第一，在国际上，发达国家、地区和发展中国家、地区之间要实现公平。第二，在国内，东部沿海地区和中、西部地区之间要实现公平；城市和乡村之间要实现公平。代内公平是指：处于同一代的人们和其他生命形式对来自资源开发以及享受清洁和健康的环境这两个方面的利益都有同样的权利。代内公平既体现在一个国家也体现在国际社会。代际公平被定义为人类所有各代有权利继承与人类第一代所享受的同样的或改善的“地球的健康”和繁荣。种际公平是指：人要尊重自然，热爱大地，保护环境；动物和其他非人生命体应该享有生存权利；人与非人类生命体物种之间要实现公平。

可持续发展条件下的环境公平的实现途径有：

(1) 实施生态补偿机制。生态补偿机制是指动用国家的宏观调控、法律、市场调配等手段解决享有环境权利的不公。建立生态补偿机制就是要根据不同地区不同的资源、人口、经济、环境总量来制定不同的发展目标与考核标准，让生态脆弱的地区更多地承担保护生态而非经济发展的责任。

(2) 建立国家产业补偿制度。这是要解决末端产业对于源头产业的利益补偿；解决第二、三产业对于第一产业的利益补偿；解决成品产业对于资源产业的利益补偿。补偿手段应依照资源价格和机会价格，对整个产业体系实施合理的利益分配。

(3) 大力发展循环经济。循环经济是一种新的经济发展模式，是人们模仿自然生态系统的物质循环和能量流动规律所建构的经济系统，并使得经济系统和谐地纳入自然生态系统的物质循环过程中。

(4) 积极发展可再生能源。

(5) 加强环境维权制度。

(6) 保障公众参与制度。环境公平的核心应是要求社会强势群体承担更大的环境责任，要求政府给社会强势群体施加压力，以求保护社会弱势群体的环境权益。环境公平应当成为环境立法的一项基本原则，环境侵权损害的赔偿、补偿应当成为今后环境立法的重点。

五、论述题

1. 答案：民法上的相邻关系，是指两个或两个以上相毗邻的不动产所有人或使用人因对各自所有或占有的不动产行使权利而发生的权利义务关系。相邻关系从权利角度而言，即为相邻权，是相邻不动产所有人之间因一方所有人的自由支配力与他方所有人的自由排他力相互冲突时，为谋求共同利益，调和冲突而依法直接确认的权利的总称。相邻权的实质是所有权的限制或扩大。环境保护相邻权是指基于环境保护的客观要求而发生的一定范围内的相邻关系，是环境法律关系主体具有享受的权利和承担的相应义务。环境保护相邻权是一种邻地损害防免权。

相对于相邻权，环境保护相邻权有如下特点：

(1) 相邻范围扩大。传统的相邻权是以不动产的相互毗邻为前提而存在的，环境保护相邻权则不一定是严格的土地的连接，而主要是环境法律关系主体基于环境的生物性、地理上的整体性、生态的连锁性和环境影响的广泛性而发生的更大范围的相邻。

(2) 内容的广泛性。较之于传统的相邻权，环境保护相邻权的内容更加广泛。传统民法上的相邻防污关系、防险关系，指的是直接污染或直接危险；环境保护相邻的防污关系、防险关系还包括间接污染及间接危险。

(3) 客体的生态性。环境保护相邻关系的客体为相邻主体为充分利用其不动产所享有的利益，只不过这种利益具有生态属性，是因为各种环境要素对于主体的一种特定利益。

(4) 利益的多元性。传统相邻关系是一种利益衡平关系，主要调节相邻不动产所有权人或使用人之间的经济利益；环境保护相邻权主要考虑的不是怎样利用环境要素才更具有经济利益，而是怎样才能满足人类生存的基本需要。

(5) 权利的复合性。环境保护相邻权的复合性表现在：物权调整规范与行为禁止规范的复合；私法权利形态与公法权利形态的复合；财产性权利形态与人格性权利形态的复合；法定性权利与约定性权利的复合。

从义务的角度而言，环境保护相邻关系对主体的限制主要体现在两个方面：

一是应有的注意义务。所谓应有的注意义务，是指环境保护相邻关系的主体有义务采取一切应有的措施，以防止域外环境污染而侵害其他相邻权的主体，以及在发生污染时采取必要的规避措施，清除、治理污染，以减少损害。

二是权利滥用的禁止。所谓权利滥用是指处于环境保护相邻关系中的一方主体行使自己的权利，超出应有的注意义务所要求的范围，从而侵害另一主体的环境权益的行为，权利滥用作为一种侵权行为，是为法律所禁止的。

从权利的角度而言，环境保护相邻权的设定，是对相邻关系主体权利的扩大，这种扩大的权利以法律规定为范围，一般来说，环境保护相邻权在法律上体现为请求环境污染损害赔偿权、停止请求权和环境保护自卫权。①

2. 答案：环境权的主体是环境权研究中争论较大的问题。由于对环境权内涵的不同界定，也就形成了不同的对环境权主体的认识。当前我国形成的环境权主体理论主要有两种：单一主体论和多元主体论。

单一主体论，又叫作公民环境权论，这是我国当前关于环境权主体理论的主流观点。单一主体论又可以分为两类：(1) 狭义的“公民环境权”论，代表人物为吕忠梅教授，该论有如下特点：一是环境权主体限于公民；二是环境权是现代法治国家公民的人

---

① 吕忠梅、高利红、余耀军：《环境资源法学》，科学出版社2004年版，第89~94页。

权；三是环境权应私权化，并作了详细的实体法和程序法上的制度构建：这些新的法律制度便是环境保护相邻权、环境人格权和环境侵权行为及其救济制度的确立。（2）广义的“公民环境权”论。该论有如下特征：一是权利主体为全体人民，它不仅包括公民、法人及其他组织、国家乃至全人类，还包括尚未出生的后代人；二是环境权是一项新型人权。“公民环境权”论的共同之处在于承认环境权是公民的一项基本人权。区别主要有两点：一是在主体上，有的学者主张严格限于公民；有的学者则认为主体除公民（个体）外，还包括人的各种结合形式。二是在环境权实现上，有的学者主张环境权私化，有的学者则认为可以放到各个部门法中去具体化，它既可以通过国际法、国家宪法以宣言形式的规范对其作出概括性规定，也可以通过行政法、民法、经济法、刑法等部门法将其具体化，而作为列举性规定，从而使其得到更加周密和完整的保护。

多元主体论，又叫作综合环境权论。该主张有如下特点：一是有法律上的权利义务；二是主体广泛：公民、组织、国家、自然体人类都享有环境权；三是权利不分性质，只要法律规定与环境有关都是环境权，如国家环境行政管理权、公民环境权。

单一主体论和多元主体论的共同点在于都认为公民是环境权的主体；区别在于多元主体论除了公民之外，还包括单位、国家、人类。

权利的主体首先应当是法律关系主体，只有参加到法律关系中来，才有可能享有法定权利，才有可能成为权利主体。环境权的主体，首先应当属于权利主体的范畴，应当具有权利主体的一般特征。但环境权又有别于权利范畴下的其他权利（如政治权利、经济权利和民事权利），环境权的主体也应当具有自己独特的特征。环境权主体应具有如下特征：第一，环境权的主体是能够参与到环境法律关系中来的主体。只有参与到环境法律关系中来，才有可能享有权利、承担义务，才有可能成为环境法律关系主体，才有可能成为环境权主体。第二，环境权的主体应当是在环境法律关系中享有权利和承担义务的主体，并以权利为本位，即其所附义务为其权利实现服务。第三，环境权的主体是基于对环境的保护和资源的开发利用来谋求自身发展而享有权利的主体。第四，环境权的主体所享有的权利内容应是广泛的，形式应是多样的，即涉及对环境要素的各项权利，不仅为实体性权利还包括程序性权利。因此，可以给环境权的主体这样一个界定：参加到环境法律关系中的基于对环境的保护和资源的开发利用来谋求自身发展而享有内容广泛、形式多样的权利的主体。因此，在环境权主体的选择上，应当选择多元主体论。具体来说，环境权的主体包括公民、单位、国家和人类，目前的情况下应当排除自然体作为环境权的主体。即环境权包括公民环境权、单位环境权、国家环境权、人类环境权。

在整个环境权体系中，公民环境权是基础，确认公民环境权将有利于公民更好地参与环境保护与管理；处于公民与国家环境权之间的法人及其他组织环境权是公民环境权的自然延伸，它的建立将有助于法人及其他组织环境保护责任制度的健全，促进社会发展和环境保护的协调；国家环境权则既为公民、法人及其他组织环境权的发展起指导作用，又为国家参与国际环境保护提供法律依据；而人类环境权是一种代际权或多代人的权利，反映了当代人和子孙后代的共同利益和愿望，它是环境公平或环境正义原则的产物。在国际环境合作与保护中发挥着极其重要的作用。可见，公民、法人及其他组织、国家、全人类环境权四者基于人、人的特定结合体或人的整个类的特性位于同一历史延长线上，它们是一脉相承、缺一不可的。①

① 王良海：《环境权理论与思考》，载《西南政法大学学报》2005年第5期；吕欣、李杰赓：《环境权主体研究》，载《当代法学》2005年第6期；周岚：《环境权主体探析》，载《莆田学院学报》2004年第2期。

3. 答案： 公民环境权是最基本的环境权，是整体性与个体性、长远利益和眼前利益、权利与义务的统一，因此公民的环境权有两重属性：既有私益性，又有公益性。作为新型的法律权利，把公民环境权的权利定位在实体性权利和程序性权利上，必须在法律上明确环境权，将环境利益变成环境权利，使相应的利益主体变成权利主体。

（1）加强对公民环境权的立法完善。

其一，确立公民环境权的宪法地位，使其从应有权利转化为法定权利。公民环境权是环境的立法之本，是环境法的核心问题，它的宪法化使环境保护作为国家的任务和职责有了出发点，使环境法保护获得明确、直接的宪法依据，我国应在宪法和环境保护基本法中确立环境权概念，以保证环境权的实现。

其二，拓宽公民对环境行政的参与渠道，保障公民的环境知情与环境参与和监督权。首先，要做到环境信息公开化。其次，要实行环境政务公开，即环境行政主管部门向公众公开执法依据、环境政策、办事程序、环境标准、收费项目和标准等公务内容。再次，应当通过听证会、讨论会、问卷调查等形式使公众参与环境管理部门对环境纠纷的处理、参与污染性企业、设施的设厂审批等决策过程。最后，应当通过立法的形式将公众参与的形式、途径等加以确定，使公民参与环境保护与管理的权利受到法律的保护。

其三，注重补充在环境权的救济这方面的相关内容，建立环境纠纷的处理制度。一是公民参与诉讼的程序要尽量简化，并使用公力救助的方式帮助公民获得支持或证据，倡导环境团体诉讼的方式；二是完善环境监督诉讼制度；三是完善现行环保行政诉讼制度。

（2）加强各级政府和行政主管部门的宏观调控能力。我国环境保护法律、法规赋予了各级地方人民政府及环境行政主管部门管理环境的权利。随着我国市场经济的进一步深入发展，政府的职能更应定位在对社会的宏观调控上，各级人民政府及生态环境主管部门应在自己的职能范围内真正起到领导者和管理者的作用，进一步强化政府管理环境的能力，完善各种责任机制，并把环境保护目标责任的实施情况作为考核政府政绩的重要指标；环境行政审批实行听证制度，以增加透明度；在条件成熟时引入国家赔偿制度，即在政府环境决策出现重大失误，造成环境严重污染或破坏，对公众环境权造成严重威胁时，公民和组织有权提起国家赔偿诉讼等。

（3）行政主体必须树立真正的法治观。行政主体应该形成服从法律、尊崇法律的思想，保证现行环境法治的切实顺利实施。要积极解决行政主体权限争议和不作为，对行政机关之间的权限应进一步细化，确立政府统一指导，环境部门协调水利、林业、卫生、质检等行政部门关系的环境行政体制，同时，协调各政府间的环保工作，坚决杜绝地方保护主义。

（4）公众应该树立良好的环境意识。公众环境意识是公众参与环境管理的前提条件，要使公民树立环境意识，就要利用各种新闻媒体、教育手段，开展环保宣传教育，从而使环境道德深入人心。①

4. 答案： 物权法是与环境资源的经济价值与生态价值和其他非经济价值直接相关的规范体系。但是，传统物权法并未将环境资源的生态价值和其他非经济价值融入其概念以及制度之中，这样才导致了环境问题的产生。

所谓物权法生态化是指整合物的经济价值与生态价值和其他非经济价值，并将环境保护义务纳入物的概念之中的过程。它包括物的概念拓展、新的物权制度的建立以及已有物权制度的更新等内容。

将物权法生态化定义为“整合物的经济价值与生态价值和其他非经济价值，并将环境保护义务纳入物的概念之中的过程”的时

---

① 李凝：《论中国公民环境权实现的障碍及其对策》，载《湖南农业大学学报（社会科学版）》2005年第6期。

候，已经隐含了一个前提，即只有能够纳入物的概念的环境利益才是物权法上的利益。(1) 物权立体化：一种新的定义方法。物具有生态功能和经济功能，这两种功能是可以同时并存于一种价值之中的。物的所有者在行使物的经济功能的时候必须将物的生态功能纳入考虑的范畴。(2) 环境资源的特定化。环境资源具有形式和内容上的双重含义，对生态功能而言，生态功能是内容，物质形态是载体。而对经济功能而言，物质形态既是形式又是内容。由于环境资源具有可感知性和可控制性，故其可以成为可特定化的物。

生态性物权实际上是通过功能定义法将物的生态功能与经济功能进行整合的新型物权，它的实质是在传统物权对物的经济功能加以界定的基础上增加了对物的生态功能的肯定，为了与一般物权相区别，将其称为环境物权。它具有如下特征：(1) 环境物权是一种无体物权或无形物权，即从物理学意义上讲，它是不具备固体、液体或气体形态的。环境资源的生态功能表现为环境容量，它无实体形态。(2) 作为无体物权，环境物权的标的和表现形态不同于一般物权。它的标的不是实物形态，而是环境容量和自然景观等无体功能和价值。(3) 环境物权具有从属性。环境物权的客体特征表明，它在一定程度上依托于环境资源的实物形态；或者说，离开了环境资源的实物形态，环境物权无法独立存在。

从环境物权的特征得知，构建生态性物权制度必须通过两种方式进行：法律解释的方式和建立新的物权制度。其中，建立新的物权制度又包括规定新的环境使用权、生态性准物权或对传统的所有权施与生态限制。由此，可以得出对中国物权法生态化的几点建议：一是在总则中增加权利人负有环境保护的义务的原则规定，为法律解释留下空间。二是增加有关法律解释的标准条款。三是借鉴德国民法中的准物权或附属物权制度。在物权法中直接规定环境用益权以及对所有权予以生态性限制，并为物权法和环境资源法的协调留下空间。①

5. 答案： 环境资源合同简称为环境合同，是指国家与个人以及个人与个人之间就环境资源使用权的确定和转移达成的协议。环境合同是一种形式化的合同，是确定包括国家在内的各方当事人在环境资源使用中的权利义务的一种方式。

(1) 环境合同的外观。环境资源法在协调环境资源的公共性所要求的国家管理意志与私人性所要求的个人意志时，可以借助合同这一外在形式，建立统一的环境合同制度，以实现环境法的目标价值。在环境法实践中，已经出现了环境使用权交易、旅游资源利用、水权转让等利用合同制度的做法。

由于合同可以作为一种融合国家意志和个人意志的形式，那么环境资源的公共性和私人性矛盾在一定范围内应该可以借助合同制度加以解决，从而使环境法引入合同制度成为可能和必要。

(2) 环境合同的本质在于国家意志和个人意志的平衡。一方面，国家意志在环境合同中处于基础性地位，对个人意志的限制需要通过确定国家意志的优先地位来实现，国家意志作用范围决定着个人意思自治领域的大小。另一方面，国家意志又不能完全排斥个人意志在环境合同中发挥作用。国家意志在环境合同中主要体现为国家管理权的行使。国家或政府在环境合同中取得具体权力（利）的基础是国家环境管理权，其范围和界限也决定着国家意志在环境合同中的实现程度。国家环境管理权首先是对环境资源这一客体的管理权，其次是对相关个人的管理权。国家环境管理权从对环境资源进行管理的角度考察，包括环境所有权、环境规划权、环境监督权。环境合同中个人的意思自治是有限的意思自治，其范围的外在表现就是公民环境权的界限。从理论上讲，公民环境权至少应当包括环境使用权、知情权、参与权和请求权。

(3) 环境合同的主要类型。政府与私人之

① 吕忠梅：《论环境物权》，载《人大法律评论》2001年第1期。

间就环境资源使用权的转移达成的协议称为环境分配合同，是环境合同的第一类型。环境分配合同仅是对环境资源的使用权从政府转移到私人这一过程中双方的权利义务进行明确的一种形式，具体的权利义务内容由双方根据具体情况商定。私人与私人之间就环境资源使用权的转移达成的协议称为环境消费合同，是环境合同的第二类型。此处的消费是指广义的消费，包括生产消费和生活消费。

(4) 环境合同的基本构架。第一，环境合同的主体。环境合同的一方主体是国家，通常是各级政府的专门环境保护机关或履行环保职责的其他机关，有时可能是中央或地方政府本身。另一方主体是私人。私人在环境合同中的地位，其一是直接与政府签订合同，其二是与其他私人签订合同，但要受到国家的监督和管理。第二，环境合同的客体。环境合同的客体可以界定为环境资源。就国家环境管理目的而言，涉及整体的环境资源；而就单个的环境合同而言，则是特定化的生态性物、环境容量或生态旅游资源。第三，环境合同的订立与生效。与一般合同相比，书面形式应当是环境合同的成立要件。第四，环境合同的履行。在环境合同的履行中，国家具有优势地位。

6. 答案：环境责任原则是“谁污染谁承担责任”“谁开发谁保护”“谁破坏谁恢复”“谁利用谁补偿”“谁主管谁负责”“谁承包谁负责”等原则的概括，是使导致环境问题的主体承担责任并建立相应的环境责任制度的一项环境法基本原则。其主要内容和意义有：

(1) 谁污染谁承担责任。谁污染谁承担责任与欧盟的污染者付费原则相似，是指污染环境资源者必须承担恢复、整顿、治理环境资源的责任。这里的“谁”是指造成环境污染的单位和个人包括企事业单位、外资企业、个体企业和个人，责任的内容，包括采取防治措施、对污染源的治理和对被污染了的环境的治理；承担责任的方式，包括污染者直接防治、承担治理费用、依法购买排污权或排污指标。谁污染谁承担责任是中国污染防治政策的核心，它确立了污染者承担治理污染责任、缴纳排污费和污染物处理设施费等制度。

(2) 谁破坏谁承担责任，是谁开发谁保护、谁破坏谁恢复、谁利用谁补偿的简称。这里的“谁”是指开发利用环境资源并造成环境破坏的单位和个人，责任的内容，包括采取防治措施、整顿环境、治理破坏和恢复原状；承担责任的方式，包括开发利用者或破坏者直接采取保护措施、整顿环境、承担整治费用或支付补偿费用。谁开发谁保护、谁破坏谁恢复是我国资源保护、自然保护政策的核心，它确立了开发利用自然资源者承担自然保护责任、对环境破坏进行整治的制度。

(3) 谁主管谁承担责任，该原则是谁主管谁负责、谁承包谁负责、谁管辖谁负责的统称。这里的“谁”，对一个单位来讲是指单位负责人或单位的法定代表人，对一个行政区来讲是行政区人民政府首长，对承包活动来讲是承包者。这里的责任，分别是指保护环境的责任和对本行政区的环境质量负责。谁主管谁负责是指行政区的首长对该行政区的环境质量负责，如省长、市长、县长、镇长、乡长对本省（市、县、镇、乡）的环境治理负责；企业、事业单位的法定代表人（如厂长、经理等）对本单位的环境保护负责；承包人对所承包的生产、建设、经营活动的环境保护负责。谁主管谁承担即谁主管谁负责，是我国环境管理制度的核心，它确立了省长、市长、县长、镇长等行政区域首长对所辖区域环境质量负责和环境保护目标责任制度，确立了厂长、经理、承包者对其主管、承包的生产经营活动所产生的环境后果负责的制度。

第五章　环境基本法与环境资源基本法律制度

重点知识讲解

重点知识一：环境标准制度

环境基本法概述	环境基本法也称为综合性环境基本法，是指在一国环境与资源保护法律体系内，由国家立法机关制定的、与单项环境与资源保护法律相对应处于最高位阶的、包含国家环境政策、目标、基本原则和基本制度在内的综合性环境保护法律。《环境保护法》相当于我国的环境基本法。
环境基本法的地位和作用	1. 环境基本法在环境与资源保护法律体系中处于高位阶。 2. 环境基本法确立了国家环境与发展关系的基本准则。 （1）环境基本法立法在调整对象、调整范围以及法律规范等的内容上的合理定位，是处理和解决好环境基本法与单项环境与资源保护法律相互关系以及在实施中正确适用法律的关键。 （2）从法律条文上考察，环境基本法的篇幅一般较为简短，目的主要在于确立国家综合性环境保护方针策略、调整环境与发展的关系、明确政府的环境责任、设立专门的环境问题对策委员会以及确立有关环境纠纷在处理上的法律适用问题。 （3）从法的规范上考察，环境基本法对政府环境责任的规定较多，义务性、鼓励性和授权性规范也运用得较多，而很少对政府各行政主管部门的职权职责作出直接规定。

重点知识二：环境资源法基本制度概述

环境保护的基本法律制度概念	环境保护的基本法律制度，是指按照环境法基本理念和基本原则确立的、通过环境立法具体表现的、普遍适用于环境与资源保护各个领域的法律规范的总称。
环境保护基本法律制度的确立	1. 具体体现环境法的基本原则。 2. 具体反映环境与资源保护法律的共通性和本质性的法律措施。 3. 依据中国的基本国情和科技发展水平，通过对法的“立、改、废”逐步完善。
具体的环境保护基本法律制度	1. 环境规划制度。 2. 环境标准制度。 3. 环境影响评价制度。 4. “三同时”制度。 5. 环境资源许可制度。

重点知识三：环境规划制度

环境规划制度概念	广义的环境计划（规划），是指由国民经济和社会发展计划中的环境保护篇章、生态建设和环境保护重点专项规划、环境保护计划以及各专项环境保护规划共同组成的统一体。狭义的环境计划（规划），是指政府及其生态环境部门依照法定程序编制的一定时空范围内对城市环境质量控制、污染物排放控制和污染治理、自然生态保护以及其他与环境保护有关事项的总体安排。

续表

环境计划的效力	环境计划属于行政行为之一种，是针对一定目标确立的多阶段、分时期的行政过程，是为了实施法律而制订的行动计划。但是其一般只是内部行政行为和抽象行政行为，不对行政相对人具有直接的强制拘束力。

重点知识四：环境标准制度

环境标准的定义	环境标准，是指为了防治环境污染、保护人体健康、维护生态平衡，依照有关法律规定，对环境保护工作所制定的统一的技术规范和技术要求标准。
环境标准的分类体系	环境标准体系是由各个具体的环境标准按其内在联系组成的统一整体。目前，我国的环境标准，从内容和功能来说，主要有环境质量标准、污染物排放标准、环境基础标准、环境监测方法标准、环境标准样品标准。从适用范围来说，主要有国家标准、国家环境保护总局标准（环境保护行业标准）和地方标准。从性质来说，主要有强制性标准和推荐性标准。 （1）环境质量标准是指质量参数的项目与标准值，主要是对各类环境中有害物质或因素含量的最高限额所作的规定。（2）污染物排放标准是对允许污染源排放污染物或对环境造成危害的其他因素的最高限额所作的规定。（3）环境基础标准是指国家对环境保护工作中，需要统一的技术术语、符号、代号（代码）、图形、指南、导则及信息编码等所制定的标准，环境基础标准是其他环境标准的基础。（4）环境监测方法标准是指对环境保护领域内以采样、分析测试、数据处理等方法为对象所制定的统一技术规定。（5）环境标准样品标准是指对环境保护工作和环境标准实施过程中的，标定仪器、检验测试方法、进行量值传递和质量控制而由国家法定机关制定的能够确定一个或多个特性值的物质和材料。 国家环境标准包括国家环境质量标准、国家污染物排放标准、国家环境监测方法标准、国家环境标准样品标准和国家环境基础标准；地方环境标准包括地方环境质量标准和地方污染物排放标准。环境质量标准、污染物排放标准和法律、行政法规必须执行的其他环境标准属于强制性环境标准。强制性环境标准以外的环境标准属于推荐性环境标准，推荐性环境标准一旦被强制性环境标准引用，也必须强制执行。

重点知识五：环境影响评价制度

环境影响评价制度的概念	环境影响评价又称为环境质量预断评价，是指在实施某项人为活动之前，对实施该活动可能造成的环境影响进行分析、预测和评估，并提出相应的预防或者减轻不良环境影响的措施和对策。环境影响评价制度是有关环境影响评价的适用范围、评价内容、审批程序、法律后果等一系列法律规定的总称。
环境影响评价制度的意义	1. 环境影响评价制度贯彻了“预防为主”的原则。 2. 环境影响评价制度贯彻了“协调原则”。对开发项目进行环境影响评价，是实现经济社会发展与环境保护相协调的重要手段，是防止和控制新的环境问题的基本法律制度。
我国环境影响评价制度的适用范围	规划环境影响评价和建设项目环境影响评价两个方面。

续表

环境影响评价的内容	1. 建设项目基本情况。包括建设项目的地点、规模、产品方案和主要工艺方法、主要原料、燃料、用水量和来源、各种废物的排放量和排放方式、废弃物回收利用和处理方案、占地面积和土地利用情况、发展规划等。 2. 建设项目周围地区的环境状况调查。包括地质水文情况、气象情况、自然资源情况、人文环境情况等。 3. 建设项目对周围地区的环境影响的分析和预测。 4. 环境监测制度建议。 5. 环境影响经济损益分析。 6. 结论。包括对环境质量的影响，建设规模、性质，选址是否合理、是否符合环保要求，防治措施经济上是否合理、技术上是否可行、是否需要再做进一步的评价。
环境影响评价的程序	1. 评价形式的筛选。由各级生态环境主管部门确定待评价的开发建设项目是编制环境影响报告书还是填写环境影响报告表。 2. 评价报告的编写。编写环境影响报告书的项目，先由建设单位负责开发建设项目环境影响评价的立项和筹备工作，并委托有评价资格的评价单位承担评价工作，再按生态环境主管部门审查通过的建设项目环境影响评价大纲及其审查意见和要求编写环境影响报告书。 3. 评价报告的审批。建设项目环境影响评价文件的审批程序分为报批、预审、审核和审批。

重点知识六："三同时"制度

"三同时"制度的概念	"三同时"制度是我国创立的预防和控制新污染的环境管理制度，是指在一切新、改、扩建的建设项目，技术改造工程项目，自然开发项目中，防治污染和保护环境的设施，必须与主体工程同时设计、同时施工、同时投产。
"三同时"制度的主要内容	1. 适用范围："三同时"制度适用于对环境有影响的建设项目，主要是根据建设项目环境影响评价的结论加以确定。 2. 对三个环节的要求： （1）在项目设计阶段，必须有环境保护设计； （2）在施工阶段，环保设施必须与主体工程同时施工； （3）在投产或正式使用前，建设单位必须向生态环境主管部门提交"环境保护设施竣工验收报告"，说明设施运行情况、污染治理情况和达到的标准，验收合格后方可正式投入使用。 3. 管理机构及其职责。 在"三同时"制度中，生态环境主管部门主要职责如下：（1）对项目初步设计中的环境保护篇章进行审查；（2）对建设施工中的环境保护情况进行检查；（3）对环境保护设施的竣工进行验收；（4）对环境保护设施的运转和使用情况进行监督检查；（5）依法对"三同时"制度的违反者追究行政责任。水利主管部门参加建设项目中的水土保持设施。 建设项目主管部门的职责：（1）初步设计中环境保护篇章和环保设施竣工验收的预审；（2）监督建设项目的设计和施工中的环境保护措施的落实；（3）监督建设项目竣工验收后环境保护设施的正常运转。

重点知识七：环境资源许可制度

环境许可证制度的定义	环境许可证制度，是指有关环境资源行政许可的各种法律规范的总称，是环境资源行政许可活动的制度化和法定化。
环境保护许可证制度的意义	1. 有利于维护公民、法人和其他组织的合法环境资源权益，维护环境公共利益、人与人之间的社会秩序和人与自然的生态秩序。2. 有利于保障和监督环境资源行政机关有效实施环境资源行政管理，有利于主管机关及时掌握各方面情况，及时制止不当开发、生产和各种损害环境的活动，及时发现违法者，加强国家环境资源行政管理部门的监督检查，促进法律法规的实施。3. 有利于调动环境资源管理相对人保护环境资源的积极性，促使开发利用环境资源者加强环境资源管理，进行技术改造和工艺改造，推行清洁生产，节约资源。4. 有利于群众参与环境资源管理。
环境许可证的实施程序	环境许可证的实施程序一般包括申请、受理、审查、听证、决定、变更与延续、监督检查等主要阶段。以排污许可证为例，其管理程序主要包括以下阶段：1. 申请。由申请人向有关主管机关提出书面申请，并附有为审查所必需的各种材料。2. 审查。行政机关应当对申请人提交的材料进行审查。3. 决定。行政机关对行政许可申请进行审查后，除当场作出行政许可决定的外，应当在法定期限内按照规定程序作出行政许可决定。4. 期限。除当场可以作出行政许可决定的外，行政机关应当自受理行政许可申请之日起 20 日内作出行政许可决定。5. 听证。涉及公共环境利益的重大行政许可事项，行政机关应当向社会公告，并举行听证。6. 监督检查。主管机关要随时对持证人执行行政许可的情况进行监督检查。7. 处理。

配套测试

一、单项选择题

1. 首次在单行法中明确规定了“三同时”制度的法律法规是（　　）

A.《水污染防治法》

B.《大气污染防治法》

C.《固体废物污染环境防治法》

D.《海洋环境保护法》

2. 一定时期内城市发展计划和各项建设的综合部署称为（　　）

A. 城市规划　　B. 城市总体规划

C. 城市指导规划　　D. 城市详细规划

3. 村镇总体规划的主要内容是村镇的（　　）

A. 能源规划　　B. 公共设施规划

C. 交通规划　　D. 布点和规模

4. 环境影响评价制度首创于（　　）

A. 英国　　B. 美国

C. 澳大利亚　　D. 瑞士

5. 环境影响评价属于环境质量评价中的（　　）

A. 回顾评价　　B. 现状评价

C. 预断评价　　D. 综合评价

6. 环境影响评价最能体现环境资源法的哪项基本原则？（　　）

A. 经济、社会与环境协调发展的原则

B. 环境资源的开发、利用与保护、改善相结合的原则

C. 预防为主、防治结合、综合治理的原则

D. 环境责任原则

7. 经有审批权的生态环境主管部门同意，下列哪一建设项目可以在初步设计完成前报批环境影响报告书或环境影响报告表？（　　）

A. 中外合资等引进项目

B. 铁路、交通等建设项目

C. 核设施的选址、建造项目

D. 旧城改造项目

8. 根据《环境影响评价公众参与办法》的规定，建设单位征求公众意见的期限不能少于（　　）

A. 5 个工作日　　B. 10 个工作日

C. 15 个工作日　　D. 20 个工作日

9. 环境影响评价中举行听证会的，听证会组织者应在举行听证会的多少日前通知被选定的参会代表？（　　）
A. 3个工作日　　B. 5个工作日
C. 7个工作日　　D. 10个工作日

10. “三同时”制度首创于（　　）
A. 英国　　B. 美国
C. 加拿大　　D. 中国

11. 目前，各国广泛使用的许可证件是（　　）
A. 废物进口许可证
B. 采矿许可证
C. 排污许可证
D. 建设规划许可证

12. 除可以当场作出行政许可决定的外，一般的，行政机关作出环境资源行政许可决定的期限是（　　）
A. 10日　　B. 15日
C. 20日　　D. 30日

13. 我国的排污收费制度从性质上看是（　　）
A. 排污者对污染损失的一种补偿
B. 环境保护筹集资金的一种形式
C. 国家税收的一种
D. 运用法律手段，使污染者承担一定经济责任，目的在于促使污染的治理，保护环境

14. 就法律性质而言，限期治理制度是（　　）
A. 减轻或消除现有污染源的污染或污染严重的区域环境，改善环境资源质量状况
B. 实现环境效益与经济效益的统一
C. 一种以时间限制为特征的行政强制
D. 限期治理应当是一种环境法律责任而不是法律制度

15. 在经济刺激制度的各种类中可以起到正反两方面作用的是（　　）
A. 财政援助　　B. 税收
C. 低息贷款　　D. 保险

16. 为了使环境污染的外部不经济性内部化，在环境与资源管理中应当广泛采用的是（　　）
A. 许可证制度
B. 环境影响评价制度
C. 经济刺激制度
D. 排污收费制度

17. 按照突发事件的严重性和紧急程度，突发环境事件中的Ⅳ级是（　　）
A. 一般环境事件
B. 较大环境事件
C. 重大环境事件
D. 特别重大环境事件

18. 《国家突发环境事件应急预案》将突发环境事件的预警分为四级，由低到高分别是（　　）
A. 蓝色、黄色、橙色、黑色
B. 黑色、红色、黄色、蓝色
C. 红色、橙色、黄色、蓝色
D. 蓝色、黄色、橙色、红色

19. 突发环境事件应急响应主要坚持（　　）
A. 属人主义的原则
B. 属地主义的原则
C. 保护主义的原则
D. 属人主义和属地主义相结合的原则

20. “清洁生产”概念最早产生于（　　）
A. 美国　　B. 英国
C. 中国　　D. 欧盟（欧共体）

21. 负责组织、协调全国的清洁生产促进工作的机构是（　　）
A. 生态环境部
B. 科学技术部
C. 国务院清洁生产综合协调部门
D. 国家市场监督管理总局

22. 根据《环境保护法》的规定，环境影响评价报告书应在建设项目的哪一阶段报批？（　　）
A. 设计阶段
B. 可行性研究阶段
C. 竣工验收阶段
D. 投入使用阶段

23. ISO14000属于（　　）
A. 国家标准　　B. 企业标准
C. 国际标准　　D. 行业标准

24. 我国国家环境标准的制定机构是（　　）
A. 生态环境部　　B. 行业组织
C. 企业　　D. 标准化组织

25. 在环境纠纷中，判断双方所出示证据的合法性的依据是（　　）

A. 环境质量标准

B. 污染物排放标准

C. 环境基础标准

D. 环境监测方法标准

26. 地方环境标准的制定机关是（　　）

A. 地方各级人民代表大会

B. 省级人民政府

C. 地方各级环保机构

D. 省级环保机构

27. 下列有关环境质量标准的说法哪一个是正确的？（　　）

A. 环境质量标准包括国家环境标准和各级地方政府制定的地方环境标准

B. 对国家污染物排放标准已作规定的项目，不得制定地方标准

C. 凡是向已有地方污染物排放标准的区域排污的，应当执行该地方标准

D. 地方污染物排放标准必须报国务院环境保护行政主管部门批准

28. 根据《环境保护法》的规定，下列哪一项是县级以上人民政府生态环境主管部门的职权？（　　）

A. 对国家环境质量标准中未作规定的项目，制定地方环境质量标准

B. 对国家污染物排放标准中未作规定的项目，制定地方污染物排放标准；对国家污染物排放标准中已作规定的项目，制定严于国家污染物排放标准的地方污染物排放标准

C. 定期发布环境状况公报

D. 会同有关部门对管辖范围内的环境状况进行调查和评价，拟订环境保护规划

29. 某市混凝土公司新建临时搅拌站，在试运行期间通过暗管将污水直接排放到周边，严重破坏了当地环境。公司经理还指派员工潜入当地环境监测站内，用棉纱堵塞空气采集器，造成自动监测数据多次出现异常。有关部门对其处罚后，公司生产经营发生严重困难，拟裁员 20 人以上。关于该临时搅拌站建设，下列说法正确的是（　　）（司考. 2017. 1. 95）①

A. 如在该市规划区内进行建设的，应经市城管执法部门批准

B. 如该搅拌站影响该市近期建设规划的实施，有关部门不得批准

C. 如该搅拌站系未经批准进行临时建设的，由市政府责令限期拆除

D. 如该搅拌站超过批准时限不拆除的，由市城乡规划部门采取强制拆除措施

二、多项选择题

1. 下列制度属于综合性的环境资源制度的是（　　）

A. 资源综合利用制度

B. 排污申报登记制度

C. 清洁生产制度

D. 环境影响评价制度

2. 我国的国民经济和社会发展规划的形式主要是（　　）

A. 中长期规划　　　B. 五年规划

C. 年度计划　　　D. 短期计划

3. 下列关于国土规划的论述正确的是（　　）

A. 我国国土规划的基本任务是从总体上协调国土资源开发利用与治理保护的关系，协调人口、资源、环境的关系，促进地域经济的综合发展

B. 我国应用范围较广和法律规定比较具体的规划主要有区域规划、城市规划、村镇规划等

C. 区域规划中的区域一般是指行政区域

D. 国土规划是法定机关按照法定程序制订的国土开发整治方案，是独立于国民经济和社会发展规划的重要规划

4. 在国外，对现有污染严重的大城市，一般

---

① 部分题目在括号内标注了司法考试真题序号，以本题为例，表示本题为 2017 年司法考试卷一第 95 题。以下不再特别注明。

采取的补救措施有（　　）
A. 建设卫星城市，采取“工业分散”政策，使工业布局郊区化
B. 对污染严重又不能治理的企业实行关、停、并、转、迁
C. 外迁“有害工厂”
D. 发展“工业小区”

5. 下列属于建设项目环境影响评价适用范围的有（　　）
A. 流域开发、开发区建设、城市新区建设和旧城改造等对环境有影响的区域性开发活动
B. 中外合资、中外合作、外商独资等对环境有影响的引进项目
C. 核设施的选址、建造、运行、退役等对环境有影响的活动
D. 区域、流域、海域的建设、开发利用规划

6. 关于环境质量标准和污染物排放标准，下列哪些说法是正确的？（　　）
A. 国家环境质量标准是制定国家污染物排放标准的根据之一
B. 国家污染物排放标准由国务院生态环境主管部门制定
C. 国家环境质量标准中未作规定的项目，省级政府可制定地方环境质量标准，并报国务院生态环境主管部门备案
D. 地方污染物排放标准由省级生态环境主管部门制定，报省级政府备案

7. 应当报生态环境部审批的环境影响评价项目是（　　）
A. 跨省、自治区、直辖市界区的项目
B. 核设施项目
C. 对环境问题有争议的项目
D. 绝密工程

8. 关于建设项目环境影响评价程序的论述正确的是（　　）
A. 建设项目有行业主管部门的，其环境影响报告书或者环境影响报告表应当由行业主管部门审批
B. 审批部门应当自收到环境影响报告书之日起三十日内，作出审批决定并书面通知建设单位
C. 预审、审核、审批建设项目环境影响评价文件，不得收取任何费用
D. 建设项目的环境影响评价文件自批准之日起超过五年，方决定该项目开工建设的，其环境影响评价文件应当报原审批部门重新审核

9. 公众参与环境影响评价活动应当遵循的原则包括（　　）
A. 公开原则　　B. 平等原则
C. 广泛原则　　D. 便利原则

10. 环境影响评价的主体有（　　）
A. 委托评价单位
B. 环评服务机构
C. 审批机关
D. 参与环评的公众

11. 我国环境影响评价的适用对象包括（　　）
A. 制定政策　　B. 制订规划
C. 制订计划　　D. 建设项目

12. 我国的“三同时”制度是（　　）
A. 同时规划　　B. 同时设计
C. 同时施工　　D. 同时投产使用

13. “三同时”制度的适用范围是（　　）
A. 对环境有影响的建设项目
B. 对环境有影响的基本建设项目
C. 对环境没有任何影响的技术改造项目
D. 环保集中处理设施建设项目

14. 在“三同时”制度中，生态环境主管部门的主要职责是（　　）
A. 对初步设计中环境保护篇章和环保设施竣工验收的预审
B. 对建设项目初步设计中的环境保护篇章进行审查
C. 对环境保护设施的竣工进行验收
D. 对建设项目中水土保持设施的检查

15. 目前，“三同时”制度的主要执行方法有（　　）
A. 将清洁生产思想引入建设项目的设计阶段
B. 实行“三同时”合同书制度
C. 实行建设项目环境保护责任书制度
D. 采取“三同时”执行保证金制度

16. 采取“三同时”执行保证金制度的，当建设单位未执行“三同时”或未达到要求的，对保证金的处理正确的是（　　）

A. 保证金全部退还给建设单位

B. 保证金连带利息全部退还给建设单位

C. 保证金的全部或一部分抵为罚款

D. 保证金的一部分或全部转为专项治理基金

17. 环境资源方面可以设定行政许可的事项主要有（　　）

A. 直接涉及生态环境保护等特定活动，需要依照法定条件予以批准的事项

B. 直接关系公共利益的特定行业的市场准入

C. 有限自然资源的开发利用活动

D. 公共资源的配置活动

18. 下列许可证中，属于防止环境资源破坏许可证的有（　　）

A. 废物进口许可证

B. 林木采伐许可证

C. 建设规划许可证

D. 捕捞许可证

19. 根据我国《行政许可法》的规定，有权设定环境资源行政许可的是（　　）

A. 法律　　B. 行政法规

C. 地方性法规　　D. 部门规章

20. 下列关于设定和实施环境资源行政许可的理解正确的是（　　）

A. 为了保护本地方的经济，地方性法规可以对其他地区的企业和个人到本地区从事生产经营和提供服务设定特别的条件

B. 为了公共利益的需要，行政机关可以擅自变更或撤销已经生效的行政许可，且无须予以赔偿

C. 对直接关系公共环境安全的设备、设施、产品、物品的检验、检测、检疫，应当逐步由符合法定条件的专业技术组织实施

D. 地方性法规和省、自治区、直辖市人民政府规章不得设定应当由国家统一确定的公民、法人和其他组织的资格、资质的行政许可

21. 环境资源行政许可的申请方式有（　　）

A. 信函　　B. 传真

C. 电子数据交换　　D. 电子邮件

22. 下列关于环境资源行政许可的听证错误的是（　　）

A. 听证应当制作笔录，听证笔录应当交听证主持人确认无误后签字或者盖章

B. 申请人、利害关系人在被告知听证权利之日起五日内提出听证申请的，行政机关应当在二十日内组织听证

C. 听证应当公开举行

D. 申请人、利害关系人需要承担行政机关组织听证的费用

23. 下列表述中，有哪几项是正确的？（　　）

A. 国家促进清洁生产和资源循环利用

B. 国家实行重点污染物排放总量控制制度

C. 国家依照法律规定实行排污许可管理制度

D. 国家激励投保环境污染责任保险

24. 在环境保护领域，经济刺激手段主要包括（　　）

A. 财政补贴　　B. 税收

C. 押金担保制度　　D. 价格手段

25. 决定限期治理的机关在决定限期治理的期限时应当考虑（　　）

A. 治理项目的类型

B. 治理项目的污染程度

C. 治理单位筹集资金的能力

D. 治理技术、方案的选择及其可行性

26. 《国家突发环境事件应急预案》的编制依据是（　　）

A. 《环境保护法》

B. 《突发事件应对法》

C. 《放射性污染防治法》

D. 《国家突发公共事件总体应急预案》

27. 国家突发环境事件应急保障包括（　　）

A. 物资与资金保障

B. 技术保障

C. 通信、交通与运输保障

D. 队伍保障

28. 关于现场检查制度，下列论述错误的是（　　）
A. 县级以上人民政府环境主管部门和其他负有环境保护监督管理职责的部门，有权对排放污染物的企事业单位和其他生产经营者进行现场检查
B. 法定检查机关进行现场检查时不需要征得被检查者的同意
C. 现场检查必须是对每个排污单位都要逐个检查
D. 检查机关可以对法定的检查内容以外的内容进行检查，但不能泄露被检查单位的商业秘密

29. 国际范围内环境污染转移或转嫁的情形主要有（　　）
A. 在一国生产的产品出口到另一国，不符合进口国的绿色标准
B. 将在发达国家淘汰和禁止使用的污染环境的技术设备转移到欠发达国家
C. 海外投资中污染密集型产业的转移或转嫁
D. 洋垃圾的转移

30. 从双方信息拥有的角度看，环境污染的社会转移可分为（　　）
A. 强制性转移　　B. 无知型转移
C. 欺骗型转移　　D. 纯交易型转移

31. 下列关于清洁生产的论述正确的是（　　）
A. 清洁生产是实现经济和社会可持续发展的良好途径
B. 清洁生产本质上是一种同时具有技术可行性和经济合理性、富有生态效率的工业生产新模式
C. 清洁生产把综合预防的环境策略持续应用于生产过程和产品中
D. 企业是实施清洁生产的主体

32. 清洁生产的“清洁”主要表现在（　　）
A. 清洁的技术标准　　B. 清洁的能源
C. 清洁的生产过程　　D. 清洁的产品

33. 《清洁生产促进法》规定了对生产经营者实施清洁生产的要求，按照强制力的不同，可以将它们分为（　　）
A. 指导性规范　　B. 自愿性规范
C. 强制性规范　　D. 鼓励性规范

34. 环境资源标准按照执行性质可以分为（　　）
A. 强制性标准　　B. 国家标准
C. 推荐性标准　　D. 地方标准

35. 下列标准中属于环境资源标准中的强制性标准的有（　　）
A. 国家标准、行业标准中的保障人体健康、人身财产安全的标准
B. 地方标准中的工业产品的安全、卫生要求的标准
C. 工程建设的质量、安全、卫生等标准
D. EVD 技术标准

36. 按照监测调查的目的，环境资源监测可以分为（　　）
A. 研究性监测　　B. 监视性监测
C. 定点监测　　D. 紧急监测

37. 全国环境监测网有（　　）
A. 国家网　　B. 省级网
C. 市级网　　D. 县级网

38. 环境监测的内容包括（　　）
A. 污染源的监测
B. 物理指标的监测
C. 化学指标的监测
D. 生态系统的监测

39. 下列关于环境标准的说法错误的是（　　）
A. 环境标准是我国环境与资源保护法体系中一个独立的、特殊的、重要的组成部分
B. 环境标准同法律标准一样，是通过法律条文规定人们的行为模式和法律后果
C. 环境标准同一般法律的不同之处在于它是通过一些定量化的数据、指标、技术规范表示行为规则的界限，调整人们的行为
D. 一般环境法规具有强制力，环境标准不具有强制力

40. 甲化工厂和乙造纸厂排放污水，造成某村农作物减产。当地环境主管部门检测认定，甲厂排污中的有机物超标 3 倍，是农作物减产的原因；乙厂排污未超标，

但其中的悬浮物仍对农作物减产有一定影响。关于甲、乙厂应承担的法律责任，下列哪些选项是正确的？（　　）

A. 甲厂应对该村损失承担赔偿责任

B. 乙厂应对该村损失承担赔偿责任

C. 环境主管部门有权追究甲厂的行政责任

D. 环境主管部门有权追究乙厂的行政责任

41. 某公司从甲省承包一条高速公路的修建工程，该高速公路横跨甲、乙两省，环境影响评价文件已经审批，准备开工时发现该公路需要延长到丙省。关于该公司环评文件报批的相关事宜，下列说法正确的是（　　）

A. 该公路的环境影响评价文件应由丙省的生态环境主管部门审批

B. 在原环境影响评价文件上作相应补充，由丙省的生态环境主管部门审批

C. 未经生态环境主管部门审批环评文件，该公路不得开工建设

D. 应对此公路项目重新进行环境影响评价

42. 某市林业和草原局与规划局正在编制当地林业远期发展规划，下列说法正确的是（　　）

A. 林业发展规划不是建设规划，不需要进行环境影响评价

B. 林业发展规划属于专门性规划，在规划草案上报审批前应进行环境影响评价，并出具环境影响报告书

C. 林业和草原局可批准依法取得国有林地使用权的张某对外转让林地使用权

D. 应在林业发展规划编制过程中组织环境影响评价，编写有关环境影响的编著或说明

43. 关于突发环境事件的预警与处置，下列做法正确的是（　　）

A. 甲县人民政府建立环境污染公共监测预警机制，组织制订预警方案

B. 乙县环境受到污染，可能影响公众健康和环境安全时，乙县人民政府及时公布预警信息，启动应急措施

C. 丙企业在可能发生突发环境事件时，及时通报可能受到危害的单位和居民，并向环境保护主管部门和有关部门报告

D. 丁县人民政府在突发环境事件应急处置工作结束后，立即组织评估事件造成的环境影响和损失，但没有将评估结果向社会公布

三、名词解释

1. 环境事故报告制度
2. 环境影响报告书
3. 清洁生产
4. 限期治理制度
5. 防止环境污染转嫁制度
6. 现场检查制度
7. 环境资源许可
8. “三同时”制度
9. 环境质量标准
10. 污染物排放标准
11. 战略环境影响评价制度
12. 环境信息公开制度（中国人民大学 2015 年考研真题）
13. 污染物总量控制制度（武汉大学 2012 年考研真题）
14. 环境影响评价（武汉大学 2014 年考研真题）
15. 政策环评（中国人民大学 2015 年考研真题）

四、简答题

1. 试述我国环境影响评价制度。（提示：包括环境影响评价制度的意义、适用范围、内容和实施程序）
2. 简述环境影响评价的适用范围。（中国政法大学 2014 年考研真题）
3. 简述环境污染事故报告制度的内容。
4. 简述“三同时”制度的主要内容。
5. 简述环境标准制度。（武汉大学 2010 年考研真题）

6. 试论生态补偿制度。（中南财经政法大学2009年考研真题）

五、论述题

1. 论述环境法基本制度及其类型。

2. 试分析我国环境影响评价制度存在的问题和改进办法。

3. 论我国的环境纠纷处理制度。

4. 试述环境许可证制度。（提示：包括环境许可证制度的概念、种类、意义、程序和保障措施）

5. 阅读下列短文，从环境影响评价法的角度，谈谈三门峡水库所反映的问题对今后编制类似规划和新建类似项目的启示。

2003年10月，水利部召集陕、晋、豫三省相关部门及部分专家学者在郑州举行会议，研讨三门峡水库的去留问题。三门峡水库是在黄河上修建的第一座以防洪、防凌、供水、灌溉、发电为目标的综合大型水利枢纽。然而，自小浪底水库投入运用后，其就成为直接控制下游洪水的重要枢纽。在此背景下，专家学者提出了三门峡水库的去留问题，废除、炸坝、敞泄、停运等不一而足的观点再一次叫响。据悉，三门峡水库在规划阶段就一波三折"三起三落"。反对修建三门峡工程的主要理由在于：沿黄流域水土保持好就能解决黄河水患问题，无须修建三门峡工程。但三门峡工程并没有因此停止。由于三门峡水库规划和设计的先天不足，迫使工程在投入运用不久就不得不进行两次改建，三次改变运用方式，主要改造是针对泄流排沙。1960年，大坝基本竣工，并开始蓄水。1961年下半年，反对者的担忧变成现实：15亿吨泥沙全部铺在了从潼关到三门峡的河道里，潼关的河道抬高，渭河成为悬河。关中平原的地下水无法排泄，田地出现盐碱化甚至沼泽化，粮食因此年年减产。1962年以来陕西省曾多次呼吁国务院从速制订黄河三门峡水库近期运用原则和管理的具体方案，以减少水库带来的严重问题。

6. 试论我国的环境标准体系和环境标准的作用或意义。

7. 以具体环境公共事件为例，分析我国的环境影响评价制度。（武汉大学2015年考研真题）

六、案例题

1. 某化工厂是一家生产化学添加剂的企业。2017年，该厂通过了区生态环境局环境影响评估审批。在废水处理设施验收合格后，正式投入生产。2019年，该化工厂为了扩大生产规模、增加企业利润，在未向生态环境局申报的情况下扩建了加工精制3-硝基、4-氨基苯酚（NAP）工艺和设备，但是污染防治设施并没有相应改造，在投入生产使用前也未履行相应的审批手续。扩建的设备投入使用后，因原废水处理设施无法处理大量的新增废水，造成处理池废水外溢和直接排放，污染了附近的河道。区生态环境局接到举报后对化工厂进行了现场检查。但该化工厂以保守技术秘密为由阻拦环保人员进入生产车间，并拒绝提供扩建工程的任何资料。经生态环境局对排污口污水排放进行监测，表明污染物排放严重超过国家规定的排放标准。

问题：请说明该化工厂的行为违反了我国哪些环境保护基本法律制度。

2. 某村村民徐某等人于1985年春开始在该县清水河边建井采煤。1986年《矿产资源法》公布后，徐某等人曾多次申请采矿许可证，但由于其矿井位于1986年《矿产资源法》规定的"重要河流、堤坝两侧一定距离内，不得开采矿产资源的地区"，故原县矿管局始终未予批准发证，而徐某在没有开采许可证的情况下，无视法律继续开采。原县矿管局和原劳动局责令徐某等其他无证开采者停产封井，但徐某等人拒不执行此令，继续开采，终于酿成重大恶性事故。

问题：本案中徐某等人违反了什么制度？为什么？

参考答案

一、单项选择题

1. **答案**：A。《水污染防治法》首次在单行法中明确规定了“三同时”制度、总量控制与核定制度；《大气污染防治法》第一次规定了总量收费制度与排污许可证制度，并且把限期治理制度从一般行政管理制度上升为超标排污者应当承担的法律责任。

2. **答案**：A。城市规划是一定时期内城市发展计划和各项建设的综合部署。我国的城市规划分两个阶段进行：一是总体规划，二是详细规划。总体规划是对城市发展具有方向性和指导性的纲领规划；详细规划是总体规划和近期规划的具体化，是要对区域内近期建设和新建改建的各项建设作出具体部署和安排。

3. **答案**：D。村镇规划分为总体规划和建设规划。村镇总体规划是在全乡（镇）范围内确定村镇布点规划和各项建设的全面部署规划。村镇建设规划是根据总体规划，安排各项建设用地及建设方案，其中包括住宅、乡（镇）村企业、公共设施、公益事业等。

4. **答案**：B。环境影响评价制度首创于美国。1969 年，美国的《国家环境政策法》把环境影响评价作为联邦政府在环境管理中必须遵循的一项制度，到 20 世纪 70 年代末，美国绝大多数州相继建立了各种形式的环境影响评价制度。

5. **答案**：C。环境影响评价是环境质量评价中的一种。环境质量评价一般包括三类：第一类是回顾评价，即根据历史资料，了解一个地区过去的环境质量及其演变；第二类是现状评价，即根据检测、调查的材料，对环境质量的现状作出评价；第三类是预断评价，根据发展规划对未来环境状况作出评价。环境影响评价属于预断评价，因而环境影响评价又被称为环境质量预断评价。

6. **答案**：C。环境影响评价制度是对可能影响环境的过程建设、开发活动和各种规划，预先进行调查、预测和评价，提出环境影响和防治方案，经主管当局批准才能进行建设的制度。通过评价可以预先知道项目的选址是否合适，对环境有无重大影响，这明显体现了预防为主、防治结合、综合治理的原则。

7. **答案**：B。建设项目环境影响评价文件审批程序分为报批、预审、审核和审批。建设单位应当在建设项目可行性研究阶段报批建设项目环境影响评价文件，但是，铁路、交通等建设项目，经有审批权的生态环境主管部门同意，可以在初步设计完成前报批环境影响报告书或环境影响报告表。

8. **答案**：B。《环境影响评价公众参与办法》第 10 条第 2 款规定，建设单位征求公众意见的期限不得少于 10 个工作日。

9. **答案**：B。《环境影响评价公众参与办法》第 15 条规定，建设单位决定组织召开公众座谈会、专家论证会的，应当在会议召开的 10 个工作日前，将会议的时间、地点、主题和可以报名的公众范围、报名办法，通过网络平台和在建设项目所在地公众易于知悉的场所张贴公告等方式向社会公告。建设单位应当综合考虑地域、职业、受教育水平、受建设项目环境影响程度等因素，从报名的公众中选择参加会议或者列席会议的公众代表，并在会议召开的 5 个工作日前通知拟邀请的相关专家，并书面通知被选定的代表。

10. **答案**：D。“三同时”制度是我国首创的。它是总结我国环境管理的实践经验，为我国法律所确认的一项重要的控制新污染的法律制度。

11. **答案**：C。排污许可证是各国广泛使用的许可证件，较早使用排污许可证的国家有澳大利亚等。

12. **答案**：C。《行政许可法》第 42 条第 1 款规定，除可以当场作出行政许可决定的外，行政机关应当自受理行政许可申请之日起二十日内作出行政许可决定。二十日内不能作出决定的，经本行政机关负责人批准，可以延长十日，并应当将延长期限的理由告知申请人。

13. 答案：D。从结合排污收费制度的立法精神来看，通过经济刺激措施保护环境、促进资源的合理开发和综合利用是此项制度的根本之所在，为环境保护筹集资金、对污染损失的补偿以及国家税收等都是排污收费制度的外观形式或外在目的。

14. 答案：B。排污收费制度是使污染者承担一定的污染防治费用的法律制度，是环境责任中的污染者付费原则的具体体现。

15. 答案：C。限期治理制度，是指国家法定机关对严重污染的项目、行业和区域作出决定，限定其在一定期限内完成环境治理任务，达到治理目标的环境法律制度。限期治理制度具有严格的法律强制性和明确的实践要求，就法律性质而言，是一种以时间限制为特征的行政强制。

16. 答案：B。税收方式包括免税、减税、加税则可以起到鼓励和抑制正反两种作用。不少国家通过税收政策鼓励污染治理，抑制对环境不利的经济活动。

17. 答案：C。在市场经济和价值规律起作用的场合，费用和效益即利润的动机，支配着经济活动。就企业用于环境的投资来说，企业内部的经济性和社会效益是不一致的。也就是说，企业治理污染，对社会有益，企业则要支付费用。如果没有经济杠杆的作用，企业对环境保护就会缺乏热情。因此，为了使环境污染的外部不经济性内部化，在环境管理中应该广泛采用各种经济刺激手段。

18. 答案：A。《国家突发环境事件应急预案》4.1规定，根据突发环境事件的严重程度和发展态势，将应急响应设定为Ⅰ级、Ⅱ级、Ⅲ级和Ⅳ级四个等级。初判发生特别重大、重大突发环境事件，分别启动Ⅰ级、Ⅱ级应急响应，由事发地省级人民政府负责应对工作；初判发生较大突发环境事件，启动Ⅲ级应急响应，由事发地设区的市级人民政府负责应对工作；初判发生一般突发环境事件，启动Ⅳ级应急响应，由事发地县级人民政府负责应对工作。突发环境事件发生在易造成重大影响的地区或重要时段时，可适当提高响应级别。应急响应启动后，可视事件损失情况及其发展趋势调整响应级别，避免响应不足或响应过度。

19. 答案：D。《国家突发环境事件应急预案》3.2.1第1款规定，对可以预警的突发环境事件，按照事件发生的可能性大小、紧急程度和可能造成的危害程度，将预警分为四级，由低到高依次用蓝色、黄色、橙色和红色表示。

20. 答案：B。《国家突发环境事件应急预案》1.4规定，突发环境事件应对工作坚持统一领导、分级负责，属地为主、协调联动，快速反应、科学处置，资源共享、保障有力的原则。突发环境事件发生后，地方人民政府和有关部门立即自动按照职责分工和相关预案开展应急处置工作。

21. 答案：D。“清洁生产”概念最早可以追溯到1976年，当时的欧共体“无废工艺和无废生产国际研讨会”提出了应当着眼于从根源上避免污染而不是仅注重消除污染所引起的后果这一思想。1979年4月，欧共体理事会宣布推行清洁生产政策。

22. 答案：C。《清洁生产促进法》第5条第1款规定，国务院清洁生产综合协调部门负责组织、协调全国的清洁生产促进工作。国务院环境保护、工业、科学技术、财政部门和其他有关部门，按照各自的职责，负责有关的清洁生产促进工作。

23. 答案：B。《环境保护法》第19条规定：“编制有关开发利用规划，建设对环境有影响的项目，应当依法进行环境影响评价。未依法进行环境影响评价的开发利用规划，不得组织实施；未依法进行环境影响评价的建设项目，不得开工建设。”

24. 答案：C。ISO是International Organization for Standardization的简写，ISO14000是国际标准化组织制定的环境管理标准，该系列标准体现了国际环境保护领域由“末端控制”到“污染预防”的发展趋势，体现了可持续发展战略思想，该系列标准应用领域广泛，涵盖了企业的各个管理层次。

25. 答案：A。《环境保护法》第15条规定："国务院环境保护主管部门制定国家环境质量标准。省、自治区、直辖市人民政府对国家环境质量标准中未作规定的项目，可以制定地方环境质量标准；对国家环境质量标准中已作规定的项目，可以制定严于国家环境质量标准的地方环境质量标准。地方环境质量标准应当报国务院环境保护主管部门备案。国家鼓励开展环境基准研究。"

26. 答案：D。环境监测方法标准是环境资源监测数据合法有效的根据，特别是确定环境资源纠纷中各方出示的证据和环境监测数据是否合法有效的根据。

27. 答案：B。省、自治区、直辖市人民政府对国家环境质量标准中未作规定的项目，可以制定地方环境质量标准，并报国务院生态环境主管部门备案。

28. 答案：C。《环境保护法》第15条规定："国务院环境保护主管部门制定国家环境质量标准。省、自治区、直辖市人民政府对国家环境质量标准中未作规定的项目，可以制定地方环境质量标准；对国家环境质量标准中已作规定的项目，可以制定严于国家环境质量标准的地方环境质量标准。地方环境质量标准应当报国务院环境保护主管部门备案。国家鼓励开展环境基准研究。"第16条规定，国务院环境保护主管部门根据国家环境质量标准和国家经济、技术条件，制定国家污染物排放标准。省、自治区、直辖市人民政府对国家污染物排放标准中未作规定的项目，可以制定地方污染物排放标准；对国家污染物排放标准中已作规定的项目，可以制定严于国家污染物排放标准的地方污染物排放标准。地方污染物排放标准应当报国务院环境保护主管部门备案。

29. 答案：D。依据《环境保护法》第15条规定，国务院环境保护主管部门制定国家环境质量标准。省、自治区、直辖市人民政府对国家环境质量标准中未作规定的项目，可以制定地方环境质量标准；对国家环境质量标准中已作规定的项目，可以制定严于国家环境质量标准的地方环境质量标准。地方环境质量标准应当报国务院环境保护主管部门备案。国家鼓励开展环境基准研究。第16条规定，国务院环境保护主管部门根据国家环境质量标准和国家经济、技术条件，制定国家污染物排放标准。省、自治区、直辖市人民政府对国家污染物排放标准中未作规定的项目，可以制定地方污染物排放标准；对国家污染物排放标准中已作规定的项目，可以制定严于国家污染物排放标准的地方污染物排放标准。地方污染物排放标准应当报国务院环境保护主管部门备案。第13条第3款规定，县级以上人民政府环境保护行政主管部门，应当会同有关部门对管辖范围内的环境状况进行调查和评价，拟订环境保护规划，经计划部门综合平衡后，报同级人民政府批准实施。因此，正确答案为D。

30. 答案：B。根据《城乡规划法》第44条的规定："在城市、镇规划区内进行临时建设的，应当经城市、县人民政府城乡规划主管部门批准。临时建设影响近期建设规划或者控制性详细规划的实施以及交通、市容、安全等的，不得批准。临时建设应当在批准的使用期限内自行拆除。临时建设和临时用地规划管理的具体办法，由省、自治区、直辖市人民政府制定。"临时使用土地的使用者应当按照临时使用土地合同约定的用途使用土地，并不得修建永久性建筑物。临时使用土地期限一般不超过2年。故A错误，B正确。根据《城乡规划法》第66条的规定："建设单位或者个人有下列行为之一的，由所在地城市、县人民政府城乡规划主管部门责令限期拆除，可以并处临时建设工程造价一倍以下的罚款：（一）未经批准进行临时建设的；（二）未按照批准内容进行临时建设的；（三）临时建筑物、构筑物超过批准期限不拆除的。"故C错误。根据《城乡规划法》第68条的规定："城乡规划主管部门作出责令停止建设或者限期拆除的决定后，当事人不停止建设或者逾期不拆除的，建设工程所在地县级以上地方人民政府可以责成有关部门采取查封施工现场、强制拆除等措施。”故D错误。

二、多项选择题

1. **答案**：CD。从制度的调控与保护对象上看，环境资源基本法律制度可以分为综合性的环境资源制度（如规划制度、环境影响评价制度、许可制度、税费制度、清洁生产制度）、污染防治制度（如“三同时”制度、排污申报登记制度、限期治理制度、污染集中控制制度）、自然资源利用保护制度（如资源综合利用制度、自然资源恢复制度）、自然保护与自然灾害防治制度（如自然保护区管理制度、自然文化遗产管理制度）等。
2. **答案**：BC。我国的国民经济和社会发展规划的形式主要是国民经济和社会发展五年计划和年度计划，迄今为止已经制订了十四个国民经济和社会发展五年计划。
3. **答案**：AB。国土规划，即国土开发整治规划、国土利用规划，它是法定机关按照法定程序制订的国土开发整治方案，是国民经济和社会发展计划体系的重要组成部分，是自然资源开发、建设总体布局和环境综合整治以及编制经济社会中长期发展计划的重要依据。国土规划的基本任务是根据规划地区的优势和特点，从总体上协调国土资源开发利用与治理保护的关系，协调人口、资源、环境的关系，促进地域经济的综合发展。我国应用范围较广和法律规定比较具体的规划主要有区域规划、城市规划、村镇规划等，通常，区域规划是指地理区域规划，一般要突破行政区划的范围，而以地理特点和环境资源、经济社会发展联系的密切情况作为区域确定及其规划的依据。
4. **答案**：ACD。在国外，对现有污染严重的大城市，一般采取的补救措施有：（1）采取“工业分散”的政策，使工业布局郊区化，最有效的办法是建设卫星城市；（2）外迁“有害工厂”；（3）发展“工业小区”。
5. **答案**：ABC。我国环境影响评价适用范围包括规划环境影响评价和建设项目环境影响评价两个方面。D项为规划环境影响评价的适用范围。
6. **答案**：ABC。根据《环境保护法》第16条的规定，国务院环境保护主管部门根据国家环境质量标准和国家经济、技术条件，制定国家污染物排放标准。省、自治区、直辖市人民政府对国家污染物排放标准中未作规定的项目，可以制定地方污染物排放标准；对国家污染物排放标准中已作规定的项目，可以制定严于国家污染物排放标准的地方污染物排放标准。地方污染物排放标准应当报国务院环境保护主管部门备案。故A、B、C项说法正确，D项说法错误。
7. **答案**：ABD。根据《环境影响评价法》第23条的规定，国务院环境保护行政主管部门负责审批下列建设项目的环境影响评价文件：（1）核设施、绝密工程等特殊性质的建设项目；（2）跨省、自治区、直辖市行政区域的建设项目；（3）由国务院审批的或者由国务院授权有关部门审批的建设项目。建设项目可能造成跨行政区域的不良环境影响，有关环境保护行政主管部门对该项目的环境影响评价结论有争议的，其环境影响评价文件由共同的上一级环境保护行政主管部门审批。
8. **答案**：CD。《环境影响评价法》第22条规定，建设项目的环境影响评价文件，由建设单位按照国务院的规定报有审批权的环境保护行政主管部门审批；建设项目有行业主管部门的，其环境影响报告书或者环境影响报告表应当经行业主管部门预审后，报有审批权的环境保护行政主管部门审批。审批部门应当自收到环境影响报告书之日起六十日内，收到环境影响报告表之日起三十日内，收到环境影响登记表之日起十五日内，分别作出审批决定并书面通知建设单位。预审、审核、审批建设项目环境影响评价文件，不得收取任何费用。第24条规定，建设项目的环境影响评价文件自批准之日起超过五年，方决定该项目开工建设的，其环境影响评价文件应当报原审批部门重新审核；原审批部门应当自收到建设项目环境影响评价文件之日起十日内，将审核意见书面通知建设单位。

9. **答案**：AD。《环境影响评价公众参与办法》第3条规定，国家鼓励公众参与环境影响评价。环境影响评价公众参与遵循依法、有序、公开、便利的原则。

10. **答案**：ABCD。环境影响评价的主体，是指环境影响评价法律关系的参加者，包括委托评价单位、环评服务机构、审批机关和参与环评的公众。环评服务机构是指接受委托为规划项目和建设项目环境影响评价提供技术服务的机构。

11. **答案**：BD。《环境影响评价法》第2条规定，本法所称的环境影响评价，是指对规划和建设项目实施后可能造成的环境影响进行分析、预测和评估，提出预防或者减轻不良环境影响的对策和措施，进行跟踪监测的方法与制度。因此，可以看出，我国环境影响评价的适用对象或者适用范围包括规划和建设项目。

12. **答案**：BCD。“三同时”制度，是指对环境资源有影响的建设项目，其环境资源保护设施必须与主体工程同时设计、同时施工、同时投产使用的法律制度。

13. **答案**：ABD。“三同时”制度适用于对环境有影响的建设项目，从项目的类型看，主要包括基本建设项目、技术改造项目、区域开发建设项目、引进的建设项目、确有经济效益的综合利用项目、环保集中处理设施项目等。

14. **答案**：BC。在“三同时”制度中，生态环境主管部门的主要职责如下：对建设项目初步设计中的环境保护篇章进行审查；对建设施工中的环境保护情况进行检查；对环境保护设施的竣工进行验收；对环境保护设施的运转和使用情况进行监督检查；依法对“三同时”制度的违反者追究行政责任。水行政主管部门参加建设项目中的水土保持设施。建设项目主管部门负责：初步设计中环境保护篇章和环保设施竣工验收的预审；监督建设项目的设计与施工中的环境保护措施的落实；监督建设项目竣工验收后环境保护设施的正常运转。

15. **答案**：ABCD。为保证“三同时”制度的顺利执行，目前在执行环节主要采取的措施有：将清洁生产思想引入建设项目的设计阶段，在设计中尽量采用节能、降耗、减污以及无废和少废的工艺技术；实行“三同时”合同书制度和建设项目环境保护责任书制度；采取“三同时”执行保证金制度。

16. **答案**：CD。“三同时”执行保证金制度是指按照建设项目污染治理工程的需要，从总投资的一定比例的资金中划出一部分作为严格执行“三同时”的保证金并与建设单位签订协议，以确保保证金不被挪作他用。对完成“三同时”的，经生态环境部门验收合格后，保证金连带利息全部退还给建设单位，当建设单位未执行“三同时”或未达到要求的，其保证金的全部或一部分抵为罚款或转为专项治理基金。

17. **答案**：ABCD。根据我国《行政许可法》第12条的规定，环境资源方面可以设定行政许可的事项主要有：直接涉及生态环境保护等特定活动，需要按照法律条件予以批准的事项；有限自然资源的开发利用、公共资源配置以及直接关系公共利益的特定行业的市场准入等，需要赋予特定权利的事项。

18. **答案**：BD。环境资源许可证按其作用可以分为三类：一是防止环境污染许可证，如排污许可证、废物进口许可证、海洋倾废许可证、危险废物经营许可证、放射性同位素与射线装置的生产、使用、销售许可证等；二是防止环境资源破坏许可证：林木采伐许可证、特许猎捕证、捕捞许可证、驯养繁殖许可证、采矿许可证、取水许可证等；三是综合环境保护许可证，如建设规划许可证等。

19. **答案**：ABC。根据我国《行政许可法》第14、15条的规定，法律可以设定行政许可。尚未制定法律的，行政法规可以设定行政许可。尚未制定法律、行政法规的，地方性法规可以设定行政许可。部门规章只能在上位法设定的行政许可事项范围内，对实施该行政许可作出具体规定。

20. 答案：CD。《行政许可法》第8条规定，公民、法人或者其他组织依法取得的行政许可受法律保护，行政机关不得擅自改变已经生效的行政许可。行政许可所依据的法律、法规、规章修改或者废止，或者准予行政许可所依据的客观情况发生重大变化的，为了公共利益的需要，行政机关可以依法变更或者撤回已经生效的行政许可。由此给公民、法人或者其他组织造成财产损失的，行政机关应当依法给予补偿。第15条第2款规定，地方性法规和省、自治区、直辖市人民政府规章，不得设定应当由国家统一确定的公民、法人或者其他组织的资格、资质的行政许可；不得设定企业或者其他组织的设立登记及其前置性行政许可。其设定的行政许可，不得限制其他地区的个人或者企业到本地区从事生产经营和提供服务，不得限制其他地区的商品进入本地区市场。第28条规定，对直接关系公共安全、人身健康、生命财产安全的设备、设施、产品、物品的检验、检测、检疫，除法律、行政法规规定由行政机关实施的外，应当逐步由符合法定条件的专业技术组织实施。专业技术组织及其有关人员对所实施的检验、检测、检疫结论承担法律责任。

21. 答案：ABCD。《行政许可法》第29条规定，公民、法人或者其他组织从事特定活动，依法需要取得行政许可的，应当向行政机关提出申请。申请书需要采用格式文本的，行政机关应当向申请人提供行政许可申请书格式文本。申请书格式文本中不得包含与申请行政许可事项没有直接关系的内容。申请人可以委托代理人提出行政许可申请。但是，依法应当由申请人到行政机关办公场所提出行政许可申请的除外。行政许可申请可以通过信函、电报、电传、传真、电子数据交换和电子邮件等方式提出。

22. 答案：AD。《行政许可法》第47条规定，行政许可直接涉及申请人与他人之间重大利益关系的，行政机关在作出行政许可决定前，应当告知申请人、利害关系人享有要求听证的权利；申请人、利害关系人在被告知听证权利之日起五日内提出听证申请的，行政机关应当在二十日内组织听证。申请人、利害关系人不承担行政机关组织听证的费用。第48条规定，听证按照下列程序进行：（1）行政机关应当于举行听证的七日前将举行听证的时间、地点通知申请人、利害关系人，必要时予以公告；（2）听证应当公开举行；（3）行政机关应当指定审查该行政许可申请的工作人员以外的人员为听证主持人，申请人、利害关系人认为主持人与该行政许可事项有直接利害关系的，有权申请回避；（4）举行听证时，审查该行政许可申请的工作人员应当提供审查意见的证据、理由，申请人、利害关系人可以提出证据，并进行申辩和质证；（5）听证应当制作笔录，听证笔录应当交听证参加人确认无误后签字或者盖章。行政机关应当根据听证笔录，作出行政许可决定。

23. 答案：ABCD。《环境保护法》第40条第1款规定："国家促进清洁生产和资源循环利用。"第44条第1款规定："国家实行重点污染物排放总量控制制度……"第45条第1款规定："国家依照法律规定实行排污许可管理制度。"第52条规定："国家鼓励投保环境污染责任保险。"所以本题A、B、C、D都正确。

24. 答案：ABCD。在环境保护领域，经济刺激手段主要包括财政补贴、税收、信贷、保险、补助金、流通性许可证、环境担保押金、环境标志以及价格手段等。财政补贴即财政援助，政府为实际的或潜在的污染者提供的财务刺激，主要用于鼓励污染削减或减轻污染对经济的影响。押金担保制度是在具有潜在污染可能性的产品的价格上预先征收一个附加费（押金），当这些产品或产品残留物返还到收集系统中从而使污染得以避免时，该附加费将被退还。

25. 答案：ABCD。限期治理的期限是限期治理制度至关重要的条件，由决定期限治理的机关根据治理项目的类型和污染程度，治理单位筹集资金的能力，治理技术、方案的选择及其可行性等因素来合理确定。

26. 答案：ABCD。《国家突发环境事件应急预案》1.2规定，依据《环境保护法》《突发事件应对法》《放射性污染防治法》《国家突发公共事件总体应急预案》及相关法律法规等，制定本预案。

27. 答案：ABCD。《国家突发环境事件应急预案》第6部分规定，国家突发环境事件应急保障包括队伍保障，物资与资金保障，通信、交通与运输保障，技术保障。

28. 答案：CD。《环境保护法》第24条规定，县级以上人民政府环境保护主管部门及其委托的环境监察机构和其他负有环境保护监督管理职责的部门，有权对排放污染物的企业事业单位和其他生产经营者进行现场检查。被检查者应当如实反映情况，提供必要的资料。实施现场检查的部门、机构及其工作人员应当为被检查者保守商业秘密。此外，检查机关以法定职权实施检查，不需要被检查者同意，现场检查具有随机性，不是必须对每个排污单位要逐个检查。

29. 答案：BCD。污染转移或转嫁的现象在全世界都一直存在，主要表现为：第一种情形是将在发达国家淘汰和禁止使用的污染环境的技术设备转移到欠发达国家，从而加剧这些国家的环境恶化；第二种情形是洋垃圾的转移；第三种情形是海外投资中污染密集型产业的转移或转嫁。

30. 答案：BCD。环境污染的社会转移至少有两方存在：一是转移者，二是被转移者。从双方信息拥有情况的角度，可分为三种情况：第一种是转移者和接受转移者对于它们之间发生的环境影响都不知情，或不知其影响有多深，这可以称为“无知型转移”。第二种是转移者向接受转移者隐瞒了实情，后者不懂得对自己的危害，这可称为“转嫁型转移”或“欺骗型转移”。第三种是双方都是完全信息的拥有者，环境影响的转移在两者之间是一个明明白白的交易，这可称为“纯交易型转移”或“理想交易型转移”。

31. 答案：ABCD。A、B、C、D都是对清洁生产特征的准确描述。

32. 答案：BCD。按照《清洁生产促进法》对清洁生产的定义，清洁生产主要包括“三清”——清洁的能源、清洁的生产过程和清洁的产品，即采用清洁的能源和原材料，通过清洁的生产过程，制造出清洁的产品。

33. 答案：ABC。

34. 答案：AC。环境资源标准按照不同的标准可以分为不同的类型。按照适用范围，环境资源标准包括国家标准、行业标准、地方标准、企业标准、国际标准和国外标准；按照执行性质可以分为强制性标准和推荐性标准。

35. 答案：ABC。强制性标准是指具有法律强制的环境标准，强制性标准必须执行。下列标准必须使用强制性标准：国家标准、行业标准中的保障人体健康、人身财产安全的标准；地方标准中的工业产品的安全、卫生要求的标准；工程建设的质量、安全、卫生等标准；药品、食品卫生、兽药、农药和劳动卫生标准；等等。EVD技术标准属于电子行业推荐性标准。

36. 答案：ABD。根据监测调查的目的，环境资源监测可以分为三类：研究性监测、监视性监测和特定目的监测，特定目的监测又称为特别监测、紧急监测或临时监测。按调查方式，环境资源监测可以分为普查、综合调查、单项调查和专门调查。按监测方式可以分为定点监测、流动监测、连续性监测、间断性监测、自动监测等。

37. 答案：ABC。全国环境监测网分为国家网、省级网、市级网三级，各部门、企事业单位的环境测试机构参加生态环境主管部门组织的各级环境监测网，各大水系、海洋、农业环境监测网属于国家网内的二级网。

38. 答案：BCD。环境监测的内容包括三个方面：(1) 物理指标的监测，如噪声、振动、电磁波、热能、放射性等水平的监测；(2)化学指标的监测，如对各种化学物质在大气、水体、土壤和生物体内水平的监测；(3)生态系统的监测，如乱砍滥伐森林、草原和过度放牧引起的水土流失和土地沙化等。

39. 答案：BD。环境标准是我国环境法体系中一个独立的、特殊的、重要的组成部分，一般来说，环境标准是具有法律性质的技术规范，环境标准的法律性质表现在：(1)环境标准具有规范性，它与一般法律的不同之处在于：它不是通过法律条文规定人们的行为模式和法律后果，而是通过一些定量化的数据、指标、技术规范表示行为规则的界限，调整人们的行为。(2)环境标准分为强制性环境标准和推荐性环境标准，强制性环境标准具有强制力。(3)环境标准的制定与法规一样，要经授权的有关国家机关依照法定程序制定和发布。

40. 答案：ABC。《民法典》第1229条规定，因污染环境、破坏生态造成他人损害的，侵权人应当承担侵权责任。因此A、B项正确。但同时，行为违法和有过错，是行为人承担环境行政责任的必要条件；违法行为与危害后果存在因果关系，在法律明文规定的场合才成为行为人承担环境行政责任的必要条件。由此可知，甲厂超标排污，对于该环境污染造成的损害需要承担行政责任；而乙厂行为合法，虽然不能免除民事赔偿责任，但无须承担环境行政责任。故C项正确，D项错误。

41. 答案：CD。根据《环境影响评价法》第23条规定，国务院生态环境主管部门负责审批下列建设项目的环境影响评价文件：(1)核设施、绝密工程等特殊性质的建设项目。(2)跨省、自治区、直辖市行政区域的建设项目。(3)由国务院审批的或者由国务院授权有关部门审批的建设项目。前款规定以外的建设项目的环境影响评价文件的审批权限，由省、自治区、直辖市人民政府规定。建设项目可能造成跨行政区域的不良环境影响，有关生态环境主管部门对该项目的环境影响评价结论有争议的，其环境影响评价文件由共同的上一级生态环境主管部门审批。该公路项目跨了甲、乙、丙三个省，所以其环评文件应该报送国务院生态环境主管部门审批，而非由甲、乙、丙中任何一个省的生态环境主管部门审批，所以A项错误。《环境影响评价法》第24条规定，建设项目的环境影响评价文件经批准后，建设项目的性质、规模、地点、采用的生产工艺或者防治污染、防止生态破坏的措施发生重大变动的，建设单位应当重新报批建设项目的环境影响评价文件。该公路项目的环评文件被审批后，开工前，其建设规模要发生重大变化即需要延长至丙省，所以此项目需要重新进行环评，而非简单补充，B项错误、C项正确。根据《环境影响评价法》第25条规定，建设项目的环境影响评价文件未依法经审批部门审查或者审查后未予批准的，建设单位不得开工建设。对于建设项目而言，需先环评后开工，擅自开工的，须被责令停止建设，恢复原状并依法对项目进行环评。所以D项正确。

42. 答案：BC。《环境影响评价法》第8条规定，国务院有关部门、设区的市级以上地方人民政府及其有关部门，对其组织编制的工业、农业、畜牧业、林业、能源、水利、交通、城市建设、旅游、自然资源开发的有关专项规划（以下简称专项规划），应当在该专项规划草案上报审批前，组织进行环境影响评价，并向审批该专项规划的机关提交环境影响报告书。所以林业发展规划也需要进行环境影响评价，故A项错误、B选项正确。《环境影响评价法》第7条规定，国务院有关部门、设区的市级以上地方人民政府及其有关部门，对其组织编制的土地利用的有关规划，区域、流域、海域的建设、开发利用规划，应当在规划编制过程中组织进行环境影响评价，编写该规划有关环境影响的篇章或者说明。由此可知，此处是编写该规划有关环境影响的篇章，故D项错误。《森林法》第16条规定，国家所有的林地和林地上的森林、林木可以依法确定给林业经营者使用。林业经营者依法取得的国有林地和林地上的森林、林木的使用权，经批准可以转让、出租、作价出资等。具体办法由国务院制定。林业经营者应当履行保护、培育森林资源的义务，保证国有森林资源稳定增长，提高森林生态功能。该规定取消了转让限制，故C项正确。

43. **答案**：ABC。《环境保护法》第47条规定："各级人民政府及其有关部门和企业事业单位，应当依照《中华人民共和国突发事件应对法》的规定，做好突发环境事件的风险控制、应急准备、应急处置和事后恢复等工作。县级以上人民政府应当建立环境污染公共监测预警机制，组织制定预警方案；环境受到污染，可能影响公众健康和环境安全时，依法及时公布预警信息，启动应急措施。企业事业单位应当按照国家有关规定制定突发环境事件应急预案，报环境保护主管部门和有关部门备案。在发生或者可能发生突发环境事件时，企业事业单位应当立即采取措施处理，及时通报可能受到危害的单位和居民，并向环境保护主管部门和有关部门报告。突发环境事件应急处置工作结束后，有关人民政府应当立即组织评估事件造成的环境影响和损失，并及时将评估结果向社会公布。"因此A、B、C项正确，D项错误。

三、名词解释

1. **答案**：环境事故报告制度又称环境污染与破坏事故报告及处理制度，或环境污染事故和环境紧急情况的报告及处理制度，这项制度是指发生事故或者其他突发事件，使环境受到或者可能受到严重污染或破坏，事故或事件的当事人必须立即采取措施处理，及时向可能受到污染与破坏危害的公众通报，并向当地生态环境主管部门和有关部门报告，接受调查处理的法律制度。

2. **答案**：环境影响评价报告书是环境影响评价工作成果的集中体现，是环境影响评价承担单位向其委托单位、工程建设单位或其主管单位提交的工作文件。经生态环境主管部门审查批准的环境影响报告书，是计划部门和建设项目主管部门审批建设项目可行性研究报告或设计任务书的重要依据，是领导部门对建设项目作出正确决策的主要依据的技术文件之一。

3. **答案**：清洁生产，是指不断采取改进设计、使用清洁的能源和原料、采用先进的工艺技术与设备、改善管理、综合利用等措施，从源头削减污染，提高资源利用效率，减少或者避免生产、服务和产品使用过程中污染物的产生和排放，以减轻或者消除对人类健康和环境的危害。

4. **答案**：限期治理制度是指国家法定机关对污染严重的项目、行业和区域作出决定，限定其在一定期限内完成环境治理任务，达到治理目标的环境法律制度。

5. **答案**：防止环境污染转嫁或转移制度是指针对一定区域内的人类行为直接或间接地对该区域外的环境造成污染损害，或将自己造成的环境污染的治理责任推卸给他人，从而使自己不承担或少承担治理责任的社会行为进行法律规范的制度。

6. **答案**：现场检查制度是指环境资源保护部门和其他监督管理部门，依法对管辖范围的单位和个人遵守环境法律、法规，执行命令、决定的情况以及其他与环境资源保护有关的情况，直接进入现场检查的一种环境法律制度。

7. **答案**：环境资源许可是指国家有关环境资源管理机关，根据公民、法人或其他组织的申请，依法审查，准予其从事某项对环境资源有影响的活动的行为。

8. **答案**："三同时"制度，是指对环境资源有影响的建设项目，其环境资源保护设施必须与主体工程同时设计、同时施工、同时投产使用的法律制度。

9. **答案**：环境质量标准是指质量参数的项目与标准值，主要是对各类环境中有害物质或因素含量的最高限额所作的规定。

10. **答案**：污染物排放标准又称为控制标准，

是指对允许污染源排放污染物或对环境造成危害的其他因素的最高限额所作的规定。

11. **答案**：战略环境影响评价制度是指对政策、规划或计划及其替代方案的环境影响进行正式的、系统的和综合的评价过程的制度。战略可以大到全球和国家，小到区域和部门的战略，无论是政策还是计划或规划的环境影响评价都被称为战略环境影响评价。

12. **答案**：环境信息公开制度，是指依据和尊重公众知情权，政府和企业以及其他社会行为主体向公众通报和公开各自的环境行为以利于公众参与和监督的制度。因此环境信息公开制度既要公开环境质量信息，也要公开政府和企业的环境行为，为公众了解和监督环保工作提供必要条件，这对于加强政府、企业、公众的沟通和协商，形成政府、企业和公众的良性互动关系有着重要的促进作用，有利于社会各方共同参与环境保护。

13. **答案**：污染物总量控制制度是以环境质量目标为基本依据，对区域内各污染源的污染物的排放总量实施控制的管理制度。在实施总量控制时，污染物的排放总量应小于或等于允许排放总量。区域的允许排污量应当等于该区域环境允许的纳污量。环境允许纳污量则由环境允许负荷量和环境自净容量确定。污染物总量控制管理比排放浓度控制管理具有较明显的优点，它与实际的环境质量目标相联系，在排污量的控制上宽严适度；由于执行污染物总量控制，可避免浓度控制所引起的不合理稀释排放废水、浪费水资源等问题，有利于区域水污染控制费用的最小化。

14. **答案**：政策战略环境影响评价（简称政策环评），是战略环境影响评价在政策层面上的应用，或者说是以政策为对象的战略环境影响评价。政府对于政策、计划、方案和其他替代方案，进行正式、有系统、全面性的环境影响评估，当中应该将评估发现准备成报告，并在决策过程中进行参考和使用。

四、简答题

1. **答案**：环境影响评价又称为环境质量预断评价，是指在某项人为活动之前，对实施该活动可能造成的环境影响进行分析、预测和评估，并提出相应的预防或者减轻不良环境影响的措施和对策。环境影响评价制度是有关环境影响评价的适用范围、评价内容、审批程序、法律后果等一系列法律规定的总称，它是环境影响评价活动的法定化、制度化。

环境影响评价制度的意义在于：(1) 环境影响评价制度贯彻了“预防为主”的原则。对开发建设项目进行环境影响评价，是为了在从事有害环境的活动前就弄清该活动对环境的影响，以便采取有效措施尽可能地防止不利影响的发生，是实现预防为主原则的最有效途径之一。(2) 环境影响评价制度贯彻了“协调原则”，把经济建设和环境保护协调起来。对开发项目进行环境影响评价，是对传统发展模式和决策模式的改变，是实现经济社会发展与环境保护相协调的重要手段，是防止和控制新的环境问题的基本法律制度。

环境影响评价制度的适用范围是指法律规定哪些建设项目应当进行环境影响评价。根据我国《环境影响评价法》第 3 条规定，我国环境影响评价制度的适用范围包括规划环境影响评价和建设项目环境影响评价两个方面。

我国环境影响评价的内容包括以下六个方面：(1) 建设项目基本情况。包括建设项目的地点、规模、产品方案和主要工艺方法、主要原料、燃料、用水量和来源、各种废物的排放量和排放方式、废弃物回收利用和处理方案、占地面积和土地利用情况、发展规划等。(2) 建设项目周围地区的环境状况调查。包括地质水文情况、气象情况、自然资源情况、人文环境情况等。(3) 建设项目对周围地区的环境影响的分析和预测。(4) 环境监测制度建议。(5) 环境影响经济损益分析。(6) 结论。包括对环境质量的影响，建设规模、性质，选址是否合理、是否符合环保要求，采取的防治措施经济上是否合理、技术上是否可行、是否需要再做进一步的评价。

我国的环境影响评价程序大体包括以下三个方面：(1) 评价形式筛选。由各级生态环境主管部门确定待评价的开发建设项目是编制环境影响报告书还是填写环境影响报告表。筛选的标准是，大中型开发建设项目要编制环境影响报告书，小型开发建设项目应填写环境影响报告表。(2) 评价报告编写。包括编制环境影响评价书和填写环境影响报告表，这一程序应在建设项目的可行性研究阶段完成。(3) 评价报告的审批。建设项目环境影响评价文件的审批程序分为报批、预审、审核和审批。建设单位应当在建设项目可行性研究阶段报批建设项目环境影响评价文件，但是，铁路、交通等建设项目，经有审批权的生态环境主管部门同意，可以在初步设计完成前报批环境影响报告书或环境影响报告表。

2. 答案：各国对环境影响评价范围的规定不尽相同，一般是限于对环境有较大影响的各种规划、开发活动、建设工程，也有的国家对评价范围规定得很宽。例如，在瑞典，任何污染项目的建设都需要事先进行评价并得到批准。法国 1977 年政令规定，除城市规划必须作环境影响评价外，其他项目根据规模和性质分为三类：一类必须作正式评价；二类作简单“影响说明”；三类可免除影响评价。

我国《建设项目环境保护管理条例》规定，凡在我国领域内从事对环境有影响的项目，都必须依法执行环境影响评价制度，即环境影响的评价对象是对环境有影响的建设项目。

建设项目是指按照固定资产方式进行的一切开发建设活动，包括国有经济、城乡集体经济、联营、股份制、外资、个体经济和其他各种不同经济类型的开发活动。按计划管理体制，建设项目可分为基本建设、技术改造、房地产开发（含开发区建设、新区建设、老区建设）和其他共四个部分的工程和设施建设。

国家根据建设项目对环境的影响程度，对建设项目的环境保护实行分类管理。

(1) 建设项目对环境可能造成重大影响的，应当编制环境影响报告书，对建设项目产生的污染和对环境的影响进行全面、详细的评价。

(2) 建设项目对环境可能造成轻度影响的，应当编制环境影响报告表，对建设项目产生的污染和对环境的影响进行分析或者专项评价。

(3) 建设项目对环境影响很小，不需要进行环境影响评价的，应当填报环境影响登记表。

分类管理的名录由生态环境主管部门制定并公布。

3. 答案：环境污染与破坏事故是指因事故或意外事件等因素，致使环境受到污染或破坏，公众的生命健康和财产受到危害或威胁的紧急情况。环境事故报告制度又称为环境污染与破坏事故报告及处理制度，或环境污染事故和环境紧急情况的报告及处理制度，这项制度是指发生事故或者其他突发事件，使环境受到或者可能受到严重污染或破坏，事故或事件的当事人必须立即采取措施处理，及时向可能受到污染与破坏危害的公众通报，并向当地生态环境主管部门和有关部门报告，接受调查处理的法律制度。

我国的环境污染事故报告制度主要包括报告与处理两个方面。

(1) 环境污染与破坏事故的报告。第一，造成环境污染与破坏事故的单位，必须在事故发生后 48 小时内，向当地生态环境部门报告，事故查清后，还应向其作出书面报告，并附有关证明文件。第二，事故发生后，当地生态环境部门应当立即赶赴现场调查，并对事故的性质和危害作出恰当的认定，一般或较大的事故，由县级以上生态环境部门确认；重大或特大事故，由地、市以上生态环境部门确认。第三，凡属重大环境污染与破坏事故，地、市生态环境部门除应及时报告同级人民政府外，还应同时报告省级生态环境部门；凡属特大环境污染与破坏事故的，还应同时报告生态环境部。第四，重大或特大环境污染与破坏事故的报告，分为三类：速报，从发现事故起48小时以内上报；确报，在查清有关基本情况后立即上报；处理结果报告，在事故处理完成后立即上报。

(2) 环境污染与破坏事故的处理。包括两个方面：一是事故或事件发生后，当事人和人民政府对事故和事件作出的反应和采取的报告、控制、消除、疏散、自救、调查、处置等一系列措施；二是生态环境主管部门在收到事故或事件报告，并查清其性质和危害之后，对违法者可给予的行政处罚。

4. 答案："三同时"制度是我国创立的预防和控制新污染的环境管理制度，是指在一切新、改、扩建的建设项目，技术改造工程项目，自然开发项目中，防治污染和保护环境的设施，必须与主体工程同时设计、同时施工、同时投产。"三同时"制度与环境影响评价制度是相辅相成的。"三同步"是经济建设、城乡建设和环境建设同步规划、同步实施、同步发展。"三统一"是经济效益、社会效益、环境效益相统一。

"三同时"制度的主要内容有：

(1) 适用范围："三同时"制度适用于对环境有影响的建设项目，主要根据建设项目环境影响评价的结论加以确定。从涉及的行业来看，主要包括工业、交通、水利、农林、商业、卫生、文教、旅游、科研、市政等；从项目的类型来看，主要包括基本建设项目、技术改造项目、区域开发项目、引进的建设项目、确有经济效益的综合利用项目、环保集中处理设施建设项目等；从项目建设类别来看，主要包括新建项目、改建项目、扩建项目、技术改造项目等。

(2) 对三个环节的要求：①在项目设计阶段，必须有环境保护设计；②在施工阶段，环保设施必须与主体工程同时施工；③在投产或正式使用前，建设单位必须向生态环境主管部门提交"环境保护设施竣工验收报告"，说明设施运行情况、污染治理情况和达到的标准，验收合格后方可正式投入使用。

(3) 管理机构及其职责。生态环境主管部门主要职责如下：①对项目初步设计中的环境保护篇章进行审查；②对建设施工中的环境保护情况进行检查；对环境保护设施的竣工进行验收；③对环境保护设施运转和使用情况进行监督检查；④依法对"三同时"制度的违反者追究行政责任。

建设项目主管部门的职责：①初步设计中环境保护篇章和环保设施竣工验收的预审；②监督建设项目的设计和施工中的环境保护措施的落实；③监督建设项目竣工验收后环境保护设施的正常运转。

5. 答案：环境标准是环境资源监督管理的重要技术支持和保证，环境标准是国家进行环境资源监督管理所遵循的技术基础和准则。环境标准制度是有关环境资源标准的编制、审批、发布、实施和监督管理的一系列法律规范的总称，是环境标准活动的正规化、程序化和法定化。

环境标准可以按照适用范围分级，包括国家标准、行业标准、地方标准、企业标准和国际标准；环境标准可以按照执行性质分为强制性标准和推荐性标准。

环境标准作为环境资源法体系的组成部分，在国家环境资源管理中起着重要作用。环境标准是制订国家环境资源规划和计划的主要依据；环境标准是环境资源法制定和实施的重要基础与依据；环境标准是国家环境资源管理的技术基础；环境标准是促进技术进步、产业结构调整、经济建设与社会发展的有效手段。

6. 答案：(1) 生态补偿制度的概念。生态补偿制度是以防止生态环境破坏、增强和促进生态系统良性发展为目的，以从事对生态环境产生或可能产生影响的生产、经营、开发、利用者为对象，以生态环境整治及恢复为主要内容，以经济调节为手段，以法律为保障的新型环境管理制度。

它可以分为广义和狭义两种。广义的生态补偿制度包括对污染环境的补偿和对生态功能的补偿。狭义的生态补偿制度，则专指对生态功能或生态价值的补偿，包括对为保护和恢复生态环境及其功能而付出代价、作出牺牲的单位和个人进行经济补偿；对因开发利用土地、矿产、森林、草原、水、野生动植物等自然资源和自然景观而损害生态功能或导致生态价值丧失的单位和个人收取经济补偿。《中华人民共和国国民经济和社会发展第十一个五年规划纲要》中提出："按照谁开发谁保护、谁受益谁补偿的原则，建立生态补偿机制。"这是建设资源节约型、环境友好型社会，最终实现和谐社会目标的重要组成部分，也是建立生态补偿制度的出发点。

（2）生态补偿制度的意义。建立生态补偿制度是确保生态功能区建设的需要。生态区群众的发展权与非生态区群众的发展权是平等的。国家为追求宏观上经济、社会和生态效益的最大化，规划了不同的功能区，并分别制定了相应的优化开发、重点开发、限制开发、禁止开发的政策。保证功能区规划落到实处，需要设计相应的生态补偿制度。如果没有生态补偿制度安排，限制开发、禁止开发区域就会选择"博弈"行为，导致"限、禁"失效。

建立科学的生态补偿制度可以约束生态环境消费。生态环境的容量有限，生态环境消费无度会损害生态环境。建立科学的生态补偿制度，对生态环境过度消费征费，以作生态补偿之资，让生态环境消费者的消费成本内部化、制度化、刚性化，能够有效约束生态环境消费者对生态环境的过度消费。

建立科学的生态补偿制度可以激励生态环境保护行为。建立科学的生态补偿制度可以让生态环境保护的收益内部化，使保护者得到补偿与激励，实现生态环境保护行为的自觉、自愿、自利，可持续地坚持下去。建立生态环境保护的长效机制，还可以增强生态产品的生产和供给能力。

（3）生态补偿制度的原则。明确补偿主体。"谁开发谁保护，谁破坏谁恢复，谁受益谁补偿，谁污染谁付费"中的"谁"，可以是国家、地方政府、企业和个人，有时还可能涉及多个主体，情形比较复杂。应因事制宜，明确特定的补偿责任主体，多个主体则应量化责任。

落实受益主体。"谁受损、谁受益"。应落实受益主体。目前存在补偿利益虚化、未补偿到真正受损者的问题。对此，有多个受损主体的，应量化其利益；有多个受损方面的，应全面覆盖受损的各个方面。

补偿标准体系化。生态环境受损后的影响是多方面的，影响的利益主体是多元的。现在的补偿是一个简单的经济总量，且一般按"人头"分配，掩盖了受损主体的差异性。补偿标准应按社会、经济、生态分类，细化为一个指标体系，再按差异性补偿给当地政府、企业和个人等主体，并规定用于社会重建、经济发展和生态修复。

补偿模式多样化。现行的补偿模式以政府财政转移支付为主，辅以一次性补偿、对口支援、专项资金资助和税赋减免等。应坚持多样化模式，同时避免模式选择的随意性、补偿额的随意性。应制定实施细则，规范补偿模式的选择和实施。

确保补偿用于生态修复。现在，生态补偿大多用于生活、安置、迁移、生产等刚性需求，真正用于生态修复、生态保护的很少。生态补偿制度安排中应有量化的刚性要求，使一部分补偿直接用于修复生态。同时，还应有使用的有效监督制度。

五、论述题

1. 答案：环境法基本制度是指在环境法基本原则的指导下，为实现环境法的目的，调整人们在环境资源的开发、利用、保护、管理和污染防治过程中产生的社会关系的具有普遍性和代表性的法律规范和行为准则。环境法的基本制度是环境法律制度系统中的首要构成要素，是环境法律制度系统的基本和核心，是环境法律制度系统的主要标志和代表者。它不只是污染防治各方面制度中最基本的办事规则和行为准则的总和，还是环境资源开发、利用、保护及管理等方面的制度中最基本的办事规则和行为准则的总和。

目前，我国环境法学术界对于环境法基本制度的内容的认识尚未达成统一。下面列举了一些我国环境法学者的观点。第一种观点认为环境法的基本制度应包括六项，即环境影响评价制度、“三同时”制度、排污收费制度、许可证制度、限期治理制度、环境污染与破坏事故的报告及处理制度。第二种观点把环境法基本制度归纳为：环境资源规划制度、环境资源标准制度、环境资源监测制度、环境影响评价制度、环境资源许可制度、“三同时”制度、清洁生产制度、综合利用制度、动植物检疫制度、环境资源税费制度等。第三种观点把环境法基本制度分为环境保护基本法律制度和自然资源保护基本法律制度，其中环境保护基本法律制度包括：土地利用规划制度、环境影响评价制度、“三同时”制度、许可证制度、征收排污费制度、经济刺激制度；自然资源保护基本法律制度包括：环境影响评价、“三同时”制度、自然资源权属制度、自然资源规划制度、自然资源调查和档案制度、自然资源许可制度、自然资源有偿使用制度等。

在上述各种环境法的基本制度中，已经达成共识的基本制度有：环境影响评价制度、“三同时”制度、许可证制度（或称为排污许可证制度、环境资源许可制度）、排污收费制度（或称为征收排污费制度）等。

此外，由于当时的立法背景和执法力度，我国环境法所确认的基本制度间相互分割甚至抵触，配套性较差，特别是污染防治与资源保护的法律制度相互割裂，各成体系；各项制度之间缺乏协调，如总量控制与浓度控制的冲突、分散治理和集中控制的矛盾、各项制度适用范围不够明确统一、内容规定较原则，缺乏配套法规，缺乏可操作性，削弱了制度的综合效率和效力。而环境法基本制度应是一个有机的整体。为此，必须结合市场经济和可持续发展的要求以及各环境法基本制度本身在实践中所起的作用，对环境法基本制度重新认识和界定，并对某些达成共识的基本制度进行完善，同时还要加强制度之间的协调性、统一性和互动性，完善各项制度的管理程序和具体实施办法，增强制度的可操作性。

2. 答案：环境影响评价制度，是环境影响评价活动的法律化、制度化，是国家通过立法对环境影响评价的对象、范围、内容、程序等进行规定而形成的有关环境影响评价活动的一套规则。

环境影响评价制度是我国环境保护的主要法律制度之一，也是环境监督管理的主要制度之一，对于以贯彻预防为主的环境保护原则，预防新的污染源出现发挥着极为重要的作用。但是我国环境影响评价制度并不是完美无缺的，从我国自身环境影响评价制度的实践来看，也有一定的问题：

（1）评价对象上只限于具体的建设项目，对环境有重大影响的一些宏观决策没有纳入环境影响的评价对象。具体建设项目固然对环境有直接影响，需要进行环境影响评价，但与具体项目相比，国家的重大经济、技术和产业政策，区域和资源开发规划，城市和行业发展规划，重大基础设施建设等对环境的影响更大，而我国环境影响评价制度则对国家宏观决策的环境影响评价长期未能予以足够重视。

（2）在评价程序上，缺少公众参与的民主决策机制。世界上绝大多数有环境影响评价立法的国家，几乎均将公众的参与作为环境影响评价程序的重要组成部分。虽然我国的《噪声污染防治法》作了类似的规定，但规定都过于原则，对于公众参与的方式、阶段、人员、效果等没有进行规定。因此，这些规定只不过是公众参与的宣言，并没有形成公众参与的完整机制。

环境影响评价制度的改进办法有：

（1）建立宏观重大决策环境影响评价制度。鉴于进行重大决策环境影响评价的意义以及国外的经验，我国应建立对国家重大经济、技术政策和产业政策，区域和资源开发利用规划，城市和乡镇发展规划，行业发展规划，重大基础设施建设规划等的环境影响评价。

（2）建立公众参与环境影响评价制度。

环境影响评价的公众参与制度，是指建设单位及审批环境影响评价报告书（表）机关以外的其他相关机关、地方政府、社会团体、学者专家、人大代表、政协委员、当地居民等，通过法定的方式，参与环境影响评价的制作、审查与监督等的活动。

3. **答案**：环境纠纷是指由于污染或破坏环境而产生的加害者与受害者之间的矛盾和争议。这种纠纷通常是由于单位或个人在利用环境和资源的过程中违反环境保护法律法规规定，污染和破坏环境，侵犯他人的合法权益而产生的。环境纠纷可以发生在企事业单位与周围居民之间，也可以发生在企事业单位与单位之间，还可以发生在居民与居民个人之间，其中最为突出和常见的就是发生在企事业单位与周围居民之间的纠纷。

根据我国现行法律规定，环境纠纷的处理主要有以下四种方式：(1) 由双方当事人自行解决处理；(2) 由生态环境部门和其他行使环境监督权的主管行政机关调节处理；(3) 由法院通过民事诉讼程序处理；(4) 由仲裁机构调解和裁决。生态环境部门和其他行使环境管理权的行政机关调解处理也叫作行政调处程序。该程序在环境保护法中有明文规定。调解步骤是：(1) 当事人提出调解处理请求；(2) 立案进行调查，包括听取双方当事人的陈述、现场调查、进行监测和技术鉴定等；(3) 进行调解，促成当事人双方签署协议，并自动履行；(4) 在调解不成的情况下明确告知双方当事人可以向法院提起民事诉讼。法院通过民事诉讼程序处理者以环境纠纷解决程序在《民事诉讼法》《环境保护法》及其他有关法律中作了明确的规定。通过仲裁程序解决只适用于涉外性的海洋环境污染损害赔偿案件，不适用一般污染损害赔偿案件。有人把生态环境部门的调解处理环境纠纷称作仲裁，这是不正确的。仲裁裁决为终局裁决，任何一方当事人均不得向法院起诉，也不得向其他机构提出变更仲裁裁决的请求。

4. **答案**：环境许可证制度，又称为环境资源许可证制度，是指有关环境资源行政许可的各种法律规范的总称，是环境资源行政许可活动的制度化和法定化。

环境许可证按照其作用，可以分为三类：(1) 防止环境污染许可证，如排污许可证，废物进口许可证，海洋倾废许可证，危险废物经营许可证，放射性同位素与射线装置的生产、使用、销售许可证；(2) 防止环境资源破坏许可证，如林木采伐许可证、特许猎捕证、捕捞许可证、驯养繁殖许可证、采矿许可证、取水许可证等；(3) 综合环境保护许可证，如建设规划许可证等。

环境保护许可证制度的意义表现在：(1) 有利于维护公民、法人和其他组织的合法环境资源权益，维护环境公共利益、人与人之间的社会秩序和人与自然的生态秩序。(2) 有利于保障和监督环境资源行政机关有效实施环境资源行政管理，有利于主管机关及时掌握各方面情况，及时制止不当开发、生产和各种损害环境的活动，及时发现违法者，加强国家环境资源行政管理部门的监督检查，促进法律法规的实施。(3) 有利于调动环境资源管理相对人保护环境资源的积极性，促使开发利用环境资源者加强环境资源管理，进行技术改造和工艺改造，推行清洁生产，节约资源。(4) 有利于群众参与环境资源管理。

环境许可证的实施程序一般包括申请、受理、审查、听证、决定、变更与延续、监督检查等主要阶段。以排污许可证为例，其管理程序主要包括以下阶段：(1) 申请。由申请人向有关主管机关提出书面申请，并附有为审查所必需的各种材料。(2) 审查。行政机关应当对申请人提交的材料进行审查。(3) 决定。行政机关对行政许可申请进行审查后，除当场作出行政许可决定的外，应当在法定期限内按照规定程序作出行政许可决定。(4) 期限。除当场可以作出行政许可决定的外，行政机关应当自受理行政许可申请之日起20日内作出行政许可决定。(5) 听证。涉及公共环境利益的重大行政许可事项，行政机关应当向社会公告，并举行听证。(6) 监督检查。主管机关要随时对持证人执行行政许可的情况进行监督检查。(7) 处理。被许可人未依法履行开发利用自然资源义务或者未依法履行利用公共资源义务的，行政机关应当责令其限期改正。如果持证人违反许可证规定的义务或限制条件，主管机关可以中止、吊销许可证，并对违法者追究法律责任。

5. 答案：(1) 从环境影响评价法的角度看，启示主要涉及三大问题：

第一，对规划应当依法进行环境影响评价。对规划的环境影响评价是环境影响评价法的重要组成部分，它对保障决策符合可持续发展的要求有着非常重要的意义。三门峡水库的修建在规划阶段并没有进行环境影响评价，因此在流域和区域总体上错过了防患于未然的机会。

第二，对建设项目应当依法进行环境影响评价。三门峡水库的设计存在先天不足，没有考虑泥沙淤积对上游的环境影响，如果当时在建设施工前进行建设项目环境影响评价，就会使这个问题得到充分的考虑。

第三，应当依法发挥公众参与的作用。环境影响评价中的公众参与是公众参与环境管理最重要的形式。公众参与也是保障环境影响评价有效性的重要制度，因为公众对环境利益感受最为直接，最有动力提出评价对象可能的环境影响。

(2) 启示有两点：

第一，经济的发展应当兼顾社会效益和环境效益。三门峡水库的修建是在传统发展观的指导下完成的，其修建的目的就是防洪、防凌、供水、灌溉、发电，在决策时完全没有考虑水库对附近区域的环境生态和社会的影响，这是三门峡水库以后出现问题的根源所在。为此，要改变传统的以经济为中心的发展观，在决策时协调经济、社会和环境的利益。

第二，对领导者和决策者政绩的考评，应当包含经济、社会和环境等多项重要指标，而不应单纯以局部地区短期的经济增长为依据。

6. 答案：环境标准是指为了防治环境污染，保护人体健康，维护生态平衡，依照有关法律规定，对环境保护工作需要统一的技术规范和技术要求所制定的标准。

环境标准体系是由各个具体的环境标准按其内在联系组成的统一整体。目前，我国的环境标准，从内容和功能来说，主要有环境质量标准、污染物排放标准、环境基础标准、环境监测方法标准、环境标准样品标准。从适用范围来说，主要有国家标准、国家环境保护总局标准（环境保护行业标准）和地方标准。从性质来说，主要有强制性标准和推荐性标准。

(1) 环境质量标准是指质量参数的项目与标准值，主要是对各类环境中有害物质或因素含量的最高限额所作的规定。按照环境要素的不同，环境质量标准可以分为水质量标准、大气质量标准、土壤质量标准等质量标准。

(2) 污染物排放标准（或控制标准）是对允许污染源排放污染物或对环境造成危害的其他因素的最高限额所作的规定。按控制的污染物及其排放的不同，可分为大气污染物排放标准、水污染物排放标准、固体废弃物、噪声等污染控制标准；按规定限值类别不同，可以分为浓度控制标准和总量控制标准。

(3) 环境基础标准是指国家对环境保护工作中，需要统一的技术术语、符号、代号（代码）、图形、指南、导则及信息编码等所制定的标准，环境基础标准是其他环境标准的基础，其是为制定和执行各类环境标准提供一个统一遵循的准则。

(4) 环境监测方法标准是指对环境保护领域内以采样、分析测试、数据处理等方法为对象所制定的统一技术规定，制定环境监测方法标准是为了检测环境质量和污染物排放，规范采样、分析测试、数据处理等技术。

(5) 环境标准样品标准是指对环境保护工作和环境标准实施过程中的，标定仪器、检验测试方法、进行量值传递和质量控制而由国家法定机关制定的能够确定一个或多个特性值的物质和材料。

其中，环境质量标准和污染物排放标准是标准体系的主体，是环境标准体系的核心内容，集中体现了环境标准体系的基本功能，是实现环境标准体系目标的基础。环境基础标准给出了各类环境标准建立时应遵循的准则要求，是环境标准体系的基石。环境监测方法标准和环境标准样品标准构成环境标准体系的支持系统。

国家环境标准包括国家环境质量标准、国家污染物排放标准、国家环境监测方法标准、国家环境标准样品标准和国家环境基础标准；地方环境标准包括地方环境质量标准和地方污染物排放标准。环境质量标准、污染物排放标准和法律、行政法规必须执行的其他环境标准属于强制性环境标准，强制性环境标准以外的环境标准属于推荐性环境标准，推荐性环境标准一旦被强制性环境标准引用，也必须强制执行。

关于“环境标准的作用或意义”，见简答题第 1 题答案。

7. 答案：略。

六、案例题

1. 答案：(1) 该化工厂违反了环境影响评价制度。即对可能影响环境的工程建设、开发活动和各项规划，预先进行调查、预测和评价，提出环境影响及防治方案，经主管当局批准才能进行建设的环境保护制度。该化工厂扩建的加工精制 3-硝基、4-氨基苯酚（NAP）工艺和设备属于对环境会产生影响的工程，应当按照法律规定，提出环境影响及防治方案的报告，经主管当局批准才能动工建设。

(2) 该化工厂违反了“三同时”制度，即一切新建、改建和扩建的基本建设项目(包括小型建设项目)、技术改造项目、自然开发项目，以及可能对环境造成损害的其他工程，其中防治污染和其他公害的设施和其他环境保护设施，必须与主体工程同时设计、同时施工、同时投产。该化工厂扩建加工精制 3-硝基、4-氨基苯酚（NAP）工艺和设备，但是污染防治设施没有相应予以改造，违反了“三同时”制度。

(3) 该化工厂违反了许可证制度。凡是对环境有不良影响的各种规划、开发、建设项目、排污设施或经营活动，其建设者或经营者必须事先提出申请，经主管部门审查，颁发许可证后才可以从事该项活动。该化工厂在扩建有关设备以前并未向生态环境局申报获得许可证。

2. 答案：徐某等人违反了环境法中的许可证制度。环境资源许可是指国家有关环境资源管理机关，根据公民、法人或者其他组织的申请，依法审查，准予其从事某项对环境资源有影响的活动的行为。《矿产资源法》第 20 条第 4 项规定，不得在重要河流、堤坝两侧一定距离以内开采矿产资源。在徐某等人多次申请采矿许可证并且县矿管局始终未予批准发证的情况下，私自采矿，明显违反了法律规定。

第六章　环境资源行政

重点知识讲解

重点知识一：环境资源行政决策概念、特点

环境资源行政决策概念	环境资源行政决策是指行政机关就拟议中的环境利用行为可能造成的环境妨害、环境损害以及可能的环境风险与各环境利用行为的成本效益等一并作出分析判断，并最终作出决定的行为。
环境资源行政决策特点	1. 科技关联性 2. 利益冲突性：(1) 代内利益冲突；(2) 代际利益冲突；(3) 国际利益影响
建立环境资源行政决策的正当程序	1. 公开决策程序 2. 给各方表达意见的机会或实行听证 3. 说明决策的理由 4. 公布周知

重点知识二：环境资源行政行为概念及基本原则

环境资源行政行为概念	环境资源行政行为是指生态环境部门和其他行使环境监督管理权的机关，依照法律规定，运用公权力将各项环境法律制度或措施适用于具体环保领域并对外产生法律后果的行为。
环境资源行政的基本原则	1. 法律保留原则。行政权力的实施应当依照法律的明确规定或法律授权进行，在环境行政中，该原则要求生态环境部门和其他行使环境监督管理权的机关必须依照法定权限、法定方式、法定程序来实施环境监督管理行为。 2. 法的明确性原则。要求立法者在任何对于公民自由权利加以限制的情形时，必须让公民能了解其义务所在。 3. 信赖利益保护原则。当公民信赖行政行为，并且这种信赖值得保护时，为保护行政相对人的信赖利益，该行政行为受到存续保护而不得被任意撤销。

配套测试

一、单项选择题

1. 环境资源管理上升为国家的基本职能是在（　　）

A. 20 世纪 50 年代以前
B. 20 世纪 50 年代
C. 20 世纪 60 年代末
D. 20 世纪 90 年代

2. 提出“环境问题不仅是一个技术问题，也是一个重要的社会经济问题”是在（　　）

A. 1972 年人类环境会议
B. 1979 年经济与发展组织第二次环境部长会议
C. 1982 年人类环境特别会议
D. 1992 年联合国环境与发展大会

3. 1971年到1972年，美、日、英、法、加拿大等国政府分别在中央设立和强化了（　　）
A. 协调机构　　B. 环境保护专门机构
C. 咨询机构　　D. 环境法实施机构

4. 新中国成立以后至20世纪70年代，我国的环境问题尚不突出，管理环境与资源工作的部门是（　　）
A. 城乡建设环境保护部
B. 国务院环境保护委员会
C. 有关部委兼管
D. 环境保护部

5. 我国现代环境保护行政管理机构建设起步的标志是（　　）
A. 1973年全国环境保护会议
B. 国务院环境保护委员会成立
C. 国家环保局成立
D. 国务院环境保护领导小组成立

6. 目前，我国的环境资源保护行政主管机构是（　　）
A. 自然资源部
B. 国务院环境保护委员会
C. 国家环保总局
D. 生态环境部

7. 主管全国矿产资源、海域等自然资源的统一管理工作的机构是（　　）
A. 农业农村部　　B. 自然资源部
C. 水利部　　D. 生态环境部

8. 依法应当给予行政处罚，而有关生态环境主管部门不给予行政处罚的，上级人民政府生态环境主管部门可以（　　）
A. 直接作出行政处罚的决定
B. 责令下级生态环境主管部门给予行政处罚
C. 向上一级生态环境主管部门反映情况
D. 移交司法机关处理

9. 有权制定国家环境质量标准的主体是（　　）
A. 全国人大及其常委会
B. 国务院生态环境主管部门
C. 省、自治区、直辖市人民政府
D. 省、自治区、直辖市人大及其常委会

10. 根据《环境保护法》的规定，下列选项中错误的是（　　）
A. 国务院生态环境主管部门制定国家污染物排放标准
B. 市人民政府对国家污染物排放标准中未做规定的项目，可以制定地方污染物排放标准
C. 市人民政府生态环境主管部门对国家污染物排放标准中已作规定的项目，可以制定严于国家污染物排放标准的地方污染物排放标准
D. 地方污染物排放标准应当报国务院生态环境主管部门备案

二、多项选择题

1. 环境资源管理的综合性原则是指（　　）
A. 管理目的的综合性
B. 管理体制的综合性
C. 管理制度的综合性
D. 管理手段和措施的综合性

2. 环境管理的区域性原则要求（　　）
A. 制定环境政策和标准时要尽可能考虑地区的差异性
B. 制定环境政策和标准时要充分发挥中央管理机关的协调作用
C. 某些环境要素的保护和污染防治要考虑区域性原则
D. 注意发挥地方管理机构的作用，以地方为主进行环境管理

3. 环境资源管理应当遵循的主要原则有（　　）
A. 综合性原则　　B. 区域性原则
C. 协调性原则　　D. 预测性原则

4. 下列属于自然资源部的资源监督管理职责的有（　　）
A. 制定国家环境质量标准和污染物排放标准并按国家规定的程序发布
B. 组织编制和实施国土规划、土地利用总体规划和其他专项规划
C. 负责核安全、辐射环境、放射性废物的环境管理工作
D. 依法管理水文地质、工程地质、环境地质勘查和评价工作

三、名词解释

环境资源监测调查

四、简答题

简述环境监测的分类和环境监测的意义。

参考答案

一、单项选择题

1. **答案**：C。从总体上看，环境资源领域中的国家管理，大致分为四个主要阶段：第一阶段，20世纪50年代以前，环境资源管理成为国家的一般职责；第二阶段，20世纪50年代，环境资源管理成为国家专门性职责；第三阶段，20世纪60年代末，环境资源管理上升为国家的基本职能；第四阶段，20世纪90年代以来，国家环境资源管理职能的深入、全面发展。
2. **答案**：A。联合国人类环境会议于1972年6月5日至16日在瑞典斯德哥尔摩举行。6月16日第21次全体会议通过了《联合国人类环境会议宣言》（简称《人类环境宣言》），宣言提出了“环境问题不仅是一个技术问题，也是一个重要的社会经济问题”，因此不能仅用科学技术的方法去解决，需要建立和强化国家环境管理的专门机构。
3. **答案**：B。1971年到1972年，美、日、英、法、加拿大等国政府，分别在中央设立和强化了环境保护专门机构。
4. **答案**：C。从新中国成立以后到1973年之前，我国的环境管理工作由有关部委兼管。
5. **答案**：D。我国的环境保护行政监督管理是从1973年全国环境保护会议后发展起来的。1974年12月成立国务院环境保护领导小组，标志着我国现代环境保护行政管理机构建设的起步。
6. **答案**：D。1974年12月成立国务院环境保护领导小组；1982年12月，国务院撤销国务院环境保护领导小组，将其业务并入城乡建设环境保护部，在该部内设立环境保护局；1984年5月，成立了国务院环境保护委员会；1988年成立了国务院直属的国家环境保护局；为了进一步加强环境行政管理，国家在1998年将环境保护局升格为部级的国家环境保护总局（简称国家环保总局），作为国务院主管环境保护工作的直属机构，同时撤销国务院环境保护委员会，把国家科委的国家核安全局并入国家环境保护总局；2008年，组建环境保护部，不再保留国家环境保护总局。2018年，国务院机构改革，组建生态环境部，不再保留环境保护部。
7. **答案**：B。详见2018年《国务院机构改革方案》。
8. **答案**：A。《环境保护法》第67条规定：“上级人民政府及其环境保护主管部门应当加强对下级人民政府及其有关部门环境保护工作的监督。发现有关工作人员有违法行为，依法应当给予处分的，应当向其任免机关或者监察机关提出处分建议。依法应当给予行政处罚，而有关环境保护主管部门不给予行政处罚的，上级人民政府环境保护主管部门可以直接作出行政处罚的决定。”所以本题选A。
9. **答案**：B。《环境保护法》第15条第1款规定：“国务院环境保护主管部门制定国家环境质量标准。”所以本题选B。
10. **答案**：C。《环境保护法》第16条第1款规定：“国务院环境保护主管部门根据国家环境质量标准和国家经济、技术条件，制定国家污染物排放标准。”因此A项正确。《环境保护法》第16条第2款规定：“省、自治区、直辖市人民政府对国家污染物排放标准中未作规定的项目，可以制定地方污染物排放标准；对国家污染物排放标准中已作规定的项目，可以制定严于国家污染物排放标准的地方污染物排放标准。地方污染物排放标准应当报国务院环境保护主管部门备案。”因此B、D项正确，C项错误。

二、多项选择题

1. **答案**：BCD。环境保护的广泛性和综合性特点，决定了环境管理必须采取综合性措施，从管理体制到管理制度、管理措施和手段都要贯彻综合性的原则。

2. 答案：ACD。环境问题具有明显的区域性，决定了环境管理必须遵循区域性原则。区域性原则主要包括三个方面的内容：(1) 制定环境政策和标准要尽可能考虑地区的差异性；(2) 某些环境要素的保护和污染防治，如水的利用与保护，土地、森林、渔业资源的利用与保护都要考虑区域性原则；(3) 注意发挥地方管理机构的作用，以地方为主进行环境管理。

3. 答案：ABCD。环境资源管理的原则又叫作环境管理的原则，主要有四项：综合性原则、区域性原则、协调性原则和预测性原则。这些原则是根据环境管理的特点提出环境管理应当遵循的特殊原则。

4. 答案：BD。自然资源部的资源监督管理职责主要有：(1) 拟定有关法律法规，制定并发布对土地资源、矿产资源、海洋资源等自然资源进行合理利用、保护和加强管理的规章、政策、规划，制定资源技术标准、规程、规范和办法。(2) 组织编制和实施国土规划、土地利用总体规划和其他专项规划，参与城市总体规划的审核。(3) 组织自然资源的调查评价。(4) 拟定实施耕地特殊保护和鼓励耕地开发政策，实施农地用途管制，组织实施永久基本农田保护；承担国务院审批的各类用地的审查、报批工作。(5) 负责矿产资源探矿权、采矿权、矿产资源储量的管理，管理矿产资源补偿费的征收和使用。(6) 组织监测、防治地质灾害，保护地质遗迹，依法管理水文地质、工程地质、环境地质勘查和评价工作；认定具有重要价值的古生物化石产地、标准地质剖面等地质遗迹保护区。(7) 监督检查各级国土资源主管部门行政执法和各项资源规划执行情况等。

三、名词解释

答案：环境资源监测调查是指由法定机构进行的间断或连续的测定代表环境质量的各种标志数据和测量、收集、统计、分析各种资源状况的活动。

四、简答题

答案：按照监测调查的目的，环境资源监测可以分为以下三类：

一是研究性监测，又称为专题监测，是为研究环境资源变化的趋势和规律，以及研究污染物在环境中迁移转化的趋势和规律，确定污染物对周围环境影响的范围程度，进行的监测。

二是监视性监测，又称为常规监测，是为掌握环境污染源排污变化规律或者为评价环境资源质量现状、环境资源变化趋势和环境资源保护工作取得的进展而对特定污染源、特定自然资源或者特定区域进行的连续监测。

三是特定目的监测，又称为特别监测、紧急监测或临时监测，是为了解决某一方面的环境资源问题而对特定对象进行的监测。例如，污染事故的监测是为污染事故的判断和处理提供监测服务，污染纠纷的仲裁监测是为解决污染纠纷提供技术依据。

环境资源监测按调查方式可以分为：普查、综合调查、单项调查和专门调查等；按监测方式可以分为：定点监测、流动监测、连续性监测、间断性监测、自动监测等。

环境资源监测工作，对于掌握环境质量状况及其发展规律，正确、合法实施环境监督管理，追究环境污染和破坏者的法律责任，保护和改善环境，防治环境污染和其他公害，促进环境监测科研水平的提高等，都具有重大意义。

第七章　环境污染防治法

重点知识讲解

重点知识一：水污染防治法律制度

水污染防治的监督管理体制	各级人民政府的生态环境部门是对水污染防治实施统一监督管理的机关。各级交通部门的航政机关是对船舶污染实施监督管理的机关。各级人民政府的水利管理部门、卫生行政部门、地质矿产部门、市政管理部门、重要江河的水源保护机构，结合各自的职责，协同生态环境部门对水污染防治实施监督管理。
水污染防治的原则	1. 水污染防治与水资源保护相结合的原则；2. 防治水污染应当按流域或者按区域统一规划原则；3. 水污染防治与企业布局、改造相结合的原则。
水污染防治的具体制度	1. 政府环境责任和考核评价制度 2. 水环境生态保护补偿制度：国家通过财政转移支付等方式，建立健全对位于饮用水水源保护区域和江河、湖泊、水库上游地区的水环境生态保护补偿机制 3. 重点水污染物排放总量控制制度 4. 排污许可制度 5. 城镇污水集中处理制度 6. 饮用水水源保护区制度

重点知识二：大气污染防治法律制度

大气污染防治的监督管理体制	我国对大气污染防治工作实行人民政府领导、政府各行政主管部门按职权划分实施统一监督管理与部门分工负责管理的行政管理体制。县级以上人民政府的生态环境主管部门，对大气污染防治实施统一监督管理。各级有关公安、交通、铁道、渔业管理部门根据各自的职责，对机动车船污染大气分别实施监督管理。县级以上人民政府其他有关部门，包括经济综合部门、海关行政主管部门等，在各自职责范围内对大气污染防治实施监督管理。
国务院和地方各级人民政府在大气污染防治中的职责	1. 必须将大气环境保护工作纳入国民经济和社会发展规划；2. 必须合理规划工业布局；3. 必须加强防治大气污染的科学研究；4. 必须采取防治大气污染的措施；5. 国家采取有利于大气污染防治以及相关的综合利用活动的经济、技术政策和措施；6. 国家鼓励和支持大气污染防治的科学技术研究，推广先进技术，鼓励和支持开发清洁能源；7. 各级人民政府应当加强植树造林、城市绿化工作，采取措施做好防沙治沙工作。

续表

大气污染防治的具体制度	在防治大气污染上，除环境影响评价制度、“三同时”制度、排污收费制度、许可证制度、限期治理制度、环境污染与破坏事故报告与处理制度、清洁生产制度等外，还有如下制度： 1. 禁止超标排放污染物制度。向大气排放污染物的单位和个人，其污染物浓度不得超过国家和地方规定的排放标准。 2. 污染物排放总量控制制度。有大气污染物总量控制任务的企事业单位，必须按照核定的主要大气污染物排放总量和许可证规定的排放条件排放污染物。 3. 划定大气污染防治重点城市制度。国务院按照城市总体规划、环境保护规划目标和城市大气环境质量状况划定大气污染防治重点城市，直辖市、省会城市、沿海开放城市和重点旅游城市应当列入大气污染防治重点城市。 4. 划定酸雨控制区和二氧化硫污染控制区制度。 此外，还包括定期发布大气环境质量状况公报和逐步开展大气环境质量预报工作制度。

重点知识三：固体废物污染防治法律制度

固体废物污染防治的监督管理体制	国务院生态环境主管部门对全国固体废物污染环境的防治工作实施统一监督管理。国务院建设行政主管部门和县级以上地方人民政府环境卫生行政主管部门负责城市生活垃圾清扫、收集、贮存、运输和处置的监督管理工作。
防治固体废物污染的法律原则	1. 固体废物污染环境防治实行“三化”原则。“三化”即减量化、资源化、无害化。2. 对固体废物实行全过程管理原则。必须对其产生、收集、贮存、运输、利用、处置等环节全过程实行不同程度和不同形式的一体化监督管理。3. 禁止排放固体废物与产生者处置原则。工业固体废物和危险废物的产生者必须将废物进行综合利用，并对不能利用的废物实行无害于环境的处置。4. 对固体废物实行集中处置和分散处置相结合的原则。国家应鼓励、支持有利于保护环境的集中处置固体废物的措施。同时，产生固体废物量比较大的企业，宜自己分散治理。5. 分类控制和重点控制的原则。固体废物种类繁多、性质复杂，要求对不同种类、性质的废物应当根据其特性，采取相应的防治措施。
关于工业固体废物、城市生活垃圾污染防治的规定	界定工业固体废物对环境的污染，推行清洁生产，推行淘汰落后生产工艺设备；制订工业固体废物污染环境防治工作规划；建立、健全企业污染环境防治责任制度；建立专用贮存设施、场所。
关于危险废物污染防治的特别规定	1. 危险废物名录、鉴别和识别标志制度。危险废物名录是指由国家行政机关制定并公布的载有各种危险废物类别、废物来源并对常见危害成分或废物名称作出规定的文书。危险废物的容器和包装物以及收集、贮存、运输、处置危险废物的设施、场所，必须设置危险废物识别标志。2. 强制处置、达标处置和安全处置的法律规定。3. 危险废物各种防治经营活动许可证制度。从事收集、贮存、处置危险废物经营活动的单位，必须向县级以上人民政府生态环境主管部门申请领取经营许可证。4. 关于危险废物转移联单制度的法律规定。转移危险废物的，必须按照国家有关规定填写危险废物转移联单，并向危险废物移出地和接受地的县级以上人民政府生态环境主管部门报告。

续表

控制固体废物污染转移的法律规定	1. 对跨行政区域转移废物，实行报告和许可证制度； 2. 禁止转移产生固体废物的落后工艺、设备，禁止过境转移废物； 3. 禁止或严格限制固体废物进口。
管理医疗废物和废弃电子电气设备的特别规定	1. 医疗废物集中无害化处置的规定； 2. 医疗卫生机构对医疗废物的管理； 3. 医疗废物的集中处置； 4. 医疗废物管理的一般规定等。

配套测试

一、单项选择题

1. 环境污染和其他公害的直接防治方法是（　　）
A. 法律方法
B. 经济学方法
C. 对污染源的行政管理
D. 环境规划

2. 环境污染防治行政管理的最终目的是（　　）
A. 制定环境保护规划以及相关基本法律制度
B. 使污染物排放达到国家环境标准，从而实现保护和改善环境
C. 堵住污染源，控制污染物排放
D. 实行环境污染排污收费，实现环境监测

3. 下列关于现场检查制度的表述不正确的是（　　）
A. 现场检查是法律赋予有关行政部门的权力
B. 各个部门应当依照有关法律的规定行使现场检查权
C. 检查部门无须为被检查部门保守秘密
D. 现场检查一般应由环境保护监督管理人员亲自、直接进入现场检查

4. 下列哪种污染不适用《水污染防治法》，而另由法律规定？（　　）
A. 湖泊水体污染防治
B. 水库水体污染防治
C. 地下水体污染防治
D. 海洋污染防治

5. 《水污染防治法》没有禁止新建排污口的水体保护区的是（　　）
A. 重要的渔业水体
B. 重要的江河发源地
C. 风景名胜区水体
D. 饮用水源保护区

6. 哪一级人民政府可以对风景名胜区水体、重要渔业水体和其他具有特殊经济文化价值的水体，划定保护区，并采取措施，保证保护区的水质符合规定用途的水质标准？（　　）
A. 县级以上　　B. 省级以上
C. 乡级以上　　D. 市级以上

7. 我国《水污染防治法》规定，依法被淘汰的严重污染水环境的落后设备（　　）
A. 未经许可不得转让给其他人使用
B. 必须办理特别许可才能转让给其他人使用
C. 办理一般许可可以转让给其他人使用
D. 不得转让给其他人使用

8. 我国大气污染严重，其主要类型仍是以下列哪种为特征？（　　）
A. 煤烟型污染　　B. 石油型污染
C. 混合型污染　　D. 氮氧型污染

9. 我国首次以法律的形式对大气污染防治作出原则性规定的是（　　）
A. 1982 年《宪法》
B. 1979 年《环境保护法（试行）》
C. 1987 年《大气污染防治法》

D. 1989 年《环境保护法》

10. 国务院生态环境主管部门会同国务院有关部门，经国务院批准，划定“两控区”的目的是（　　）

A. 控制我国日益严重的海洋污染

B. 控制我国日益严重的酸雨污染

C. 控制我国日益严重的大气污染

D. 控制我国日益严重的水污染

11. 根据我国《大气污染防治法》的规定，下列哪一部门负责制定大气环境质量和大气污染源的监测和评价规范？（　　）

A. 省、自治区、直辖市人民政府

B. 国务院生态环境主管部门

C. 县级以上地方人民政府生态环境主管部门

D. 省级以上地方人民政府生态环境主管部门

12. 有权制定地方大气环境质量标准的是（　　）

A. 省级以上地方人民政府生态环境主管部门

B. 省、自治区、直辖市人民政府

C. 县级以上人民政府

D. 县级以上地方人民政府生态环境主管部门

13. 我国最早对固体废物进行管理的方式是（　　）

A. 开展对固体废物的综合利用

B. 提高资源的利用率

C. 对固体废物实行最终处置

D. 建立健全企业污染防治责任制

14. 转移固体废物出省、自治区、直辖市行政区域贮存、处置的，应当经下列哪一部门许可？（　　）

A. 固体废物接受地的省级人民政府

B. 固体废物移出地的省级人民政府

C. 固体废物移出地的省级人民政府生态环境主管部门

D. 固体废物接受地的省级人民政府生态环境主管部门

15. 根据我国《固体废物污染环境防治法》中关于危险废物的收集、贮存、处置等的相关规定，下列说法错误的是（　　）

A. 从事收集、贮存、处置危险废物经营活动的单位，必须向省级以上人民政府生态环境主管部门申请领取经营许可证

B. 禁止无经营许可证或者不按照经营许可证规定从事危险废物收集、贮存、处置的经营活动

C. 禁止将危险废物提供或者委托给无经营许可证的单位从事收集、贮存、处置的经营活动

D. 收集、贮存危险废物，必须按照危险废物特性分类进行

16. 下列选项不属于噪声特点的是（　　）

A. 噪声是感觉性公害

B. 噪声是局部性公害

C. 噪声污染具有暂时性

D. 噪声污染具有持久性

17. 适用于居住、商业和工业混杂区域的噪声标准限值是（　　）

A. 夜间 40 分贝，昼间 50 分贝

B. 夜间 50 分贝，昼间 60 分贝

C. 夜间 60 分贝，昼间 70 分贝

D. 夜间 55 分贝，昼间 65 分贝

18. 根据国家声环境质量标准的适用区域和国土空间规划以及用地现状，划定本行政区域各类声环境质量标准的适用区域的是（　　）

A. 县级以上地方人民政府

B. 县级以上地方人民政府生态环境主管部门

C. 省级以上地方人民政府生态环境主管部门

D. 县级以上地方人民政府生态环境主管部门

19. 为控制国家划定的重点海域的污染，我国《海洋环境保护法》确立了下列哪一制度？（　　）

A. 排污许可证制度

B. “三同时”制度

C. 排污收费制度

D. 重点海域排污总量控制制度

20. 下列关于我国国家海洋行政主管部门在海洋环境保护中的职责的说法错误的是（　　）

A. 负责海洋环境的监督管理

B. 组织海洋环境的调查、监测、监视、评价和科学研究

C. 对全国海洋环境保护工作实施指导、协调和监督

D. 负责全国防治海洋工程建设项目和海洋倾倒废弃物对海洋污染损害的环境保护工作

21. 依法对所辖渔港水域内非军事船舶和渔港水域外渔业船舶污染海洋环境的行为进行监督管理的机关是（　　）

A. 国家海事行政主管部门

B. 国家渔业行政主管部门

C. 国家海洋行政主管部门

D. 沿海县级以上地方人民政府

22. 根据我国《海洋环境保护法》的相关规定，下列关于入海排污口设置的选项中，说法错误的是（　　）

A. 生态环境行政主管部门在批准设置入海排污口之前，必须征求海洋、海事、渔业行政主管部门和军队生态环境部门的意见

B. 入海排污口位置的选择，应当根据海洋功能区划、海水动力条件和有关规定，经科学论证后，报省级以上人民政府生态环境行政主管部门审查批准

C. 在有条件的地区，应当将排污口深海设置，实行离岸排放

D. 设置陆源污染物深海离岸排放排污口，应当根据海洋功能区划、海水动力条件和海底工程设施的有关情况确定，具体办法由国务院规定

23. 经中华人民共和国管辖的其他海域转移危险废物的，必须事先取得下列哪一部门的书面同意？（　　）

A. 国家海事行政主管部门

B. 国家海洋行政主管部门

C. 国务院生态环境行政主管部门

D. 国务院渔业行政主管部门

24. 海洋排污所收取的费用必须用于（　　）

A. 海洋治理中人员工资发放

B. 海洋基础设施建设

C. 国家建设

D. 海洋环境污染整治

25. 根据我国《海洋环境保护法》对于需要向海域倾倒废弃物的单位的相关规定，下列选项说法不正确的是（　　）

A. 禁止中华人民共和国境外的废弃物在中华人民共和国管辖海域倾倒

B. 必须向国家海洋行政主管部门提出书面申请

C. 经国家海事行政主管部门审查批准，发给许可证后，方可倾倒

D. 经国家海洋行政主管部门审查批准，发给许可证后，方可倾倒

26. 载运具有污染危害性货物进出港口的船舶，其承运人、货物所有人或者代理人，必须事先向下列哪一部门申报？（　　）

A. 海事行政主管部门

B. 海洋行政主管部门

C. 生态环境行政主管部门

D. 渔业行政主管部门

27. 下列情形经过及时采取合理措施，仍然不能避免对海洋环境造成污染损害，有关责任者不能免予承担责任的是（　　）

A. 战争

B. 不可抗拒的自然灾害

C. 航行操作失误导致船舶触礁

D. 负责灯塔或者其他助航设备的主管部门，在执行职责时的疏忽，或者其他过失行为

28. 下列哪一部门依法对全国放射性污染防治工作实施统一监督管理？（　　）

A. 国务院生态环境行政主管部门

B. 国务院自然资源行政主管部门

C. 国务院

D. 国务院其他有关部门

29. 下列关于经营危险化学品的规定说法不正确的是（　　）

A. 国家对危险化学品经营销售实行许可制度。未经许可，任何单位和个人都

不得经营销售危险化学品

B. 经营剧毒化学品和其他危险化学品的，应当分别向省、自治区、直辖市人民政府经济贸易管理部门或者县级人民政府负责危险化学品安全监督管理综合工作的部门提出申请

C. 申请人凭危险化学品经营许可证向工商行政管理部门办理登记手续

D. 生产企业不得向未取得危险化学品经营许可证的单位或者个人销售

30. 下列哪一部门负责全国的农药具体登记工作？（　　）

A. 国务院商务主管部门

B. 国务院生态环境行政主管部门

C. 国务院农业行政主管部门所属的农药检定机构

D. 国务院农业行政主管部门

31. 某采石场扩建项目的环境影响报告书获批后，采用的爆破技术发生重大变动，其所生粉尘将导致周边居民的农作物受损。关于此事，下列哪一说法是正确的？（　　）（司考 . 2016. 1. 31）

A. 建设单位应重新报批该采石场的环境影响报告书

B. 建设单位应组织环境影响的后评价，并报原审批部门批准

C. 该采石场的环境影响评价，应当与规划的环境影响评价完全相同

D. 居民将来主张该采石场承担停止侵害的侵权责任，受 3 年诉讼时效的限制

32. 某单位准备建设一公共的垃圾填埋厂项目，欲申请划拨土地进行建设。下述步骤应以什么顺序推进？（　　）

①报有关部门审核建设项目；②向规划部门提出建设用地规划许可申请；③规划部门核发选址意见书；④规划部门核发建设用地规划许可证；⑤自然资源部门划拨土地。

A. ①③②④⑤

B. ②④⑤①③

C. ③①②④⑤

D. ②④⑤③①

二、多项选择题

1. 下列各项属于我国《环境保护法》所称“公害”的有（　　）

A. 恶臭气体　　B. 放射性物质

C. 电磁波辐射　　D. 废水

2. 下列各项关于环境污染特点的表述正确的是（　　）

A. 环境污染是人类正常活动的有害副作用

B. 环境污染以环境为媒介对特定人体造成危害

C. 环境污染具有综合性和积累性

D. 环境污染往往不会同时对多种权益造成侵害

3. 下列各项属于我国防治环境污染对象的是（　　）

A. 废气

B. 粉尘

C. 社会生活污染物

D. 医疗废物

4. 下列属于环境污染防治法的是（　　）

A.《固体废物污染环境防治法》

B.《噪声污染防治法》

C.《水土保持法》

D.《海洋环境保护法》

5. 下列关于环境污染防治法的表述正确的是（　　）

A. 环境污染防治法是指单独存在的一部法律

B. 中国现行关于环境污染防治的专门法律有六部

C. 环境污染防治法是环境法体系内同一类法律的总称

D. 目的是保护生活和生态环境，进而保护人体健康和财产安全

6.《水污染防治法》中有关水污染物排放的限制性规定包括（　　）

A. 向水体排放含热废水，应当采取措施，保证水体的温度符合水环境质量标准，防止热污染危害

B. 排放含病原体的污水，必须经过消毒

处理，符合国家有关标准后，方准排放

C. 利用工业废水和城镇污水进行灌溉，应当防止污染土壤、地下品和农产品

D. 向水体排放含低放射性物质的废水，必须符合国家有关放射防护的规定和标准

7. 下列关于大气污染特点的表述正确的是（　　）

A. 速度慢　　B. 速度快

C. 范围大　　D. 持续时间长

8. 对大气污染实施控制的非技术性措施主要是采取以下哪些手段，促使排污单位或个人重视大气污染防治工作？（　　）

A. 环境规划与管理　　B. 经济刺激

C. 环境行政　　D. 宣传教育

9. 下列属于防治大气污染的监督管理制度的是（　　）

A. 排污申报登记制度

B. “三同时”制度

C. 污染物排放总量控制制度

D. 划定大气污染防治重点城市制度

10. 下列不适用《固体废物污染环境防治法》的是（　　）

A. 液态废物

B. 固体废物

C. 排入水体的废水和排入大气的废气的污染防治

D. 固体废物污染海洋环境的防治和放射性固体废物污染环境的防治

11. 下列选项中属于固体废物的是（　　）

A. 工业固体废物

B. 城市生活垃圾

C. 危险废物

D. 低浓度废气

12. 固体废物的“三化”原则包括（　　）

A. 减量化　　B. 无害化

C. 回收化　　D. 资源化

13. 我国固体废物污染的集中防治主要有以下哪几种形式？（　　）

A. 鼓励企事业单位将其拥有的固体废物利用、贮存、处置设施，在保证利用、贮存、处置本单位产生的固体废物污染的条件下，将剩余的防治能力向他人开放

B. 区域性集中收集、处置方式

C. 推行“废物交换”

D. 对部分危害性质严重的固体废物实行重点控制

14. 因发生事故或者其他突发性事件，造成危险废物严重污染环境的单位，必须（　　）

A. 立即采取措施消除或者减轻对环境的污染危害

B. 及时通报可能受到污染危害的单位和居民

C. 向所在地生态环境主管部门和有关部门报告

D. 接受调查处理

15. 产生噪声的震源有很多，按产生机能划分，可分为（　　）

A. 交通噪声　　B. 机械性噪声

C. 空气动力性噪声　　D. 电磁性噪声

16. 我国噪声及其污染的防治立法所采取的主要措施是（　　）

A. 改进机械或设备的结构以降低声源的噪声发射功率

B. 采取吸声、隔声、减振、隔振以及安装消声器等方法以控制噪声源的噪声辐射

C. 从声的传播途径上展开控制

D. 对噪声接受者进行保护

17. 根据《噪声污染防治法》的规定，下列各级部门在各自职责范围内，须对建筑施工、交通运输和社会生活噪声污染防治实施监督管理的是（　　）

A. 公安部门　　B. 交通运输部门

C. 民用航空部门　　D. 海事部门

18. 国务院生态环境主管部门根据下列哪些标准制定国家噪声排放标准？（　　）

A. 不同地区声环境质量标准

B. 不同地区的经济、技术条件

C. 国家声环境质量标准

D. 国家经济、技术条件

19. 根据我国《噪声污染防治法》的规定，在噪声敏感建筑物集中区域，进行产生噪声的建筑施工作业（　　）

A. 原则上禁止夜间进行产生噪声的建筑施工作业

B. 因特殊需要必须连续施工作业的，应当取得省级以上人民政府住房和城乡建设、生态环境主管部门或者省级以上人民政府指定的部门的证明

C. 但抢修、抢险施工作业、因生产工艺要求或者特殊需要必须连续施工作业的除外

D. 因特殊需要必须连续施工作业并持有相关证明的，仍应当在施工现场显著位置公示或者以其他方式公告附近居民

20. 交通运输噪声，是指下列哪些交通运输工具在运行时所产生的干扰周围生活环境的声音？（　　）

A. 机动车辆　　B. 铁路机车

C. 机动船舶　　D. 航空器

21. 下列选项中属于我国所加入的防止海洋环境污染的国际公约的是（　　）

A.《联合国海洋法公约》

B.《国际干预公海油污事件公约》

C.《防止因倾倒废物及其他物质而引起海洋污染的公约》

D.《海洋石油开发工业含油污水排放标准》

22. 我国《海洋环境保护法》的适用范围包括（　　）

A. 大陆架

B. 内水、领海

C. 专属经济区

D. 毗连区

23. 下列选项中的情况适用我国《海洋环境保护法》的是（　　）

A. 在中华人民共和国管辖海域内从事航行、勘探、开发、生产、旅游等活动

B. 在中华人民共和国管辖海域内从事科学研究及其他活动

C. 在中华人民共和国沿海陆域内从事影响海洋环境活动

D. 在中华人民共和国管辖海域以外，造成中华人民共和国管辖海域污染的活动

24. 下列哪些单位或部门应当协同拟定全国海洋功能区划，并报国务院批准？（　　）

A. 国家海洋行政主管部门

B. 沿海省、自治区、直辖市人民政府

C. 国务院有关部门

D. 沿海省、自治区、直辖市生态环境行政主管部门

25. 跨区域的海洋环境保护工作，有下列哪几种解决方式？（　　）

A. 由有关沿海地方人民政府生态环境行政主管部门协商解决

B. 由上级人民政府生态环境行政主管部门协调解决

C. 由有关沿海地方人民政府协商解决

D. 由上级人民政府协调解决

26. 根据我国法律规定，可以制定海洋环境质量标准的机关有（　　）

A. 沿海各省人民政府

B. 国务院生态环境部

C. 国家海洋局

D. 沿海各省人民政府生态环境主管部门

27. 国务院和沿海地方各级人民政府应当采取有效措施，保护（　　）

A. 具有典型性、代表性的海洋生态系统

B. 有重大科学文化价值的海洋自然景观

C. 具有重要经济价值的海洋生物生存区域

D. 有重大科学文化价值的海洋自然历史遗迹

28. 根据我国《海洋环境保护法》规定，应当建立海洋自然保护区的是（　　）

A. 典型的海洋自然地理区域、有代表性的自然生态区域，以及遭受破坏但经保护能恢复的海洋自然生态区域

B. 海洋生物物种高度丰富的区域，或者珍稀、濒危海洋生物物种的天然集中分布区域

C. 具有特殊保护价值的海域、海岸、岛

屿、滨海湿地、入海河口和海湾等

D. 具有重大科学文化价值的海洋自然遗迹所在区域

29. 根据我国《海洋环境保护法》的规定，在下列哪些区域不得新建排污口？（　　）

A. 海洋自然保护区

B. 重要渔业水域

C. 海滨风景名胜区

D. 沿岸和近海区域

30. 放射性污染物主要是指（　　）

A. 人工合成、生产的放射性物质

B. 人工开采、运输、冶炼和储存的天然放射性物质

C. 含有放射性物质的废水、废气

D. 含有放射性物质的固体废物

31. 下列选项中属于我国《放射性污染防治法》规定的防治放射性污染的原则的是（　　）

A. 预防为主　　B. 防治结合

C. 严格管理　　D. 安全第一

32. 下列选项属于农药范畴的是（　　）

A. 预防、消灭或者控制危害农业、林业的病、虫（包括昆虫、蜱、螨）、草、鼠、软体动物等有害生物的制剂

B. 预防、消灭或者控制蚊、蝇、蜚蠊、鼠和其他有害生物的制剂

C. 用于农业、林业产品防腐或者保鲜的制剂

D. 预防、消灭或者控制危害河流堤坝、铁路、机场、建筑物和其他场所的有害生物的制剂

三、名词解释

1. 酸雨

2. 污染物排放标准

3. 固体废物污染防治的“三化”原则

4. 光化学烟雾

5. 水体污染

6. 大气污染（武汉大学2015年考研真题）

7. 危险废物名录制度

8. 水质指标

9. 固体废物

10. 病原体水污染

11. 碳税（中国人民大学2014年考研真题）

12. 排污收费制度（武汉大学2014年考研真题）

四、简答题

1. 简述水污染防治的主要制度。（武汉大学2015年考研真题）

2. 简述《海洋环境保护法》的适用范围和适用对象。

3. 简述大气污染的概念和大气污染源的种类。

4. 如何理解固体废物的二重性？固体废物污染与水污染、大气污染、噪声污染的区别是什么？

5. 固体废物收集的原则和一般要求是什么？

6. 简述环境污染事故报告制度的内容。

7. 简述有毒有害化学物质的概念与特征。

8. 土壤受污染的主要途径有哪些？

9. 说明水体中主要污染物的来源及危害。

10. 简述环境污染的概念与特征。

11. 简述防治社会生活噪声污染的法律规定。

12. 简述噪声污染的特点。（中国人民大学2009年考研真题、武汉大学2014年考研真题）

五、论述题

1. 论环境污染对生物体（包括植物和动物）的危害。

2. 论大气污染问题。

3. 论述水污染防治的原则。

4. 论述“环境污染和其他公害”的特点及我国为解决污染预防与治理关系所确定的法律原则。

5. 论述我国污染防治立法中的防止污染转嫁制度。

6. 试述我国防治固体废物污染环境的法律原则。

六、案例题

1. 某冶炼厂在生产过程中排放一种含有高浓度砷（一种剧毒化学物质）的废渣。2018

年1月，8位农民共同投资设立了合伙企业硫化厂。该硫化厂在未取得危险废物经营许可证的情况下，擅自与冶炼厂签订了购销砷废渣100吨的合同，并使用含砷废渣在山顶上冶炼马蹄锑。由于没有防治大气污染物的设施，排放的大气污染物严重超标，仅半年时间就使厂区周围122亩竹木林因大气污染而枯死，造成直接经济损失达60多万元，并导致周边居住人群出现中毒症状的重大环境污染事故。

问题：（1）本案中，硫化厂与冶炼厂存在哪些违法行为？

（2）对于上述违法行为，应当分别依据哪些法律予以惩处？

2. 某县一企业建设在农村，其排放的噪声超过国家噪声厂界排放标准10分贝，但其前后左右都是荒地，因而没有其他单位和居民受到该厂噪声的干扰，只有其本厂的职工受到不同程度的噪声危害。当地生态环境局以该企业超标排放噪声为由，责令其限期治理，并征收其噪声超标排污费每月1600元。该企业不服，向人民法院提起行政诉讼，要求撤销生态环境局的行政决定。其理由是，按照《噪声污染防治法》第2条规定，噪声污染必须有超标和扰民两个条件。我企业只满足噪声超标一个条件，不属于限期治理和缴纳超标排污费的对象。结果，法院采纳了原告企业的意见，判决撤销生态环境局的决定。

问题：法院的判决是否正确？为什么？

3. 化工厂（甲）建于2019年1月。东临海滩，厂外是环乡河，有水产养殖场（乙）的几千亩鱼塘，是渔业养殖密集区。甲厂建厂时按设计规划的要求，投资安装了废水处理装置，废水经处理后排入东海。设计中只允许有一个排污口，往东海排污，连生活污水也不准排入内河。甲厂在施工时却设置了3个排污口，1个排向东海、2个排向环乡河。农民某丙承包了养殖场200亩鱼塘。养鱼用水除雨水外，全部从环乡河中抽取。2019年3月初，某丙投入鱼苗1万多公斤，几天内发现鱼苗相继大量死亡，损失共计10万元。某丙立即向生态环境部门报告，要求调查处理。生态环境部门在调查中发现，甲厂在环保设施没有验收的情况下，于2019年2月进行试生产，致使硝基苯车间每小时排出的100吨冷却水中，带有毒性物质硝基苯。经测定，环乡河及某丙承包的鱼塘里，硝基苯含量超过渔业标准5~7倍。调查过程中，2019年3月中旬甲厂又发生硝基苯物料溢漏流入地沟事故，最终也排入环乡河。事故发生后，甲厂即通知乙场停止抽水，某丙的鱼塘因得不到及时供水又造成大量鱼死亡泛塘，共计损失5万元。对此，生态环境部门作出决定，对甲厂罚款5000元，并要求甲厂赔偿某丙的全部损失15万元。

甲厂不服，理由是：（1）排入环乡河的是冷却水，仅含少量硝基苯，没有超过排放标准。某丙的鱼苗死亡是其经营不善造成的。（2）甲厂只对溢漏事故造成的5万元损失承担责任。因及时通知了渔场，应只承担部分赔偿责任。

问题：（1）甲厂的理由成立吗？为什么？某丙的15万元损失应由谁承担？为什么？

（2）本案中甲厂的行为有哪些是违反环境法的？应分别承担什么法律责任？

（3）从预防为主的环境法律要求看，本案有哪些不合法之处？找出其责任主体，并简要说明。

4. 某化肥厂通过专用明渠向长江排放生产废水，渠道附近洼地有许多被当地农民承包的鱼塘。某年某月暴雨连天，加上汛期来临，上游洪水使江水猛涨，堤外水面逐渐接近堤内地面，致使排污渠内废水自然入江受阻，漫溢流入鱼塘。鱼塘承包人遂与化肥厂交涉，要求其采取措施，阻止废水漫溢致鱼死亡。化肥厂对此请求并未予理睬。数日后鱼塘里出现死鱼现象。于是鱼塘承包人联合向化肥厂提出排除废水侵害和赔偿死鱼损失的请求，并报告当地生态环境部门，要求处理此污染纠纷。化肥厂在鱼塘承包人提出赔偿请求后，立即在排污渠入江闸门处安装了两台大功率水泵，将废水扬高排入江中。在生态环境部门处理纠纷期间，当地暴雨不断，长江洪峰多发，以致外洪内涝，排污渠与鱼塘水面连成了一片。鱼塘里的鱼部分被大水冲走，剩下的也被废水呛死。对此，鱼塘承包人要求化肥厂赔偿其全部财产损失。化肥厂则以洪水、暴雨为不可抗力为由拒绝赔偿。

问题：(1) 鱼塘承包人要求赔偿的全部财产损失可以包括哪些？

(2) 化肥厂能否以不可抗力为由拒绝赔偿？为什么？

5. 某垃圾处理站本靠近市郊，但随着城市的发展，该站的位置逐渐发展为城市市中心的黄金地段，于是不断有人找该站商量，愿出高价租用该垃圾站改作他用。在巨大经济利益的诱惑下，该站想出两全其美的策略，一方面将垃圾站高价出租，另一方面将所辖区域内的生活垃圾全部拉到位于市郊的省级竹山自然保护区内进行填埋。

问题：(1) 垃圾处理站的行为是否符合法律规定？

(2) 如群众举报，应向哪些部门投诉？

6. 为落实生态环境保护，甲县政府发布《关于按批次关停水源地集中排污企业的批复》，文件中明确由甲县生态环境局负责组织实施对该水源保护区内多家企业排污口的关停工作，但未制订补偿计划。为保护水源地，A 公司关停后向甲县政府投诉，申请相关的补偿与税费减免等。A 公司于 2020 年 7 月 20 日向甲县政府提出《补偿申请书》，要求甲县政府履行职责，对 A 公司给予货币补偿，但甲县政府未予答复。2020 年 12 月 20 日，A 公司向法院提起诉讼，要求判决甲县政府对其进行补偿。甲县政府辩称，原告的起诉已超过起诉期限，且关闭该企业受益地是乙县，与甲县没有关系，应找乙县请求补偿。

问题：(1) A 公司起诉关停行为的，被告如何确定？为什么？

(2) A 公司的起诉是否超过起诉期限？为什么？

(3) 如何评价 A 公司的补偿请求？

(4) 甲县政府主张自己不是行政补偿主体是否准确？为什么？

(5) 法院应当如何判决？

参考答案

一、单项选择题

1. **答案**：C。因为环境污染和其他公害主要产生于环境与资源开发或建设、工农业生产以及日常生活活动所排放的污染物，所以从理论上讲，直接的防治方法是通过对污染源的行政管理来控制污染物的排放。

2. **答案**：B。从理论上讲，环境污染防治行政的目标及其确立和实施过程主要包括如下几个方面：首先，在实施环境污染防治行政之前，必须先由国家生态环境主管部门依照法律规定的程序和方法，制定国家环境标准。其次，为了实现国家环境标准的要求，国家必须制定环境保护的规划，以及针对各种污染物和有害物质的排放等制定国家污染物排放标准来规范向环境排放污染物的行为。最后，通过一系列的环境污染防治行政法律制度来促成国家环境保护目标的实现。通过上述一系列环境污染防治的行政管理，最终的目标就是要使污染物以及有害物质的排放达到国家环境标准规定的要求，从而实现保护和改善环境的目的。

3. **答案**：C。现场检查制度是指县级以上生态环境主管部门或者其他依照法律规定行使环境保护监督管理权的部门，有权对管辖范围内的排污单位（包括个人）进行现场检查，被检查的单位应当如实反映情况，提供必要的资料，检查机关应当为被检查的单位保守技术秘密和业务秘密的法律规定。现场检查是法律赋予有关行政部门的权力，各个部门应当依照有关法律的规定行使现场检查权，否则就属于越权。现场检查一般应由环境保护监督管理人员亲自、直接进入现场检查，以便掌握第一手资料、证据。检查部门之所以必须为被检查单位保守秘密，是因为在市场竞争日益激烈的今天，企事业单位的技术秘密与业务秘密直接关系到这些单位的经济利益，秘密的泄露会导致其在市场竞争中败北而遭受损失。

4. 答案：D。《水污染防治法》第 2 条规定："本法适用于中华人民共和国领域内的江河、湖泊、运河、渠道、水库等地表水体以及地下水体的污染防治。海洋污染防治适用《中华人民共和国海洋环境保护法》。"

5. 答案：B。《水污染防治法》第 64 条规定："在饮用水水源保护区内，禁止设置排污口。"第 75 条规定："在风景名胜区水体、重要渔业水体和其他具有特殊经济文化价值的水体的保护区内，不得新建排污口。在保护区附近新建排污口，应当保证保护区水体不受污染。"

6. 答案：A。《水污染防治法》第 74 条规定："县级以上人民政府可以对风景名胜区水体、重要渔业水体和其他具有特殊经济文化价值的水体划定保护区，并采取措施，保证保护区的水质符合规定用途的水环境质量标准。"

7. 答案：D。《水污染防治法》第 46 条规定："国家对严重污染水环境的落后工艺和设备实行淘汰制度。国务院经济综合宏观调控部门会同国务院有关部门，公布限期禁止采用的严重污染水环境的工艺名录和限期禁止生产、销售、进口、使用的严重污染水环境的设备名录。生产者、销售者、进口者或者使用者应当在规定的期限内停止生产、销售、进口或者使用列入前款规定的设备名录中的设备。工艺的采用者应当在规定的期限内停止采用列入前款规定的工艺名录中的工艺。依照本条第二款、第三款规定被淘汰的设备，不得转让给他人使用。"

8. 答案：A。大气污染的类型大体可分为：由燃煤所造成的煤烟型污染；生产、使用石油及其制品所造成的石油型污染；工厂企业、建筑施工的废气、粉尘所造成的混合型污染；汽车发动机排放的氮氧化物所造成的氮氧型污染。我国大气污染严重，其主要类型仍呈煤烟型污染特征，即以煤尘和酸雨（二氧化硫）污染危害最大。

9. 答案：B。在我国，大气污染防治工作最早是从对工矿企业劳动场所的环境卫生保护和职业病防护开始进行的。1979 年，在我国制定的首部环境保护法律《环境保护法（试行）》中，首次以法律的形式对大气污染防治作出了原则性的规定。

10. 答案：B。国务院生态环境主管部门会同国务院有关部门，根据气象、地形、土壤等自然条件，可以对已经产生、可能产生酸雨的地区或者其他二氧化硫污染严重的地区，经国务院批准后，划定酸雨控制区或者二氧化硫污染控制区（简称"两控区"）。划定"两控区"的目的是控制我国日益严重的酸雨污染。

11. 答案：B。《大气污染防治法》第 23 条第 1 款规定，国务院生态环境主管部门负责制定大气环境质量和大气污染源的监测和评价规范，组织建设与管理全国大气环境质量和大气污染源监测网，组织开展大气环境质量和大气污染源监测，统一发布全国大气环境质量状况信息。

12. 答案：B。《大气污染防治法》第 8 条规定，国务院生态环境主管部门或者省、自治区、直辖市人民政府制定大气环境质量标准，应当以保障公众健康和保护生态环境为宗旨，与经济社会发展相适应，做到科学合理。

13. 答案：A。我国对固体废物采取的主要管理方式有：提高资源的利用率、开展综合利用以及对固体废物实行最终处置。而我国最早对固体废物进行管理的方式，则是开展对固体废物的综合利用。

14. 答案：D。《固体废物污染环境防治法》第 22 条规定："转移固体废物出省、自治区、直辖市行政区域贮存、处置的，应当向固体废物移出地的省、自治区、直辖市人民政府生态环境主管部门提出申请。移出地的省、自治区、直辖市人民政府生态环境主管部门应当及时商经接受地的省、自治区、直辖市人民政府生态环境主管部门同意后，在规定期限内批准转移该固体废物出省、自治区、直辖市行政区域。未经批准的，不得转移。”

15. 答案：A。《固体废物污染环境防治法》第80条第2款、第3款规定：“禁止无许可证或者未按照许可证规定从事危险废物收集、贮存、利用、处置的经营活动。禁止将危险废物提供或者委托给无许可证的单位或者其他生产经营者从事收集、贮存、利用、处置活动。”第81条第1款规定：“收集、贮存危险废物，必须按照危险废物特性分类进行。禁止混合收集、贮存、运输、处置性质不相容而未经安全性处置的危险废物。”

16. 答案：D。噪声具有如下特点：(1) 噪声是感觉性公害，是人们可以直接感觉到的、对人体健康有害的声音。(2) 噪声是局部性公害，有一定的辐射距离，对周围环境的影响范围呈局部性现象。(3) 噪声污染的暂时性（时消除性）。当噪声源停止振动之后，噪声的污染就会立即停止，不像其他公害那样残留任何污染物，不会在环境中长期积累。

17. 答案：B。我国《声环境质量标准》将城市区域的类别划分为五类，其中2类标准（夜间50分贝，昼间60分贝）适用于居住、商业、工业混杂区。

18. 答案：A。《噪声污染防治法》第14条第2款规定：“县级以上地方人民政府根据国家声环境质量标准和国土空间规划以及用地现状，划定本行政区域各类声环境质量标准的适用区域……”

19. 答案：A。

20. 答案：C。《海洋环境保护法》第5条第1、2款规定：“国务院环境保护行政主管部门作为对全国环境保护工作统一监督管理的部门，对全国海洋环境保护工作实施指导、协调和监督，并负责全国防治陆源污染物和海岸工程建设项目对海洋污染损害的环境保护工作。国家海洋行政主管部门负责海洋环境的监督管理，组织海洋环境的调查、监测、监视、评价和科学研究，负责全国防治海洋工程建设项目和海洋倾倒废弃物对海洋污染损害的环境保护工作。”

21. 答案：B。《海洋环境保护法》第5条第4款规定：“国家渔业行政主管部门负责渔港水域内非军事船舶和渔港水域外渔业船舶污染海洋环境的监督管理，负责保护渔业水域生态环境工作，并调查处理前款规定的污染事故以外的渔业污染事故。”

22. 答案：B。《海洋环境保护法》第30条规定：“入海排污口位置的选择，应当根据海洋功能区划、海水动力条件和有关规定，经科学论证后，报设区的市级以上人民政府环境保护行政主管部门备案。环境保护行政主管部门应当在完成备案后十五个工作日内将入海排污口设置情况通报海洋、海事、渔业行政主管部门和军队环境保护部门。在海洋自然保护区、重要渔业水域、海滨风景名胜区和其他需要特别保护的区域，不得新建排污口。在有条件的地区，应当将排污口深海设置，实行离岸排放。设置陆源污染物深海离岸排放排污口，应当根据海洋功能区划、海水动力条件和海底工程设施的有关情况确定，具体办法由国务院规定。”

23. 答案：C。《海洋环境保护法》第39条第2款规定：“经中华人民共和国管辖的其他海域转移危险废物的，必须事先取得国务院环境保护行政主管部门的书面同意。”

24. 答案：D。《海洋环境保护法》第12条第3款规定：“根据本法规定征收的排污费、倾倒费，必须用于海洋环境污染的整治，不得挪作他用。具体办法由国务院规定。”

25. 答案：C。《海洋环境保护法》第55条规定：“任何单位未经国家海洋行政主管部门批准，不得向中华人民共和国管辖海域倾倒任何废弃物。需要倾倒废弃物的单位，必须向国家海洋行政主管部门提出书面申请，经国家海洋行政主管部门审查批准，发给许可证后，方可倾倒。禁止中华人民共和国境外的废弃物在中华人民共和国管辖海域倾倒。”

26. 答案：A。《海洋环境保护法》第 67 条规定：“载运具有污染危害性货物进出港口的船舶，其承运人、货物所有人或者代理人，必须事先向海事行政主管部门申报。经批准后，方可进出港口、过境停留或者装卸作业。”

27. 答案：C。《海洋环境保护法》第 91 条规定：“完全属于下列情形之一，经过及时采取合理措施，仍然不能避免对海洋环境造成污染损害的，造成污染损害的有关责任者免予承担责任：(一) 战争；(二) 不可抗拒的自然灾害；(三) 负责灯塔或者其他助航设备的主管部门，在执行职责时的疏忽，或者其他过失行为。”

28. 答案：A。《放射性污染防治法》第 8 条第 1 款规定：“国务院环境保护行政主管部门对全国放射性污染防治工作依法实施统一监督管理。”

29. 答案：B。《危险化学品安全管理条例》第 33 条规定：“国家对危险化学品经营（包括仓储经营，下同）实行许可制度。未经许可，任何单位和个人不得经营危险化学品。依法设立的危险化学品生产企业在其厂区范围内销售本企业生产的危险化学品，不需要取得危险化学品经营许可。依照《中华人民共和国港口法》的规定取得港口经营许可证的港口经营人，在港区内从事危险化学品仓储经营，不需要取得危险化学品经营许可。”第 35 条规定：“从事剧毒化学品、易制爆危险化学品经营的企业，应当向所在地设区的市级人民政府安全生产监督管理部门提出申请，从事其他危险化学品经营的企业，应当向所在地县级人民政府安全生产监督管理部门提出申请（有储存设施的，应当向所在地设区的市级人民政府安全生产监督管理部门提出申请）。申请人应当提交其符合本条例第三十四条规定条件的证明材料。设区的市级人民政府安全生产监督管理部门或者县级人民政府安全生产监督管理部门应当依法进行审查，并对申请人的经营场所、储存设施进行现场核查，自收到证明材料之日起 30 日内作出批准或者不予批准的决定。予以批准的，颁发危险化学品经营许可证；不予批准的，书面通知申请人并说明理由。设区的市级人民政府安全生产监督管理部门和县级人民政府安全生产监督管理部门应当将其颁发危险化学品经营许可证的情况及时向同级环境保护主管部门和公安机关通报。申请人持危险化学品经营许可证向工商行政管理部门办理登记手续后，方可从事危险化学品经营活动。法律、行政法规或者国务院规定经营危险化学品还需要经其他有关部门许可的，申请人向工商行政管理部门办理登记手续时还应当持相应的许可证件。”第 40 条规定：“危险化学品生产企业、经营企业销售剧毒化学品、易制爆危险化学品，应当查验本条例第三十八条第一款、第二款规定的相关许可证件或者证明文件，不得向不具有相关许可证件或者证明文件的单位销售剧毒化学品、易制爆危险化学品。对持剧毒化学品购买许可证购买剧毒化学品的，应当按照许可证载明的品种、数量销售。禁止向个人销售剧毒化学品（属于剧毒化学品的农药除外）和易制爆危险化学品。”

30. 答案：C。《农药管理条例》第 7 条第 2 款规定：“国务院农业主管部门所属的负责农药检定工作的机构负责农药登记具体工作。省、自治区、直辖市人民政府农业主管部门所属的负责农药检定工作的机构协助做好本行政区域的农药登记具体工作。”

31. 答案：A。根据《环境影响评价法》第 24 条第 1 款的规定，建设项目的环境影响评价文件经批准后，建设项目的性质、规模、地点、采用的生产工艺或者防治污染、防止生态破坏的措施发生重大变动的，建设单位应当重新报批建设项目的环境影响评价文件。故 A 项说法正确，B、C 项说法错误。根据《环境保护法》第 66 条的规定，提起环境损害赔偿诉讼的时效期间为三年，从当事人知道或者应当知道其受到损害时起计算。需要注意的是适用诉讼时效期间三年的是“环境损害赔偿”，对于停止侵害、排除妨碍、消除危险等侵权责任只要侵害行为在持续，随时可以主张要求停止侵害。故 D 项说法错误。

32. 答案：C。根据《城乡规划法》第 36 条规定，按照国家规定需要有关部门批准或者核准的建设项目，以划拨方式提供国有土地使用权的，建设单位在报送有关部门批准或者核准前，应当向城乡规划主管部门申请核发选址意见书。前款规定以外的建设项目不需要申请选址意见书。应该先由规划部门确定选址，再由项目审批机关批准项目，先③后①；故 A、B 项错误。《城乡规划法》第 37 条规定，在城市、镇规划区内以划拨方式提供国有土地使用权的建设项目，经有关部门批准、核准、备案后，建设单位应当向城市、县人民政府城乡规划主管部门提出建设用地规划许可申请，由城市、县人民政府城乡规划主管部门依据控制性详细规划核定建设用地的位置、面积、允许建设的范围，核发建设用地规划许可证。建设单位在取得建设用地规划许可证后，方可向县级以上地方人民政府土地主管部门申请用地，经县级以上人民政府审批后，由土地主管部门划拨土地。所以，以划拨方式取得土地使用权进行开发建设的建设项目的规划许可步骤为：(1) 申请规划部门核发选址意见书。(2) 有关部门批准、备案、核准建设项目。(3) 提出建设用地规划许可申请。(4) 规划部门核发建设用地规划许可证。(5) 向自然资源主管部门申请用地。(6) 县级以上地方人民政府审批，自然资源主管部门划拨土地。故 C 项正确，D 项错误。

二、多项选择题

1. 答案：ABCD。根据《环境保护法》第 42 条的规定可知，我国环境保护法所称的“公害”，包括环境污染和不属于环境污染的其他公害，是指由于人们在生产建设或者其他活动中产生的废气、废水、废渣、医疗废物、粉尘，恶臭气体、放射性物质以及噪声、振动、光辐射、电磁辐射等对环境的污染和危害。

2. 答案：AC。与其他不法侵害相比，环境污染具有如下六个特点：(1) 环境污染是人类正常活动的有害副作用。(2) 环境污染以环境为媒介对不特定人体造成危害。即只有人类活动排放的污染物和能量进入了环境，使其质量下降之后，才对人体健康、生命安全造成危害，而且是对不特定人群的侵害。(3) 环境污染具有综合性和积累性。造成环境污染的原因多种多样，且往往是综合作用；某些环境污染具有积累性、连续性特点。(4) 环境污染往往同时侵害多种权益。如危害人体健康、生命安全，污染大气、水体、土壤、动植物、建筑物，造成健康权、生存权、财产权、环境权益等的损害。(5) 环境污染危及的范围广。不仅可以污染一条河流、一个地区、几个国家，甚至遍及全世界。(6) 环境污染引起的疾病往往难以发现和治疗。医学表明，人类的疾病多与环境污染有关，但病理复杂，短时间内难以发现和治疗，有的甚至不能根治，有的还会危及下一代。

3. 答案：ABCD。从污染物和能量种类来说，《环境保护法》第 42 条所列举的十一种污染等，是我国防治环境污染和其他公害的对象。社会生活污染物也属于防治污染的对象。

4. 答案：AB。环境污染是环境问题中最突出、最尖锐的部门，在环境与资源保护单行法中，污染防治法所占比重最大。中国现行有关环境污染的专门法律有《大气污染防治法》《水污染防治法》《噪声污染防治法》《固体废物污染环境防治法》《放射性污染防治法》。

5. 答案：BCD。

6. 答案：ABD。《水污染防治法》第 35 条规定，向水体排放含热废水，应当采取措施，保证水体的温度符合水环境质量标准。因此，A 选项正确。第 36 条规定，含病原体的污水应当经过消毒处理，符合国家有关标准后，方可排放。因此，B 选项正确。《水污染防治法》第 58 条第 2 款规定，禁止向农田灌溉渠道排放工业废水或者医疗污水。向农田灌溉渠道排放城镇污水以及未综合利用的畜禽养殖废水、农产品加工废水的，应当保证其下游最近的灌溉取水点的水质符合农田灌溉水质标准。因此，工业废水一律不得用于灌溉，C选项错误。《水污染防治法》第34条规定，禁止向水体排放、倾倒放射性固体废物或者含有高放射性和中放射性物质的废水。向水体排放含低放射性物质的废水，应当符合国家有关放射性污染防治的规定和标准。因此，D选项正确。

7. **答案**：BCD。大气污染是指由于人们的生产活动或其他活动，向大气环境排入有毒、有害物质，使其物理、化学、生物或者放射性等特性改变，导致生活环境和生态环境质量下降，进而危害人体健康、生命安全和财产损害的现象。其特点是污染速度快、范围大、持续时间也较长，是人类社会常见的公害之一。

8. **答案**：ABCD。非技术性措施主要是采取环境规划与管理，以及经济刺激、环境行政和宣传教育等手段，促使排污单位或个人重视大气污染防治工作而采取的方法。所有这些措施或方法，必须通过大气污染防治立法予以规范，并以国家强制力来保障实施。

9. **答案**：ABCD。在防治大气污染上，除环境影响评价制度、“三同时”制度、排污收费制度、许可证制度、限期治理制度、环境污染与破坏事故的报告及处理制度、淘汰落后工艺与设备制度、清洁生产制度、排污申报登记制度、现场检查制度等制度外，还有如下制度：1. 禁止超标排放污染物制度；2. 污染物排放总量控制制度；3. 划定大气污染防治重点城市制度；4. 划定酸雨控制区和二氧化硫污染控制区制度。

10. **答案**：CD。《固体废物污染环境防治法》第2条规定：“固体废物污染环境的防治适用本法。固体废物污染海洋环境的防治和放射性固体废物污染环境的防治不适用本法。”第124条第1项规定：“固体废物，是指在生产、生活和其他活动中产生的丧失原有利用价值或者虽未丧失利用价值但被抛弃或者放弃的固态、半固态和置于容器中的气态的物品、物质以及法律、行政法规规定纳入固体废物管理的物品、物质。经无害化加工处理，并且符合强制性国家产品质量标准，不会危害公众健康和生态安全，或者根据固体废物鉴别标准和鉴别程序认定为不属于固体废物的除外。”第125条规定：“液态废物的污染防治，适用本法；但是，排入水体的废水的污染防治适用有关法律，不适用本法。”

11. **答案**：ABC。固体废物分为工业固体废物、城市生活垃圾和危险废物等种类，包括在生产、生活和其他活动中产生的产品边角废料、已报废产品、丧失实际利用价值或者虽未丧失利用价值但被所有人弃用的呈固态或者半固态状态的物品、物质。半固态废物包括泥状废物和高浓度液体废物。根据管理的方便性和有效性原则，将半固态废物列入固体废物范围内加以管制，较为方便、合理和经济。

12. **答案**：ABD。“三化”是指对固体废物采取减量化、资源化和无害化的措施。该原则是各国防治固体废物污染立法中普遍适用的原则，是防治固体废物污染富有成效的指导思想。固体废物减量化，又称为废物最小量化，是指减少固体废物的产生。固体废物资源化，又称为资源综合利用，是指通过回收、再利用、循环利用、再生利用、替代、提取、转换、交换等方式，对固体废物进行全部或部分直接利用，或使之转化为可利用的二次原料或再生资源予以利用。固体废物无害化是指对不能利用或暂时不能利用的固体废物，进行符合环境保护要求和标准的或者有利于环境安全的无害处置。

13. **答案**：ABC。防治固体废物污染，对其产生的固体废物进行利用和处置，是企事业单位的强制性义务。在鼓励、扶持和强制企事业单位自行防治的同时，为提高治理污染的效益，应实行集中收集和处置。在我国，固体废物污染的集中防治主要有三种形式：一是鼓励企事业单位将其拥有的固体废物利用、贮存、处置设施，在保证利用、贮存、处置本单位产生的固体废物污染的条件下，可将剩余的防治能力向他人开放，接受他人提供的需要利用、贮存、处置的废物。二是区域性集中收集、处置方式。三是推行“废物交换”。

14. 答案：ABCD。《固体废物污染环境防治法》第86条规定：“因发生事故或者其他突发性事件，造成危险废物严重污染环境的单位，应当立即采取有效措施消除或者减轻对环境的污染危害，及时通报可能受到污染危害的单位和居民，并向所在地生态环境主管部门和有关部门报告，接受调查处理。”

15. 答案：BCD。产生噪声的震源有很多，按产生机能划分，可分为机械性噪声、空气动力性噪声和电磁性噪声三大类。按污染源的种类来划分，可分为工业噪声、交通噪声、施工噪声、社会生活噪声以及自然噪声。

16. 答案：ABCD。我国噪声及其污染的防治立法所采取的主要措施是从控制声源和声的传播途径两个方面展开的。从噪声的控制技术上讲，对声源进行控制所采取的措施主要有：一是改进机械或设备的结构以降低声源的噪声发射功率，二是采取吸声、隔声、减振、隔振以及安装消声器等方法以控制噪声源的噪声辐射。另外对传声途径所采取的主要控制方式有：使噪声源远离需要安静的地方；控制噪声的传播方向；建立隔声屏障；应用吸声材料或吸声结构将噪声声能转变为热能。当然，控制噪声的危害还应当包括对接受者进行保护，主要方法是采取佩戴护耳器以及减少在噪声环境中的暴露时间，防止噪声对人的危害。

17. 答案：ABCD。《噪声污染防治法》第8条第3款规定：“各级住房和城乡建设、公安、交通运输、铁路监督管理、民用航空、海事等部门，在各自职责范围内，对建筑施工、交通运输和社会生活噪声污染防治实施监督管理。”

18. 答案：CD。《噪声污染防治法》第15条规定：“国务院生态环境主管部门根据国家声环境质量标准和国家经济、技术条件，制定国家环境噪声排放标准以及相关的环境振动控制标准。”

19. 答案：ACD。《噪声污染防治法》第43条规定：“在噪声敏感建筑物集中区域，禁止夜间进行产生噪声的建筑施工作业，但抢修、抢险施工作业，因生产工艺要求或者其他特殊需要必须连续施工作业的除外。因特殊需要必须连续施工作业的，应当取得地方人民政府住房和城乡建设、生态环境主管部门或者地方人民政府指定的部门的证明，并在施工现场显著位置公示或者以其他方式公告附近居民。”

20. 答案：ABCD。《噪声污染防治法》第44条规定：“本法所称交通运输噪声，是指机动车、铁路机车车辆、城市轨道交通车辆、机动船舶、航空器等交通运输工具在运行时产生的干扰周围生活环境的声音。”

21. 答案：ABC。中国加入了一些防止海洋环境污染的国际公约，它们分别是《国际油污损害民事责任公约》《国际防止船舶污染公约》《联合国海洋法公约》《国际干预公海油污事件公约》《防止因倾倒废物及其他物质而引起海洋污染的公约》等。

22. 答案：ABCD。《海洋环境保护法》第2条第1款规定：“本法适用于中华人民共和国内水、领海、毗连区、专属经济区、大陆架以及中华人民共和国管辖的其他海域。”

23. 答案：ABCD。《海洋环境保护法》第2条第2、3款规定：“在中华人民共和国管辖海域内从事航行、勘探、开发、生产、旅游、科学研究及其他活动，或者在沿海陆域内从事影响海洋环境活动的任何单位和个人，都必须遵守本法。在中华人民共和国管辖海域以外，造成中华人民共和国管辖海域污染的，也适用本法。”

24. 答案：ABC。《海洋环境保护法》第7条第1款规定：“国家海洋行政主管部门会同国务院有关部门和沿海省、自治区、直辖市人民政府根据全国海洋主体功能区规划，拟定全国海洋功能区划，报国务院批准。”

25. 答案：CD。《海洋环境保护法》第9条第1款规定："跨区域的海洋环境保护工作，由有关沿海地方人民政府协商解决，或者由上级人民政府协调解决。"

26. 答案：AB。《海洋环境保护法》第10条第1、2款规定："国家根据海洋环境质量状况和国家经济、技术条件，制定国家海洋环境质量标准。沿海省、自治区、直辖市人民政府对国家海洋环境质量标准中未作规定的项目，可以制定地方海洋环境质量标准。"C项错误，根据2018年的《国务院机构改革方案》，国家不再保留国土资源部、国家海洋局等，国家海洋局的职责划归新组建的自然资源部。

27. 答案：ABCD。《海洋环境保护法》第20条第1款规定："国务院和沿海地方各级人民政府应当采取有效措施，保护红树林、珊瑚礁、滨海湿地、海岛、海湾、入海河口、重要渔业水域等具有典型性、代表性的海洋生态系统，珍稀、濒危海洋生物的天然集中分布区，具有重要经济价值的海洋生物生存区域及有重大科学文化价值的海洋自然历史遗迹和自然景观。"

28. 答案：ABCD。《海洋环境保护法》第22条规定："凡具有下列条件之一的，应当建立海洋自然保护区：（一）典型的海洋自然地理区域、有代表性的自然生态区域，以及遭受破坏但经保护能恢复的海洋自然生态区域；（二）海洋生物物种高度丰富的区域，或者珍稀、濒危海洋生物物种的天然集中分布区域；（三）具有特殊保护价值的海域、海岸、岛屿、滨海湿地、入海河口和海湾等；（四）具有重大科学文化价值的海洋自然遗迹所在区域；（五）其他需要予以特殊保护的区域。"

29. 答案：ABC。《海洋环境保护法》第30条第3款规定："在海洋自然保护区、重要渔业水域、海滨风景名胜区和其他需要特别保护的区域，不得新建排污口。"

30. 答案：ABCD。

31. 答案：ABCD。《放射性污染防治法》第3条规定："国家对放射性污染的防治，实行预防为主、防治结合、严格管理、安全第一的方针。"

32. 答案：ABCD。《农药管理条例》第2条规定："本条例所称农药，是指用于预防、控制危害农业、林业的病、虫、草、鼠和其他有害生物以及有目的地调节植物、昆虫生长的化学合成或者来源于生物、其他天然物质的一种物质或者几种物质的混合物及其制剂。前款规定的农药包括用于不同目的、场所的下列各类：（一）预防、控制危害农业、林业的病、虫（包括昆虫、蜱、螨）、草、鼠、软体动物和其他有害生物；（二）预防、控制仓储以及加工场所的病、虫、鼠和其他有害生物；（三）调节植物、昆虫生长；（四）农业、林业产品防腐或者保鲜；（五）预防、控制蚊、蝇、蜚蠊、鼠和其他有害生物；（六）预防、控制危害河流堤坝、铁路、码头、机场、建筑物和其他场所的有害生物。"

三、名词解释

1. 答案：酸雨被定义为pH值小于5.6的大气降水。它是大气受污染的一种表现，因最早引起注意的是酸性的降雨，所以习惯上统称为酸雨。

2. 答案：污染物排放标准（或控制标准），是指对允许污染源排放污染物或对环境造成危害的其他因素的最高限额所作的规定。按控制的污染物及其排放的不同，可分为大气污染物排放标准，水污染物排放标准，固体废弃物、噪声等污染控制标准；按规定限值类别的不同，可分为浓度控制标准和总量控制标准。制定污染物排放标准（或控制标准）是为了实现环境质量标准，结合技术经济条件和环境特点，限制排入环境中的污染物或对环境造成危害的其他因素。

3. 答案：我国固体废物污染防治的"三化"原则是防治固体废物污染环境的重要原则，它是指减量化、资源化和无害化原则。减量化是指在对资源、能源的利用过程中，要最大限度地利用资源或能源，以尽可能地减少固体废物的产生量和排放量。资源化是指对已经成为固体废物的各种物质采取措施，进行回收、加工使其转化成为二次原料或能源予以再利用的过程。无害化是指对于那些不能再利用或依靠当前技术水平无法予以再利用的固体废物进行妥善的贮存或处置，使其不对环境以及人身、财产的安全造成危害。

4. **答案**：氮氧化物（NOx）主要是指 NO 和 NO_2。NO 和 NO_2 都是对人体有害的气体。氮氧化物和碳氢化合物（HC）在大气环境中受强烈的太阳紫外线照射后发生光化学反应而产生二次污染物，这种由一次污染物和二次污染物的混合物所形成的烟雾现象，称为光化学烟雾。

5. **答案**：水体污染（water body pollution）主要是指由于人类活动排放的污染物进入河流、湖泊、海洋或地下水等水体，使水和水体底泥的物理、化学性质或生物群落组成发生变化，从而降低了水体的使用价值的现象。

6. **答案**：大气污染是指大气因某种物质的介入，而导致其化学、物理、生物或者放射性等方面特性的改变，从而影响大气的有效利用，危害人体健康或财产安全，以及破坏自然生态系统、造成大气质量恶化的现象。

7. **答案**：为便于严格管理，世界各国多采用危险废物名录制度，将经过试验鉴别的具有危险性的废物列入名录，对名录所列的危险废物实行特别管理，采取特别的污染防治措施。因此，危险废物名录制度又称为“危险废物黑名单”制度。

8. **答案**：水中杂质的具体衡量尺度称为水质指标。各种水质指标标示出水中杂质的种类和数量，由此判断水质的好坏及是否满足要求。水质指标项目繁多，可以分为物理、化学和微生物学指标三大类。(1) 物理性水质指标，包括温度、色度、嗅味、浑浊度、悬浮固体等；(2) 化学性水质指标，如 pH、溶解氧（DO）、化学需氧量（COD）、生化需氧量（BOD）、氨氮、总磷、重金属、氰化物、多环芳烃，各种农药等；(3) 生物学水质指标，包括细菌总数、总大肠菌群数等。

9. **答案**：根据我国《固体废物污染环境防治法》第 124 条第 1 项的规定：“固体废物，是指在生产、生活和其他活动中产生的丧失原有利用价值或者虽未丧失利用价值但被抛弃或者放弃的固态、半固态和置于容器中的气态的物品、物质以及法律、行政法规规定纳入固体废物管理的物品、物质。经无害化加工处理，并且符合强制性国家产品质量标准，不会危害公众健康和生态安全，或者根据固体废物鉴别标准和鉴别程序认定为不属于固体废物的除外。”固体废弃物主要包括城市生活垃圾、工业固体废物和危险废物等种类，包括在生产、生活和其他活动中产生的产品边角废料、已报废产品、丧失实际利用价值或者虽未丧失利用价值但被所有人弃用的呈固态或者半固态的物品、物质。

10. **答案**：病原体水污染是指水体因病毒、病菌和寄生虫等的介入，而导致其化学、物理、生物等方面特性的改变，从而影响水的有效利用，危害人体健康，如引起痢疾、伤寒、传染性肝炎及血吸虫病等疾病，或者破坏生态环境，导致水质恶化的现象。

11. **答案**：碳税是指针对二氧化碳排放所征收的税。它以环境保护为目的，希望通过削减二氧化碳排放来减缓全球变暖。碳税通过对燃煤和石油下游的汽油、航空燃油、天然气等化石燃料产品，按其碳含量的比例征税来实现减少化石燃料消耗和二氧化碳排放。与总量控制和排放贸易等市场竞争为基础的温室气体减排机制不同，征收碳税只需要额外增加非常少的管理成本就可以实现。

12. **答案**：是指向环境排放污染物或超过规定的标准排放污染物的排污者，依照国家法律和有关规定，按标准交纳费用的制度。

四、简答题

1. **答案**：我国水污染防治的主要制度可归纳为两类：

一类是环境法的一般制度，如“三同时”制度、环境影响评价制度、排污申报登记制度、超标排污收费制度等；

另一类是水污染防治所特别强调的制

度，主要包括：

（1）总量控制制度和核定制度。总量控制制度是指省级以上人民政府，对水污染物达标排放仍不能达到国家规定的水环境质量标准的水体，可实施重点污染物排放的总量控制的法律规定。它针对水污染物浓度控制中存在的缺陷，在污染源密集情况下无法保证水环境质量目标的实现而提出来和发展的一种控制污染方式。与该项制度相配套的重点污染物排放量的核定制度，是指省级人民政府为实现区域水污染物排污总量控制的目标，而将总量控制指标分配到工业污染源的法律规定。

（2）城市污水集中处理制度。城市污水具有排放地点集中、排放量大、污染物成分复杂等特点。如果分散处理，不仅经济上不合理，而且处理效果差。为此，《水污染防治法》第49条第1、2款规定，城镇污水应当集中处理。县级以上地方人民政府应当通过财政预算和其他渠道筹集资金，统筹安排建设城镇污水集中处理设施及配套管网，提高本行政区域城镇污水的收集率和处理率。

（3）划定生活饮用水水源保护区制度。这项制度是指省级以上人民政府为加强生活饮用水水资源的保护，可依法在本行政区域内划定生活饮用水地表水源保护区，并对其进行严格的监督管理。《水污染防治法》第63条规定，饮用水水源保护区分为一级保护区和二级保护区。必要时，可以在饮用水水源保护区外围划定一定的区域作为准保护区。

（4）公众参与环境影响评价制度。该项法律制度是广大群众参与水环境保护和监督管理的法律依据。它要求，报送建设项目环境影响报告书的单位，应当广泛征集附近单位和居民对该建设项目可能对环境的影响的意见，并如实连同环境影响报告书送交其主管部门预审，然后按照规定的程序上报有关生态环境部门审批。

此外，还有排污申报登记制度和排污许可证制度、排污收费制度、限期治理制度、强制性应急措施制度、现场检查制度等。

2. 答案：《海洋环境保护法》的适用范围包括中华人民共和国内水、领海、毗连区、专属经济区、大陆架以及中华人民共和国管辖的其他海域。“内海”是指位于领海基线面向陆地的一侧，即领海基线与海岸之间的海域。“领海”是指领海基线面向海洋一侧一定宽度的海域，中国的领海宽度为12海里。内海和领海是国家领土的一部分，完全在国家的主权管辖之下。国家“管辖的一切其他海域”，是指在内海和领海之外根据国际法由国家管辖的一定范围的海域，如《联合国海洋法公约》中所规定的200海里专属经济区和大陆架等。

《海洋环境保护法》的适用对象包括在上述中华人民共和国管辖的海域之内从事航行、勘探、开发、生产、旅游、科学研究及其他活动，或者在沿海陆域内从事影响海洋环境活动的任何单位和个人。

另外，由于海洋的整体性和海水的流动性，污染物的扩散和危害并不受人为界限的限制，在国家管辖海域之外的排污和倾废行为也可能会损害到国家管辖范围以内的海洋环境。所以《海洋环境保护法》还特别规定了“域外适用”的情况，即在中华人民共和国管辖海域以外排放有害物质，倾倒废弃物，造成中华人民共和国管辖海域污染损害的，也适用该法。

3. 答案：大气污染是指大气因某种物质的介入，而导致其化学、物理、生物或者放射性等方面特性的改变，从而影响大气的有效利用，危害人体健康或财产安全，以及破坏自然生态系统、造成大气质量恶化的现象。

大气污染源是指向大气环境排放有害物质或对大气环境产生有害影响的场所、设备和装置。

按污染物质的来源可分为天然污染源和人为污染源。天然污染源是指自然界中某些自然现象向环境排放有害物质或造成有害影响的场所，是大气污染物的一个很重要的来源。大气污染物的天然污染源主要有：火山喷发、森林火灾、自然尘、森林植物释放、海浪飞沫等。在有些情况下天然污染源比人为污染源更重要。人类的生产和生活活动是大气污染的主要来源，人为污染源是指由人类活动向大气输送污染物的发生源。大气的人为污染源可概括为燃料燃烧、工业生产过程排放、交通运输过程中排放、农业活动排放四个方面。

按照污染源性状特点，可分为固定式污染源和移动式污染源。固定式污染源是指污染物从固定地点排出，如各种工业生产及家庭炉灶排放源排出的污染物，其位置是固定不变的；流动源是指各种交通工具，如汽车、轮船、飞机等是在运行中排放废气，向周围大气环境散发出的各种有害物质。

按照排放污染物的空间分布方式，可分为点污染源，即集中在一点或一个可当作一点的小范围排放污染物；面污染源，即在一个大面积范围排放污染物。

4. 答案：(1) 固体废物是在错误时间放在错误地点的资源，具有鲜明的时间和空间特征。从时间方面讲，它仅相对于目前的科学技术和经济条件，随着科学技术的飞速发展，矿物资源的日渐枯竭，昨天的废物势必又将成为明天的资源。从空间角度来看，废物仅相对于某一过程或者某一方面没有使用价值，而并非在一切过程或一切方面都没有使用价值。某一过程的废物，往往是另一过程的原料。

(2) 固体废物问题较之大气污染、水污染、噪声污染的环境问题有其独特之处，可简单概括为“四最”：①最难得到处理：固体废物由于含有的成分相当复杂，其物理性状也千变万化，因此是“三废”中最难处置的一种。②最具综合性的环境问题：固体废物的污染，不是单一的环境污染，它同时伴随着土壤污染、水污染及大气污染等问题。③最晚得到重视：固体废物的污染问题较之大气污染、水污染是最后引起人们重视的污染问题，也是较少得到人们重视的问题。④最贴近生活的环境问题：环境教育往往从垃圾教育入手，这是因为固体废物问题，尤其是城市生活垃圾最贴近人们的日常生活，是与人类生活最息息相关的环境问题。人们每天都在产生垃圾、排放垃圾，同时也在无意识地污染生存环境，都会对资源、环境带来不良的影响。

5. 答案：固体废物收集总的原则是：收集方法应尽量有利于固体废物的后续处理，同时兼顾收集方法的可行性。一般来说，固体废物的收集应该满足以下几种要求：(1) 危险废物和一般废物分开收集；(2) 工业废物和生活垃圾分开收集；(3) 泥状废物和固态废物分开收集；(4) 污泥应该进行脱水处理后再收集；(5) 根据处理处置方法的相关要求，采取具体的相应的收集措施；(6) 需要包装或盛放的废物，应根据运输要求以及废物的特性，选择合适的包装设备和容器，并且附以确切明显的标记。

6. 答案：环境污染事故，是指由于违反环境保护法规的经济、社会活动以及受意外因素的影响，或因不可抗拒的自然灾害等原因，致使环境受到污染或破坏，人体健康受到危害，社会经济与人民财产受到损失，造成不良社会影响的突发性事件。

环境污染事故可分为：水污染事故、大气污染事故、噪声与振动污染事故、固体废物污染事故、农药与有毒化学品污染事故、放射性污染事故等。

环境污染事故报告制度，是指因发生事故或其他突发性事件，造成或者可能造成污染与破坏事故的单位除必须立即采取措施进行处理外，还必须通报可能受到污染危害的单位和居民，并且向当地生态环境主管部门和有关部门报告，接受调查处理，以及当地生态环境主管部门向上一级主管部门和同级人民政府报告的法律制度。

环境污染与破坏事故报告制度是防止环境污染或破坏发生以及污染或破坏后果扩大的有效措施。具体表现在：(1) 有助于可能遭受事故危害的居民及有关主管部门及时了解事故真相并采取有效措施；(2) 环境污染或破坏事故所造成的危害较复杂，有些危害后果有一定的潜伏期，该制度的实施将有利于正确判断灾情，及时了解案情，为公正处理环境污染与破坏纠纷准备翔实的材料。

7. 答案：有毒有害化学物质，是指由人类通过化学方法生产或制造、在工业生产或日常生活中使用的具有污染环境、可以造成人体健康或财产损害、动植物危害的化学物质的总称。从法律控制的角度来看，目前的有毒有害化学物质主要包括危险化学物品和农药两大类。

有毒有害化学物质对人体、环境的污染和可能产生的其他危害，已是世界所面临的全球性的主要环境问题之一。(1) 有毒有害化学物质污染事故突发性强，扩散速度快且范围广，持续时间长，性质严重，危害巨大。(2) 与废水、废气、固体废物等污染物质不同，有毒有害化学物质本身并非废弃物而是产品，其危险主要是就其性质和风险而言，如对其管理得当和科学使用，并不一定会造成对环境的污染。(3) 由于有毒有害化学物质多为生物难以降解的物质，对人体或环境的损害具有潜在性、持久性、生物转化性等特点，会造成对环境和人体健康的损害甚至严重的持久性损害，一旦发生污染，通常难以或不能消除。因此，对有毒有害物质污染的控制，关键在于从源头控制和风险控制，必须实行风险预防，设法减少或杜绝其进入环境，重点在于预先防范、科学使用。

8. 答案：土壤污染是指土壤中增添了某些正常情况下不存在的有害物质，或使土壤中某些固有的成分含量过高，致使健全的土壤功能受到损害，理化性质受到破坏，微生物活动受到影响，土地肥力下降，影响农作物的生产与产量。另外，土壤中积累的某些毒物还会被农作物吸收，残留在根茎叶和果实内，通过食物链危害人畜。

土壤污染的发生是与土壤的特殊地位与功能相联系的，土壤受污染的途径大致有以下三种：第一，土壤历来就是人类活动废弃物的处理场所。垃圾、废渣、污水向大自然倾倒，土体和水体都是这些废物的归宿，这就使大量有机和无机污染物质随即进入土壤。第二，为了提高农作物的数量和质量，要向农田中施用化肥和农药，要进行水利灌溉（有时直接用富营养的污水灌溉），污染物质随之而来，并可能在土壤中积累。第三，土壤作为大气、水体、生物圈以外的另一个环境要素，随时随地在接受大气或水中污染物的迁移和转化，如酸雨成为这些污染源的富集中心，使土壤受到污染。此外，在自然界中某些元素的富集中心或矿床周围，往往形成自然扩散晕，使附近土壤中某些元素的含量超过一般土壤的固有值。

土壤中的污染物主要来自工业和城市的废水、固体废物、农药与化肥、大气污染物干沉降或湿沉降以及生物污染等。

9. 答案：水体污染物的来源主要有两个方面：一是自然污染源，就是自然环境本身释放的污染物，它是由自然原因所造成的，如特殊地质条件使某些地区有某种化学元素大量富集，天然植物在腐烂过程中产生某些毒物，以及降雨夹带各种物质流入水体，都会影响当地水质。二是人为污染源，就是人类活动产生的污染物，工业生产中排放的大量废水，是水体污染最主要的污染源。它主要包括：第一，工业废水。工业污染物种类多，数量大，毒性各异，污染物不易净化，对水环境危害最大，是目前世界性水污染的主要原因，工业污染源是造成水污染的最主要来源。第二，农田废水。农业废水产生面广，不易控制和治理。第三，生活污水。第四，城市垃圾和工业废渣渗滤液。垃圾和废渣倾入水中或堆积在水域附近，经水的溶解或浸渍作用，使垃圾和废渣中有毒有害成分进入水中。第五，交通运输废水。船舶运输过程中产生的含油废水。第六，大气污染物。大气中污染物种类很多，可以直接降落或溶于雨雪后降落入水体。人为污染源比自然污染源对水体的影响广泛、严重得多。

水体污染的危害一般有两个方面：第一，对水生生物的危害：江、河、湖、海是水生生物栖息的地方。一切水生生物对污染的忍耐是有限度的，如果污染物超过了这个限度，大量的水生生物就会死亡，甚至绝迹。反过来，这些死亡的水生生物腐烂，又加剧水质的恶化。第二，对人体健康的危害：人类生存处处离不开水，水质污染特别是饮用水的污染与人体健康直接有关。污染水还可通过食物链间接地危害人体健康。

10. 答案：环境污染是指人类活动使环境要素或其状态发生变化，环境质量恶化，扰乱和破坏了生态系统的稳定性及人类的正常生活条件的现象。简言之，环境因受人类活动影响而改变了原有性质或状态的现象称为环境污染。环境污染的实质是人类活动中将大量的污染物排入环境，影响其自净能力，降低了生态系统的功能。

与其他不法侵害相比，环境污染具有如下特点：

第一，环境污染是人类正常活动的有害副作用。

第二，环境污染以环境为媒介对不特定人体造成危害，具有间接性（以环境为媒介）和不确定性（对不特定人群）侵害的特点。

第三，环境污染具有综合性和积累性。造成环境污染的原因多种多样，且往往是综合作用，某些环境污染具有积累性、连续性的特点。

第四，环境污染往往同时侵害多种权益。不仅表现为同时侵害不特定人群，还表现为往往同时侵害各种权益。

第五，环境污染危及的范围广。不仅可以污染一条河流、一个地区、几个国家，甚至遍及全世界。

第六，环境污染引起的疾病往往难以发现和治疗。医学表明，人类的疾病多与环境污染有关，但病理复杂，短时间内难以发现和治疗，有的甚至不能根治，有的还会危及下一代。

11. 答案：社会生活噪声是指人为活动所产生的除工业、建筑施工和交通运输噪声外的干扰周围生活环境的声音。社会生活噪声污染，特别是饮食服务、娱乐场所等所产生的噪声污染日益严重，已成为噪声污染中排居首位的污染种类。

为解决这方面的污染问题，我国《噪声污染防治法》设专章规定了比较严格的污染防治措施，其主要内容有：

（1）控制声响器材的规定。①禁止在商业经营活动中使用高音广播喇叭或者采用其他持续反复发出高噪声的方法进行广告宣传；②禁止在噪声敏感建筑物集中区域使用高音广播喇叭；③在街道、广场、公园等公共场所组织或者开展娱乐、健身等活动，应当遵守公共场所管理者有关活动区域、时段、音量等规定，采取有效措施，防止噪声污染；④使用家用电器、乐器或者进行其他家庭场所活动，应当控制音量或者采取其他有效措施，防止噪声污染。

（2）限制室内装修活动。对已竣工交付使用的住宅楼、商铺、办公楼等建筑物进行室内装修活动，应当按照规定限定作业时间，采取有效措施，防止、减轻噪声污染。

12. 答案：噪声污染是指所产生的噪声超过国家规定的噪声排放标准，并干扰他人正常生活、工作和学习的现象。噪声污染的特点如下：（1）噪声是感觉性公害。噪声是人们可以直接感觉到的、不需要的、对人体健康有害的声音。（2）噪声是局部性公害。噪声有一定的辐射距离，对周围环境的影响范围呈局部性现象，而不像大气污染、水污染、海洋污染等公害那样有着污染物迁移转化的广泛影响范围。（3）噪声污染的暂时性（时消除性）。物体振动产生噪声，按其产生的机制可以分为机械噪声、气体动力噪声和电磁性噪声等。当噪声源停止振动之后，噪声的污染就会立即停止，不像其他公害那样残留任何污染物，不会在环境中长期积累。

五、论述题

1. 答案：环境污染是指由于对生态系统有害的物质进入环境后对生态系统造成的干扰和损害的现象，简称污染。具体来说就是，有害物质或有害因子进入环境并在环境中发生扩散、迁移、转化，并与生态体统的诸多要素发生作用，使生态系统的结构与功能发生变化，对人类以及其他生物的生存和发展产生不利影响。

（1）大气污染对人类和自然危害极大。首先我国的大气污染主要是煤炭型污染。煤炭燃烧后，产生的烟尘和二氧化碳，还有氮氧化物、一氧化碳，这些物质对人类和自然危害很大，烟尘中的颗粒被人吸入后，严重损害人的呼吸系统，形成硅肺病，严重的发生肺癌。二氧化硫能形成酸雨，摧残自然界的生物；二氧化碳在大气中含量增加，引起温室效应，造成地球气候反常；氮氧化物，氯氟烃类化合物的污染可破坏臭氧层。

（2）水体污染对人类和自然危害也很大。生物体对环境中的污染物具有富集作用。在生态系统中，生物与生物之间有捕食的关系，沿着食物链的方向，随营养级次的增加，水体中的有害物也在不断增加，越是营养级次高的生物，体内的有害物质越多，危害就越大。

（3）土壤是植物赖以生存的基础，由于某些工厂废水的排放，一些有害物质残留在土壤中，严重影响植物的生长。同时，植物吸收了这些有害物质，残留在植物体内。当这些植物被动物食用后，又可进入动物体内，影响动物的生长。

（4）固体废弃物是指采矿遗弃的矿渣（废石）、工业的废渣、废弃的塑料制品等。固体废弃物往往含有一些有害的物质，如果长期不加以利用，势必会对环境造成严重的污染。当前一些塑料制品已经造成了严重的环境污染。

（5）噪声的危害直接影响人类及动物体的听觉器官和神经系统。噪声会损伤听觉器官、干扰睡眠、诱发疾病、影响心理健康。

2. 答案：（1）大气污染的概念。大气污染是指人类生产、生活活动或自然界向大气排出各种污染物，其含量超过环境承载能力，使大气质量发生恶化，使人们的工作、生活、健康、设备财产以及生态环境等遭受恶劣影响和破坏。

（2）大气污染的污染源。大气污染的污染源可分为天然污染源和人为污染源。天然污染源是指自然界向大气排放污染物的地点或地区，如排放灰尘、二氧化硫、硫化氢等污染物的活火山、自然逸出的瓦斯气，以及发生森林火灾、地震等自然灾害的地方。人为污染源则又可按不同的方法分类：按污染源空间分布方式可分为点污染源、面污染源、区域性污染源；按人们的社会活动功能可分为生活污染源、工业污染源、交通污染源等；按污染源存在的形式可分为固定污染源和移动污染源。人为的大气污染源主要有三个方面：生活污染源、工业污染源和交通污染源。

（3）大气污染的危害。第一，对人体健康的危害。受污染的大气进入人体，可导致呼吸、心血管、神经等系统疾病和其他疾病。第二，对动植物的危害。动物往往由于食用或饮用积累了大气污染的植物和水，发生中毒或死亡。第三，对材料的危害。如腐蚀金属、侵蚀建筑材料、使橡胶制品脆裂、损坏艺术品、使有色金属褪色等。第四，对大气的影响。能改变大气的性质和气候的形式。二氧化碳吸收地面辐射，颗粒物散射阳光，可使地面温度上升或降低。细微颗粒物可降低见光度，增加云量和降水量，雾的出现频率也增加并延长持续时间。

（4）大气污染的治理。实践证明，只有从整个区域大气污染状况出发，统一规划并综合运用各种防治措施，才可能有效地控制大气污染。

第一，减少或防止污染物的排放：①改革能源结构，采用无污染能源和低污染能源。②对燃料进行预处理，以减少燃烧时产生的污染大气的物质。③改进燃烧装置和燃烧技术以提高燃烧效率和降低有害气体排放量。④采用无污染或低污染的工业生产工艺。⑤节约能源和开展资源综合利用。⑥加强企业管理，减少事故性排放和逸散。⑦及时清理和妥善处置工业、生活和建筑废渣，减少地面扬尘。

第二，治理排放的主要污染物燃烧过程

和工业生产过程。在采取上述措施后，仍有一些污染物排入大气，应控制其排放浓度和排放总量使之不超过该地区的环境容量。主要方法有：①利用各种除尘器去除烟尘和各种工业粉尘。②采用气体吸收塔处理有害气体。③应用其他物理的、化学的方法回收利用废气中的有用物质，或使有害气体无害化。

第三，发展植物净化。植物具有美化环境、调节气候、截留粉尘、吸收大气中有害气体等功能，可以在大面积的范围内，长时间地、连续地净化大气。尤其是在大气中污染物影响范围广、浓度比较低的情况下，植物净化是行之有效的方法。在城市和工业区有计划地、有选择地扩大绿地面积是大气污染综合防治具有长效能和多功能的措施。

第四，利用环境的自净能力。大气环境的自净有物理、化学和生物作用。在排出的污染物总量恒定的情况下，污染物浓度在时间上和空间上的分布同气象条件有关，认识和掌握气象变化规律，充分利用大气自净能力，可以降低大气中污染物浓度，避免或减少大气污染危害。

3. 答案：我国《水污染防治法》规定了防治水污染的三项具体原则：

（1）水污染防治与水资源保护相结合原则。在开发、利用和调节、调度水资源时，国务院有关部门和地方各级人民政府应当“统筹兼顾”处理好水污染防治与水资源保护的关系，“维持江河的合理流量和湖泊、水库以及地下水体的合理水位，保障基本生态用水，维护水体的生态功能”。

（2）按流域或者按区域统一规划原则。水污染防治规划应当按照流域或者按区域进行统一编制，经批准的江河流域水污染防治规划是地方政府组织制订本行政区域水污染防治规划的基本依据。通过流域规划将各地区的水污染防治与流域的水环境质量目标联系起来，可以较有效地解决好上、下游不同行政区域水污染防治的协调、监督管理工作。

（3）水污染防治与企业布局、改造相结合原则。国务院有关部门和地方各级人民政府，应当合理规划工业布局，对造成水污染的企业进行整顿和技术改造。对布局不合理、经济效益差、污染危害大又治理不好的企业，要坚决采取关停并转迁的措施；对其他企业，要采用原材料利用率高、污染物排放量少的清洁生产工艺、设备，采取综合防治措施，提高水的重复利用率，减少污染物的排放量，把企业的整顿改造与水污染结合起来，以提高企业的经济效益和环境效益。

4. 答案：（1）环境污染和其他公害的特点：

第一，环境污染损害具有复杂性。首先，由于环境污染的污染源来自生产生活的各个方面、各个领域，诸多的污染源产生的污染物质种类繁多、性质各异，并且这些污染物常常是经过转化、代谢，富集等各种反应后，才导致污染损害。其次，与一般民事违法行为所造成的损害不同，污染环境行为造成他人损害的过程非常复杂。

第二，环境污染损害具有潜伏性。环境损害一般具有很长的潜伏期，这是因为环境本身具有消化人类废弃物的机制，但环境的这种自净能力是有限的，如果某种污染物的排放超过环境的自净能力，环境所不能消化掉的那部分污染物就会慢慢地蓄积起来，最终导致损害的发生。

第三，环境污染损害具有持续性。环境损害常常透过广大的空间和长久的时间，经过多种因素的复合积累后才形成，因此造成的损害是持续不断的，不因侵权的行为停止而停止。同时，由于受科学技术水平的制约，对一些污染损害缺乏有效的防治方法。因此，环境污染损害并不因为污染物的停止排放而立即消除，具有持续性。环境保护工作要贯彻预防为主的方针。

第四，环境污染损害具有广泛性。环境污染损害的广泛性表现在：一是受害地域的广泛性，如海洋污染往往涉及周边的数个国家；二是受害对象的广泛性，环境污染的受害对象包括全人类及其生存的环境；三是受害利益的广泛性，环境污染往往同时侵害人们的生命健康权、休息权、财产权等。

（2）我国为解决污染预防与治理关系所确定的预防为主原则。

第一，预防为主原则的含义。预防为主原则，全称应是预防为主、防治结合、综合治理原则，是指国家在环保工作中采取各种预防措施，防止开发和建设活动中产生的环境污染或破坏，而对已经造成的环境污染和破坏予以积极的治理，使其控制在能够维持生态平衡、保护人类健康和社会物质及保障经济社会持续发展的限度内。预防为主原则是国内外防治环境污染和破坏的经验教训的科学总结。

第二，预防为主原则的依据。20世纪50年代以前，工业发达国家走的是一条“先污染后治理”的道路，但是实践证明，这种方式是不可取的。首先，采取“先污染后治理”方式发展经济得不偿失。其次，环境问题一旦产生就很难消除。应从一开始就采取积极措施加以防范，避免损害的发生。最后，预测环境影响的科学技术也存在有限性和滞后性。科学技术并不是总能为环境保护工作提供充分的论据，当科学论据被证实的时候，也许环境问题早已出现了。

第三，预防为主原则的内容。一是将环境资源的保护纳入国民经济和社会发展计划，为治理污染、防治新污染源的产生提供物质保障；二是实行城市环境综合整治；三是严格控制新的污染和破坏，对建设项目切实加强环境管理，严格执行环境影响评价、“三同时”、限期治理、许可证、监督检查等制度；四是对自然资源的开发利用的方式，先预测可能发生的生态变化，再根据国民经济全局的需要，在综合平衡的基础上加以确定。

第四，预防为主原则的贯彻落实。一是全面规划，就是要对工业和农业、城市和乡村、生产和生活、经济发展和环境保护等各方面的关系进行统筹安排、全面部署，并通过制订土地利用规划、区域规划、环境规划等，使各种关系得到综合平衡，保证各项事业得到协调发展。二是合理布局，即在经济建设中，对新工业布局的合理性作出专门论证，并且对老工业不合理的布局予以改变，建立合理的产业结构、城乡结构、生态结构及城市布局，合理安排各种产业和事业，使得工业布局不会对周围环境和人们生活造成不良影响。三是建立健全各种环境管理法律制度。环境保护法的基本原则可以对人们的意识产生影响，进而改变人们的行为方式，但它并未告诉人们每一步该如何做，只能通过相应的法律制度使之具体化，如环境影响评价制度、清洁生产制度、土地利用规划制度等。四是综合运用各种环境保护管理手段，加强环境法治、管理、宣传、教育、科学、技术等各项工作，提高人们的环境保护意识、道德观念、科学技术水平、环境法治观念和保护环境能力。

5. 答案：（1）污染转嫁的概念。污染转嫁是指一定区域内的人类行为（作为或不作为）直接或间接地对该区域外的环境造成污染损害或将自己造成的环境污染的治理责任推与他人而使自己不承担或少承担污染损害治理责任的社会行为。可见，污染转嫁是以两个或两个以上主体之间关于环境污染的产生、损害治理责任以及其他相互关系为研究内容的。

（2）污染转嫁的表现形式。第一，中国与外国贸易往来中的污染转嫁问题。发达国家打着国际投资的旗号将重污染的夕阳工业和淘汰下来的落后工艺设备、产品等不断向发展中国家转移，使这些国家成为污染物的堆放地、处理地与污染行业的“藏身地”“发展地”。第二，我国东西部之间的污染转嫁问题。伴随着东西部合作和西部大开发政策的实施，东部的产业结构开始侧重于那些节能节耗、少污染或无污染的行业，而将耗能多，污染重，当地政府限制或禁止上马的项目、设备或产品推向西部，使西部本已非常脆弱的生态环境面临又一次劫难。第三，我国城乡之间的污染转嫁问题。工业掠夺农业，城市掠夺农村，是具有规律性的经济现象。城市与农村工业之间的污染转嫁现象也成为这一阶段的特殊经济现象。第四，生产领域向消费领域转嫁污染的问题。在现实生活中，某些生产者为了获取眼前利益，往往不顾对消费者健康的损害或潜在危害，大量生产并出售损害消费者健康和生命的有污染的产品，导致多人中毒或得病，其中尤以农业食品为烈。

(3) 污染转嫁的构成要件。第一，有转嫁污染的行为发生。包括直接转嫁环境污染；将污染严重的工业项目、设备、工艺等转让给他国、他地区；在缴纳较低的排污费后，超量或无限制地排污；发达国家垄断环保技术，将其造成的污染间接地、消极地转嫁发展中国家。第二，在被转嫁地产生污染损害后果。只有转嫁污染的行为，而没有污染损害结果的，只追究行政责任，而不追究民事责任。第三，转嫁行为造成了环境污染。只有转嫁行为，没有污染结果，不承担转嫁污染的民事责任。第四，环境污染导致损害结果。即转嫁后的环境污染与损害后果间有直接因果关系。

(4) 防止污染转嫁的法律对策。在世界经济一体化的今天，各国乃至整个国际社会都在加强对环境污染转嫁的法律控制。第一，有毒有害废物转嫁的法律控制。视不同的危害程度采取“禁止”或“限制”进出口或流通的措施，对被许可流通的严格规定限制条件和控制程序。第二，通过污染产品转嫁污染的法律控制。建立与国际环境标准接轨的环境标准体系、绿色产品标志认证制度、产品包装与标签制度，规范产品检疫、检验制度，实施环境进口附加税制度。第三，对以合法形式掩盖的污染转嫁，可采取不待证明制度、环境担保制度以及环境污染责任保险等制度。第四，国家间、地区间空气、水域转嫁污染，实行污染的总量控制和排污权交易制度。第五，对通过转移污染行业、污染项目，转让落后设备以及工业技术等形式转嫁污染加以控制。第六，控制治污责任的转嫁。建立客观的环境标准体系；科学合理地调整排污费的收费标准；对发达国家将历史上造成的环境污染的后果转嫁发展中国家的问题，要求发达国家向发展中国家提供资金援助、技术援助；禁止向发展中国家转让有害环境的技术等。

6. 答案：防治固体废物污染环境，应遵循环境保护法的基本原则，此外，根据固体废物污染的特点，还应遵循以下专门性法律原则：

(1) 固体废物污染环境防治实行“三化”原则，“三化”即①减量化，使固体废物不产生和少产生；②资源化，已产生的固体废物在生产过程中回收、循环、再利用或用为另一种生产的原料；③无害化，通过各种处理、处置方式使固体废物安全、无污染地进入环境。对固体废物实行“三化”的原则，其各个环节是互为因果、相辅相成的。减量化是基础，根本措施是实行“清洁生产”和提高资源、能源的利用率。实现了减量化就相应实现了资源化和无害化。实现减量化就必须以资源化为依托，资源化可以促进减量化、无害化的实现，无害化又可以实现和达到减量化和资源化的目的。

(2) 对固体废物实行全过程控制原则。由于固体废物在各个环节都可能产生污染自然的危害，因此必须对其产生、排放、收集、贮存、运输、利用直至最后处置的全过程实行不同程度和不同形式的一体化监督管理。产生固体废物的单位和个人，应当采取措施，防止或者减少固体废物对环境的污染。收集、贮存、运输、利用、处置固体废物的单位和个人，必须采取防扬散、防流失、防渗漏或者其他防止污染环境的措施。

(3) 禁止排放固体废物与产生者处置原则。禁止排放是固体废物无害化处置的必然要求。《固体废物污染环境防治法》并未直接作出禁止向环境排放工业固体废物和危险废物的规定，而是以规定废物产生者的强制处置的义务的形式来予以体现，禁排是与强制处置相联系、相配套的。工业固体废物和危险废物的产生者必须将废物进行综合利用，并对不能利用的废物实行无害于环境的处置。

(4) 对固体废物实行分类管理的原则。根据固体废物的种类和对环境的危害程度，应规定不同的污染环境防治措施。例如，对工业固体废物、城市生活垃圾的污染环境防治采取一般性的管理措施，而对危险废物则规定采取严格的管理措施。

（5）对固体废物实行集中处置和分散处置相结合的原则。建立区域性、专业化的集中处置设施，可以节约投资，降低处置费用，也有利于提高治理水平。国家应鼓励、支持有利于保护环境的集中处置固体废物的措施。同时，产生固体废物量比较大的企业，宜自己分散治理。集中防治目前主要有三种形式：一是鼓励企事业单位将其拥有的固体废物利用、贮存、处置设施，在防治本单位污染的同时，可将剩余的防治能力向他人开放，接受他人提供的需要利用、贮存、处置的废物。二是区域性集中防治方式，即建设区域的专业性的固体废物（特别是城市生活垃圾和危险废物）利用、贮存、处置设施，把一些分散在各单位的固体废物，按一定要求和条件集中在一起进行利用、贮存和处置。三是推行“废物交换”。

（6）对危险废物（爆炸性、易燃性、易氧化性、毒性、腐蚀性或者易传染疾病等）实行特别严格的控制和重点防治的原则。《固体废物污染环境防治法》设专章“危险废物”。

六、案例题

1. 答案：（1）该案例中的违法行为包括：

①冶炼厂委托无危险废物经营许可证的单位处置危险废物的行为；

②硫化厂在没有取得危险废物经营许可证的条件下处置危险废物的行为；

③硫化厂在没有防治大气污染设施的情况下向大气超标排放污染物，并造成重大环境污染事故的行为。

（2）生态环境主管部门应当按照《固体废物污染环境防治法》的规定分别对冶炼厂和硫化厂予以行政处罚；硫化厂超标向大气排放污染物并造成重大环境污染事故的行为违反了《大气污染防治法》并构成了污染环境罪，应当由司法机关依照《刑法》的有关规定追究刑事责任。

2. 答案：该法院对本案的判决是正确的。因为：

（1）依照《噪声污染防治法》第2条规定，构成噪声污染必须具备排放噪声超标和扰民两个条件，只超标不扰民的噪声不构成噪声污染。

（2）责令限期治理是县级以上地方人民政府的权限，生态环境局责令限期治理属于越权行政。

（3）对不扰民的超标噪声，不应征收排污费。

（4）《噪声污染防治法》规定，因从事本职生产经营工作受到噪声危害的防治，适用劳动保护等其他有关法律的规定。因此，噪声对该厂工人造成的危害，不属于生态环境主管部门管辖。

3. 答案：（1）甲厂的理由不成立。因为甲厂排污污染了环乡河和某丙的鱼塘，而造成鱼的死亡，根据无过错责任原则，即使合法排污也要承担民事责任。事故后及时通知是排污者的义务，而不构成减免责任的条件，所以某丙前后损失的15万元应当全部由甲厂承担，赔偿全部损失。

（2）本案中甲厂有以下违法行为：

第一，擅自改变设计，将废水直接排入内河，造成渔业水体污染，使环保设施未达到国家规定要求，违反了环境影响评价制度；项目建成未经生态环境部门验收即投入生产，违反“三同时”制度；

第二，没有采取措施防止生产中产生的废水有毒有害物质污染，在事故发生后，也未采取应急措施进行处理；

第三，排污行为造成水体污染和财产损失是一种民事侵权行为。

（3）从预防为主的环境法律要求看，甲厂的规划选址不合法，设在渔业养殖密集区，法律规定，重要渔业水体等重要用水保护区不得新建排污口。其责任主体包括：规划部门；审批环境影响报告书并负有监督检查职责的生态环境部门；未执行设计方案及未采取防治措施的建设单位（甲厂），上级主管部门及其主管领导人。

4. 答案：（1）鱼塘承包人要求赔偿的全部财产损失可以包括购买鱼苗费用、鱼塘经营费用、鱼塘承包费用、污染清除费用和出售鱼产品预期收入。

（2）化肥厂不能以不可抗力为由拒绝赔偿全部损失。对因“排污渠内废水自然入江受阻，漫溢流入鱼塘”造成的财产损失应予赔偿。对因“当地连降暴雨，以致外洪内涝，排污渠与鱼塘水面连成了一片”造成的财产损失可以不可抗力为由，不承担赔偿责任。

《环境保护法》对不可抗力因素造成损害的责任作出了如下规定：完全由于不可抗拒的自然灾害，并经及时采取合理措施，仍然不能避免造成环境污染损害的，免予承担责任。对化肥厂应当承担赔偿责任的部分，是因为化肥厂没有及时采取防范废水漫溢可能造成损害的合理措施。对此，不能作为不可抗力对待。

5. 答案：（1）垃圾处理站的行为不符合法律规定。①《固体废物污染环境防治法》第21条规定：“在生态保护红线区域、永久基本农田集中区域和其他需要特别保护的区域内，禁止建设工业固体废物、危险废物集中贮存、利用、处置的设施、场所和生活垃圾填埋场。”本案中，垃圾处理站将城市生活垃圾倾倒在省级竹山自然保护区进行填埋，违反了上述国家禁止性条款。②《固体废物污染环境防治法》第55条第2款规定，禁止擅自关闭、闲置或者拆除生活垃圾处置的设施、场所。本案中，垃圾处理站未经任何部门同意，擅自关闭垃圾处理站改作他用，同样违反了国家禁止性法律规定。

（2）群众应向县级以上地方政府生态环境行政主管部门和生态环境主管部门反映，因为《固体废物污染环境防治法》第55条明确规定，“确有必要关闭、闲置或者拆除的，应当经所在地的市、县级人民政府环境卫生主管部门商经所在地生态环境主管部门同意后核准，并采取防止污染环境的措施”。

6. 答案：（1）被告是甲县政府。根据《水污染防治法》的规定，关停应当由县级以上政府作出。本案中，关停行为是甲县生态环境局作出的，甲县政府依据批复授权甲县生态环境局行使关停职权是没有法律、法规、规章的规定的，所以属于委托，应当以委托机关甲县政府为被告。

（2）未超过起诉期限。《行政诉讼法》规定，公民、法人或者其他组织直接向人民法院提起诉讼的，应当自知道或者应当知道作出行政行为之日起六个月内提出。法律另有规定的除外。因不动产提起诉讼的案件自行政行为作出之日起超过二十年，其他案件自行政行为作出之日起超过五年提起诉讼的，人民法院不予受理。公民、法人或者其他组织申请行政机关履行保护其人身权、财产权等合法权益的法定职责，行政机关在接到申请之日起两个月内不履行的，公民、法人或者其他组织可以向人民法院提起诉讼。法律、法规对行政机关履行职责的期限另有规定的，从其规定。公民、法人或者其他组织在紧急情况下请求行政机关履行保护其人身权、财产权等合法权益的法定职责，行政机关不履行的，提起诉讼不受前款规定期限的限制。A公司起诉的是甲县政府不作为，甲县政府在接到申请后2个月内不履行职责的，起诉期限自2个月的履行期限届满之日起计算。本案中，A公司于2020年7月20日向甲县政府提出赔偿申请，甲县政府不作为，因此起诉期限自2020年9月20日起算，A公司在2020年12月20日提起诉讼时还未超过6个月的起诉期限。

（3）A公司的补偿请求是合理的。《行政许可法》第8条规定：“公民、法人或者其他组织依法取得的行政许可受法律保护，行政机关不得擅自改变已经生效的行政许可。行政许可所依据的法律、法规、规章修改或者废止，或者准予行政许可所依据的客观情况发生重大变化的，为了公共利益的需要，行政机关可以依法变更或者撤回已经生效的行政许可。由此给公民、法人或者其他组织造成财产损失的，行政机关应当依法给予补偿。”本案中，甲县政府基于环境保护的公共利益，依据批复关停A公司的排污口属于对行政许可的撤回，给A公司造成损失的，依法应当给予补偿，因此A公司的补偿请求是合理的。

（4）不准确。《环境保护法》第31条规

定："国家建立、健全生态保护补偿制度。国家加大对生态保护地区的财政转移支付力度。有关地方人民政府应当落实生态保护补偿资金，确保其用于生态保护补偿。国家指导受益地区和生态保护地区人民政府通过协商或者按照市场规则进行生态保护补偿。"生态保护补偿的承担包括受益地区和保护地区的人民政府，甲县政府作为保护地区的人民政府同样需要承担补偿的责任，而不能以受益地区为乙县为由予以拒绝，因此甲县政府的主张是不准确的。

(5) 应当判决甲县政府履行补偿责任。《行政诉讼法》规定，人民法院经过审理，查明被告不履行法定职责的，判决被告在一定期限内履行。《最高人民法院关于适用〈中华人民共和国行政诉讼法〉的解释》第91条规定："原告请求被告履行法定职责的理由成立，被告违法拒绝履行或者无正当理由逾期不予答复的，人民法院可以根据行政诉讼法第七十二条的规定，判决被告在一定期限内依法履行原告请求的法定职责；尚需被告调查或者裁量的，应当判决被告针对原告的请求重新作出处理。本案中，甲县政府有履行补偿的职责，有履行能力不作为的行为违法，且甲县政府的履行仍然有意义，因此法院应当判决甲县政府履行补偿责任，尚需甲县政府调查或者裁量的，应当判决甲县政府对A公司的补偿请求重新作出处理。

第八章　自然资源法

重点知识讲解

重点知识一：自然资源法的体系

国土整治法	国土整治法是规范国土整治规划，规范全国资源整体利益、综合利用、合理配置的方式及其原则的法律。
资源行业法	一种自然资源的利用主要与国民经济中某一行业的经济活动相联系，该资源的法律内容是资源管理和行业管理相结合，即称为资源行业法，如森林法、草原法、渔业法、矿产资源法。
专项资源法	一种自然资源的利用主要与国民经济中的许多经济活动相联系，但是该资源的立法主要是针对该资源的合理利用和保护，而不局限于某个行业管理的内容，即称为专项资源法，如土地法、水法等。
其他相关法律	1. 宪法中的有关法律规定；2. 有关合理开发利用和保护自然资源的政策、技术规范、标准等行政法规、政策法规和技术规程；3. 污染防治法、自然保护建设法中的有关法律规定；4. 有关合理开发利用和保护自然环境、自然资源的地方性法规和规章。

重点知识二：水资源保护法律制度

水资源权属制度	水资源属于国家所有。水资源的所有权由国务院代表国家行使。农村集体经济组织的水塘和由农村集体经济组织修建管理的水库中的水，归各该农村集体经济组织使用。
水资源有偿使用制度	国家对水资源依法实行取水许可制度和有偿使用制度。但是，农村集体经济组织及其成员使用本集体经济组织的水塘、水库中的水除外。
水资源管理体制	《水法》确立了流域管理与区域管理相结合，统一管理与分部门管理相结合，监督管理与具体管理相分离的新型管理体制。
水资源规划制度	开发、利用、节约、保护水资源和防治水害，应当按照流域、区域统一制订规划。规划分为流域规划和区域规划。流域规划包括流域综合规划和流域专业规划；区域规划包括区域综合规划和区域专业规划。
水资源开发利用制度	在开发利用水资源的原则方面，地方各级人民政府应当结合本地区水资源的实际情况，按照地表水与地下水统一调度开发、开源与节流相结合、节流优先和污水处理再利用的原则，合理组织开发、综合利用水资源。
水资源保护制度和节约用水制度	出于对维护水体的自然净化能力的考虑，国家规定了地下水开采禁限制度、水功能区划制度，并建立了严格的饮用水源保护制度。

重点知识三：土地资源保护法律制度

关于土地资源保护的一般规定	（1）我国将“十分珍惜、合理利用土地和切实保护耕地”作为基本国策。 （2）土地资源管理体制。国务院自然资源主管部门统一负责全国土地的管理和监督工作。 （3）关于土地所有权和使用权的规定。城市市区的土地属于国家所有，农村和城市郊区的土地，除法律规定属于国家所有的外，属于农民集体所有；宅基地和自留地、自留山，属于农民集体所有。国有土地和农民集体所有的土地，可以依法确定给单位或者个人使用。 （4）农民集体所有的土地由本集体经济组织成员承包经营，从事种植业、林业、畜牧业、渔业生产。
土地用途管制制度	国家编制土地利用总体规划，对耕地实行特殊保护，严格限制农用地转为建设用地，控制建设用地总量。
土地调查和统计制度	县级以上人民政府自然资源主管部门会同同级有关部门进行土地调查，土地所有者或使用者应当配合调查。同时县级以上人民政府自然资源主管部门会同同级统计部门依法进行土地统计，定期发布土地统计资料。
耕地特殊保护制度	1. 耕地总量动态平衡制度。省级人民政府应当严格执行土地利用总体规划，采取措施确保本行政区域内耕地总量不减少。 2. 永久基本农田保护制度。 3. 禁止破坏耕地和闲置、荒芜耕地。
征用土地补偿制度	国家征地补偿的原则： 1. 按照被征收土地的原用途给予补偿； 2. 征地补偿以使被征用土地单位的农民生活水准不降低为原则； 3. 依法足额补偿。

重点知识四：矿藏资源保护法律制度

矿产资源所有权、探矿权和采矿权	我国的矿产资源实行单一的所有权制度，即矿产资源属于国家所有。具备法定条件者经过申请和管理部门的审查和批准，并依法办理登记，取得矿产资源勘查许可证、采矿许可证，才能取得探矿权、采矿权。国家实行探矿权、采矿权有偿取得制度。
矿产资源监督管理体制	我国的矿产资源实行主管与协管相结合的监督管理体制。国务院地质矿产主管部门主管全国矿产资源勘查、开采的监督管理工作。
矿产资源监督管理制度	（1）矿产资源规划制度。全国矿产资源规划，是在国务院计划主管部门指导下，由国务院地质矿产主管部门根据国民经济和社会发展中长期规划，组织国务院有关部门和省级人民政府编制，报国务院批准后实施。 （2）矿产资源勘查登记制度。国家对矿产资源勘查实行统一的区块登记管理制度。 （3）采矿许可证制度。凡在我国领域及管辖海域开采矿产资源的单位和个人，必须经过审查批准，取得采矿许可证。 （4）矿产资源补偿费制度。凡在我国领域及管辖海域开采矿产资源的采矿权人，都应当按照规定缴纳矿产资源补偿费。

续表

矿产资源保护制度	国家对国家规划矿区、对国民经济有重要价值的矿区和国家规定实行保护性开采的矿区实行有计划的开采，对具有工业价值的共生和伴生矿产实行综合勘查和综合开采。
集体和个体采矿管理	国家对集体矿山企业和个体采矿实行积极扶持、合理规划、正确引导、加强管理的方针，鼓励集体矿山企业开采国家制定范围内的矿产资源，允许个人采挖零星分散资源等。
环境保护制度	开采矿产资源，必须遵守有关环境保护的法律规定，防止污染和破坏环境。

配套测试

一、单项选择题

1. 按照能够被人类利用时间的长短，自然资源可以分为（　　）

A. 土地资源和矿产资源

B. 地下资源和地表资源

C. 有限资源和无限资源

D. 可更新资源和不可更新资源

2. 自然资源的基本特性是（　　）

A. 自然性　　B. 有用性

C. 有限性　　D. 相对性

3. 目前，全世界各国对可更新资源通常采取何种保护方式？（　　）

A. 综合利用

B. 回收利用

C. 开发替代资源

D. 营造养殖、适度开发

4. 标志着我国水利法治建设从此进入了全面推进从传统水利向现代水利、可持续发展水利转变，建设水防污型社会新阶段的是（　　）

A. 《水土保持法》（1991 年）颁布实施

B. 《取水许可制度实施办法》（1993 年）颁布实施

C. 《水污染防治法》（1996 年）颁布实施

D. 《水法》（2002 年）颁布实施

5. 我国水资源的权属制度是（　　）

A. 国家所有制

B. 集体所有制

C. 国家所有与集体所有并存

D. 个人所有制

6. 古老的国际河川法中的箴言"一个流域一部法律"揭示了水资源管理实行（　　）

A. 区域管理　　B. 流域管理

C. 分部门管理　　D. 具体管理

7. 国家确定的重要江河、湖泊的流域综合规划的编制机关是（　　）

A. 国务院水行政主管部门会同国务院有关部门和有关省、自治区、直辖市人民政府编制

B. 有关流域管理机构会同江河、湖泊所在地的省、自治区、直辖市人民政府水行政主管部门和有关部门编制

C. 县级以上地方人民政府水行政主管部门会同同级有关部门和有关地方人民政府编制

D. 县级以上人民政府有关部门编制

8. 我国现行《水法》规定，开发利用水资源，应当首先满足（　　）

A. 工业用水的需要

B. 生活用水的需要

C. 农业用水的需要

D. 生态环境用水的需要

9. 农村集体经济组织修建水库应当经哪一级部门或组织批准？（　　）

A. 村民委员会

B. 乡镇人民政府

C. 县级人民政府

D. 县级人民政府水行政主管部门

10. 有权划定饮用水水源保护区的是（　　）

A. 省级人民政府

B. 省级人民政府水行政主管部门
C. 县级人民政府
D. 县级人民政府水行政主管部门

11. 主管全国水土保持工作的机构是（　　）
A. 国务院
B. 国务院生态环境行政主管部门
C. 国务院水行政主管部门
D. 国务院土地行政主管部门

12. 下列不属于水土流失重点防治区的是（　　）
A. 重点预防保护区
B. 重点监督区
C. 重点治理区
D. 重点开发建设区

13. 土地资源与土地的基本区别点是（　　）
A. 固定性　　B. 有限性
C. 生产性　　D. 不可替代性

14. 宅基地、自留地、自留山属于（　　）
A. 国家所有
B. 农民集体所有
C. 国家和农民集体共有
D. 农民个人所有

15. 经省、自治区、直辖市人民政府批准的能源、交通、水利等基础设施建设用地，需要改变土地利用总体规划的，其批准修改机关是（　　）
A. 属于省级人民政府土地利用总体规划批准权限内的，根据省级人民政府的批准文件修改土地利用总体规划
B. 必须由国务院自然资源主管部门作出批准
C. 必须由国务院自然资源主管部门会同其他有关部门商定批准
D. 必须由省级人民政府上报国务院批准

16. 省、自治区、直辖市人民政府批准的大型基础设施建设项目，涉及农用地转为建设用地的，其批准机关是（　　）
A. 国务院
B. 省、自治区、直辖市人民政府
C. 国务院土地管理部门
D. 省、自治区、直辖市土地管理部门

17. 荒山、荒沟、荒丘、荒滩等农村土地，不宜采取的承包方式为（　　）
A. 招标　　B. 拍卖
C. 公开协商　　D. 家庭承包

18. 我国的矿产资源在所有制上实行（　　）
A. 政府所有制　　B. 国家所有制
C. 开发单位所有制　　D. 集体所有制

19. 主管全国矿产资源勘查、开采的监督管理工作的部门是（　　）
A. 国务院土地管理部门
B. 国务院生态环境主管部门
C. 国务院地质矿产主管部门
D. 国家发改委

20. 我国矿产资源的探矿权、采矿权实行（　　）
A. 有偿取得制度　　B. 无偿取得制度
C. 任意取得制度　　D. 倒卖牟利

21. 探矿权人享有的权利不包括（　　）
A. 按照勘查许可证规定的区域、期限、工作对象进行勘查
B. 根据工程需要临时使用土地
C. 优先取得勘查作业区内新发现矿种的探矿权
D. 自行销售勘查中按照批准的工程设计施工回收的矿产品

22. 根据法律规定，下列属于个人不得开采的矿产资源的是（　　）
A. 能源矿产
B. 金属矿产
C. 水气矿产
D. 国家规定实行保护性开采的特定矿种

23. 石油、天然气勘查许可证有效期最长为（　　）
A. 3 年　　B. 5 年
C. 7 年　　D. 9 年

24. 探矿权人被吊销勘查许可证的，自勘查许可证被吊销之日起多长时间内，不得再申请探矿权？（　　）
A. 6 个月　　B. 1 年
C. 2 年　　D. 3 年

25. 我国矿产资源补偿费的缴纳主体是（　　）
A. 所有权人　　B. 探矿权人

C. 采矿权人　　D. 使用权人

26. 征收的矿产资源补偿费实行专款专用，主要用于（　）

A. 矿产资源的勘查

B. 矿产资源的开采

C. 矿产资源的管理

D. 矿产资源的保护

27. 我国对乡镇煤矿采取的方针是（　）

A. 统一规划、合理布局、综合利用

B. 扶持、改造、整顿、联合、提高

C. 不提倡、不扶持、积极限制、安全管理

D. 安全第一、预防为主

28. 对全国矿山安全工作实施统一监督的部门是（　）

A. 国务院地质主管部门

B. 国务院劳动行政主管部门

C. 国务院安全部门

D. 国务院生态环境主管部门

29. 发生一般矿山事故，负责调查和处理的是（　）

A. 矿山企业

B. 矿山企业工会

C. 县级劳动行政主管部门

D. 县级地质主管部门

30. 主管全国节能监督管理工作的部门是（　）

A. 国务院生态环境主管部门

B. 国务院地质主管部门

C. 国务院管理节能工作的部门

D. 国家发改委

31. 部队营造的林木，其所有权归（　）

A. 国家所有

B. 地方政府所有

C. 营造者个人所有

D. 部队所有

32. 根据《森林法实施条例》的规定，临时占用林地的期限不得超过（　）

A. 6 个月　　B. 1 年

C. 2 年　　D. 5 年

33. 负责退耕还林工作的综合协调机构是（　）

A. 国务院农业行政主管部门

B. 国务院土地行政主管部门

C. 国务院林业行政主管部门

D. 国务院西部开发工作机构

34. 退耕还林土地上林木所有权的享有者是（　）

A. 退耕还林者

B. 集体经济组织或村民委员会

C. 县级以上农业行政主管部门

D. 县级以上林业行政主管部门

35. 退耕土地还林后的承包经营权期限可以延长到（　）

A. 30 年　　B. 50 年

C. 70 年　　D. 100 年

36. 主管全国草原监督管理工作的部门是（　）

A. 国务院自然资源主管部门

B. 国务院林地行政主管部门

C. 国务院生态环境主管部门

D. 国务院草原行政主管部门

37. 不属于国家鼓励与支持的草地建设是（　）

A. 人工草地建设

B. 天然草原改良

C. 草种基地建设

D. 饲草饲料基地建设

38. 海域属于（　）

A. 国际社会共有

B. 国家所有

C. 集体所有

D. 国家与集体共有

39. 旅游、娱乐用海使用权的最高期限是（　）

A. 15 年　　B. 20 年

C. 25 年　　D. 30 年

40. 主管全国渔业工作的部门是（　）

A. 国务院水行政主管部门

B. 国务院生态环境部门

C. 国务院海洋行政主管部门

D. 国务院渔业行政主管部门

41. 为了渔业资源的可持续利用和保护，县级以上人民政府渔业行政主管部门可以

向受益的单位和个人征收（　　）

A. 渔业资源保护费

B. 渔业资源增殖费

C. 渔业资源补偿费

D. 渔业资源增殖保护费

42.《土地管理法》规定，国家实行占用耕地补偿制度。下列关于这一制度的哪一表述是错误的？（　　）

A. 因非农业建设占用耕地的，占用单位应承担补偿义务，负责开垦与所占用耕地的数量和质量相当的耕地

B. 国家批准的重点建设项目占用耕地的，占用单位不承担占用补偿义务

C. 没有条件开垦的占用单位，应当按照规定缴纳耕地开垦费

D. 占用单位开垦耕地，应按照省级人民政府制订的开垦计划进行

43. 2005 年 6 月，某县发生特大洪水，县防汛指挥部在甲村临时征用村东和村西的两块土地，其间实施的下列哪种行为不符合法律规定？（　　）

A. 灾情发生后，在未办理建设用地审批手续的情况下，向村委会宣布临时征用土地的决定

B. 抗洪期间，在未办理建设用地审批手续的情况下，在两块土地上各搭建一座存放抗洪物资的仓库

C. 灾情结束后，在未办理建设用地审批手续的情况下，拆除村东的仓库，将土地恢复原状后交还给甲村

D. 灾情结束后，在未办理建设用地审批手续的情况下，以未来抗洪需要为由，保留村西的仓库至今

44. 土地使用权划拨，是指县级以上人民政府依法批准，在土地使用者缴纳补偿、安置费用后将该幅土地交付其使用，或者将土地使用权无偿交付给土地使用者使用的行为。依据有关法律规定，下列哪一建设用地项目不能取得划拨土地使用权？（　　）

A. 乡政府办公楼建设用地

B. 镇人民医院建设用地

C. 别墅区通往城镇的道路建设用地

D. 民办大学校区扩建用地

45. 对于已经办理审批手续但未使用的非农业建设占用耕地的处理，下列表述哪一项是正确的？（　　）

A. 审批后 1 年内不用的，应当按照省、自治区、直辖市的规定缴纳闲置费

B. 审批后 1 年以上未动工建设的，应当由原耕种该幅土地的集体或个人恢复耕种

C. 审批后连续 2 年未使用的，或者间断使用，累计闲置达 3 年的，由县级以上人民政府无偿收回用地单位的土地使用权

D. 依法由县级以上人民政府无偿收回土地使用权的土地，原为农民集体所有的，应当交由该集体恢复耕种

46. 某县政府以“振兴本县经济”为由，在土地利用总体规划以外，批准征用农用地 15 公顷（包括永久基本农田 5 公顷），供该县经济开发总公司建设工业园区。对该批准行为的下列表述正确的是（　　）

A. 县政府无权批准征用永久基本农田，也无权批准该宗农用地转为建设用地

B. 县政府无权批准征用农用地，但有权批准该宗农用地除去永久基本农田以外的部分转为建设用地

C. 县政府可以先将该永久基本农田转为一般农用地，然后批准该宗农用地转为建设用地

D. 县政府可以先修改土地利用总体规划，然后在该规划范围内批准该宗农用地除去永久基本农田以外的部分转为建设用地

47. 下列关于矿产资源的说法中，哪一项是正确的？（　　）

A. 任何矿产资源一律属于国家所有

B. 关系国计民生的矿产资源归国家所有，一般矿产资源可由集体所有

C. 除依法由集体所有的外，矿产资源一律属于国家所有

D. 个人不能成为开采国有矿产资源的主体

48. 甲公司经营困难，以其所有的经济林地使用权和林木入股乙公司，同时将已取得的《林木采伐许可证》转让给乙公司。后乙公司得知甲公司以其经济林地使用权向某商业银行抵押贷款尚未归还，乙公司与甲公司发生争议，要求甲公司尽快解除抵押，以下说法正确的是（　　）

A. 在争议期间，乙公司可以砍伐经济林地上的林木

B. 乙公司与甲公司的争议可请县政府解决

C. 乙公司可以直接向法院起诉

D. 乙公司可以将经济林地改变为建设用地

49. 关于林木、林地所有权和使用权争议，下列选项错误的是（　　）

A. 单位之间发生的林木、林地所有权和使用权争议，由县级以上人民政府依法处理

B. 个人与单位之间发生的林木所有权和林地使用权争议，可以由乡镇人民政府依法处理

C. 当事人可以自接到处理决定通知之日起三十日内，向人民法院起诉

D. 在林木、林地权属争议解决前，即使因森林防火需要，当事人任何一方也不得砍伐有争议的林木或者改变林地现状

二、多项选择题

1. 下列各项属于无限资源的有（　　）

A. 水资源　　B. 煤炭

C. 太阳能　　D. 潮汐能

2. 下列关于自然资源稀缺性的论述正确的是（　　）

A. 太阳能等无限资源在特定的区域、时间或受科学技术水平的制约，可能会产生稀缺性

B. 大气、流水等公共资源因其可被占有性，在其受人力干预的情况下也会呈现稀缺性

C. 可更新资源永远不会出现稀缺性

D. 不可更新资源在其短缺或耗竭时呈现稀缺性

3. 根据我国现行立法和准备进行的立法，我国自然资源法体系应该包括（　　）

A. 环境保护法　　B. 资源行业法

C. 专项资源法　　D. 国土整治法

4. 下列属于自然资源法律体系中的“主干法”的是（　　）

A. 土地法　　B. 水土保持法

C. 渔业法　　D. 野生动物保护法

5. 自然资源法调整的社会关系主要是（　　）

A. 资源权属关系

B. 资源流转关系

C. 资源管理关系

D. 涉及资源的其他经济关系

6. 制定自然资源法的目的是（　　）

A. 规范人们开发利用自然资源的行为，防止人类对自然资源的过度开发

B. 改善与增强人类赖以生存和发展的自然基础

C. 协调人类与自然的关系

D. 保障经济社会的可持续发展

7. 目前，我国的自然资源法存在的主要问题是（　　）

A. 以行政权力配置资源，忽视市场对资源的基础性配置作用

B. 片面强调国家和行政主管机关的利益和权力，忽视公民、法人和其他组织的权利

C. 单纯强调对自然资源的利用和资源工程，忽视对自然资源和生态环境的保护

D. 政府部门之间的职责权限划分不够明确和合理，导致自然资源法律实施的低效率

8. 当代自然资源法的发展趋势是（　　）

A. 将自然资源的开发、利用与保护、改善结合起来

B. 强调可持续利用自然资源

C. 实行自然资源有偿使用制度

D. 维护国家利益的同时，尊重个人和法

人单位的财产权，并给予同样保护

9. 我国《水法》所称的水资源包括（　　）

A. 海水　　B. 地表水

C. 废水　　D. 地下水

10. 关于水资源特征的论述正确的是（　　）

A. 水资源是具有自然属性、社会属性和经济属性等多种属性的自然资源

B. 水资源不同于土地资源和其他公共物品的根本特性在于水资源具有季节性

C. 水资源具有专有性和消费不排他性

D. 水资源的有用性具有绝对性

11. 根据《水法》的规定，开发、利用、节约、保护水资源和防治水害应当遵循的原则是（　　）

A. 全面规划　　B. 统筹兼顾

C. 标本兼治　　D. 综合利用

12. 我国《水法》规定的水资源的管理体制是（　　）

A. 流域管理与区域管理相结合

B. 统一管理与分部门管理相结合

C. 监督管理与具体管理相分离

D. 单纯区域管理

13. 关于水资源规划的论述正确的是（　　）

A. 流域范围内的区域规划应当服从流域规划，专业规划应当服从综合规划

B. 流域综合规划和区域综合规划应当与国民经济和社会发展规划以及土地利用总体规划、城市总体规划和环境保护规划相协调，兼顾各地区、各行业的需要

C. 水资源规划是世界各国通行的水资源管理方法

D. 水资源专业规划，是指防洪、治涝、灌溉、航运、供水、水力发电、竹木流放、渔业、水资源保护、水土保持、防沙治沙、节约用水等规划

14. 开发利用水资源，应当坚持的原则是（　　）

A. 兴利与除害相结合的原则

B. 兼顾上下游、左右岸和有关地区之间的利益的原则

C. 充分发挥水资源的综合效益的原则

D. 服从防洪的总体安排的原则

15. 负责全国水资源宏观调配的机构是（　　）

A. 国务院

B. 国务院发展计划主管部门

C. 国务院生态环境行政主管部门

D. 国务院水行政主管部门

16. 单位之间、个人之间、单位与个人之间发生的水事纠纷的解决方式有（　　）

A. 协商解决

B. 申请县级以上人民政府调解

C. 向法院起诉

D. 申请上一级人民政府裁决

17.《水土保持法》规定的水土保持工作的指导方针是（　　）

A. 预防为主，保护优先

B. 全面规划，综合治理

C. 因地制宜，突出重点

D. 科学管理，注重效益

18. 我国《土地管理法》将土地分为（　　）

A. 农用地　　B. 建设用地

C. 旅游用地　　D. 未利用地

19. 下列属于我国土地利用总体规划编制原则的是（　　）

A. 严格保护永久基本农田，控制非农业建设占用农用地

B. 保护和改善生态环境，保障土地的可持续利用

C. 统筹安排各类、各区域用地

D. 提高土地利用率

20. 我国土地利用总体规划编制依据的是（　　）

A. 国民经济和社会发展规划

B. 国土整治和资源环境保护的要求

C. 土地供给能力

D. 各项建设对土地的需求

21. 关于永久基本农田保护制度的论述正确的是（　　）

A. 永久基本农田，是指按照一定时期人口和社会经济发展对农产品的需求，依据土地利用总体规划确定的特定保护区域

B. 蔬菜生产基地、农业科研、教学试验田、粮、棉、油生产基地内的耕地等应当根据土地利用总体规划划入永久基本农田保护区

C. 各省、自治区、直辖市划定的永久基本农田应当占本行政区域内耕地的百分之六十以上

D. 永久基本农田保护区以乡（镇）为单位进行划区定界，由省级人民政府自然资源主管部门会同同级农业行政主管部门组织实施

22. 下列关于禁止闲置、荒芜耕地的法律规定中正确的是（　　）

A. 已经办理审批手续的非农业建设占用耕地，一年内不用而又可以耕种并收获的由有关集体或个人恢复耕种

B. 一年以上未动工建设的，应当按照县级政府的规定缴纳闲置费

C. 连续两年未使用的，经原批准机关批准，由县级以上人民政府无偿收回用地单位的土地使用权

D. 承包经营耕地的单位或者个人连续两年弃耕抛荒的，原发包单位应当终止承包合同，收回发包的耕地

23. 按照规定，下列征收土地的行为必须报国务院批准的有（　　）

A. 征收永久基本农田

B. 征收永久基本农田超过三十五公顷

C. 征收永久基本农田以外的耕地超过三十五公顷的

D. 征收其他土地超过七十公顷的

24. 征收耕地的补偿费用包括（　　）

A. 土地补偿费

B. 安置补助费

C. 青苗补偿费

D. 地上附着物补偿费

25. 下列建设用地，经县级以上人民政府依法批准，可以以划拨方式取得的是（　　）

A. 建设单位使用国有土地

B. 国家机关用地和军事用地

C. 城市基础设施用地和公益事业用地

D. 国家重点扶持的能源、交通、水利等基础设施用地

26. 有下列情形之一的，农村集体经济组织报经原批准用地的人民政府批准，可以收回土地使用权的是（　　）

A. 因撤销的原因而停止使用土地的

B. 不按照批准的用途使用土地的

C. 因迁徙的原因而停止使用土地的

D. 为乡（镇）村公共设施和公益事业建设，需要使用土地的

27. 关于农村村民宅基地的论述正确的是（　　）

A. 农村村民一户只能拥有一处宅基地

B. 农村村民建住宅，应当符合乡（镇）土地利用总体规划，并尽量使用原有的宅基地和村内空闲地

C. 农村村民住宅用地涉及占用农用地的，经乡（镇）人民政府审核，由县级人民政府批准

D. 农村村民出卖、出租住房后，可以再申请宅基地

28. 通过家庭承包取得的土地承包经营权的流转方式有（　　）

A. 转包　　　　B. 出租

C. 互换　　　　D. 转让

29. 下列属于城市房地产交易方式的有（　　）

A. 房地产赠送　　　　B. 房地产抵押

C. 房屋租赁　　　　D. 房地产转让

30. 根据《城市房地产管理法》的规定，不得转让的房地产包括（　　）

A. 司法机关和行政机关依法裁定、决定查封或者以其他形式限制房地产权利的

B. 以出让方式取得土地使用权的，按照出让合同约定进行投资开发，属于房屋建设工程的，完成开发投资总额的百分之二十五以上的

C. 共有房地产，未经其他共有人书面同意的

D. 未依法登记领取权属证书的

31. 下列各项属于商品房预售条件的是（　　）

A. 已交付全部土地使用权出让金，取得土地使用权证书

B. 持有建设工程规划许可证
C. 按提供预售的商品房计算，投入开发建设的资金达到工程建设总投资的百分之十五以上，并已经确定施工进度和竣工交付日期
D. 向县级以上人民政府房产管理部门办理预售登记，取得商品房预售许可证明

32. 下列哪些矿产资源的开采，由国务院地质矿产主管部门审批，并颁发采矿许可证？（　　）
A. 国家规划矿区和对国民经济具有重要价值的矿区内的矿产资源
B. 前项规定区域以外可供开采的矿产储量规模在大型以上的矿产资源
C. 领海及中国管辖的其他海域的矿产资源
D. 国家规定实行保护性开采的特定矿种

33. 非经国务院授权的有关主管部门同意，不得在下列哪些地区开采矿产资源？（　　）
A. 港口、机场、国防工程设施圈定地区以内
B. 重要工业区、大型水利工程设施、城镇市政工程设施附近一定距离以内
C. 铁路、重要公路两侧一定距离以内
D. 国家划定的自然保护区、重要风景区，国家重点保护的不能移动的历史文物和名胜古迹所在地

34. 《矿产资源法实施细则》将矿产资源分为（　　）
A. 能源矿产
B. 金属矿产
C. 非金属矿产
D. 水气矿产

35. 集体所有制矿山企业可以开采的矿产资源有（　　）
A. 适于国家建设中型矿山的矿床及矿点
B. 经国有矿山企业同意，并经其上级主管部门批准，在其矿区范围内划出的边缘零星矿产
C. 矿山闭坑后，经原矿山企业主管部门确认可以安全开采并不会引起严重环境后果的残留矿体
D. 国家规划可以由集体所有制矿山企业开采的其他矿产资源

36. 下列关于探矿权、采矿权转让的论述正确的是（　　）
A. 探矿权人在完成规定的最低勘查投入后，经依法批准，可以将探矿权转让他人
B. 国务院地质矿产主管部门和省、自治区、直辖市人民政府地质矿产主管部门是探矿权、采矿权转让的审批管理机关
C. 探矿权、采矿权转让的评估工作，由具有矿业权评估资质的评估机构进行
D. 探矿权、采矿权转让后，勘查许可证、采矿许可证的有效期限，为原勘查许可证、采矿许可证的有效期减去已经进行勘查、采矿的年限的剩余期限

37. 我国矿产资源补偿费的征收部门包括（　　）
A. 地质矿产主管部门
B. 税收部门
C. 生态环境部门
D. 财政部门

38. 下列关于矿山安全管理的论述正确的是（　　）
A. 矿长对本企业的安全生产工作负责
B. 根据工作的需要，矿山企业可以安排女职工从事矿山井下劳动
C. 矿山企业不得录用未成年人从事矿山井下劳动
D. 矿长应当定期向职工代表大会或者职工大会报告安全生产工作，发挥职工代表大会的监督作用

39. 下列关于矿山事故处理的论述正确的是（　　）
A. 矿山发生重伤、死亡事故后，矿山企业应当在48小时内如实向劳动行政主管部门和管理矿山企业的主管部门报告
B. 劳动行政主管部门和管理矿山企业的

主管部门接到死亡事故或者一次重伤3人以上的事故报告后，应当立即报告本级人民政府，并报各自的上一级主管部门

C. 矿山事故调查处理工作应当自事故发生之日起120日内结束；遇有特殊情况，可以适当延长，但是不得超过180日

D. 矿山事故处理结案后，应当公布处理结果

40. 我国《森林法》将森林划分为（　　）

A. 防护林　　　　B. 用材林

C. 经济林、能源林　D. 特种用途林

41. 下列关于依法使用的国家所有的森林、林木和林地的登记申请论述正确的是（　　）

A. 重点林区的森林、林木和林地的单位，应当向国务院林业主管部门提出登记申请

B. 使用国家所有的跨行政区域的森林、林木和林地的单位和个人，应当向共同的上一级人民政府林业主管部门提出登记申请

C. 使用国家所有的跨行政区域的森林、林木和林地的单位和个人，应当向共同的上一级人民政府提出登记申请

D. 使用国家所有的其他森林、林木和林地的单位和个人，应当向市级以上地方人民政府林业主管部门提出登记申请

42. 下列各项活动必须经城市绿化行政主管部门批准或同意的是（　　）

A. 单位或个人因建设或者其他特殊需要临时占用城市绿化用地的

B. 单位或个人因特殊原因需要砍伐城市树木的

C. 单位或个人在城市的公共绿地内开设商业、服务摊点的

D. 为保证管线的安全使用需要修剪树木的

43. 下列各项属于我国法律规定的退耕还林对象的是（　　）

A. 生产条件较好、实际粮食产量超过国家退耕还林补助粮食标准并且不会造成水土流失的耕地

B. 沙化、盐碱化、沙漠化严重的耕地

C. 生态地位重要、粮食产量低而不稳的耕地

D. 生态地位重要区域的耕地

44. 实施退耕还林的，应当按照退耕还林的实际面积，向土地承包经营人支付（　　）

A. 粮食补助

B. 种苗造林补助

C. 耕地和林地差价补助

D. 生活补助

45. 我国《草原法》中所称的草原是指（　　）

A. 城镇草地　　　　B. 荒漠草原

C. 天然草原　　　　D. 人工草地

46. 下列关于草原承包的论述正确的是（　　）

A. 依法确定给集体经济组织使用的国家所有的草原，不能实行承包经营

B. 在草原承包经营期内，有需要对承包经营者使用的草原进行调整的，必须经本集体经济组织成员的村（牧）民会议二分之一以上成员或者二分之一以上村（牧）民代表的同意

C. 承包期届满，原承包经营者在同等条件下享有优先承包权

D. 草原承包经营权转让应当经发包方同意

47. 下列草原应当划为基本草原的是（　　）

A. 割草地

B. 用于畜牧业生产的人工草地、退耕还草地以及改良草地、草种基地

C. 对调节气候、涵养水源、保持水土、防风固沙具有特殊作用的草原

D. 草原科研、教学试验基地

48. 我国的海洋资源主要包括（　　）

A. 海洋空间资源

B. 海岛资源

C. 海洋生物资源

D. 海底矿藏资源

49. 下列关于海洋功能区的论述正确的是（　　）

A. 海洋功能区划实行分级审批

B. 沿海市、县海洋功能区划，经该市、县人民政府审核同意后，分级上报国务院批准

C. 经国务院批准，因公共利益、国防安全或者进行大型能源、交通等基础设施建设，需要改变海洋功能区划的，根据国务院的批准文件修改海洋功能区划

D. 海洋功能区划经批准后，所有的内容都应当向社会公布

50. 在我国哪些区域内从事养殖和捕捞水生动物、水生植物等渔业生产活动必须遵循《渔业法》的规定？（　　）

A. 内水　　　　B. 滩涂

C. 领海　　　　D. 专属经济区

51. 应当由国务院渔业行政主管部门批准发放捕捞许可证的是（　　）

A. 海洋大型拖网、围网作业

B. 在中华人民共和国与有关国家缔结的协定确定的共同管理的渔区从事捕捞作业

C. 在公海从事捕捞作业

D. 在大型湖泊或大型流域从事捕捞作业

52. 下列关于我国土地使用权法律制度的表述哪些是正确的？（　　）

A. 土地使用权既可以有偿取得，也可以无偿取得

B. 就权利性质而言，土地使用权属于用益物权

C. 国有土地使用权的主体既可以是法人，也可以是个人

D. 农村土地承包经营权的取得不以登记为要件

53. 某市政府在土地管理中的下列哪些行为违反了《土地管理法》的规定？（　　）

A. 甲公司在市郊申请使用一片国有土地修建经营性墓地，市政府批准其以划拨方式取得土地使用权

B. 乙公司投标取得一块商品房开发用地的出让土地使用权，市政府同意其在房屋建成销售后缴纳土地出让金

C. 丙公司以出让方式在本市规划区取得一块工业用地，市国土局在未征得市规划局同意的情况下，将该土地的用途变更为住宅建设用地

D. 丁公司在城市规划区取得一块临时用地，使用已达 6 年，并在该处修建了永久性建筑，市政府未收回土地，还为该建筑发放了房屋产权证

54. 农户甲外出打工，将自己的房屋及宅基地使用权一并转让给同村农户乙，5 年后甲返回该村。关于甲返村后的住宅问题，下列哪些说法是错误的？（　　）

A. 甲 5 年前外出打工，如在城市安居落户，可自愿有偿退出农村宅基地

B. 根据“一户一宅”的原则，甲作为本村村民应拥有自己的住房。政府应再批给甲一处宅基地建房

C. 由于农村土地具有保障功能，宅基地不得买卖，甲、乙之间的转让合同无效。乙应返还房屋及宅基地使用权

D. 由于甲与乙的转让合同未经有关政府批准，转让合同无效。乙应返还房屋及宅基地使用权

55. 甲公司与乙公司签订《合作协议》，约定两方合作对某区域进行煤炭资源勘探，由此所获利益双方平分。对此，下列说法正确的是（　　）

A. 甲公司与乙公司组成的联合勘探主体，在勘探中的投入达到最低比例后，可将探矿权予以转让

B. 甲公司与乙公司完成勘探后，有权优先取得勘查作业区内煤炭资源的采矿权

C. 需县级政府审批

D. 矿区地面归集体所有，地下资源归公司所有

三、名词解释

1. 水土流失

2. 森林功能

3. 水土保持

4. 土地征用与国有化

5. 探矿权

6. 矿产资源

四、简答题

1. 简述建设用地管理制度。
2. 简述水资源保护基本原则。
3. 简述我国现行渔业监督管理的原则及其内涵。
4. 简述渔业资源增殖与保护的重要性及其重点内容。
5. 简述自然资源恢复制度。(上海海事大学 2014 年考研真题)
6. 简述《森林法》中规定的森林资源和林地的含义。
7. 简述我国《土地管理法》规定的编制土地利用总体规划的原则。
8. 试论水资源合理开发利用的主要法律规定。
9. 简述我国林木采伐许可证制度的主要内容。
10. 简述矿产资源保护的经济刺激制度。
11. 简述自然资源的特征。(清华大学 2010 年考研真题)

五、论述题

1. 论我国土地资源的法律保护。
2. 论矿产资源开发中的环境保护法律问题。
3. 试分析中国自然资源保护法的体系及其健全措施。
4. 如何理解自然资源法的部门法属性?(华东政法大学 2008 年考研真题)

六、案例题

1. 村民甲不满意乡政府和村委会统一划定分配的宅基地,与其邻居乙商量,将乙承包的耕地以 5000 元价钱“买下”。乙几乎常年在外打工,已连续两年半弃耕抛荒。甲在此耕地上开始建房,后被乡政府发现,责令拆除已建基地、恢复原状并处以罚款。

   问题:(1)甲违反了我国法律的哪些规定?

   (2)乙的行为是否违法?应如何处理?

2. 张某系某村村民,经县人民政府批准建起了一砖瓦厂,并核发了 30.7 亩的《土地使用证》。在该土地能够用于做砖瓦的土壤被取用完以后,张某为了继续经营砖瓦厂,便与村干部协商,将村里的 16.1 亩耕地划归砖瓦厂使用,并与该村二组签订了土地使用协议书,张某向村里缴纳种植补偿费共 4800 元。同时还与村民唐某、沈某、贾某等私下达成用地协议,占用耕地 5 亩用于取土烧砖。经村民举报,县土地管理局对张某占用耕地的行为进行查处,并作出处理决定:对张某处以每平方米 5 元的罚款,限期恢复土地原状,责令加倍赔偿唐某、沈某、贾某土地两年不能耕种的损失。

   问题:(1)张某与村民组签订的用地协议是否合法?请说明理由。

   (2)指出县土地管理局的处理决定存在的问题。

3. 2021 年 5 月 20 日,A 煤矿总调度室值班人员通过瓦斯终端监控设备发现 13 抽风泵站瓦斯超限,向通风科调度员贾某汇报。贾某将情况告诉调度室调度员景某,景某没有作任何处理。4 分钟后,总调度室值班人员再次发现井下先后有 10 余个地方瓦斯超限,又向贾某汇报。贾某向通风科值班员孙某电话汇报后,到通风科科长办公室找彭某汇报。彭某擅离职守,让职工于某代其值班,贾某便向于某做了汇报。12 分钟后,瓦斯浓度达到 6%,同时从瓦斯终端发现井下瓦斯超限,景某这才到矿长值班室向正在打牌的矿长助理付某汇报。付某指示让井下停电撤人,但未打通电话。9 分钟后,井下发生瓦斯爆炸,148 名矿工遇难。

   问题:本案中哪些人应当为此次矿难承担法律责任?承担何种性质的法律责任?

4. 某村委会 A 将其拥有所有权的 15 亩用材林、防护林及林地的使用权转让给某私营企业 B,双方约定转让价格为 3 万元/亩,转让后B可对林地及林木实施经营管理与自由处置。B受让林木及林地使用权后，擅自将林木采伐殆尽，以土地使用权作价55万元转让给某房地产开发。

问题：（1）A将15亩林木及林地使用权转让给B，在哪些方面违法？

（2）B受让林木及林地使用权后，实施了哪些违法行为？

参考答案

一、单项选择题

1. **答案**：C。按照不同的标准，自然资源可以分为不同的种类。按其属性可分为土地资源、水资源、海洋资源、气候资源、生物资源、矿产资源、旅游资源、能源等；按其埋藏方式可以分为地下资源和地表资源；按其被人类利用时间的长短，可以分为有限资源和无限资源，有限资源又可以分为可更新资源和不可更新资源。
2. **答案**：B。自然资源的基本特性是有用性或可使用性。自然界中的物质和能源只有对人类用来改善其生产和生活条件有用时，才能被视为自然资源，只有具备有用性，自然资源才具备社会经济性，因而有用性是自然资源最基本的特性。
3. **答案**：D。目前，对自然资源的保护通常采取综合勘探、综合开发、综合利用、回收利用和开发替代资源以及对可更新资源实行营造养殖、适度开发的方法。
4. **答案**：D。2002年8月29日，第九届全国人大常委会第二十九次会议审议通过了《水法(修订草案)》，这标志着我国水利法治建设从此进入了全面推进从传统水利向现代水利、可持续发展水利转变，建设水防污型社会，促进经济、社会与生态环境、水资源协调发展、可持续发展的新阶段。
5. **答案**：A。《水法》第3条规定："水资源属于国家所有。水资源的所有权由国务院代表国家行使。农村集体经济组织的水塘和由农村集体经济组织修建管理的水库中的水，归各该农村集体经济组织使用。"由此可见，我国水资源实行单一的国家所有制，确立所有权与使用权分离的原则。
6. **答案**：B。水资源的一个重要的属性就是地表水以河流、湖泊的形式呈地理结构状汇集，并由此形成巨大的网络状系统，一定的自然汇水区形成流域，一个流域是一个完整的生态系统，不同的地理单元与水资源的特殊结合使流域呈现出多样性，水资源管理必须遵循水资源的流域特性，"一个流域一部法律"实际上揭示了水资源的流域管理。
7. **答案**：A。《水法》第17条规定："国家确定的重要江河、湖泊的流域综合规划，由国务院水行政主管部门会同国务院有关部门和有关省、自治区、直辖市人民政府编制，报国务院批准。跨省、自治区、直辖市的其他江河、湖泊的流域综合规划和区域综合规划，由有关流域管理机构会同江河、湖泊所在地的省、自治区、直辖市人民政府水行政主管部门和有关部门编制，分别经有关省、自治区、直辖市人民政府审查提出意见后，报国务院水行政主管部门审核；国务院水行政主管部门征求国务院有关部门意见后，报国务院或者其授权的部门批准。前款规定以外的其他江河、湖泊的流域综合规划和区域综合规划，由县级以上地方人民政府水行政主管部门会同同级有关部门和有关地方人民政府编制，报本级人民政府或者其授权的部门批准，并报上一级水行政主管部门备案。专业规划由县级以上人民政府有关部门编制，征求同级其他有关部门意见后，报本级人民政府批准。其中，防洪规划、水土保持规划的编制、批准，依照防洪法、水土保持法的有关规定执行。"
8. **答案**：B。《水法》第21条规定："开发、利用水资源，应当首先满足城乡居民生活用水，并兼顾农业、工业、生态环境用水以及航运等需要。在干旱和半干旱地区开发、利用水资源，应当充分考虑生态环境用水需要。"
9. **答案**：D。《水法》第25条第3款规定："农村集体经济组织修建水库应当经县级以上地方人民政府水行政主管部门批准。"
10. **答案**：A。《水法》第33条规定："国家建立饮用水水源保护区制度。省、自治区、直辖市人民政府应当划定饮用水水源保护区，并采取措施，防止水源枯竭和水体污染，保证城乡居民饮用水安全。”

11. 答案：C。《水土保持法》第5条规定：“国务院水行政主管部门主管全国的水土保持工作。国务院水行政主管部门在国家确定的重要江河、湖泊设立的流域管理机构（以下简称流域管理机构），在所管辖范围内依法承担水土保持监督管理职责。县级以上地方人民政府水行政主管部门主管本行政区域的水土保持工作。县级以上人民政府林业、农业、国土资源等有关部门按照各自职责，做好有关的水土流失预防和治理工作。”

12. 答案：D。《水土保持法实施条例》第6条规定：“水土流失重点防治区按国家、省、县三级划分，具体范围由县级以上人民政府水行政主管部门提出，报同级人民政府批准并公告。水土流失重点防治区可以分为重点预防保护区、重点监督区和重点治理区。”

13. 答案：C。土地是国家领土范围内的一切陆、水和海域，是地貌、土壤、岩石、水文、气候、植被等各种自然因素长期相互作用以及人类活动的影响所形成的自然综合体。土地资源是指在当前和可预见的未来对人类有用的土地。土地资源的有用即土地资源具有生产性，是指土地资源都具有一定的生产能力，都有一定的利用价值。这一特性是土地资源与土地的基本区别点。

14. 答案：B。《土地管理法》第2条第1款规定：“中华人民共和国实行土地的社会主义公有制，即全民所有制和劳动群众集体所有制。”城市市区的土地属于国家所有；农村和城市郊区的土地，除由法律规定属于国家所有的外，属于农民集体所有；宅基地和自留地、自留山，属于农民集体所有。

15. 答案：A。《土地管理法》第25条规定：“经批准的土地利用总体规划的修改，须经原批准机关批准；未经批准，不得改变土地利用总体规划确定的土地用途。经国务院批准的大型能源、交通、水利等基础设施建设用地，需要改变土地利用总体规划的，根据国务院的批准文件修改土地利用总体规划。经省、自治区、直辖市人民政府批准的能源、交通、水利等基础设施建设用地，需要改变土地利用总体规划的，属于省级人民政府土地利用总体规划批准权限内的，根据省级人民政府的批准文件修改土地利用总体规划。”

16. 答案：A。《土地管理法》第44条规定：“建设占用土地，涉及农用地转为建设用地的，应当办理农用地转用审批手续。永久基本农田转为建设用地的，由国务院批准。在土地利用总体规划确定的城市和村庄、集镇建设用地规模范围内，为实施该规划而将永久基本农田以外的农用地转为建设用地的，按土地利用年度计划分批次按照国务院规定由原批准土地利用总体规划的机关或者其授权的机关批准。在已批准的农用地转用范围内，具体建设项目用地可以由市、县人民政府批准。在土地利用总体规划确定的城市和村庄、集镇建设用地规模范围外，将永久基本农田以外的农用地转为建设用地的，由国务院或者国务院授权的省、自治区、直辖市人民政府批准。”

17. 答案：D。《农村土地承包法》第3条规定：“国家实行农村土地承包经营制度。农村土地承包采取农村集体经济组织内部的家庭承包方式，不宜采取家庭承包方式的荒山、荒沟、荒丘、荒滩等农村土地，可以采取招标、拍卖、公开协商等方式承包。”

18. 答案：B。《矿产资源法》第3条第1款规定：“矿产资源属于国家所有，由国务院行使国家对矿产资源的所有权。地表或者地下的矿产资源的国家所有权，不因其所依附的土地的所有权或者使用权的不同而改变。”由此可见，我国的矿产资源实行单一的国家所有制度，即矿产资源属于国家所有，由国务院行使国家对矿产资源的所有权。开发单位一般依法享有探矿权和采矿权等，而不享有矿产资源的所有权。

19. **答案**：C。《矿产资源法》第11条规定："国务院地质矿产主管部门主管全国矿产资源勘查、开采的监督管理工作。国务院有关主管部门协助国务院地质矿产主管部门进行矿产资源勘查、开采的监督管理工作。省、自治区、直辖市人民政府地质矿产主管部门主管本行政区域内矿产资源勘查、开采的监督管理工作。省、自治区、直辖市人民政府有关主管部门协助同级地质矿产主管部门进行矿产资源勘查、开采的监督管理工作。"

20. **答案**：A。《矿产资源法》第5条规定："国家实行探矿权、采矿权有偿取得的制度；但是，国家对探矿权、采矿权有偿取得的费用，可以根据不同情况规定予以减缴、免缴。具体办法和实施步骤由国务院规定。开采矿产资源，必须按照国家有关规定缴纳资源税和资源补偿费。"

21. **答案**：D。《矿产资源法实施细则》第16条规定："探矿权人享有下列权利：（一）按照勘查许可证规定的区域、期限、工作对象进行勘查；（二）在勘查作业区及相邻区域架设供电、供水、通讯管线，但是不得影响或者损害原有的供电、供水设施和通讯管线；（三）在勘查作业区及相邻区域通行；（四）根据工程需要临时使用土地；（五）优先取得勘查作业区内新发现矿种的探矿权；（六）优先取得勘查作业区内矿产资源的采矿权；（七）自行销售勘查中按照批准的工程设计施工回收的矿产品，但是国务院规定由指定单位统一收购的矿产品除外。探矿权人行使前款所列权利时，有关法律、法规规定应当经过批准或者履行其他手续的，应当遵守有关法律、法规的规定。"

22. **答案**：D。《矿产资源法》第35条第2款规定："矿产储量规模适宜由矿山企业开采的矿产资源、国家规定实行保护性开采的特定矿种和国家规定禁止个人开采的其他矿产资源，个人不得开采。"

23. **答案**：C。《矿产资源勘查区块登记管理办法》第10条规定："勘查许可证有效期最长为3年；但是，石油、天然气勘查许可证有效期最长为7年。需要延长勘查工作时间的，探矿权人应当在勘查许可证有效期届满的30日前，到登记管理机关办理延续登记手续，每次延续时间不得超过2年。探矿权人逾期不办理延续登记手续的，勘查许可证自行废止。石油、天然气滚动勘探开发的采矿许可证有效期最长为15年；但是，探明储量的区块，应当申请办理采矿许可证。"

24. **答案**：A。《矿产资源勘查区块登记管理办法》第33条规定："探矿权人被吊销勘查许可证的，自勘查许可证被吊销之日起6个月内，不得再申请探矿权。"

25. **答案**：C。《矿产资源补偿费征收管理规定》第4条规定："矿产资源补偿费由采矿权人缴纳。矿产资源补偿费以矿产品销售时使用的货币结算；采矿权人对矿产品自行加工的，以其销售最终产品时使用的货币结算。"

26. **答案**：A。《矿产资源补偿费征收管理规定》第11条规定："矿产资源补偿费纳入国家预算，实行专项管理，主要用于矿产资源勘查。矿产资源补偿费的具体使用管理办法，由国务院财政部门、国务院地质矿产主管部门、国务院计划主管部门共同制定。"

27. **答案**：B。《煤炭法》第4条规定："国家对煤炭开发实行统一规划、合理布局、综合利用的方针。"第6条第3款规定："国家对乡镇煤矿采取扶持、改造、整顿、联合、提高的方针，实行正规合理开发和有序发展。"第7条规定："煤矿企业必须坚持安全第一、预防为主的安全生产方针，建立健全安全生产的责任制度和群防群治制度。"

28. **答案**：B。《矿山安全法》第4条规定："国务院劳动行政主管部门对全国矿山安全工作实施统一监督。县级以上地方各级人民政府劳动行政主管部门对本行政区域内的矿山安全工作实施统一监督。县级以上人民政府管理矿山企业的主管部门对矿山安全工作进行管理。”

29. 答案：A。《矿山安全法》第37条规定：“发生一般矿山事故，由矿山企业负责调查和处理。发生重大矿山事故，由政府及其有关部门、工会和矿山企业按照行政法规的规定进行调查和处理。”

30. 答案：C。《节约能源法》第10条规定：“国务院管理节能工作的部门主管全国的节能监督管理工作。国务院有关部门在各自的职责范围内负责节能监督管理工作，并接受国务院管理节能工作的部门的指导。县级以上地方各级人民政府管理节能工作的部门负责本行政区域内的节能监督管理工作。县级以上地方各级人民政府有关部门在各自的职责范围内负责节能监督管理工作，并接受同级管理节能工作的部门的指导。”

31. 答案：D。我国《森林法》把林权分为国家林权、集体林权、机关团体林权和公民个人林权。除了法律规定属于集体所有的以外，森林资源属于全民所有即国家所有；国家企事业单位、机关、团体、部队营造的林木，由营造单位经营并按照国家规定支配林木收益；集体所有制单位营造的林木，由该单位所有；农村居民在房前屋后、自留地、自留山种植的林木，归个人所有。

32. 答案：C。《森林法实施条例》第17条规定：“需要临时占用林地的，应当经县级以上人民政府林业主管部门批准。临时占用林地的期限不得超过两年，并不得在临时占用的林地上修筑永久性建筑物；占用期满后，用地单位必须恢复林业生产条件。”

33. 答案：D。《退耕还林条例》第6条第1款规定：“国务院西部开发工作机构负责退耕还林工作的综合协调，组织有关部门研究制定退耕还林有关政策、办法，组织和协调退耕还林总体规划的落实；国务院林业行政主管部门负责编制退耕还林总体规划、年度计划，主管全国退耕还林的实施工作，负责退耕还林工作的指导和监督检查；国务院发展计划部门会同有关部门负责退耕还林总体规划的审核、计划的汇总、基建年度计划的编制和综合平衡；国务院财政主管部门负责退耕还林中央财政补助资金的安排和监督管理；国务院农业行政主管部门负责已垦草场的退耕还草以及天然草场的恢复和建设有关规划、计划的编制，以及技术指导和监督检查；国务院水行政主管部门负责退耕还林还草地区小流域治理、水土保持等相关工作的技术指导和监督检查；国务院粮食行政管理部门负责粮源的协调和调剂工作。”

34. 答案：A。《退耕还林条例》第47条第1款规定：“国家保护退耕还林者享有退耕土地上的林木（草）所有权。自行退耕还林的，土地承包经营权人享有退耕土地上的林木（草）所有权；委托他人还林或者与他人合作还林的，退耕土地上的林木（草）所有权由合同约定。”

35. 答案：C。《退耕还林条例》第48条规定：“退耕土地还林后的承包经营权期限可以延长到70年。承包经营权到期后，土地承包经营权人可以依照有关法律、法规的规定继续承包。退耕还林土地和荒山荒地造林后的承包经营权可以依法继承、转让。”

36. 答案：D。《草原法》第8条规定：“国务院草原行政主管部门主管全国草原监督管理工作。县级以上地方人民政府草原行政主管部门主管本行政区域内草原监督管理工作。乡（镇）人民政府应当加强对本行政区域内草原保护、建设和利用情况的监督检查，根据需要可以设专职或者兼职人员负责具体监督检查工作。”

37. 答案：C。《草原法》第27条规定：“国家鼓励与支持人工草地建设、天然草原改良和饲草饲料基地建设，稳定和提高草原生产能力。”

38. 答案：B。《海域使用管理法》第3条规定：“海域属于国家所有，国务院代表国家行使海域所有权。任何单位或者个人不得侵占、买卖或者以其他形式非法转让海域。单位和个人使用海域，必须依法取得海域使用权。”

39. 答案：C。《海域使用管理法》第25条规定："海域使用权最高期限，按照下列用途确定：(一）养殖用海十五年；（二）拆船用海二十年；(三）旅游、娱乐用海二十五年；(四）盐业、矿业用海三十年；(五）公益事业用海四十年；(六）港口、修造船厂等建设工程用海五十年。"

40. 答案：D。《渔业法》第6条第1款规定："国务院渔业行政主管部门主管全国的渔业工作。县级以上地方人民政府渔业行政主管部门主管本行政区域内的渔业工作。县级以上人民政府渔业行政主管部门可以在重要渔业水域、渔港设渔政监督管理机构。"

41. 答案：D。《渔业法》第28条规定："县级以上人民政府渔业行政主管部门应当对其管理的渔业水域统一规划，采取措施，增殖渔业资源。县级以上人民政府渔业行政主管部门可以向受益的单位和个人征收渔业资源增殖保护费，专门用于增殖和保护渔业资源。渔业资源增殖保护费的征收办法由国务院渔业行政主管部门会同财政部门制定，报国务院批准后施行。"根据国务院《渔业资源增殖保护费征收使用办法》的规定，渔业资源增殖保护费分为海洋渔业资源费和内陆渔业资源费两大类，由发放捕捞许可证的渔业主管部门或其授权的单位按照批准发放的捕捞许可证的权限征收。

42. 答案：B。《土地管理法》第30条规定："国家保护耕地，严格控制耕地转为非耕地，国家实行占用耕地补偿制度，非农业建设经批准占用耕地的，按照'占多少，垦多少'的原则，由占用耕地的单位负责开垦与所占用耕地的数量和质量相当的耕地；没有条件开垦或者开垦的耕地不符合要求的，应当按照省、自治区、直辖市的规定缴纳耕地开垦费，专款用于开垦新的耕地。省、自治区、直辖市人民政府应当制定开垦耕地计划，监督占用耕地的单位按照计划开垦耕地或者按照计划组织开垦耕地，并进行验收。"由本条可知，占用耕地进行非农业建设的单位，负有占用补偿义务，有条件进行开垦的，应当按照省级人民政府指定的开垦计划进行开垦，没有条件开垦的或者开垦的耕地不符合要求的单位，应当按规定缴纳开垦费。法律并没有豁免国家批准重点建设项目的建设单位占用耕地的补偿义务，所以B项错误。

43. 答案：D。《土地管理法实施条例》第21条规定："抢险救灾、疫情防控等急需使用土地的，可以先行使用土地。其中，属于临时用地的，用后应当恢复原状并交还原土地使用者使用，不再办理用地审批手续；属于永久性建设用地的，建设单位应当在不晚于应急处置工作结束六个月内申请补办建设用地审批手续。"由此可知，D项属于永久性使用，应当补办建设用地审批手续，因此D项错误。

44. 答案：C。《土地管理法》第54条规定："建设单位使用国有土地，应当以出让等有偿使用的方式取得；但是，下列建设用地，经县级以上地方人民政府依法批准，可以以划拨方式取得：(一）国家机关用地和军事用地；(二）城市基础设施用地和公益事业用地；(三）国家重点扶持的能源、交通、水利等基础设施用地；(四）法律、行政法规规定的其他用地。"A项属于国家机关用地，B、D项属于公益事业用地，C项非城市基础设施用地。

45. 答案：D。《土地管理法》第37条第1款规定："禁止任何单位和个人闲置、荒芜耕地。已经办理审批手续的非农业建设占用耕地，一年内不用而又可以耕种并收获的，应当由原耕种该幅耕地的集体或个人恢复耕种，也可以由用地单位组织耕种；一年以上未动工建设的，应当按照省、自治区、直辖市的规定缴纳闲置费；连续二年未使用的，经原批准机关批准，由县级以上人民政府无偿收回用地单位的土地使用权；该幅土地原为农民集体所有的，应当交由原农村集体经济组织恢复耕种。"

46. 答案：A。《土地管理法》第46条规定："征收下列土地，由国务院批准：(一）永久基本农田；(二）永久基本农田以外的耕地超过三十五公顷的；（三）其他土地超过七十公顷的。征收前款规定以外的土地的，由省、自治区、直辖市人民政府批准。征收农用地的，应当依照本法第四十四条的规定先行办理农用地转用审批。其中，经国务院批准农用地转用的，同时办理征地审批手续，不再另行办理征地审批；经省、自治区、直辖市人民政府在征地批准权限内批准农用地转用的，同时办理征地审批手续，不再另行办理征地手续，超过征地批准权限的，应当依照本条第一款的规定另行办理征地审批。”关于农用地转为建设用地的审批权问题，第44条规定：“建设占用土地，涉及农用地转为建设用地的，应当办理农用地转用审批手续。永久基本农田转为建设用地的，由国务院批准。在土地利用总体规划确定的城市和村庄、集镇建设用地规模范围内，为实施该规划而将永久基本农田以外的农用地转为建设用地的，按土地利用年度计划分批次按照国务院规定由原批准土地利用总体规划的机关或者其授权的机关批准。在已批准的农用地转用范围内，具体建设项目用地可以由市、县人民政府批准。在土地利用总体规划确定的城市和村庄、集镇建设用地规模范围外，将永久基本农田以外的农用地转为建设用地的，由国务院或者国务院授权的省、自治区、直辖市人民政府批准。”对于土地利用总体规划的修改，《土地管理法》第25条规定：“经批准的土地利用总体规划的修改，须经原批准机关批准；未经批准，不得改变土地利用总体规划确定的土地用途。经国务院批准的大型能源、交通、水利等基础设施建设用地，需要改变土地利用总体规划的，根据国务院的批准文件修改土地利用总体规划。经省、自治区、直辖市人民政府批准的能源、交通、水利等基础设施建设用地，需要改变土地利用总体规划的，属于省级人民政府土地利用总体规划批准权限内的，根据省级人民政府的批准文件修改土地利用总体规划。”

47. 答案：A。《矿产资源法》第3条规定：“矿产资源属于国家所有，由国务院行使国家对矿产资源的所有权。地表或者地下的矿产资源的国家所有权，不因其所依附的土地的所有权或者使用权的不同而改变。国家保障矿产资源的合理开发利用。禁止任何组织或者个人用任何手段侵占或者破坏矿产资源。各级人民政府必须加强矿产资源的保护工作。勘查、开采矿产资源，必须依法分别申请、经批准取得探矿权、采矿权，并办理登记；但是，已经依法申请取得采矿权的矿山企业在划定的矿区范围内为本企业的生产而进行的勘查除外。国家保护探矿权和采矿权不受侵犯，保障矿区和勘查作业区的生产秩序、工作秩序不受影响和破坏。从事矿产资源勘查和开采的，必须符合规定的资质条件。”第36条规定：“国务院和国务院有关主管部门批准开办的矿山企业矿区范围内已有的集体矿山企业，应当关闭或者到指定的其他地点开采，由矿山建设单位给予合理的补偿，并妥善安置群众生活；也可以按照该矿山企业的统筹安排，实行联合经营。”

48. 答案：B。根据《森林法》第22条的规定，单位之间发生的林木、林地所有权和使用权争议，由县级以上人民政府依法处理。个人之间、个人与单位之间发生的林木所有权和林地使用权争议，由乡镇人民政府或者县级以上人民政府依法处理。当事人对有关人民政府的处理决定不服的，可以自接到处理决定通知之日起三十日内，向人民法院起诉。在林木、林地权属争议解决前，除因森林防火、林业有害生物防治、国家重大基础设施建设等需要外，当事人任何一方不得砍伐有争议的林木或者改变林地现状。本案中，两个单位发生林地使用权的争议，应由县级以上人民政府处理前置，对于处理决定不服才能起诉，故B项正确、C项错误。在林地的争议解决之前，争议林木不得砍伐，需维持原状，A项错误。《森林法》第36条规定，国家保护林地，严格控制林地转为非林地，实行占用林地总量控制，确保林地保有量不减少。各类建设项目占用林地不得超过本行政区域的占用林地总量控制指标。我国对林地转非林地实行严格控制，非经法定程序不能擅自改变林地的用途为非林地，故D项错误。

49. 答案：D。《森林法》第22条规定，单位之间发生的林木、林地所有权和使用权争议，由县级以上人民政府依法处理。个人之间、个人与单位之间发生的林木所有权和林地使用权争议，由乡镇人民政府或者县级以上人民政府依法处理。当事人对有关人民政府的处理决定不服的，可以自接到处理决定通知之日起三十日内，向人民法院起诉。在林木、林地权属争议解决前，除因森林防火、林业有害生物防治、国家重大基础设施建设等需要外，当事人任何一方不得砍伐有争议的林木或者改变林地现状。因此D项错误，A、B、C项正确。

二、多项选择题

1. 答案：CD。按其被人类利用时间的长短，自然资源可以分为有限资源（又称为耗竭性资源）和无限资源（又称为非耗竭性资源），有限资源又可以分为可更新资源和不可更新资源。可更新资源是指可以更新、再生或再被利用的资源，如水、土地、动植物等；不可更新资源是指储量有限，能在一定时间内被耗尽的资源，如煤、石油、黄金等矿产资源；无限资源是指那些取之不尽、用之不竭的资源，如太阳能、风能、潮汐能等，这些资源可以反复被人类利用，而不会减少其数量。

2. 答案：ABD。几乎所有的自然资源在特定的区域、时间或受科学技术水平的制约，都可能产生稀缺性。这种稀缺性主要表现在如下几个方面：可耗竭资源、不可更新资源因其储量和总量有限，人们用一点就会减少一点，在其短缺或耗竭时呈现稀缺性；可更新资源因自然再生、补充能量有限，在其消耗速度赶不上更新速度时呈现稀缺性；无限资源在特定条件下会变成有限资源而呈现出稀缺性，如太阳能是取之不尽的，但到达地球表面的太阳能的数量和质量是有限的，在缺乏阳光地带或阴天，阳光也会成为稀缺品；大气、流水等公共资源、共有资源因其可被占用性，在其受人力干预（如国家立法禁止、政府垄断、集团强占等）情况下会呈现稀缺性。

3. 答案：BCD。首先，自然资源法与环境保护法是环境资源法的两大分支，它们之间虽然存在密切的联系，但是并列的两大子部门法。其次，根据我国现行立法和准备进行的立法，我国自然资源法体系应该包括国土整治法、资源行业法、专项资源法、其他相关法律以及我国缔结或参加的有关自然资源的国际条约。

4. 答案：AC。资源行业法、专项资源法是确立自然资源配置的基本规则，规范开发利用、保护自然资源的行为的法律，被称为自然资源法律体系中的“主干法”。一种自然资源的利用主要与国民经济中的许多经济活动相联系，该资源的法律内容是资源管理和行业管理相结合，即称为资源行业法，森林法、草原法、渔业法、矿产资源法等都属于资源行业法。一种自然资源的利用主要与国民经济中的许多经济活动相联系，但是该资源的立法主要是针对该资源的合理利用和保护，而不局限于某个行业管理的内容，即称为专项资源法，如土地法、水法等。

5. 答案：ABCD。自然资源法，即自然资源保护法，是调整人们在自然资源的开发、利用、保护和管理过程中所产生的各种社会关系的法律规范的总称。它所调整的社会关系主要包括资源权属关系、资源流转关系、资源管理关系和涉及自然资源的其他经济关系。

6. 答案：ABCD。

7. 答案：ABCD。目前，我国的自然资源法存在的主要问题是：以行政权力配置资源，忽视市场对资源的基础性配置作用；忽视自然资源的价值和资产属性，难以实现自然资源的真实价值；实行以所有制为标准的政策，当事人处于不平等地位；片面强调国家和行政主管机关的权力，忽视公民、法人和其他组织的权利；单纯强调对自然资源的利用和资源工程，忽视对自然资源和生态环境的保护；政府部门之间的职责权限划分不够明确和合理，导致自然资源法律实施的低效率。

8. 答案：ABCD。当代自然资源法的发展趋势是：将自然资源的开发、利用与保护、改善结合起来，在继续维持原有自然资源开发利用和管理内容的基础上，越来越多地增加自然资源保护、改善和治理的内容；强调可持续利用自然资源；实行自然资源有偿使用制度；合理划分各级政府的管理职权；维护国家利益的同时，尊重个人和法人单位的财产权，并给予同样保护；对权利主体实行平等保护。

9. 答案：BD。我国《水法》所称的水资源，仅指地表水和地下水，主要是指江、河、湖泊、人工河道（包括水库、运河）中的水，陆地上的地下水。虽然废水、冰雪和海水也是一种资源，但水资源中一般不包括废水、冰雪以及海洋中的海水。

10. 答案：AC。水资源是具有自然属性（地理特性、环境特性、生态特性）、社会属性和经济属性（生产特性、消费特性）等多种属性的自然资源。水资源具有以下特征：（1）水资源具有水文关联性、生态关联性。（2）水资源具有自然的持续流动性，它储量有限但可以循环再生，是处于水循环中的自然资源。这是水资源不同于土地资源和其他公共物品的根本特性。（3）水资源具有季节性、地域性和整体性。（4）水资源的有用性和相对性。水资源既是一种宝贵的自然资源，也是一种灾害源，具有泛滥成灾的有害性。（5）水资源具有专有性（独占性）和共享性（消费不排他性）。（6）水资源具有多种功能和作用，包括水量功能、水质功能、水力水运功能、水的纳污净化功能、水貌水景功能以及水资源的经济、社会、环境功能。

11. 答案：ABCD。《水法》第4条规定：“开发、利用、节约、保护水资源和防治水害，应当全面规划、统筹兼顾、标本兼治、综合利用、讲求效益，发挥水资源的多种功能，协调好生活、生产经营和生态环境用水。”

12. 答案：ABC。《水法》第12条规定：“国家对水资源实行流域管理与行政区域管理相结合的管理体制。国务院水行政主管部门负责全国水资源的统一管理和监督工作。国务院水行政主管部门在国家确定的重要江河、湖泊设立的流域管理机构（以下简称流域管理机构），在所管辖的范围内行使法律、行政法规规定的和国务院水行政主管部门授予的水资源管理和监督职责。县级以上地方人民政府水行政主管部门按照规定的权限，负责本行政区域内水资源的统一管理和监督工作。”实际上确立了我国水资源实行流域管理与区域管理相结合、统一管理与分部门管理相结合，监督管理与具体管理相分离的新型管理体制。

13. 答案：ABCD。《水法》第14条第3款规定：“前款所称综合规划，是指根据经济社会发展需要和水资源开发利用现状编制的开发、利用、节约、保护水资源和防治水害的总体部署。前款所称专业规划，是指防洪、治涝、灌溉、航运、供水、水力发电、竹木流放、渔业、水资源保护、水土保持、防沙治沙、节约用水等规划。”第15条规定：“流域范围内的区域规划应当服从流域规划，专业规划应当服从综合规划。流域综合规划和区域综合规划以及与土地利用关系密切的专业规划，应当与国民经济和社会发展规划以及土地利用总体规划、城市总体规划和环境保护规划相协调，兼顾各地区、各行业的需要。”

14. 答案：ABCD。《水法》第20条规定：“开发、利用水资源，应当坚持兴利与除害相结合，兼顾上下游、左右岸和有关地区之间的利益，充分发挥水资源的综合效益，并服从防洪的总体安排。”

15. 答案：BD。《水法》第44条第1款规定：“国务院发展计划主管部门和国务院水行政主管部门负责全国水资源的宏观调配。全国的和跨省、自治区、直辖市的水中长期供求规划，由国务院水行政主管部门会同有关部门制订，经国务院发展计划主管部门审查批准后执行。地方的水中长期供求规划，由县级以上地方人民政府水行政主管部门会同同级有关部门依据上一级水中长期供求规划和本地区的实际情况制订，经本级人民政府发展计划主管部门审查批准后执行。”

16. 答案：ABC。《水法》第56条规定：“不同行政区域之间发生水事纠纷的，应当协商处理；协商不成的，由上一级人民政府裁决，有关各方必须遵照执行。在水事纠纷解决前，未经各方达成协议或者共同的上一级人民政府批准，在行政区域交界线两侧一定范围内，任何一方不得修建排水、阻水、取水和截（蓄）水工程，不得单方面改变水的现状。”第57条规定：“单位之间、个人之间、单位与个人之间发生的水事纠纷，应当协商解决；当事人不愿协商或者协商不成的，可以申请县级以上地方人民政府或者其授权的部门调解，也可以直接向人民法院提起民事诉讼。县级以上地方人民政府或者其授权的部门调解不成的，当事人可以向人民法院提起民事诉讼。在水事纠纷解决前，当事人不得单方面改变现状。”

17. 答案：ABCD。《水土保持法》第3条规定：“水土保持工作实行预防为主、保护优先、全面规划、综合治理、因地制宜、突出重点、科学管理、注重效益的方针。”

18. 答案：ABD。《土地管理法》第4条第2款规定：“国家编制土地利用总体规划，规定土地用途，将土地分为农用地、建设用地和未利用地。严格限制农用地转为建设用地，控制建设用地总量，对耕地实行特殊保护。”

19. 答案：ABCD。《土地管理法》第17条规定：“土地利用总体规划按照下列原则编制：（一）落实国土空间开发保护要求，严格土地用途管制；（二）严格保护永久基本农田，严格控制非农业建设占用农用地；（三）提高土地节约集约利用水平；（四）统筹安排城乡生产、生活、生态用地，满足乡村产业和基础设施用地合理需求，促进城乡融合发展；（五）保护和改善生态环境，保障土地的可持续利用；（六）占用耕地与开发复垦耕地数量平衡、质量相当。”

20. 答案：ABCD。《土地管理法》第15条第1款规定：“各级人民政府应当依据国民经济和社会发展规划、国土整治和资源环境保护的要求、土地供给能力以及各项建设对土地的需求，组织编制土地利用总体规划。”

21. 答案：AB。《基本农田保护条例》第2条第2款、第3款规定：“本条例所称基本农田，是指按照一定时期人口和社会经济发展对农产品的需求，依据土地利用总体规划确定的不得占用的耕地。本条例所称基本农田保护区，是指为对基本农田实行特殊保护而依据土地利用总体规划和依照法定程序确定的特定保护区域。”《土地管理法》第33条规定：“国家实行永久基本农田保护制度。下列耕地应当根据土地利用总体规划划为永久基本农田，实行严格保护：（一）经国务院农业农村主管部门或者县级以上地方人民政府批准确定的粮、棉、油、糖等重要农产品生产基地内的耕地；（二）有良好的水利与水土保持设施的耕地，正在实施改造计划以及可以改造的中、低产田和已建成的高标准农田；（三）蔬菜生产基地；（四）农业科研、教学试验田；（五）国务院规定应当划为永久基本农田的其他耕地。各省、自治区、直辖市划定的永久基本农田一般应当占本行政区域内耕地的百分之八十以上，具体比例由国务院根据各省、自治区、直辖市耕地实际情况规定。”

22. 答案：ACD。《土地管理法》第38条规定：“禁止任何单位和个人闲置、荒芜耕地。已经办理审批手续的非农业建设占用耕地，一年内不用而又可以耕种并收获的，应当由原耕种该幅耕地的集体或者个人恢复耕种，也可以由用地单位组织耕种；一年以上未动工建设的，应当按照省、自治区、直辖市的规定缴纳闲置费；连续二年未使用的，经原批准机关批准，由县级以上人民政府无偿收回用地单位的土地使用权；该幅土地原为农民集体所有的，应当交由原农村集体经济组织恢复耕种。在城市规划区范围内，以出让方式取得土地使用权进行房地产开发的闲置土地，依照《中华人民共和国城市房地产管理法》的有关规定办理。”

23. 答案：ACD。《土地管理法》第46条规定：“征收下列土地的，由国务院批准：（一）永久基本农田；（二）永久基本农田以外的耕地超过三十五公顷的；（三）其他土地超过七十公顷的。征收前款规定以外的土地的，由省、自治区、直辖市人民政府批准。征收农用地的，应当依照本法第四十四条的规定先行办理农用地转用审批。其中，经国务院批准农用地转用的，同时办理征地审批手续，不再另行办理征地审批；经省、自治区、直辖市人民政府在征地批准权限内批准农用地转用的，同时办理征地审批手续，不再另行办理征地审批，超过征地批准权限的，应当依照本条第一款的规定另行办理征地审批。”

24. 答案：ABCD。《土地管理法》第48条规定：“征收土地应当给予公平、合理的补偿，保障被征地农民原有生活水平不降低、长远生计有保障。征收土地应当依法及时足额支付土地补偿费、安置补助费以及农村村民住宅、其他地上附着物和青苗等的补偿费用，并安排被征地农民的社会保障费用……”

25. 答案：BCD。《土地管理法》第54条规定：“建设单位使用国有土地，应当以出让等有偿使用方式取得；但是，下列建设用地，经县级以上人民政府依法批准，可以以划拨方式取得：（一）国家机关用地和军事用地；（二）城市基础设施用地和公益事业用地；（三）国家重点扶持的能源、交通、水利等基础设施用地；（四）法律、行政法规规定的其他用地。”

26. 答案：ABCD。《土地管理法》第66条规定：“有下列情形之一的，农村集体经济组织报经原批准用地的人民政府批准，可以收回土地使用权：（一）为乡（镇）村公共设施和公益事业建设，需要使用土地的；（二）不按照批准的用途使用土地的；（三）因撤销、迁移等原因而停止使用土地的。依照前款第（一）项规定收回农民集体所有的土地的，对土地使用权人应当给予适当补偿。收回集体经营性建设用地使用权，依照双方签订的书面合同办理，法律、行政法规另有规定的除外。”

27. 答案：AB。《土地管理法》第62条规定：“农村村民一户只能拥有一处宅基地，其宅基地的面积不得超过省、自治区、直辖市规定的标准。人均土地少、不能保障一户拥有一处宅基地的地区，县级人民政府在充分尊重农村村民意愿的基础上，可以采取措施，按照省、自治区、直辖市规定的标准保障农村村民实现户有所居。农村村民建住宅，应当符合乡（镇）土地利用总体规划、村庄规划，不得占用永久基本农田，并尽量使用原有的宅基地和村内空闲地。编制乡（镇）土地利用总体规划、村庄规划应当统筹并合理安排宅基地用地，改善农村村民居住环境和条件。农村村民住宅用地，由乡（镇）人民政府审核批准；其中，涉及占用农用地的，依照本法第四十四条的规定办理审批手续。农村村民出卖、出租、赠与住宅后，再申请宅基地的，不予批准。国家允许进城落户的农村村民依法自愿有偿退出宅基地，鼓励农村集体经济组织及其成员盘活利用闲置宅基地和闲置住宅。国务院农业农村主管部门负责全国农村宅基地改革和管理有关工作。”第44条规定：“建设占用土地，涉及农用地转为建设用地的，应当办理农用地转用审批手续。永久基本农田转为建设用地的，由国务院批准。在土地利用总体规划确定的城市和村庄、集镇建设用地规模范围内，为实施该规划而将永久基本农田以外的农用地转为建设用地的，按土地利用年度计划分批次按照国务院规定由原批准土地利用总体规划的机关或者其授权的机关批准。在已批准的农用地转用范围内，具体建设项目用地可以由市、县人民政府批准。在土地利用总体规划确定的城市和村庄、集镇建设用地规模范围外，将永久基本农田以外的农用地转为建设用地的，由国务院或者国务院授权的省、自治区、直辖市人民政府批准。”

28. 答案：ABCD。《农村土地承包法》第32条规定：“通过家庭承包取得的土地承包经营权可以依法采取转包、出租、互换、转让或者其他方式流转。”

29. 答案：BCD。《城市房地产管理法》第2条第4款规定：“本法所称房地产交易，包括房地产转让、房地产抵押和房屋租赁。”

30. 答案：ACD。《城市房地产管理法》第38条规定：“下列房地产，不得转让：(一) 以出让方式取得土地使用权的，不符合本法第三十九条规定的条件的；(二) 司法机关和行政机关依法裁定、决定查封或者以其他形式限制房地产权利的；(三) 依法收回土地使用权的；(四) 共有房地产，未经其他共有人书面同意的；(五) 权属有争议的；(六) 未依法登记领取权属证书的；(七) 法律、行政法规规定禁止转让的其他情形。”同时，第39条第1款规定：“以出让方式取得土地使用权的，转让房地产时，应当符合下列条件：(一) 按照出让合同约定已经支付全部土地使用权出让金，并取得土地使用权证书；(二) 按照出让合同约定进行投资开发，属于房屋建设工程的，完成开发投资总额的百分之二十五以上，属于成片开发土地的，形成工业用地或者其他建设用地条件。”

31. 答案：ABD。《城市房地产管理法》第45条规定：“商品房预售，应当符合下列条件：(一) 已交付全部土地使用权出让金，取得土地使用权证书；(二) 持有建设工程规划许可证；(三) 按提供预售的商品房计算，投入开发建设的资金达到工程建设总投资的百分之二十五以上，并已经确定施工进度和竣工交付日期；(四) 向县级以上人民政府房产管理部门办理预售登记，取得商品房预售许可证明。商品房预售人应当按照国家有关规定将预售合同报县级以上人民政府房产管理部门和土地管理部门登记备案。商品房预售所得款项，必须用于有关的工程建设。”

32. 答案：ABCD。《矿产资源法》第16条第1款至第3款规定：“开采下列矿产资源的，由国务院地质矿产主管部门审批，并颁发采矿许可证：(一) 国家规划矿区和对国民经济具有重要价值的矿区内的矿产资源；(二) 前项规定区域以外可供开采的矿产储量规模在大型以上的矿产资源；(三) 国家规定实行保护性开采的特定矿种；(四) 领海及中国管辖的其他海域的矿产资源；(五) 国务院规定的其他矿产资源。开采石油、天然气、放射性矿产等特定矿种的，可以由国务院授权的有关主管部门审批，并颁发采矿许可证。开采第一款、第二款规定以外的矿产资源，其可供开采的矿产的储量规模为中型的，由省、自治区、直辖市人民政府地质矿产主管部门审批和颁发采矿许可证。”

33. 答案：ABCD。《矿产资源法》第20条规定：“非经国务院授权的有关主管部门同意，不得在下列地区开采矿产资源：(一) 港口、机场、国防工程设施圈定地区以内；(二) 重要工业区、大型水利工程设施、城镇市政工程设施附近一定距离以内；(三) 铁路、重要公路两侧一定距离以内；(四) 重要河流、堤坝两侧一定距离以内；(五) 国家划定的自然保护区、重要风景区，国家重点保护的不能移动的历史文物和名胜古迹所在地；(六) 国家规定不得开采矿产资源的其他地区。”

34. 答案：ABCD。《矿产资源法实施细则》的附件《矿产资源分类细目》规定，我国的矿产资源分为四类：一是能源矿产，如煤、石油、天然气、低热等；二是金属矿产，如铁、锰、铬、钒、钛、铜、铅、锌等；三是非金属矿产，如金刚石、石墨、磷、自然硫、硫铁矿、钾盐、硼、水晶等；四是水气矿产，如地下水、矿泉水、二氧化碳气、氦气、氡气。

35. 答案：BCD。《矿产资源法实施细则》第38条规定："集体所有制矿山企业可以开采下列矿产资源：（一）不适于国家建设大、中型矿山的矿床及矿点；（二）经国有矿山企业同意，并经其上级主管部门批准，在其矿区范围内划出的边缘零星矿产；（三）矿山闭坑后，经原矿山企业主管部门确认可以安全开采并不会引起严重环境后果的残留矿体；（四）国家规划可以由集体所有制矿山企业开采的其他矿产资源。集体所有制矿山企业开采前款第（二）项所列矿产资源时，必须与国有矿山企业签订合理开发利用矿产资源和矿山安全协议，不得浪费和破坏矿产资源，并不得影响国有矿山企业的生产安全。"

36. 答案：ABD。《探矿权采矿权转让管理办法》第3条规定："除按照下列规定可以转让外，探矿权、采矿权不得转让：（一）探矿权人有权在划定的勘查作业区内进行规定的勘查作业，有权优先取得勘查作业区内矿产资源的采矿权。探矿权人在完成规定的最低勘查投入后，经依法批准，可以将探矿权转让他人。（二）已经取得采矿权的矿山企业，因企业合并、分立，与他人合资、合作经营，或者因企业资产出售以及有其他变更企业资产产权的情形，需要变更采矿权主体的，经依法批准，可以将采矿权转让他人采矿。"第4条第1款规定："国务院地质矿产主管部门和省、自治区、直辖市人民政府地质矿产主管部门是探矿权、采矿权转让的审批管理机关。"第9条规定："转让国家出资勘查所形成的探矿权、采矿权的，必须进行评估。国家出资勘查形成的探矿权、采矿权价款，由具有矿业权评估资质的评估机构进行评估；评估报告报探矿权、采矿权登记管理机关备案。"第13条规定："探矿权、采矿权转让后，勘查许可证、采矿许可证的有效期限，为原勘查许可证、采矿许可证的有效期减去已经进行勘查、采矿的年限的剩余期限。"

37. 答案：AD。《矿产资源补偿费征收管理规定》第7条规定："矿产资源补偿费由地质矿产主管部门会同财政部门征收。矿区在县级行政区域内的，矿产资源补偿费由矿区所在地的县级人民政府负责地质矿产管理工作的部门负责征收。矿区范围跨县级以上行政区域的，矿产资源补偿费由所涉及行政区域的共同上一级人民政府负责地质矿产管理工作的部门负责征收。矿区范围跨省级行政区域和在中华人民共和国领海与其他管辖海域的，矿产资源补偿费由国务院地质矿产主管部门授权的省级人民政府地质矿产主管部门负责征收。"

38. 答案：ACD。《矿山安全法》第20条规定："矿山企业必须建立、健全安全生产责任制。矿长对本企业的安全生产工作负责。"第21条规定："矿长应当定期向职工代表大会或者职工大会报告安全生产工作，发挥职工代表大会的监督作用。"第29条规定："矿山企业不得录用未成年人从事矿山井下劳动。矿山企业对女职工按照国家规定实行特殊劳动保护，不得分配女职工从事矿山井下劳动。"

39. 答案：BD。《矿山安全法实施条例》第47条规定："矿山发生重伤、死亡事故后，矿山企业应当在24小时内如实向劳动行政主管部门和管理矿山企业的主管部门报告。"第48条规定："劳动行政主管部门和管理矿山企业的主管部门接到死亡事故或者一次重伤3人以上的事故报告后，应当立即报告本级人民政府，并报各自的上一级主管部门。"第51条规定："矿山事故调查处理工作应当自事故发生之日起90日内结束；遇有特殊情况，可以适当延长，但是不得超过180日。矿山事故处理结案后，应当公布处理结果。"

40. 答案：ABCD。《森林法》第83条第1项规定，森林，包括乔木林、竹林和国家特别规定的灌木林。按照用途可以分为防护林、特种用途林、用材林、经济林和能源林。

41. 答案：ABD。《森林法实施条例》第4条规定："依法使用的国家所有的森林、林木和林地，按照下列规定登记：（一）使用国务院确定的国家所有的重点林区（以下简称重点林区）的森林、林木和林地的单位，应当向国务院林业主管部门提出登记申请，由国务院林业主管部门登记造册，核发证书，确认森林、林木和林地使用权以及由使用者所有的林木所有权；（二）使用国家所有的跨行政区域的森林、林木和林地的单位和个人，应当向共同的上一级人民政府林业主管部门提出登记申请，由该人民政府登记造册，核发证书，确认森林、林木和林地使用权以及由使用者所有的林木所有权；（三）使用国家所有的其他森林、林木和林地的单位和个人，应当向县级以上地方人民政府林业主管部门提出登记申请，由县级以上地方人民政府登记造册，核发证书，确认森林、林木和林地使用权以及由使用者所有的林木所有权。未确定使用权的国家所有的森林、林木和林地，由县级以上人民政府登记造册，负责保护管理。"

42. 答案：ABCD。《城市绿化条例》第19条规定："任何单位和个人都不得擅自占用城市绿化用地；占用的城市绿化用地，应当限期归还。因建设或者其他特殊需要临时占用城市绿化用地，须经城市人民政府城市绿化行政主管部门同意，并按照有关规定办理临时用地手续。"第20条规定："任何单位和个人都不得损坏城市树木花草和绿化设施。砍伐城市树木，必须经城市人民政府城市绿化行政主管部门批准，并按照国家有关规定补植树木或者采取其他补救措施。"第21条规定："在城市的公共绿地内开设商业、服务摊点的，必须向公共绿地管理单位提出申请，经城市人民政府城市绿化行政主管部门或者其授权的单位同意后，持工商行政管理部门批准的营业执照，在公共绿地管理单位指定的地点从事经营活动，并遵守公共绿地和工商行政管理的规定。"第23条规定："为保证管线的安全使用需要修剪树木时，必须经城市人民政府城市绿化行政主管部门批准，按照兼顾管线安全使用和树木正常生长的原则进行修剪。承担修剪费用的办法，由城市人民政府规定。因不可抗力致使树木倾斜危及管线安全时，管线管理单位可以先行修剪、扶正或者砍伐树木，但是，应当及时报告城市人民政府城市绿化行政主管部门和绿地管理单位。"

43. 答案：BCD。《退耕还林条例》第15条规定："下列耕地应当纳入退耕还林规划，并根据生态建设需要和国家财力有计划地实施退耕还林：（一）水土流失严重的；（二）沙化、盐碱化、石漠化严重的；（三）生态地位重要、粮食产量低而不稳的。江河源头及其两侧、湖库周围的陡坡耕地以及水土流失和风沙危害严重等生态地位重要区域的耕地，应当在退耕还林规划中优先安排。"第16条规定："基本农田保护范围内的耕地和生产条件较好、实际粮食产量超过国家退耕还林补助粮食标准并且不会造成水土流失的耕地，不得纳入退耕还林规划；但是，因生态建设特殊需要，经国务院批准并依照有关法律、行政法规规定的程序调整基本农田保护范围后，可以纳入退耕还林规划。制定退耕还林规划时，应当考虑退耕农民长期的生计需要。"

44. 答案：ABD。《退耕还林条例》第35条规定："国家按照核定的退耕还林实际面积，向土地承包经营权人提供粮食补助、种苗造林补助费和生活补助费。具体补助标准和补助年限按照国务院有关规定执行。"

45. 答案：CD。《草原法》第2条第2款规定："本法所称草原，是指天然草原和人工草地。"第74条规定："本法第二条第二款中所称的天然草原包括草地、草山和草坡，人工草地包括改良草地和退耕还草地，不包括城镇草地。"在资源学上，草原分为草甸草原、典型草原、荒漠草原、高寒草原等类型。

46. 答案：CD。《草原法》第13条第1款、第

2款规定："集体所有的草原或者依法确定给集体经济组织使用的国家所有的草原，可以由本集体经济组织内的家庭或者联户承包经营。在草原承包经营期内，不得对承包经营者使用的草原进行调整；个别确需适当调整的，必须经本集体经济组织成员的村（牧）民会议三分之二以上成员或者三分之二以上村（牧）民代表的同意，并报乡（镇）人民政府和县级人民政府草原行政主管部门批准。"第15条规定："草原承包经营权受法律保护，可以按照自愿、有偿的原则依法转让。草原承包经营权转让的受让方必须具有从事畜牧业生产的能力，并应当履行保护、建设和按照承包合同约定的用途合理利用草原的义务。草原承包经营权转让应当经发包方同意。承包方与受让方在转让合同中约定的转让期限，不得超过原承包合同剩余的期限。"

47. 答案：ABCD。《草原法》第42条规定："国家实行基本草原保护制度。下列草原应当划为基本草原，实施严格管理：（一）重要放牧场；（二）割草地；（三）用于畜牧业生产的人工草地、退耕还草地以及改良草地、草种基地；（四）对调节气候、涵养水源、保持水土、防风固沙具有特殊作用的草原；（五）作为国家重点保护野生动植物生存环境的草原；（六）草原科研、教学试验基地；（七）国务院规定应当划为基本草原的其他草原。基本草原的保护管理办法，由国务院制定。"

48. 答案：ABCD。在我国辽阔的海域中，蕴藏着如下海洋资源：一是海洋空间资源，包括海床、海洋水底、底土、水面及上覆空间的总称；二是海岛资源；三是海洋生物资源；四是海底矿藏资源；五是其他资源，如潮汐能、波浪能、海流能及温差能等。

49. 答案：AC。《海域使用管理法》第12条规定："海洋功能区划实行分级审批。全国海洋功能区划，报国务院批准。沿海省、自治区、直辖市海洋功能区划，经该省、自治区、直辖市人民政府审核同意后，报国务院批准。沿海市、县海洋功能区划，经该市、县人民政府审核同意后，报所在的省、自治区、直辖市人民政府批准，报国务院海洋行政主管部门备案。"第13条第2款规定："经国务院批准，因公共利益、国防安全或者进行大型能源、交通等基础设施建设，需要改变海洋功能区划的，根据国务院的批准文件修改海洋功能区划。"第14条规定："海洋功能区划经批准后，应当向社会公布；但是，涉及国家秘密的部分除外。"

50. 答案：ABCD。《渔业法》第2条规定："在中华人民共和国的内水、滩涂、领海、专属经济区以及中华人民共和国管辖的一切其他海域从事养殖和捕捞水生动物、水生植物等渔业生产活动，都必须遵守本法。"

51. 答案：BC。《渔业法》第23条规定："国家对捕捞业实行捕捞许可证制度。到中华人民共和国与有关国家缔结的协定确定的共同管理的渔区或者公海从事捕捞作业的捕捞许可证，由国务院渔业行政主管部门批准发放。海洋大型拖网、围网作业的捕捞许可证，由省、自治区、直辖市人民政府渔业行政主管部门批准发放。其他作业的捕捞许可证，由县级以上地方人民政府渔业行政主管部门批准发放；但是，批准发放海洋作业的捕捞许可证不得超过国家下达的船网工具控制指标，具体办法由省、自治区、直辖市人民政府规定。捕捞许可证不得买卖、出租和以其他形式转让，不得涂改、伪造、变造。到他国管辖海域从事捕捞作业的，应当经国务院渔业行政主管部门批准，并遵守中华人民共和国缔结的或者参加的有关条约、协定和有关国家的法律。"

52. 答案：ABCD。《土地管理法》第54条规定："建设单位使用国有土地，应当以出让等有偿使用方式取得；但是，下列建设用地，经县级以上人民政府依法批准，可以以划拨方式取得：（一）国家机关用地和军事用地；（二）城市基础设施用地和公益事业用地；（三）国家重点扶持的能源、交通、水利等基础设施用地；（四）法律、行政法规规定的其他用地。”第55条规定：“以出让等有偿使用方式取得国有土地使用权的建设单位，按照国务院规定的标准和办法，缴纳土地使用权出让金等土地有偿使用费和其他费用后，方可使用土地。自本法施行之日起，新增建设用地的土地有偿使用费，百分之三十上缴中央财政，百分之七十留给有关地方人民政府。具体使用管理办法由国务院财政部门会同有关部门制定，并报国务院批准。”由此可知，土地使用权的取得有两种：出让和划拨。以划拨方式取得不需要缴纳土地出让金等有偿使用费，是无偿取得的。用益物权是权利人对他人所有物享有以使用收益为内容的物权，我国现行法律规定的用益物权的类型包括：城镇国有土地使用权；国有耕地、林地、草地使用权；宅基地使用权；农村土地承包经营权及水资源使用权等。《土地管理法》第10条规定：“国有土地和农民集体所有的土地，可以依法确定给单位或者个人使用。使用土地的单位和个人，有保护、管理和合理利用土地的义务。”由此可知，国有土地使用权的主体也可以是个人。《农村土地承包法》第23条规定：“承包合同自成立之日起生效。承包方自承包合同生效时取得土地承包经营权。”由此可知，农村土地承包经营权的取得不以登记为要件。

53. 答案：ABCD。选项A正确。《土地管理法》第54条规定，下列建设用地，经县级以上人民政府依法批准，可以以划拨方式取得：（1）国家机关用地和军事用地；（2）城市基础设施用地和公益事业用地；（3）国家重点扶持的能源、交通、水利等基础设施用地；（4）法律、行政法规规定的其他用地。《城市房地产管理法》第13条第2款规定，商业、旅游、娱乐和豪华住宅用地，有条件的，必须采取拍卖、招标方式；没有条件，不能采取拍卖、招标方式的，可以采取双方协议的方式。“经营性墓地”是商业用地，不能通过划拨方式取得土地使用权。选项B正确。《土地管理法》第55条第1款规定，以出让等有偿使用方式取得国有土地使用权的建设单位，按照国务院规定的标准和办法，缴纳土地使用权出让金等土地有偿使用费和其他费用后，方可使用土地。因此，应当先缴费后用地。选项C正确。《土地管理法》第56条规定，建设单位使用国有土地的，应当按照土地使用权出让等有偿使用合同的约定或者土地使用权划拨批准文件的规定使用土地；确需改变该幅土地建设用途的，应当经有关人民政府自然资源主管部门同意，报原批准用地的人民政府批准。其中，在城市规划区内改变土地用途的，在报批前，应当先经有关城市规划行政主管部门同意。选项D正确。《土地管理法》第57条第2、3款规定，临时使用土地的使用者应当按照临时使用土地合同约定的用途使用土地，并不得修建永久性建筑物。临时使用土地期限一般不超过二年。

54. 答案：BCD。根据《土地管理法》第62条第6款规定，国家允许进城落户的农村村民依法自愿有偿退出宅基地，鼓励农村集体经济组织及其成员盘活利用闲置宅基地和闲置住宅。故A项正确。根据《土地管理法》第62条规定，农村村民一户只能拥有一处宅基地，农村村民出卖、出租住房后，再申请宅基地的，不予批准。本题中，甲已将宅基地转让他人，政府不再批给甲宅基地。因此，B项错误。另外，根据《土地管理法》规定，农村村民宅基地的所有权属于村民集体所有，村民只有使用权，没有所有权，禁止擅自买卖或非法转让。但因买卖、继承、赠与房屋而发生宅基地使用权转移的，买房户、继承人、被赠与人是本集体经济组织成员的，可依法办理宅基地用地手续。因此宅基地买卖主要限制的是卖方不得再申请宅基地；对于买方而言，如果是同村村民，可以取得房屋所有权，并可依法办理宅基地用地手续。转让合同并不当然无效。由此C、D项错误。

55. 答案：AB。《矿产资源法》第6条第1款规定，探矿权人有权在划定的勘查作业区内进行规定的勘查作业，有权优先取得勘查作业区内矿产资源的采矿权。探矿权人在完成规定的最低勘查投入后，经依法批准，可以将探矿权转让他人。故A、B项正确。《矿产资源法》第11条规定，国务院地质矿产主管部门主管全国矿产资源勘查、开采的监督管理工作。国务院有关主管部门协助国务院地质矿产主管部门进行矿产资源勘查、开采的监督管理工作，省、自治区、直辖市人民政府地质矿产主管部门主管本区域内矿产资源勘查、开采的监督管理工作。省、自治区、直辖市人民政府有关主管部门协助同级地质矿产主管部门进行矿资源勘查、开采的监督管理工作。由此可知，煤矿的勘查管理权限属于国务院地质矿产主管部门和省、自治区、直辖市人民政府地质矿产主管部门，而非县级政府。故C项错误。《矿产资源法》第3条第1款规定，矿产资源属于国家所有，由国务院行使国家对矿产资源的所有权。地表或者地下的矿产资源的国家所有权，不因其所依附的土地的所有权或者使用权的不同而改变。故D项错误。

三、名词解释

1. 答案：水土流失是指由于自然或人为原因，土地表层缺乏植被保护，被雨水冲蚀后导致的土层逐渐变薄、变瘠的现象。

2. 答案：森林是地球上最庞大、最复杂、多物种、多功能与多效益的生态系统。天然林、人工林、灌木丛、草地植物群落的生命活动与表现过程，对于当地及四周环境都产生不同程度的影响，这就是森林的功能或效用。

3. 答案：水土保持是指对因自然因素或人为活动造成水土流失所采取的预防和治理措施。

4. 答案：土地征用是指国家为了公共利益的需要，按照法定条件程序将非国家所有的土地转为国家所有，并给予土地所有人补偿的制度。国有化是指国家实行将非本国政府所有的企业大量转为本国政府所有（包括政府控股）的政策性措施，其方式主要是强制没收，或有偿收购。

5. 答案：探矿权是指依照法律规定对国家矿产资源进行勘查的权利。探矿权的权利内容有：取得探矿权的勘查主体有对一定区域内的一定勘查对象进行勘查行为的权利；任何单位和个人不得进入探矿权人已取得探矿权的区域对探矿权所指向的对象进行同一勘查目的的勘查行为，不得进行妨碍探矿权人进行正常作业的活动。

6. 答案：矿产资源是指赋存于地壳内部或表面由地质作用形成的可供人类利用的天然矿物，是自然资源的一种。

四、简答题

1. 答案：土地具有有限性和不可替代性的固有属性。因此，必须节约利用土地，防止土地浪费，这就要求严格控制各种建设用地，避免乱占和浪费土地。

我国建设用地管理制度主要包括建立农用地转为建设用地审批制度、严格征地审批程序、实行土地有偿使用制度、严格控制乡（镇）村建设用地。

（1）农用地转为建设用地审批制度。任何单位和个人进行建设，需要使用土地的，必须依法申请使用国有土地（包括国家所有土地和国家征收的原属于农民集体所有的土地）。建设占用土地、涉及农用地转为建设用地的，应当办理农用地转用审批手续。

（2）严格征地审批程序。根据《土地管理法》的规定，征收下列土地，由国务院批准：①永久基本农田；②永久基本农田以外的耕地超过35公顷的；③其他土地超过70公顷的。征收其他土地的，由省、自治区、直辖市人民政府批准。

（3）土地有偿使用制度。建设单位使用国有土地的，应当以出让等有偿使用方式取得。但下列建设用地，经县级以上人民政府依法批准，可以以划拨方式取得：①国家机关用地和军事用地；②城市基础设施用地和公益事业用地；③国家重点扶持的能源、交通、水利等基础设施用地；④法律、行政法规规定的其他用地。以出让等有偿使用方式取得国有土地使用权的建设单位，按照国务院规定的标准和办法，缴纳土地使用权出让金等土地有偿使用费和其他费用后，方可使用土地。

(4) 严格控制乡（镇）村建设用地。乡（镇）村公共设施、公益事业、农村居民住宅等乡（镇）村建设，应当按照村庄和集镇规划，合理布局，综合开发，配套建设；建设用地，应当符合乡（镇）土地利用总体规划和土地利用年度计划，并依法办理审批手续。农村居民建住宅，应当符合乡（镇）土地利用总体规划，并尽量使用原有的宅基地和村内空闲地。农村居民住宅用地，经乡（镇）人民政府审核，由县级人民政府批准；其中，涉及占用农用地的，依照有关规定办理审批手续。农村居民出卖、出租住房后，再申请宅基地的，不予批准。

2. 答案：我国水资源保护的基本原则有：

(1) 国家鼓励和支持开发利用水资源和防治水害的各项事业。开发利用水资源和防治水害，应当全面规划、统筹兼顾、综合利用、讲求效益，发挥水资源的多种功能。

(2) 国家保护水资源，采取有效措施，保护自然植被，种树种草，涵养水源，防治水土流失，改善生态环境。

(3) 各单位应当加强水污染防治工作，保护和改善水质。各级人民政府应当依照《水污染防治法》的规定，加强对水污染防治的监督管理。

(4) 国家实行计划用水，厉行节约用水。各级人民政府应当加强对节约用水的管理。各单位应当采用节约用水的先进技术，降低水的消耗量，提高水的重复利用率。

3. 答案：《渔业法》第7条规定，国家对渔业的监督管理，实行统一领导、分级管理。因此，我国的渔业监督管理原则即为“统一领导、分级管理”。

所谓“统一领导”，是指国家对渔业的监督管理进行统筹考虑，统一安排。“统一领导”是我国行政管理的民主集中制原则的基本要求。此外，渔业资源的洄游性和渔业生产的流动性也决定了对渔业的监督管理特别需要统一的领导和协调，才能保证渔业监督管理工作的正确、有效开展。《渔业法》第6条规定，国务院渔业行政主管部门主管全国的渔业工作。因此，国务院渔业行政主管部门对我国的渔业监督管理行使统一领导权。

而“分级管理”，是指各级人民政府对所辖水域的渔业实行监督管理，这既有利于调动各方面的积极性，也有利于各级人民政府在国家的统一领导下，根据管辖水域的实际情况，因地制宜地实施渔业监督管理权。《渔业法》第6条规定，县级以上地方人民政府渔业行政主管部门主管本行政区域内的渔业工作。因此，县级以上地方人民政府渔业行政主管部门在本行政区域内实施渔业监督管理权。

4. 答案：渔业生物资源是捕捞生产最基本的物质基础；要使渔业生产健康持续发展，必须防止渔业资源的衰退、枯竭，或使已经受到过度捕捞而衰退的渔业资源得到恢复；实施科学的增殖保护是实现上述目标的有效举措。从我国的渔业发展过程来看，很多传统渔业资源受到过度捕捞，已严重衰退。为此，《渔业法》第四章专门对渔业资源的增殖和保护进行了规定，主要内容包括：

(1) 征收渔业资源增殖保护费，增殖渔业资源；

(2) 保护水产种质资源及其生存环境；

(3) 限制捕捞作业；

(4) 保护有重要经济价值的水生动物苗种；

(5) 保护渔业水域生态环境（限制有害的施工作业、防止环境污染等）；

(6) 保护珍贵、濒危水生野生动物。

5. 答案：自然资源恢复制度，是指为了实现自然资源的可持续利用，要求行为人对因其开发利用活动或其他活动所造成的自然资源的破坏，必须采取恢复措施加以补救的法律制度。

自然资源恢复制度从性质上讲是一种义务和责任，是自然资源使用人在利用自然资源时所应承担的恢复自然资源功能的义务和责任。

自然资源恢复制度是一种以恢复自然资

源为内容的制度。自然资源的恢复主体和自然资源恢复主体履行相应的恢复义务是自然资源恢复制度的主要内容。

在进行自然资源恢复以前，必须明确自然资源恢复责任的主体。自然资源恢复的责任主体可以分为原主体和代位主体两大类，原主体通常有两种：(1) 对自然资源享有合法开发利用资格的单位和个人；(2) 基于违法行为而产生恢复责任的单位和个人。

自然资源恢复制度以恢复自然资源功能形态为主要目的，采用补救和治理的方式来恢复自然资源的功能和形态。

自然资源恢复制度的种类，因划分的依据不同，可以有不同的分类：第一，按照自然资源恢复对象来划分，可以分为自然资源功能的恢复和自然资源形态的恢复。第二，按照恢复自然资源的手段来划分，可以分为补救恢复和治理恢复。

代位主体代位责任的产生有两种情况：(1) 自然资源恢复责任主体拒绝履行、履行不能或履行不符合规定。例如，《森林法》第 81 条第 2 项规定，违反本法规定，拒不补种树木，或者补种不符合国家有关规定的，由县级以上人民政府林业主管部门依法组织代为履行，代为履行所需费用由违法者承担。(2) 不能查明具体的自然资源恢复责任主体。国家作为自然资源的权属主体，为了保障自然资源的可持续利用，应当对被破坏的自然资源进行形态和功能上的恢复。

6. 答案：《森林法实施条例》第 2 条规定：“森林资源，包括森林、林木、林地以及依托森林、林木、林地生存的野生动物、植物和微生物。森林，包括乔木林和竹林。林木，包括树木和竹子。林地，包括郁闭度 0.2 以上的乔木林地以及竹林地、灌木林地、疏林地、采伐迹地、火烧迹地、未成林造林地、苗圃地和县级以上人民政府规划的宜林地。”

《森林法》第 83 条第 1 项规定，森林，包括乔木林、竹林和国家特别规定的灌木林。按照用途可以分为防护林、特种用途林、用材林、经济林和能源林。

7. 答案：各级人民政府应当依据国民经济和社会发展规划、国土整治和资源环境保护的要求、土地供给能力以及各项建设对土地的需求，组织编制土地利用总体规划。土地利用总体规划是在一定规划范围内，根据当地自然和社会经济条件以及国民经济发展要求，协调土地总供给与总需求，确定或调整土地利用结构和用地布局的宏观战略措施。

《土地管理法》第 17 条规定，土地利用总体规划按照下列原则编制：(1) 落实国土空间开发保护要求，严格土地用途管制。(2) 严格保护永久基本农田，严格控制非农业建设占用农用地。(3) 提高土地节约集约利用水平。(4) 统筹安排城乡生产、生活、生态用地，满足乡村产业和基础设施用地合理需求，促进城乡融合发展。(5) 保护和改善生态环境，保障土地的可持续利用。(6) 占用耕地与开发复垦耕地数量平衡、质量相当。

8. 答案：《水法》建立的水资源开发利用制度，特别强调生态用水的考虑，规定了水资源开发利用的原则，建立了各种鼓励开发水资源的各种制度，具体规定了水工程移民安置制度，使水资源的开发利用及其用水顺序更加符合水资源可持续利用的要求。

(1) 在开发利用水资源的原则方面，《水法》第 23 条规定，地方各级人民政府应当结合本地区水资源的实际情况，按照地表水与地下水统一调度开发、开源与节流相结合、节流优先和污水处理再利用的原则，合理开发、综合利用水资源。国民经济和社会发展规划以及城市总体规划的编制、重大建设项目的布局，应当与当地水资源条件和防洪要求相适应，并进行科学论证；在水资源不足的地区，应当对城市规模和建设耗水量大的工业、农业和服务业项目加以限制。

(2) 在生态用水上，《水法》第 21 条规定：“开发、利用水资源，应当首先满足城乡居民生活用水，并兼顾农业、工业、生态环境用水以及航运等需要。在干旱和半干旱地区开发、利用水资源，应当充分考虑生态环境用水需要。”水法确立了更为科学的水资源开发利用原则，注重解决水资源短缺地区和民众的基本用水需要问题，在水量总量控制的前提下，根据各地区现有的用水量和未来发展的需要，兼顾地区间的用水平衡。

(3) 在开发利用水资源的措施方面，《水法》规定了对水资源开发利用的鼓励措施，包括：国家鼓励对雨水和微咸水的收集、开发、利用和对海水的利用、淡化；控制和降低地下水的水位；农村集体经济组织或者其成员依法在本集体经济组织所有的集体土地或者承包土地上投资兴建水工程设施的，按照“谁投资建设、谁管理谁受益”的原则，对水工程设施及其蓄水进行管理和合理使用等。除此之外，《水法》还对居民生活用水、生产用水和生态环境用水等作出了原则性的规定。

(4) 在移民安置制度上，《水法》第29条规定：“国家对水工程建设移民实行开发性移民的方针，按照前期补偿、补助与后期扶持相结合的原则，妥善安排移民的生产和生活，保护移民的合法权益。移民安置应当与工程建设同步进行。建设单位应当根据安置地区的环境容量和可持续发展的原则，因地制宜，编制移民安置规划，经依法批准后，由有关地方人民政府组织实施。所需移民经费列入工程建设投资计划。”这一规定是为妥善解决移民问题而采取的重要措施。

9. 答案：林木采伐许可证是采伐林木的单位或个人依照法律规定办理的准许采伐林木的证明文件。制定林木采伐许可证制度的主要目的，就是要对用材林森林采伐进行控制，制定合理的年采伐限额，宏观控制森林资源消耗，以保证实现森林资源的永续利用。

《森林法》第56条规定：(1) 采伐林地上的林木应当申请采伐许可证，并按照采伐许可证的规定进行采伐；采伐自然保护区以外的竹林，不需要申请采伐许可证，但应当符合林木采伐技术规程。(2) 农村居民采伐自留地和房前屋后个人所有的零星林木，不需要申请采伐许可证。(3) 非林地上的农田防护林、防风固沙林、护路林、护岸护堤林和城镇林木等的更新采伐，由有关主管部门按照有关规定管理。(4) 采挖移植林木按照采伐林木管理，具体办法由国务院林业主管部门制定。(5) 禁止伪造、变造、买卖、租借采伐许可证。

同时，第55条规定，采伐森林、林木应当遵守下列规定：(1) 公益林只能进行抚育、更新和低质低效林改造性质的采伐。但是，因科研或者实验、防治林业有害生物、建设护林防火设施、营造生物防火隔离带、遭受自然灾害等需要采伐的除外。(2) 商品林应当根据不同情况，采取不同采伐方式，严格控制采伐面积，伐育同步规划实施。(3) 自然保护区的林木，禁止采伐。但是，因防治林业有害生物、森林防火、维护主要保护对象生存环境、遭受自然灾害等特殊情况必须采伐的和实验区的竹林除外。省级以上人民政府林业主管部门应当根据前款规定，按照森林分类经营管理、保护优先、注重效率和效益等原则，制定相应的林木采伐技术规程。

通常，林木采伐许可证是由省级林业主管部门根据国务院林业主管部门的要求，统一印制、统一编号和统一管理。由县级林业主管部门根据采伐林木单位和个人的申请，依据《森林法》的规定，对提交的申请采伐文件认真审核后，符合规定的予以发放林木采伐许可证，对不符合规定的不予发证，且发证采伐量不得超过上级林业主管部门下达的年度林木总采伐量计划。其内容主要包括：采伐地点、方式、面积、树种、蓄积量、出材量、采伐期限、发证机关签章等。申请到采伐许可证的单位或个人必须按照采伐许可证的规定内容进行采伐和更新，否则，发证单位有权收缴采伐许可证，中止其采伐，直到纠正为止。

10. 答案：矿产资源保护的经济刺激制度是指在价值规律的基础上，通过立法充分利用环境经济刺激手段引导经济当事人施行有利于改善环境质量和持续利用矿产资源行为的基本法律制度。这一定义从三个方面确定了矿产资源保护的经济刺激制度的内涵：(1) 经济刺激制度所遵循的客观规律是价值规律，即价格体现价值的原则。(2) 经济刺激制度的调整对象是经济当事人（包括生产者与消费者）与矿产资源保护相关的经济活动。(3) 经济刺激制度属于基本自然资源法律制度。由于经济刺激制度尚未成熟，仍处于尝试阶段，因此经济刺激制度的分类还不统一。

根据各国实践中的成功经验并参考理论界的划分方法，可将矿产资源保护的经济刺激制度分为：

(1) 矿产资源税收制度。矿产资源税是对开发、使用和消耗矿产资源的行为进行征税。根据《资源税法》的规定，开采矿产资源，必须按照国家规定缴纳资源税。

(2) 矿产资源补偿费制度。矿产资源补偿费是采矿权人为补偿国家矿产资源的消耗而向国家缴纳的一定费用，矿产资源补偿费制度是关于矿产资源补偿费的征收对象、范围、费率、程序和使用与管理的一整套措施和方法。除法律、行政法规另有规定外，凡在我国领域和其他管辖海域开采矿产资源的采矿权人，都应当按照规定缴纳矿产资源补偿费，补偿费按照产品销售收入的一定比例计征。矿产资源补偿费由地质矿产主管部门会同财政部门征收，征收的矿产资源补偿费纳入国家预算，实行专项管理，主要用于矿产资源勘查。

(3) 财政和金融制度。它是政府通过各种优惠贷款、补贴和基金等宏观财政和金融调控措施，对那些有利于保护环境和有效利用矿产资源的活动或者那些能产生正面刺激的外部性活动所提供的支持。与其他制度不同的是，它只对保护矿产资源的行为产生正面的刺激作用。

11. 答案：自然资源是人类生存和发展的物质基础和社会物质财富的源泉，不同类型的自然资源的结构、功能、分布及储量等特性各不相同，自然资源具有以下特征：(1) 自然资源具有自然性，主要表现在自然资源的地域性、整体性和客观性。地域性是指，凡自然资源都与一定的地理位置或地理区域相联系。整体性是指，各种自然资源作为环境要素，彼此之间既相互联系，又相互制约，构成了一个有机的统一体。客观性是指，自然资源是不以人的意志为转移的自然要素，是自然环境的组成部分，它的发展变化遵循着一定的自然规律，人们在开发利用自然资源时，必须遵循这些规律，才能达到预期的目的。(2) 自然资源具有社会经济属性。社会经济属性是指自然资源的开发利用及其管理与人们对它的认识、态度、利益关系和利用控制能力有关。(3) 自然资源具有有用性、多用性、有限性和可变性。自然资源的基本特性是有用性，自然界中的物质和能源只有对人类有用，才能被视为资源。自然资源种类繁多并具有多功能或多种用途，除可以为人类社会、经济活动提供必要的物质基础外，还是自然生态的重要组成部分。自然资源处于不断的运动和变化之中，总的趋势是变化的、无限的，但是在一定的时空范围内，可供人类利用的资源又是相对有限的，某些自然资源具有不可替代性。

五、论述题

1. 答案：(1) 土地权属制度。为了保护土地资源，首先必须明确土地的权属。我国《宪法》等法律规定，我国实行土地的公有制，即全民所有制和集体所有制。

(2) 土地用途管制制度。国家编制土地利用总体规划，将土地分为农用地、建设用地和未利用地，严格限制农用地转为建设用地，控制建设用地总量，对耕地实行特殊保护。

(3) 土地管理体制的规定。国务院自然资源主管部门统一负责全国土地的管理和监督工作。

(4) 关于水土保持管理的规定。《水土保持法》第6条规定，国务院水行政主管部门主管全国的水土保持工作，县级以上地方人民政府水行政主管部门，主管本辖区内的水土保持工作。

(5) 土地资源保护的具体法律措施。

第一，保持土地质量的规定。《环境保护法》第33条规定，各级人民政府应当加强对农业环境的保护，促进农业环境保护新技术的使用，加强对农业污染源的监测预警，统筹有关部门采取措施，防治土壤污染和土地沙化、盐渍化、贫瘠化、石漠化、地面沉降以及防治植被破坏、水土流失、水体富营养化、水源枯竭、种源灭绝等生态失调现象，推广植物病虫害的综合防治。

第二，合理利用土地的规定。《土地管理法》第3条规定，十分珍惜、合理利用土地和切实保护耕地是我国的基本国策。各级人民政府应当采取措施，全面规划，严格管理，保护、开发土地资源，制止非法占用土地的行为。

第三，建立土地调查制度。县级以上人民政府自然资源主管部门会同同级有关部门进行土地调查，土地所有者或者使用者应当配合调查，并提供有关资料。

第四，建立土地统计制度。县级以上人民政府自然资源主管部门会同同级统计部门共同制订统计调查方案，依法进行土地统计，定期发布土地统计资料。

第五，耕地保护。实行耕地占用补偿制度，确保耕地总量不减少，并保证耕地的质量，国家实行永久基本农田保护制度。

第六，实行土地复垦制度。

2. 答案：矿产资源的勘查、开采、冶炼和使用，伴随着对生态环境的破坏、污染，如果不及时跟踪监测、预警、保护和治理，则将造成难以弥补的损失。近年来，对迅猛发展的小型矿山疏于管理，加之无环境保护设施，加剧破坏了矿区的生态环境。矿山企业分布广泛，环境影响面大，已成为我国重要环境的污染源。

矿产资源开发利用所产生的生态环境问题主要包括以下几个方面：

(1) 植被破坏、水土流失、生态环境恶化。由于大量的采矿活动及开采后的复垦还田程度低，使很多矿区的生态环境遭到严重破坏。许多地方矿石私挖滥采，造成水土严重流失，土地已失去了原有的生态平衡。

(2) 地质环境问题日益严重。矿山在开采过程中不同程度地引起地表下沉塌陷、岩体开裂、山体滑坡等地质环境问题。

(3) 工业固体废弃物成灾。矿产资源的开发利用过程中所产生的废石主要有煤矸石、冶炼渣、粉煤灰、炉渣、选矿生产中产生的尾矿等。这些废石排放后残存堆积于矿区附近，侵占和破坏了大量土地资源。

(4) 水污染比较严重。一方面，矿山开采过程中对水源的破坏比较严重；另一方面，矿山企业和选矿厂在生产过程中产生了大量的废水，污染了水质和土壤。

(5) 空气污染。一些地方小煤矿滥采滥挖，随意堆放，造成煤炭自燃，形成地下火龙，煤炭自燃过程中产生的大量有害气体，严重污染了空气。

为了保护矿产资源开发过程中的环境，必须实现矿产资源开发与环境保护的协调。为此，需要采取以下措施：(1) 依法加强资源开发的管理。各级政府及有关资源管理部门要加强矿山开采过程中的生态环境恢复治理的管理。对矿产资源的勘查、开发实行统一规划，合理布局，综合勘查，合理开采和综合利用，坚持"在保护中开发、在开发中保护"的原则，强化人们的矿区生态保护意识，摒弃"先破坏，后治理"、靠牺牲环境、浪费资源不等价交换等短期的经济发展。整顿矿业秩序，坚决制止乱采滥挖、破坏资源和生态环境的行为。(2) 加强矿产资源的综合利用。要加强矿产资源的综合利用或回收利用，积极发展矿产品深加工业，大力发展环保业，开发区污染防治产品系列。(3) 实行生态环境经济补偿政策。坚持"谁开发谁保护，谁利用谁补偿"的原则，实行生态环境补偿政策，对生态环境造成直接影响的组织和个人，征收生态环境补偿费，使矿山开采企业和个人能有效地、自觉地合理开发利用矿产资源和保护生态环境，实现经济效益和生态效益相统一。(4) 加大对矿山科技进步的投资，提高矿产资源开发的科学技术水平。要逐步实行改革强制化技术改造和技术革新政策，努力提高矿山开采水平，更新改造设备和生产工艺，提高矿山企业采选三率指标，降低能耗，减少采矿过程中的损失。(5) 加强矿区生态环境恢复重建的管理。各矿区应设立资源开发、生态破坏活动重建工作的管理协调机构，把生态环境重建工作纳入国民经济发展计划，坚持“谁破坏谁治理”的原则，加快生态环境破坏的恢复重建的速度，积极推进矿山生态环境恢复重建保证金制度。（6）严格执行矿山地质环境评估制度。新建矿山及矿区，应严格执行矿山地质环境响评价和“三同时”制度，先评价，后建设。（7）建立矿山生态环境信息系统。对所有矿山生态环境开展调查评价，建立矿山生态环境档案和生态环境预警系统。①

3. 答案： 自然资源法是有关自然资源的开发、利用、保护和管理的法律规范的总称。根据我国现行立法和准备进行的立法，我国自然资源法体系应该包括国土整治法、资源行业法、专项资源法、其他相关法律以及我国缔结或参加的有关自然资源的国际条约。

（1）国土整治法。国土整治法是规范国土整治规划，规范全国资源整体利益、综合利用、合理配置的方式及其原则的法律。

（2）资源行业法。一种自然资源的利用主要与国民经济中某一行业的经济活动相联系，该资源的法律内容是资源管理和行业管理相结合，即成为资源行业法，森林法、草原法、渔业法、矿产资源法等属于资源行业法。

（3）专项资源法。一种自然资源的利用主要与国民经济中的许多经济活动相联系，但是该资源的立法主要是针对该资源的合理利用和保护，而不局限于某个行业管理的内容，即称为专项资源法，如土地法、水法等。资源行业法、专项资源法是确立自然资源配置的基本规则、规范开发利用、保护自然资源的行为的法律，被称为自然资源法律体系中的“主干法”。

（4）其他相关法律。首先，宪法中的有关自然资源保护的法律规定。其次，有关合理开发利用和保护自然资源的政策、技术规范、标准等行政法规、政策法规和技术规程。再次，污染防治法、自然保护建设法中的有关法律规定。最后，有关合理开发利用和保护自然环境、自然资源的地方性法规和规章。

（5）我国缔结或者参加的有关自然资源的国际条约。我国与其他国家签订、缔结的有关自然资源利用和保护的国际协定，我国参加的有关自然资源利用和保护的国际公约，是我国自然资源法律体系的重要组成部分。

目前，我国自然资源保护法律体系已基本形成，但还不十分完备，与自然资源保护和经济发展的要求不相适应，针对自然资源保护法体系存在的缺陷，应提出进一步完善的建议，以利于我国自然资源保护事业的发展：

（1）在《宪法》中增加资源保护的内容。我国现行《宪法》还没有可持续发展的条款，应在适当的时候加以修改，增加可持续发展的内容。

（2）重新制定《环境保护法》，改为环境基本法或环境政策法。我国1989年《环境保护法》基本可视为污染防治法，几乎未涉及自然资源的法律保护。2014年《环境保护法》进一步完善了相关规定但仍侧重污染防治，如今应在现行环境保护法的基础上，增加合理开发、利用和保护、治理自然资源的内容，将其更名为《环境基本法》或《环境保护基本法》，使其成为名副其实的污染防治和自然资源保护方面的综合性基本法律，并为其他专门性立法提供立法基础。

（3）制定统一的《自然资源保护法》。目前，我国制定《自然资源保护法》的条件已逐步成熟。自然资源法律体系应是一个在自然资源分类基础上，以《自然资源保护法》为龙头，以单行法为基干，以各种行政法规、部门规章和地方性法规等为主体，以相邻有关法律为补充的效力层次分明的有机系统。《自然资源保护法》制定的主要内容应包括：制定《自然资源保护法》的目的、基本原则；自然资源的所有权和使用权；自

① 陈凯、马丽芳：《矿产资源开发利用及生态环境保护》，载《轻金属》2006年第6期。

然资源的管理主体及管理体制；自然资源的开发、利用和补救；自然资源的保护；不断利用自然资源的责任；自然资源与生态环境保护；自然资源有偿利用及收费制度；自然资源税；保护自然资源的教育以及违反《自然资源保护法》的法律责任等。

(4) 制定或者修改其他单行自然资源保护法律。对于原有的自然资源保护法律规定，应根据自然资源保护新的原则和新的基本制度，以及其他客观情况的变化，予以适时修订。

4. 答案：学者对于自然资源法的部门法属性问题有诸多见解：(1) 有观点认为，对我国法的体系可以作出四个层次的部门法划分，第一层次是宪法部门，第二层次是基本部门，第三层次是各基本部门的子部门，第四层次是第三层次各部门的子部门。其中，自然资源法属于第二层次中行政法的子部门，属于我国社会主义法的体系部分法划分的第三个层次。(2) 有观点认为，自然资源法应该分为自然资源保护法和自然资源管理法两个部分，但这两个部分的部门法属性是不一样的，其中自然资源保护法属于环境保护法的范围，而自然资源管理法则应包含于经济法之中。之所以作出这样的划分，主要是因为自然资源法这两个部分的基本指导思想和任务是不一样的，自然资源保护法主要是为了保护和改善环境，而自然资源管理法则主要是为了合理利用自然资源。(3) 有观点认为，自然资源法与环境法应当融合。主张在整体的环境与资源保护理念指导下，环境法与自然资源法应当融合构成一个独立的法律部门，环境法与自然资源法具有保护客体的统一性、调整对象的融合性、立法模式的融合性。(4) 有观点认为，自然资源法表现出了许多独特的法律属性，但就目前的情况来说，其依然没有形成独立和完整的法律部门。原因有两点：一是自然资源法的发展并未定型，其所承载的法律精神与法律功能构成也正处于形成与嬗变的过程中；二是与自然资源法所调整的社会关系在相互影响和作用的过程中逐渐产生了一体化发展的趋势，这也必然会对处理自然资源法与相关法律领域之间关系及在确定其自身的部门法属性方面产生一定影响。因此，就目前的情况而言，对自然资源法部门法属性所作出的任何确定性结论都为时过早。

笔者认为，要分析自然资源法的部门法属性，首先，应明确环境资源法与自然资源法的关系：总的来说，自然资源法是一个传统的法律学科，由于自然资源法主要调整自然资源的权属关系，因此尽管近代社会国家为了保护自然环境和合理开发利用自然资源而通过立法确立了公权力干预规定，但它在本质上属于民法研究的范畴。只不过近代社会以来对自然资源作为环境和生态要素的多元外在价值认识的不断提高，关于合理开发利用自然资源的法律要求已经从传统的私益保护拓展到今天的公益保护上来。由于自然资源价值的多元化，可以将自然资源法纳入环境法的范畴内进行研究，但也必须认识到自然资源法与环境法既有联系又有区别，不能笼统地说自然资源法属于环境法的构成部分，自然资源法中有关自然资源权属及流转关系的部分应属于民法或经济法等研究的范畴，而自然资源法中涉及自然环境和生态保护的规范应纳入环境法之中。其次，从目前来看，自然资源法还没有形成独立的法律部门，有部分属于民法或经济法，部分属于环境法。但是自然资源法与环境法都在发展之中，大环境法在向“生态法”发展之中，难以确定之后自然资源法是否会成为独立法律部门。此外，部门法划分合理与否，是否有利于社会法、生态法这些法的发展还有待商议。

六、案例题

1. 答案：(1) 甲的行为违反了《土地管理法》关于“耕地保护”的规定。此耕地是乙承包的，属集体所有，乙无权出卖，甲也无权购买。甲擅自占用耕地建房的行为是违法的。

(2) 乙所谓的“出售”行为是违法的，他仅是承包经营者，在合同期内有依法律规定而使用的权利，但无权进行出售。另外，乙的弃耕抛荒行为也被《土地管理法》所禁止，发包方应当终止承包合同，收回发包的耕地。

2. 答案：(1) 张某与村民组和村民签订的用地协议是非法的，也是无效的。因为《土地管理法》明确规定，禁止占用耕地建窑、建坟或者在耕地上建房、挖沙、采石、采矿、取土等。村委会和村民组都无权批准使用耕地用于企业取土烧砖。农民个人更无权转让其承包的耕地的使用权用于非农业生产。

(2) 县土地管理局对案件的处理存在下列问题：其一，只处罚了张某，未处罚同样是擅自将农民集体所有的土地出租用于非农业建设的村委会和私下转让耕地使用权的村民；其二，对非法转让耕地使用的，没有给予没收非法所得这种行政处罚；其三，责令加倍赔偿损失的行政决定无法律根据。

3. 答案：贾某、景某、彭某、付某应当对这起矿难事故承担刑事责任。

《刑法》第134条规定了重大责任事故罪，在生产、作业中违反有关安全管理的规定，因而发生重大伤亡事故或者造成其他严重后果的，处三年以下有期徒刑或者拘役；情节特别恶劣的，处三年以上七年以下有期徒刑。

本案中，贾某等四人由于过失，违反矿井作业的规章制度致使发生重大安全事故，造成了多人死亡、重伤的严重后果，其行为已经构成了重大责任事故罪，应当承担相应的刑事责任。

4. 答案：(1) 在A将15亩林木及林地使用权转让给B的行为中，A将防护林转让给B，双方约定由B对林地及林木实施自由的处理行为违反了我国相关法律规定。

(2) B受让林木及林地使用权后，实施的违法行为包括：未依法申请取得采伐许可证，擅自采伐林木；将防护林采伐殆尽；未经合法审批将林地改为非林地；未经合法审批将集体土地直接用于房地产开发。

第九章　生态保护建设法

重点知识讲解

重点知识一：野生动物保护法律制度

关于野生动物资源的权属的规定	野生动物资源属于国家所有。国家依法保护单位和个人开发、利用野生动物资源的合法权益，这类权益主要包括狩猎权和驯养繁殖权等。
关于野生动物保护的行政管理体制	国务院林业、渔业行政主管部门分别主管全国陆生、水生野生动物管理工作。
野生动物保护的具体法律措施	（1）国家保护野生动物及其生存环境，禁止任何单位和个人非法猎捕或者破坏； （2）国家对珍贵、濒危的野生动物实行重点保护； （3）各级野生动物行政主管部门应当监视、检测环境对野生动物的影响； （4）由于环境影响对野生动物造成伤害时，野生动物行政主管部门应当会同有关部门进行调查处理； （5）因国家和地方重点保护野生动物，造成农作物或者其他损失的，由当地政府给予补偿。
野生动物管理的法律规定	（1）野生动物行政主管部门应定期组织对野生动物资源的调查、建立野生动物档案； （2）禁止猎捕、杀害国家重点保护野生动物； （3）国家鼓励驯养繁殖野生动物； （4）实行猎捕许可证制度； （5）规定禁猎期、禁猎区和禁止使用的工具和方法； （6）严格管理动物及其产品的经营利用和进出口活动； （7）加强进出口动植物检验检疫、防止动植物病虫草害的传播，防止引来物种的入侵，保护动植物及其生境。

重点知识二：自然保护区法律制度

自然保护区	自然保护区的概念有广义、狭义之分。广义的自然保护区，是指由国家法律加以特色保护的各种自然地域的总称，它不仅指自然保护区本身，同时还包括风景名胜区、国家公园、自然遗迹地等对象所在保护区。狭义的自然保护区，是指以保护特色生态系统、进行科学研究为主要目标而划定的自然保护区。

续表

建立自然保护区的条件	(1) 典型的自然地理区域、有代表性的自然生态系统区域以及已经遭受破坏但经保护能够恢复的同类自然生态系统区域;(2) 珍稀、濒危野生动、植物物种的天然集中分布区域;(3) 具有特殊保护价值的海域、海岸、岛屿、湿地、内陆水域、森林、草原和荒漠;(4) 具有重大科学文化价值的地质构造、著名溶洞、化石分布区、冰川、火山、温泉等自然遗迹;(5) 经国务院或者省、自治区、直辖市人民政府批准,需要予以特殊保护的其他自然区域。
自然保护区的分区与分级	自然保护区的分级:国家级自然保护区和地方级自然保护区。自然保护区的分区:核心区、缓冲区和实验区。
自然保护区的保护管理措施	(1) 设立自然保护区的管理机构,明确其职责。(2) 明确自然保护区管理经费的来源。管理自然保护区所需的经费,由自然保护区所在地的县级以上地方人民政府安排。国家对国家级自然保护区的管理给予适当的资金补助。(3) 禁止和限制自然保护区内的人为活动。除对自然保护区不同区域特殊的保护管理措施外,还有一些对自然保护区一般的保护管理措施。(4) 对违反规定,破坏自然保护区的单位和个人给予行政处罚或者追究刑事责任。

重点知识三:防洪法律制度

防洪管理体制的概念	国务院水行政主管部门在国务院的领导下,负责全国防洪的组织、协调、监督、指导等日常工作。
防洪工作应当遵循的基本原则	(1) 全面规划、统筹兼顾、预防为主、综合治理、局部利益服从全局利益的原则。(2) 防洪费用的筹集按照政府投入同受益者合理承担相结合的原则进行。(3) 开发利用水资源,应当服从防洪总体安排,实行兴利与除害相结合的原则。
防洪的主要管理制度	(1) 统一规划,分级实施制度。该制度强调防洪工作要在统一规划下进行,即根据水害和水资源的具体情况,统筹考虑各方面的因素,兼顾各地区、各部门的要求和利益,制订合理可行的规划,并且按照规划付诸实施。(2) 流域管理与行政区域管理相结合的制度。在防洪工作中,既要服从整个流域的规划,又要结合各个行政区域的规划。(3) 划分防洪区,分区管理制度。各级人民政府应当按照防洪规划对防洪区的土地利用实行分区管理。防洪区分为洪泛区、蓄滞洪区和防洪保护区。(4) 洪水影响评价制度。在洪泛区、蓄滞洪区内建设非防洪建设项目,应当就洪水对建设项目可能产生的影响和建设项目对防洪可能产生的影响进行评价,编制洪水影响评价报告,提出防御措施。

配套测试

一、单项选择题

1. 环境资源法发展到高级阶段的标志是(　　)

A. 国际环境保护法

B. 污染防治法

C. 自然资源法

D. 生态保护建设法

2. 从发展趋势上看,我国的环境资源法应该从污染控制法为主的阶段过渡到(　　)

A. 自然资源保护法为重点的阶段

B. 生态保护建设法为重点的阶段
C. 污染控制法和生态保护建设法并举的阶段
D. 国际环境保护相协调为重点的阶段

3. 生态保护建设法的目的在于（　　）
A. 维护生态平衡，改善环境质量，提升环境品质
B. 防止环境质量的恶化
C. 保护自然资源的可持续利用
D. 保护环境和人类的生命财产安全

4. 跨省域的由国家统一规划批建的生态功能保护区的管理机构是（　　）
A. 国务院
B. 国务院生态环境主管部门
C. 各省组成的协调机构
D. 分省按属地管理

5. 国家没有在以下哪个区域划定生态保护红线，实行严格保护？（　　）
A. 自然保护区
B. 重点生态功能区
C. 生态环境敏感区
D. 生态环境脆弱区

6. 野生动物资源属于（　　）
A. 国家所有
B. 集体所有
C. 国家与集体共有
D. 开发野生动物资源的单位或个人所有

7. 主管全国陆生野生动物保护管理工作的部门是（　　）
A. 国务院生态环境主管部门
B. 国务院林业草原行政主管部门
C. 国务院渔业行政主管部门
D. 国务院市场监督管理部门

8. 因国家重点保护的和地方重点保护的水生野生动物受到损失的，可以向哪一部门提出损失补偿要求？（　　）
A. 国务院生态环境主管部门
B. 国务院渔业行政主管部门
C. 当地政府生态环境主管部门
D. 当地政府渔业行政主管部门

9. 需要跨省、自治区、直辖市猎捕国家二级保护野生动物的，必须向哪一部门申请特许猎捕证？（　　）
A. 国务院林业行政主管部门
B. 申请人所在地的省级林业行政主管部门
C. 猎捕地的省级林业行政主管部门
D. 申请人所在地的县级林业行政主管部门

10. 负责全国城市园林、风景名胜区内野生植物的监督管理工作的部门是（　　）
A. 国务院林业行政主管部门
B. 国务院住房和城乡建设主管部门
C. 国务院农业行政主管部门
D. 国务院生态环境主管部门

11. 对在本行政区域内采集国家重点保护野生植物的活动进行监督检查的是（　　）
A. 县级人民政府野生植物行政主管部门
B. 地、市级人民政府野生植物行政主管部门
C. 省级人民政府野生植物行政主管部门
D. 国务院野生植物行政主管部门

12. 国家一级保护野生植物的出售和收购（　　）
A. 必须经国务院野生植物行政主管部门或授权的机构批准
B. 必须经国务院生态环境主管部门或授权的机构批准
C. 必须经省级野生植物行政主管部门或授权的机构批准
D. 属于国家禁止的事项

13. 对植物新品种授予植物新品种权的部门是（　　）
A. 国务院专利行政部门
B. 国务院林业行政部门
C. 国务院农业行政部门
D. 国务院农业行政部门会同林业行政部门

14. 主管全国进出境动植物检疫工作的部门是（　　）
A. 国务院林业行政主管部门
B. 国务院农业行政主管部门
C. 国务院生态环境主管部门
D. 国务院质量监督检验检疫管理部门

15. 我国建立的第一个自然保护区是（　　）
A. 吉林长白山保护区
B. 四川卧龙保护区
C. 广东鼎湖山保护区
D. 福建武夷山保护区

16. 周某一直收藏一件祖传文物，根据《文物保护法》的规定，这件祖传文物属于（　　）
A. 国家所有
B. 周某所在单位所有
C. 集体所有
D. 周某个人所有

17. 主管全国文物保护工作的部门是（　　）
A. 国家生态环境主管部门
B. 国家自然资源主管部门
C. 国务院文物行政部门
D. 国家住房和城乡建设主管部门

18. 历史文化街区的核定和公布机关是（　　）
A. 国务院
B. 省级人民政府
C. 县级人民政府
D. 区人民政府

19. 依法设立的拍卖企业经营文物，文物拍卖许可证的颁发机关是（　　）
A. 国务院文物行政部门
B. 国务院市场监督管理部门
C. 省级文物行政部门
D. 省级市场监督管理部门

20. 负责全国风景名胜区的监督管理工作的部门是（　　）
A. 国务院文物行政部门
B. 国务院市场监督管理部门
C. 国务院住房和城乡建设主管部门
D. 国务院林业行政部门

21. 国家级风景名胜区的申请者是（　　）
A. 国务院文物行政部门
B. 省级人民政府
C. 县级人民政府
D. 国务院林业行政部门

22. 下列关于风景名胜区总体规划的说法错误的是（　　）
A. 风景名胜区总体规划的编制，应当体现人与自然和谐相处、区域协调发展和经济社会全面进步的要求
B. 风景名胜区总体规划的编制，坚持保护优先、开发服从保护的原则，突出风景名胜资源的自然特性、文化内涵和地方特色
C. 风景名胜区应当自设立之日起 2 年内编制完成总体规划
D. 总体规划的规划期一般为 30 年

23. 缴纳风景名胜区资源有偿使用费的是（　　）
A. 风景名胜区管理机构
B. 交通、服务等项目经营者
C. 游客
D. 风景名胜区内的单位和个人

24. 在国有林场经营范围内建立森林公园的，森林公园的管理机构是（　　）
A. 国有林场管理机构
B. 森林公园经营管理机构
C. 国有林场管理机构和森林公园经营管理机构
D. 国有林场管理机构和森林公园经营管理机构共同的上级管理部门

25. 负责森林公园治安管理工作的是（　　）
A. 所在地的林业主管部门
B. 森林公园经营管理机构
C. 所在地的武装警察部队
D. 所在地林业公安机构

26. 负责组织、协调、指导全国防沙治沙工作的部门是（　　）
A. 国务院生态环境主管部门
B. 国务院林业草原行政主管部门
C. 国务院农业行政主管部门
D. 国务院水利行政主管部门

27. 使用已经沙化的国有土地从事治沙活动的，经县级以上人民政府依法批准，可以享有的土地使用权的期限最高为（　　）
A. 30 年　　B. 50 年
C. 70 年　　D. 100 年

28. 根据《防洪法》的规定，防洪费用的筹集实行（　　）

A. 政府财政全额拨款
B. 受益者全部分摊
C. 社会捐赠
D. 政府投入同受益者合理承担相结合

29. 负责全国防洪的组织、协调、监督、指导等日常工作的部门是（　　）
A. 国务院农业行政主管部门
B. 国务院水行政主管部门
C. 国务院生态环境主管部门
D. 国务院住房和城乡建设主管部门

30. 直接负责领导、组织全国的防汛抗洪工作的是（　　）
A. 国务院水行政部门
B. 国家防汛指挥机构
C. 国务院住房和城乡建设主管部门
D. 中央军委

31. 国家破坏性地震应急预案的批准部门是（　　）
A. 国务院
B. 国务院地震行政主管部门
C. 国务院住房和城乡建设主管部门
D. 国务院民政部门

32. 临震应急期一般为（　　）
A. 5 日　　B. 7 日
C. 10 日　　D. 20 日

33. 震后应急期最长为（　　）
A. 7 日　　B. 10 日
C. 20 日　　D. 30 日

34. 省、自治区、直辖市行政区域内的地震长期预报、地震中期预报、地震短期预报和临震预报，其发布者是（　　）
A. 省级人民政府
B. 省级地震工作主管部门
C. 省级宣传工作主管部门
D. 新闻媒体

35. 外国组织或者个人在中华人民共和国领域和中华人民共和国管辖的其他海域从事地震监测活动，其批准部门是（　　）
A. 国务院
B. 国务院地震工作主管部门
C. 国务院海洋行政主管部门
D. 国务院外交部门

36. 城市总体规划的期限一般为（　　）
A. 5 年　　B. 10 年
C. 15 年　　D. 20 年

37. 主管全国的村庄、集镇规划建设管理工作的部门是（　　）
A. 国务院农业行政主管部门
B. 国务院住房和城乡建设主管部门
C. 国务院发展和改革委员会
D. 国务院经济综合部门

38. 关于我国生态保护制度，下列哪一表述是正确的？（　　）（司考 . 2015. 1. 31）
A. 国家只在重点生态功能区划定生态保护红线
B. 国家应积极引进外来物种以丰富我国生物的多样性
C. 国家应加大对生态保护地区的财政转移支付力度
D. 国家应指令受益地区对生态保护地区给予生态保护补偿

二、多项选择题

1. 我国的自然生态环境非常脆弱，生态环境恶化的趋势还在继续，主要表现在（　　）
A. 水土流失严重，荒漠化土地面积不断扩大
B. 大面积的森林被砍伐，天然植被遭到破坏
C. 草原退化、沙化和碱化面积逐年增加
D. 生物多样性受到严重破坏，自然灾害频繁发生

2. 我国生态环境保护的基本原则有（　　）
A. 污染防治与生态环境保护并重
B. 统筹兼顾，综合决策，合理开发
C. 谁开发谁保护，谁破坏谁恢复，谁使用谁付费
D. 保护优先、预防为主、防治结合

3. 下列各项属于我国生态环境保护基本目标的是（　　）
A. 建设一批生态功能保护区
B. 通过生态环境保护，遏制生态环境破坏，减轻自然灾害的危害
C. 促进自然资源的合理、科学利用，实

现自然生态系统良性循环

D. 维护国家生态环境安全，确保国民经济和社会的可持续发展

4. 生态功能保护区可以划分为（　　）

A. 国家级生态功能保护区

B. 省级生态功能保护区

C. 地（市）级生态功能保护区

D. 县级生态功能保护区

5. 我国《野生动物保护法》所保护的野生动物包括（　　）

A. 珍贵的陆生、水生野生动物

B. 濒危的陆生、水生野生动物

C. 珍贵、濒危的水生野生动物以外的其他水生野生动物

D. 有重要生态、科学、社会价值的陆生野生动物

6. 国家重点保护的野生动物分为（　　）

A. 特级保护野生动物

B. 一级保护野生动物

C. 二级保护野生动物

D. 三级保护野生动物

7. 下列哪些猎捕活动必须申请特许猎捕证？（　　）

A. 为进行野生动物科学考察、资源调查，必须猎捕的

B. 为承担省级以上科学研究项目或者国家医药生产任务，必须从野外获取国家重点保护野生动物的

C. 因国事活动的需要，必须从野外获取国家重点保护野生动物的

D. 为调控国家重点保护野生动物种群数量和结构，经科学论证必须猎捕的

8. 下列各项属于禁止使用的狩猎工具或方法的是（　　）

A. 使用军用武器、汽枪等非人为直接操作并危害人畜安全的狩猎装置

B. 夜间照明行猎

C. 火攻、烟熏等狩猎方法

D. 县级以上各级人民政府或者其野生动物行政主管部门规定禁止使用的狩猎工具和方法

9. 纳入《野生植物保护条例》保护范围的野生植物包括（　　）

A. 药用野生植物

B. 原生地天然生长的珍贵植物

C. 原生地天然生长并具有重要经济、科学研究、文化价值的濒危、稀有植物

D. 城市园林、自然保护区、风景名胜区内的野生植物

10. 下列关于野生植物采集的说法正确的是（　　）

A. 因科学研究、人工培育、文化交流等特殊需要，采集国家一级保护野生植物的，必须经采集地的省、自治区、直辖市人民政府生态环境主管部门签署意见

B. 采集国家二级保护野生植物的，必须经采集地的省级人民政府野生植物行政主管部门签署意见

C. 采集城市园林或者风景名胜区内的国家一级或者二级保护野生植物的，须先征得城市园林或者风景名胜区管理机构同意

D. 野生植物行政主管部门发放采集证后，应当抄送生态环境部门备案

11. 下列各项属于植物新品种特性的是（　　）

A. 新颖性　　B. 特异性

C. 一致性　　D. 稳定性

12. 下列关于新植物品种权归属权的论述正确的是（　　）

A. 完成育种的单位或者个人对其授权品种，享有排他的独占权

B. 执行本单位的任务或者主要是利用本单位的物质条件所完成的职务育种，植物新品种的品种权属于完成育种的个人

C. 委托育种或者合作育种，品种权的归属由当事人在合同中约定；没有合同约定的，品种权属于受委托完成或者共同完成育种的单位或者个人

D. 两个以上的申请人分别就同一个植物新品种同时申请品种权的，品种权可授予所有的申请人

13. 我国《进出境动植物检疫法》的实施对

象包括（　　）
A. 进出境的动植物
B. 进出境的动植物产品和其他检疫物
C. 装载动植物、动植物产品和其他检疫物的装载容器、包装物
D. 来自动植物疫区的运输工具

14. 下列各项属于动植物产品的是（　　）
A. 血清　　B. 动物水产品
C. 生药材　　D. 植物种子

15. 根据《自然保护区条例》的规定，自然保护区的保护对象是（　　）
A. 有代表性的自然生态系统
B. 珍稀濒危野生动植物物种的天然集中分布区
C. 有特殊意义的自然遗迹
D. 有特殊意义的人文遗迹

16. 应当建立自然保护区的有（　　）
A. 典型的自然地理区域、有代表性的自然生态系统区域以及已经遭受破坏但经保护能够恢复的同类自然生态系统区域
B. 具有特殊保护价值的海域、海岸、岛屿、湿地、内陆水域、森林、草原和荒漠
C. 珍稀、濒危野生动植物物种的天然集中分布区域
D. 具有重大科学文化价值的地质构造、著名溶洞、化石分布区、冰川、火山、温泉等自然遗迹

17. 我国的自然保护区实行分级管理，具体划分为（　　）
A. 世界遗产级自然保护区
B. 国家级自然保护区
C. 省级自然保护区
D. 地方级自然保护区

18. 我国的自然保护区实行分区保护，具体分为（　　）
A. 核心区　　B. 缓冲区
C. 实验区　　D. 外围保护地带

19. 下列关于自然保护区管理机构的论述正确的是（　　）
A. 国家级自然保护区，由其所在地的省级人民政府有关自然保护区行政主管部门或者国务院有关自然保护区行政主管部门管理
B. 地方级自然保护区，由其所在地的县级以上地方人民政府有关自然保护区行政主管部门管理
C. 有关自然保护区行政主管部门应当在自然保护区内设立专门的管理机构
D. 自然保护区所在地的公安机关，可以根据需要在自然保护区设置公安派出机构

20. 根据《文物保护法》的规定，在我国境内，下列哪些文物受国家保护？（　　）
A. 具有历史、艺术、科学价值的古文化遗址、古墓葬、古建筑、石窟寺和石刻、壁画
B. 与重大历史事件、革命运动或者著名人物有关的以及具有重要纪念意义、教育意义或者史料价值的近代现代重要史迹、实物、代表性建筑
C. 历史上各时代珍贵的艺术品、工艺美术品
D. 反映历史上各时代、各民族社会制度、社会生产、社会生活的代表性实物

21. 国有文物收藏单位可以通过下列哪些方式取得文物？（　　）
A. 购买　　B. 依法交换
C. 接受捐赠　　D. 调拨方式

22. 文物收藏单位以外的公民、法人和其他组织可以收藏通过下列哪些方式取得的文物？（　　）
A. 购买　　B. 继承
C. 接受捐赠　　D. 先占

23. 下列风景名胜区属于人工风景名胜区的是（　　）
A. 承德避暑山庄　　B. 九寨沟
C. 黄鹤楼　　D. 泰山

24. 风景名胜区按其景物的观赏、文化、科学价值和环境质量、规模大小、游览条件等，划分为（　　）
A. 国家重点风景名胜区

B. 国家级风景名胜区
C. 省级风景名胜区
D. 市、县级风景名胜区

25. 下列关于风景名胜区与自然保护区的关系论述正确的是（　　）
A. 新设立的风景名胜区与自然保护区不得重合或者交叉
B. 已设立的风景名胜区与自然保护区重合或者交叉的，风景名胜区规划与自然保护区规划应当相协调
C. 已经设立自然保护区的可以在特定情形下再行设立风景名胜区
D. 风景名胜区与自然保护区的关系是《风景名胜区条例》新规定的内容

26. 风景名胜区的门票收入和风景名胜资源有偿使用费应当用于（　　）
A. 风景名胜资源的保护和管理
B. 风景名胜区内的交通、服务等项目经营者的损失补偿
C. 风景名胜区内财产的所有权人、使用权人损失的补偿
D. 风景名胜区内工作人员的工资收入

27. 下列项目不得在风景名胜区及其外围保护地带内建设的是（　　）
A. 宾馆　　B. 疗养院
C. 培训中心　　D. 医院

28. 我国森林公园划分为（　　）
A. 国家重点森林公园
B. 国家级森林公园
C. 省级森林公园
D. 市、县级森林公园

29. 森林公园的开发建设，可以由（　　）
A. 森林公园经营管理机构单独进行
B. 森林公园经营管理机构同其他单位或个人以合资方式进行
C. 森林公园经营管理机构同其他单位或个人以合作方式进行
D. 其他单位和个人承包经营

30. 下列关于保护防沙植被制度的论述正确的是（　　）
A. 除抚育更新性质的采伐外，不得批准对防风固沙林网、林带进行采伐
B. 沙化土地所在地区的市级人民政府，应当制定植被管护制度，严格保护植被
C. 草原实行以产草量确定载畜量的制度
D. 禁止在沙化土地封禁保护区范围内安置移民

31. 沙化土地的治理形式有（　　）
A. 政府治沙
B. 公益性治沙
C. 营利性治沙
D. 土地使用人或承包人治沙

32. 防洪区分为（　　）
A. 安全区　　B. 防洪保护区
C. 蓄滞洪区　　D. 洪泛区

33. 下列哪些江河、湖泊的管理应当由流域管理机构和江河、湖泊所在地的省级人民政府水行政主管部门依法共同进行？（　　）
A. 国家确定的重要江河、湖泊的主要河段
B. 跨省、自治区、直辖市的重要河段、湖泊
C. 省、自治区、直辖市之间的省界河道、湖泊以及国（边）界河道、湖泊
D. 其他河道、湖泊

34. 下列各项应当列为防洪重点的是（　　）
A. 大中城市
B. 重要的公路干线
C. 大型骨干企业
D. 某市经济开发区

35. 有关县级以上人民政府防汛指挥机构可以宣布进入紧急防汛期的情形有（　　）
A. 当江河、湖泊的水情接近保证水位或者安全流量
B. 水库水位接近设计洪水位
C. 防洪工程设施发生重大险情
D. 江河、水库、湖泊等发生决堤导致洪水泛滥

36. 下列关于防洪抗汛资金保障的论述正确的是（　　）
A. 江河、湖泊的治理和防洪工程设施的建设和维护所需投资，按照事权和财

权相统一的原则，分级负责，由中央和地方财政承担
B. 受洪水威胁地区的油田、管道、铁路、公路、矿山、电力、电信等企业、事业单位应当自筹资金，兴建必要的防洪自保工程
C. 国家设立防洪建设基金，用于防洪工程和水利工程的维护和建设
D. 受洪水威胁的省、自治区、直辖市可以规定在防洪保护区范围内征收河道工程修建维护管理费

37. 负责全国防震减灾工作的部门是（　）
A. 国务院地震行政主管部门
B. 国务院经济综合主管部门
C. 国务院住房和城乡建设主管部门
D. 国务院民政部门

38. 全国地震监测台网包括（　）
A. 国家地震监测基本台网
B. 省级地震监测台网
C. 市、县地震监测台网
D. 社会地震监测台站（点）

39. 严重破坏性地震发生后，国务院或者地震灾区的省级人民政府，可以在地震灾区采取下列哪些紧急应急措施？（　）
A. 迅速组织抢救被压埋人员，并组织有关单位和人员开展自救互救
B. 迅速组织实施紧急医疗救护，协调伤员转移和接收与救治
C. 迅速组织抢修毁损的交通、铁路、水利、电力、通信等基础设施
D. 启用应急避难场所或者设置临时避难场所，设置救济物资供应点，提供救济物品、简易住所和临时住所，及时转移和安置受灾群众，确保饮用水消毒和水质安全，积极开展卫生防疫，妥善安排受灾群众生活；迅速控制危险源，封锁危险场所，做好次生灾害的排查与监测预警工作，防范地震可能引发的火灾、水灾、爆炸、山体滑坡和崩塌、泥石流、地面塌陷，或者剧毒、强腐蚀性、放射性物质大量泄漏等次生灾害以及传染病疫情的发生

40. 我国的地震预报包括（　）
A. 地震长期预报
B. 地震中期预报
C. 地震短期预报
D. 临震预报

41. 按照地震的形成原因，地震分为（　）
A. 海洋地震　　B. 火山地震
C. 天然地震　　D. 人工地震

42. 某镇政府正在编制本镇规划。根据《城乡规划法》，下列哪些建设项目应当在规划时予以优先安排？（　）（司考．2011.1.71）
A. 镇政府办公楼、招待所
B. 供水、供电、道路、通信设施
C. 商业街、工业园、公园
D. 学校、幼儿园、卫生院、文化站

三、名词解释

1. 野生植物
2. 土地沙化
3. 洪水影响评价制度
4. 城市规划
5. 生态中心主义（中国人民大学 2010 年考研真题）
6. 生态保护红线
7. 环境保护“邻避运动”（中国人民大学 2015 年考研真题）
8. 风景名胜区和自然保护区（中国人民大学 2016 年考研真题）

四、简答题

1. 简述自然保护区建设条件。
2. 简述生态环境体系。
3. 简述生态系统的物质循环。
4. 简述我国保护野生动物的主要法律措施。
5. 简述《水法》中有关防汛与抗洪的内容。
6. 简述生态补偿制度的主要内容。（武汉大学 2015 年考研真题）

五、论述题

1. 试述自然保护区与风景名胜区、文化遗迹地、森林公园之间的关系。

2. 试论自然保护区的保护管理措施。
3. 试述防洪工作应当遵循的基本原则和主要管理制度。
4. 何为生物多样性立法？

六、案例题

1. 2018 年 11 月，A 水产养殖公司将自然保护区第三核心区部分土地租赁给个人 B 从事水产品开发经营活动。B 于 2019 年 5 月在核心区境内开挖水产养殖水塘三处，拉接了高压线路，并兴建大棚、生产生活用房等开发设施，占地约 150 亩。
问题：该案中有哪些违反法律规定的地方？
2. 张某到长城旅游，临走时用小刀在长城上乱刻乱划，并撬取长城的城砖，被管理人员制止，并处以罚款。但张某不服，认为自己不过是想带一块城砖留作纪念，算不上违法行为。
问题：张某的行为是否违法？若是，应当如何处理？

参考答案

一、单项选择题

1. **答案**：D。生态保护建设法不同于传统的污染防治法和自然资源法的理念是：不仅重视防治人为因素对自然生态的破坏，也重视防治自然灾害对自然生态的破坏；不仅重视对天然环境要素的保护和管理，也重视对人工环境因素的保护和管理；不仅要防治环境污染和生态破坏，而且要建设和改善生活环境和生态环境；不仅将动植物和整体环境视为单纯的人工占有物或为人类的经济资源加以保护，而且将其视为具有内在价值和目的的非人类生命体加以保护。从这个意义上说，生态保护建设法不仅是环境资源法的重要组成部分，而且是环境资源法发展到高级阶段的标志。
2. **答案**：B。随着环境问题的全球化，人们越来越意识到环境不仅是一个因污染产生的公害问题，环境资源保护不能停留在对引起污染的人类事业活动自由的限制上。要真正保护好环境资源，必须综合考虑人为环境问题和自然灾害问题、环境污染防治和生态保护建设。环境资源法和环境资源管理的目的也必须从单纯的防治污染，向合理利用环境资源、有效管理环境资源、改善并建设良好环境的方向发展。反映到立法上，环境资源法应该从污染控制法为主的阶段过渡到生态保护建设法为重点的阶段。
3. **答案**：A。生态保护建设法的目的在于通过自然的保全和环境的建设，改善环境质量，提升环境品质，促进生态系统的良性循环维护。污染防治法的目的在于通过对污染源的控制，防止环境质量的恶化，保障环境和人类生命财产的安全。自然资源法的目的在于保障人类对自然资源的永续利用。
4. **答案**：D。《全国生态环境保护纲要》规定，各类生态功能保护区的建立，由各级环保部门会同有关部门组成评审委员会评审，报同级政府批准。生态功能保护区的管理以地方政府为主，国家级生态功能保护区可由省级政府委派的机构管理，其中跨省域的由国家统一规划批建后，分省按属地管理；各级政府对生态功能保护区的建设应给予积极扶持；农业、林业、水利、环保、自然资源等有关部门要按照各自的职责加强对生态功能保护区管理、保护与建设的监督。
5. **答案**：A。《环境保护法》第 29 条第 1 款规定：“国家在重点生态功能区、生态环境敏感区和脆弱区等区域划定生态保护红线，实行严格保护。”所以本题不选 B、C、D。
6. **答案**：A。《野生动物保护法》第 3 条规定，野生动物资源属于国家所有。国家保障依法从事野生动物科学研究、人工繁育等保护及相关活动的组织和个人的合法权益。
7. **答案**：B。《野生动物保护法》第 7 条第 1 款规定：“国务院林业草原、渔业主管部门分别主管全国陆生、水生野生动物保护工作。”
8. **答案**：D。《水生野生动物保护实施条例》第 10 条规定：“因保护国家重点保护的和地方重点保护的水生野生动物受到损失的，可以向当地人民政府渔业行政主管部门提出补偿要求。经调查属实并确实需要补偿的，由当地人民政府按照省、自治区、直辖市人民政府有关规定给予补偿。”

9. 答案：C。《陆生野生动物保护实施条例》第12条第1款规定：“申请特许猎捕证的程序如下：（一）需要捕捉国家一级保护野生动物的，必须附具申请人所在地和捕捉地的省、自治区、直辖市人民政府林业行政主管部门签署的意见，向国务院林业行政主管部门申请特许猎捕证；（二）需要在本省、自治区、直辖市猎捕国家二级保护野生动物的，必须附具申请人所在地的县级人民政府野生动物行政主管部门签署的意见，向省、自治区、直辖市人民政府林业行政主管部门申请特许猎捕证；（三）需要跨省、自治区、直辖市猎捕国家二级保护野生动物的，必须附具申请人所在地的省、自治区、直辖市人民政府林业行政主管部门签署的意见，向猎捕地的省、自治区、直辖市人民政府林业行政主管部门申请特许猎捕证。”

10. 答案：B。《野生植物保护条例》第8条规定：“国务院林业行政主管部门主管全国林区内野生植物和林区外珍贵野生树木的监督管理工作。国务院农业行政主管部门主管全国其他野生植物的监督管理工作。国务院建设行政部门负责城市园林、风景名胜区内野生植物的监督管理工作。国务院环境保护部门负责对全国野生植物环境保护工作的协调和监督。国务院其他有关部门依照职责分工负责有关的野生植物保护工作。县级以上地方人民政府负责野生植物管理工作的部门及其职责，由省、自治区、直辖市人民政府根据当地具体情况规定。”

11. 答案：A。《野生植物保护条例》第17条第2款规定：“县级人民政府野生植物行政主管部门对在本行政区域内采集国家重点保护野生植物的活动，应当进行监督检查，并及时报告批准采集的野生植物行政主管部门或者其授权的机构。”

12. 答案：D。《野生植物保护条例》第18条规定：“禁止出售、收购国家一级保护野生植物。出售、收购国家二级保护野生植物的，必须经省、自治区、直辖市人民政府野生植物行政主管部门或者其授权的机构批准。”

13. 答案：D。《植物新品种保护条例》第3条规定：“国务院农业、林业行政部门（以下统称审批机关）按照职责分工共同负责植物新品种权申请的受理和审查并对符合本条例规定的植物新品种授予植物新品种权（以下称品种权）。”

14. 答案：B。《进出境动植物检疫法》第3条规定：“国务院设立动植物检疫机关（以下简称国家动植物检疫机关），统一管理全国进出境动植物检疫工作。国家动植物检疫机关在对外开放的口岸和进出境动植物检疫业务集中的地点设立的口岸动植物检疫机关，依照本法规定实施进出境动植物检疫。贸易性动物产品出境的检疫机关，由国务院根据实际情况规定。国务院农业行政主管部门主管全国进出境动植物检疫工作。”

15. 答案：C。我国自1956年在广东设立鼎湖山自然保护区以来，到2004年年底，全国已经建立各类各级自然保护区2194处，面积达14822.6万公顷，约占国土面积的14.8%，超过了世界6%的平均水平。其中国家级自然保护区226个，总面积为8871.3万公顷。

16. 答案：D。《文物保护法》第6条规定：“属于集体所有和私人所有的纪念建筑物、古建筑和祖传文物以及依法取得的其他文物，其所有权受法律保护。文物的所有者必须遵守国家有关文物保护的法律、法规的规定。”

17. 答案：C。《文物保护法》第8条规定：“国务院文物行政部门主管全国文物保护工作。地方各级人民政府负责本行政区域内的文物保护工作。县级以上地方人民政府承担文物保护工作的部门对本行政区域内的文物保护实施监督管理。县级以上人民政府有关行政部门在各自的职责范围内，负责有关的文物保护工作。”

18. 答案：B。《文物保护法》第 14 条规定：“保存文物特别丰富并且具有重大历史价值或者革命纪念意义的城市，由国务院核定公布为历史文化名城。保存文物特别丰富并且具有重大历史价值或者革命纪念意义的城镇、街道、村庄，由省、自治区、直辖市人民政府核定公布为历史文化街区、村镇，并报国务院备案。历史文化名城和历史文化街区、村镇所在地的县级以上地方人民政府应当组织编制专门的历史文化名城和历史文化街区、村镇保护规划，并纳入城市总体规划。历史文化名城和历史文化街区、村镇的保护办法，由国务院制定。”

19. 答案：C。《文物保护法》第 54 条第 1 款规定，依法设立的拍卖企业经营文物拍卖的，应当取得省、自治区、直辖市人民政府文物行政部门颁发的文物拍卖许可证。

20. 答案：C。《风景名胜区条例》第 5 条规定：“国务院建设主管部门负责全国风景名胜区的监督管理工作。国务院其他有关部门按照国务院规定的职责分工，负责风景名胜区的有关监督管理工作。省、自治区人民政府建设主管部门和直辖市人民政府风景名胜区主管部门，负责本行政区域内风景名胜区的监督管理工作。省、自治区、直辖市人民政府其他有关部门按照规定的职责分工，负责风景名胜区的有关监督管理工作。”

21. 答案：B。《风景名胜区条例》第 10 条规定：“设立国家级风景名胜区，由省、自治区、直辖市人民政府提出申请，国务院建设主管部门会同国务院环境保护主管部门、林业主管部门、文物主管部门等有关部门组织论证，提出审查意见，报国务院批准公布。设立省级风景名胜区，由县级人民政府提出申请，省、自治区人民政府建设主管部门或者直辖市人民政府风景名胜区主管部门，会同其他有关部门组织论证，提出审查意见，报省、自治区、直辖市人民政府批准公布。”

22. 答案：D。《风景名胜区条例》第 12 条规定：“风景名胜区规划分为总体规划和详细规划。”第 13 条第 1 款规定：“风景名胜区总体规划的编制，应当体现人与自然和谐相处、区域协调发展和经济社会全面进步的要求，坚持保护优先、开发服从保护的原则，突出风景名胜资源的自然特性、文化内涵和地方特色。”第 14 条规定：“风景名胜区应当自设立之日起 2 年内编制完成总体规划。总体规划的规划期一般为 20 年。”

23. 答案：B。《风景名胜区条例》第 37 条第 3 款规定：“风景名胜区管理机构应当与经营者签订合同，依法确定各自的权利义务。经营者应当缴纳风景名胜资源有偿使用费。”

24. 答案：C。《森林公园管理办法》第 4 条规定：“在国有林业局、国有林场、国有苗圃、集体林场等单位经营范围内建立森林公园的，应当依法设立经营管理机构；但在国有林场、国有苗圃经营范围内建立森林公园的，国有林场、国有苗圃经营管理机构也是森林公园的经营管理机构，仍属事业单位。”

25. 答案：D。《森林公园管理办法》第 17 条规定：“森林公园的治安管理工作，由所在地林业公安机构负责。”

26. 答案：B。《防沙治沙法》第 5 条第 1 款规定，在国务院领导下，国务院林业草原行政主管部门负责组织、协调、指导全国防沙治沙工作。

27. 答案：C。《防沙治沙法》第 34 条第 1 款规定：“使用已经沙化的国有土地从事治沙活动的，经县级以上人民政府依法批准，可以享有不超过七十年的土地使用权。具体年限和管理办法，由国务院规定。”

28. 答案：D。《防洪法》第 3 条第 2 款规定：“防洪费用按照政府投入同受益者合理承担相结合的原则筹集。”

29. 答案：B。《防洪法》第 8 条规定：“国务院水行政主管部门在国务院的领导下，负责全国防洪的组织、协调、监督、指导等日常工作。国务院水行政主管部门在国家确定的重要江河、湖泊设立的流域管理机构，在所管辖的范围内行使法律、行政法规规定和国务院水行政主管部门授权的防洪协调和监督管理职责。国务院建设行政主管部门和其他有关部门在国务院的领导下，按照各自的职责，负责有关的防洪工作。县级以上地方人民政府水行政主管部门在本级人民政府的领导下，负责本行政区域内防洪的组织、协调、监督、指导等日常工作。县级以上地方人民政府建设行政主管部门和其他有关部门在本级人民政府的领导下，按照各自的职责，负责有关的防洪工作。”

30. 答案： B。《防洪法》第 39 条第 1 款规定：“国务院设立国家防汛指挥机构，负责领导、组织全国的防汛抗洪工作，其办事机构设在国务院水行政主管部门。”

31. 答案： B。《防震减灾法》第 46 条第 1 款规定：“国务院地震工作主管部门会同国务院有关部门制定国家地震应急预案，报国务院批准。国务院有关部门根据国家地震应急预案，制定本部门的地震应急预案，报国务院地震工作主管部门备案。”

32. 答案： C。《破坏性地震应急条例》第 16 条规定：“破坏性地震临震预报发布后，有关省、自治区、直辖市人民政府可以宣布预报区进入临震应急期，并指明临震应急期的起止时间。临震应急期一般为 10 日；必要时，可以延长 10 日。”

33. 答案： D。《破坏性地震应急条例》第 22 条规定：“破坏性地震发生后，有关的省、自治区、直辖市人民政府应当宣布灾区进入震后应急期，并指明震后应急期的起止时间。震后应急期一般为 10 日；必要时，可以延长 20 日。”

34. 答案： A。《地震预报管理条例》第 14 条规定：“国家对地震预报实行统一发布制度。全国性的地震长期预报和地震中期预报，由国务院发布。省、自治区、直辖市行政区域内的地震长期预报、地震中期预报、地震短期预报和临震预报，由省、自治区、直辖市人民政府发布。新闻媒体刊登或者播发地震预报消息，必须依照本条例的规定，以国务院或者省、自治区、直辖市人民政府发布的地震预报为准。”

35. 答案： B。《地震监测管理条例》第 7 条第 1 款规定：“外国的组织或者个人在中华人民共和国领域和中华人民共和国管辖的其他海域从事地震监测活动，必须与中华人民共和国有关部门或者单位合作进行，并经国务院地震工作主管部门批准。”

36. 答案： D。《城市规划编制办法》第 28 条第 1 款规定：“城市总体规划的期限一般为二十年，同时可以对城市远景发展的空间布局提出设想。”

37. 答案： B。《村庄和集镇规划建设管理条例》第 6 条规定：“国务院建设行政主管部门主管全国的村庄、集镇规划建设管理工作。县级以上地方人民政府建设行政主管部门主管本行政区域的村庄、集镇规划建设管理工作。乡级人民政府负责本行政区域的村庄、集镇规划建设管理工作。”

38. 答案： C。《环境保护法》第 29 条第 1 款规定：“国家在重点生态功能区、生态环境敏感区和脆弱区等区域划定生态保护红线，实行严格保护。”故 A 项表述错误。根据《环境保护法》第 30 条的规定：“开发利用自然资源，应当合理开发，保护生物多样性，保障生态安全，依法制定有关生态保护和恢复治理方案并予以实施。引进外来物种以及研究、开发和利用生物技术，应当采取措施，防止对生物多样性的破坏。”故 B 项表述错误。根据《环境保护法》第 31 条规定：“国家建立、健全生态保护补偿制度。国家加大对生态保护地区的财政转移支付力度。有关地方人民政府应当落实生态保护补偿资金，确保其用于生态保护补偿。国家指导受益地区和生态保护地区人民政府通过协商或者按照市场规则进行生态保护补偿。”故 C 项说法正确，D 项说法错误。

二、多项选择题

1. 答案： ABCD。我国生态环境恶化主要表现在：（1）水土流失严重；（2）荒漠化土地面积不断扩大；（3）大面积的森林砍伐，天然植被的破坏，大大降低了其防风固沙、蓄水保土、涵养水源、净化空气、保护生态多样性的功能；（4）草原退化、沙化和碱化面积逐年增加；（5）生物多样性受到严重破坏；（6）在不当人为因素作用下自然灾害不断加剧，对生态环境和公私财产的危害相当严重。

2. **答案**：ABCD。根据国务院 2000 年印发的《全国生态环境保护纲要》第二部分的规定，我国生态环境保护的基本原则有：坚持生态环境保护与生态环境建设并举。在加大生态环境建设力度的同时，必须坚持保护优先、预防为主、防治结合，彻底扭转一些地区边建设边破坏的被动局面。坚持污染防治与生态环境保护并重。应充分考虑区域和流域环境污染与生态环境破坏的相互影响和作用，坚持污染防治与生态环境保护统一规划，同步实施，把城乡污染防治与生态环境保护有机结合起来，努力实现城乡环境保护一体化。坚持统筹兼顾，综合决策，合理开发。正确处理资源开发与环境保护的关系，坚持在保护中开发，在开发中保护。坚持谁开发谁保护，谁破坏谁恢复，谁使用谁付费制度。

3. **答案**：BCD。根据《全国生态环境保护纲要》的规定，我国生态环境保护的目标分为基本目标、近期目标和远期目标。基本目标是通过生态环境保护，遏制生态环境破坏，减轻自然灾害的危害；促进自然资源的合理、科学利用，实现自然生态系统良性循环；维护国家生态环境安全，确保国民经济和社会的可持续发展。建设一批生态功能保护区属于近期目标。

4. **答案**：ABC。根据《全国生态环境保护纲要》的规定，江河源头区、重要水源涵养区、水土保持的重点预防保护区和重点监督区、江河洪水调蓄区、防风固沙区和重要渔业水域等重要生态功能区，在保持流域、区域生态平衡，减轻自然灾害，确保国家和地区生态环境安全方面具有重要作用。跨省域和重点流域、重点区域的重要生态功能区，建立国家级生态功能保护区；跨地（市）和县（市）的重要生态功能区，建立省级和地（市）级生态功能保护区。

5. **答案**：ABD。根据《野生动物保护法》第 2 条第 2 款的规定，该法规定保护的野生动物，是指珍贵、濒危的陆生、水生野生动物和有重要生态、科学、社会价值的陆生野生动物。

6. **答案**：BC。《野生动物保护法》第 10 条第 2 款规定，国家对珍贵、濒危的野生动物实行重点保护。国家重点保护的野生动物分为一级保护野生动物和二级保护野生动物。国家重点保护野生动物名录，由国务院野生动物保护主管部门组织科学评估后，报国务院批准公布。

7. **答案**：ABCD。《陆生野生动物保护实施条例》第 11 条规定："禁止猎捕、杀害国家重点保护野生动物。有下列情形之一的，需要猎捕国家重点保护野生动物的，必须申请特许猎捕证：（一）为进行野生动物科学考察、资源调查，必须猎捕的；（二）为驯养繁殖国家重点保护野生动物，必须从野外获取种源的；（三）为承担省级以上科学研究项目或者国家医药生产任务，必须从野外获取国家重点保护野生动物的；（四）为宣传、普及野生动物知识或者教学、展览的需要，必须从野外获取国家重点保护野生动物的；（五）因国事活动的需要，必须从野外获取国家重点保护野生动物的；（六）为调控国家重点保护野生动物种群数量和结构，经科学论证必须猎捕的；（七）因其他特殊情况，必须捕捉、猎捕国家重点保护野生动物的。"

8. **答案**：ABCD。《陆生野生动物保护实施条例》第 18 条规定："禁止使用军用武器、汽枪、毒药、炸药、地枪、排铳、非人为直接操作并危害人畜安全的狩猎装置、夜间照明行猎、歼灭性围猎、火攻、烟熏以及县级以上各级人民政府或者其野生动物行政主管部门规定禁止使用的其他狩猎工具和方法狩猎。"

9. **答案**：ABCD。《野生植物保护条例》第 2 条规定：“在中华人民共和国境内从事野生植物的保护、发展和利用活动，必须遵守本条例。本条例所保护的野生植物，是指原生地天然生长的珍贵植物和原生地天然生长并具有重要经济、科学研究、文化价值的濒危、稀有植物。药用野生植物和城市园林、自然保护区、风景名胜区内的野生植物的保护，同时适用有关法律、行政法规。”

10. 答案：CD。《野生植物保护条例》第16条规定：“禁止采集国家一级保护野生植物。因科学研究、人工培育、文化交流等特殊需要，采集国家一级保护野生植物的，必须经采集地的省、自治区、直辖市人民政府野生植物行政主管部门签署意见后，向国务院野生植物行政主管部门或者其授权的机构申请采集证。采集国家二级保护野生植物的，必须经采集地的县级人民政府野生植物行政主管部门签署意见后，向省、自治区、直辖市人民政府野生植物行政主管部门或者其授权的机构申请采集证。采集城市园林或者风景名胜区内的国家一级或者二级保护野生植物的，须先征得城市园林或者风景名胜区管理机构同意，分别依照前两款的规定申请采集证。采集珍贵野生树木或者林区内、草原上的野生植物的，依照森林法、草原法的规定办理。野生植物行政主管部门发放采集证后，应当抄送环境保护部门备案。采集证的格式由国务院野生植物行政主管部门制定。”

11. 答案：ABCD。《植物新品种保护条例》第2条规定：“本条例所称植物新品种，是指经过人工培育的或者对发现的野生植物加以开发，具备新颖性、特异性、一致性和稳定性并有适当命名的植物品种。”

12. 答案：AC。《植物新品种保护条例》第6条规定：“完成育种的单位或者个人对其授权品种，享有排他的独占权。任何单位或者个人未经品种权所有人（以下称品种权人）许可，不得为商业目的生产或者销售该授权品种的繁殖材料，不得为商业目的将该授权品种的繁殖材料重复使用于生产另一品种的繁殖材料；但是，本条例另有规定的除外。”第7条规定：“执行本单位的任务或者主要是利用本单位的物质条件所完成的职务育种，植物新品种的申请权属于该单位；非职务育种，植物新品种的申请权属于完成育种的个人。申请被批准后，品种权属于申请人。委托育种或者合作育种，品种权的归属由当事人在合同中约定；没有合同约定的，品种权属于受委托完成或者共同完成育种的单位或者个人。”第8条规定：“一个植物新品种只能授予一项品种权。两个以上的申请人分别就同一个植物新品种申请品种权的，品种权授予最先申请的人；同时申请的，品种权授予最先完成该植物新品种育种的人。”

13. 答案：ABCD。《进出境动植物检疫法》第2条规定：“进出境的动植物、动植物产品和其他检疫物，装载动植物、动植物产品和其他检疫物的装载容器、包装物，以及来自动植物疫区的运输工具，依照本法规定实施检疫。”

14. 答案：BC。《进出境动植物检疫法》第46条规定：“本法下列用语的含义是：（一）‘动物’是指饲养、野生的活动物，如畜、禽、兽、蛇、龟、鱼、虾、蟹、贝、蚕、蜂等；（二）‘动物产品’是指来源于动物未经加工或者虽经加工但仍有可能传播疫病的产品，如生皮张、毛类、肉类、脏器、油脂、动物水产品、奶制品、蛋类、血液、精液、胚胎、骨、蹄、角等；（三）‘植物’是指栽培植物、野生植物及其种子、种苗及其他繁殖材料等；（四）‘植物产品’是指来源于植物未经加工或者虽经加工但仍有可能传播病虫害的产品，如粮食、豆、棉花、油、麻、烟草、籽仁、干果、鲜果、蔬菜、生药材、木材、饲料等；（五）‘其他检疫物’是指动物疫苗、血清、诊断液、动植物性废弃物等。”

15. 答案：ABC。《自然保护区条例》第2条规定：“本条例所称自然保护区，是指对有代表性的自然生态系统、珍稀濒危野生动植物物种的天然集中分布区、有特殊意义的自然遗迹等保护对象所在的陆地、陆地水体或者海域，依法划出一定面积予以特殊保护和管理的区域。”

16. **答案**：ABCD。《自然保护区条例》第10条规定：“凡具有下列条件之一的，应当建立自然保护区：（一）典型的自然地理区域、有代表性的自然生态系统区域以及已经遭受破坏但经保护能够恢复的同类自然生态系统区域；（二）珍稀、濒危野生动植物物种的天然集中分布区域；（三）具有特殊保护价值的海域、海岸、岛屿、湿地、内陆水域、森林、草原和荒漠；（四）具有重大科学文化价值的地质构造、著名溶洞、化石分布区、冰川、火山、温泉等自然遗迹；（五）经国务院或者省、自治区、直辖市人民政府批准，需要予以特殊保护的其他自然区域。”

17. **答案**：BD。《自然保护区条例》第11条规定：“自然保护区分为国家级自然保护区和地方级自然保护区。在国内外有典型意义、在科学上有重大国际影响或者有特殊科学研究价值的自然保护区，列为国家级自然保护区。除列为国家级自然保护区的外，其他具有典型意义或者重要科学研究价值的自然保护区列为地方级自然保护区。地方级自然保护区可以分级管理，具体办法由国务院有关自然保护区行政主管部门或者省、自治区、直辖市人民政府根据实际情况规定，报国务院环境保护行政主管部门备案。”

18. **答案**：ABC。《自然保护区条例》第18条规定：“自然保护区可以分为核心区、缓冲区和实验区。自然保护区内保存完好的天然状态的生态系统以及珍稀、濒危动植物的集中分布地，应当划为核心区，禁止任何单位和个人进入；除依照本条例第二十七条的规定经批准外，也不允许进入从事科学研究活动。核心区外围可以划定一定面积的缓冲区，只准进入从事科学研究观测活动。缓冲区外围划为实验区，可以进入从事科学试验、教学实习、参观考察、旅游以及驯化、繁殖珍稀、濒危野生动植物等活动。原批准建立自然保护区的人民政府认为必要时，可以在自然保护区的外围划定一定面积的外围保护地带。”

19. **答案**：ABCD。《自然保护区条例》第21条规定：“国家级自然保护区，由其所在地的省、自治区、直辖市人民政府有关自然保护区行政主管部门或者国务院有关自然保护区行政主管部门管理。地方级自然保护区，由其所在地的县级以上地方人民政府有关自然保护区行政主管部门管理。有关自然保护区行政主管部门应当在自然保护区内设立专门的管理机构，配备专业技术人员，负责自然保护区的具体管理工作。”第24条规定：“自然保护区所在地的公安机关，可以根据需要在自然保护区设置公安派出机构，维护自然保护区内的治安秩序。”

20. **答案**：ABCD。《文物保护法》第2条第1款规定：“在中华人民共和国境内，下列文物受国家保护：（一）具有历史、艺术、科学价值的古文化遗址、古墓葬、古建筑、石窟寺和石刻、壁画；（二）与重大历史事件、革命运动或者著名人物有关的以及具有重要纪念意义、教育意义或者史料价值的近代现代重要史迹、实物、代表性建筑；（三）历史上各时代珍贵的艺术品、工艺美术品；（四）历史上各时代重要的文献资料以及具有历史、艺术、科学价值的手稿和图书资料等；（五）反映历史上各时代、各民族社会制度、社会生产、社会生活的代表性实物。”

21. **答案**：ABCD。《文物保护法》第37条规定：“文物收藏单位可以通过下列方式取得文物：（一）购买；（二）接受捐赠；（三）依法交换；（四）法律、行政法规规定的其他方式。国有文物收藏单位还可以通过文物行政部门指定保管或者调拨方式取得文物。”

22. **答案**：ABC。《文物保护法》第50条规定：“文物收藏单位以外的公民、法人和其他组织可以收藏通过下列方式取得的文物：（一）依法继承或者接受赠与；（二）从文物商店购买；（三）从经营文物拍卖的拍卖企业购买；（四）公民个人合法所有的文物相互交换或者依法转让；（五）国家规定的其他合法方式。文物收藏单位以外的公民、法人和其他组织收藏的前款文物可以依法流通。”

23. 答案：AC。按照形成的原因，风景名胜区可以分为天然风景名胜区和人工风景名胜区。天然风景名胜区是指主要景观是由自然环境组成的风景区，包括一切具有观赏、文化、科学价值的山河、湖海、地貌、森林、动植物、化石、特殊地质、天文气象等，如三峡、九寨沟、泰山等。人工风景名胜区是指主要由人工建筑组成的风景区，包括文物古迹、革命纪念地、历史遗迹、园林、建筑、工程设施和它们所处的环境以及风土人情等，如承德避暑山庄、韶山、黄鹤楼等。

24. 答案：BC。《风景名胜区条例》第8条规定：“风景名胜区划分为国家级风景名胜区和省级风景名胜区。自然景观和人文景观能够反映重要自然变化过程和重大历史文化发展过程，基本处于自然状态或者保持历史原貌，具有国家代表性的，可以申请设立国家级风景名胜区；具有区域代表性的，可以申请设立省级风景名胜区。”

25. 答案：ABD。《风景名胜区条例》第7条规定：“设立风景名胜区，应当有利于保护和合理利用风景名胜资源。新设立的风景名胜区与自然保护区不得重合或者交叉；已设立的风景名胜区与自然保护区重合或者交叉的，风景名胜区规划与自然保护区规划应当相协调。”

26. 答案：AC。《风景名胜区条例》第38条规定：“风景名胜区的门票收入和风景名胜资源有偿使用费，实行收支两条线管理。风景名胜区的门票收入和风景名胜资源有偿使用费应当专门用于风景名胜资源的保护和管理以及风景名胜区内财产的所有权人、使用权人损失的补偿。具体管理办法，由国务院财政部门、价格主管部门会同国务院建设主管部门等有关部门制定。”

27. 答案：ABCD。《风景名胜区条例》第27条规定：“禁止违反风景名胜区规划，在风景名胜区内设立各类开发区和在核心景区内建设宾馆、招待所、培训中心、疗养院以及与风景名胜资源保护无关的其他建筑物；已经建设的，应当按照风景名胜区规划，逐步迁出。”

28. 答案：BCD。《森林公园管理办法》第6条规定：“森林公园分为以下三级：（一）国家级森林公园：森林景观特别优美，人文景物比较集中，观赏、科学、文化价值高，地理位置特殊，具有一定的区域代表性，旅游服务设施齐全，有较高的知名度；（二）省级森林公园：森林景观优美，人文景物相对集中，观赏、科学、文化价值较高，在本行政区域内具有代表性，具备必要的旅游服务设施，有一定的知名度；（三）市、县级森林公园：森林景观有特色，景点景物有一定的观赏、科学、文化价值，在当地知名度较高。”

29. 答案：ABC。《森林公园管理办法》第10条规定：“森林公园的开发建设，可以由森林公园经营管理机构单独进行；由森林公园经营管理机构同其他单位或个人以合资、合作等方式联合进行的，不得改变森林公园经营管理机构的隶属关系。”

30. 答案：ACD。《防沙治沙法》第16条第2款规定：“除了抚育更新性质的采伐外，不得批准对防风固沙林网、林带进行采伐。在对防风固沙林网、林带进行抚育更新性质的采伐之前，必须在其附近预先形成接替林网和林带。”第17条第2款规定：“沙化土地所在地区的县级人民政府，应当制定植被管护制度，严格保护植被，并根据需要在乡（镇）、村建立植被管护组织，确定管护人员。”第18条第2款规定：“草原实行以产草量确定载畜量的制度。由林业草原行政主管部门会同畜牧业行政主管部门负责制定载畜量的标准和有关规定，并逐级组织实施，明确责任，确保完成。”第22条第2款规定：“禁止在沙化土地封禁保护区范围内安置移民。对沙化土地封禁保护区范围内的农牧民，县级以上地方人民政府应当有计划地组织迁出，并妥善安置。

沙化土地封禁保护区范围内尚未迁出的农牧民的生产生活，由沙化土地封禁保护区主管部门妥善安排。”

31. **答案**：ABCD。《防沙治沙法》第23条规定：“沙化土地所在地区的地方各级人民政府，应当按照防沙治沙规划，组织有关部门、单位和个人，因地制宜地采取人工造林种草、飞机播种造林种草、封沙育林育草和合理调配生态用水等措施，恢复和增加植被，治理已经沙化的土地。”第24条第1款规定：“国家鼓励单位和个人在自愿的前提下，捐资或者以其他形式开展公益性的治沙活动。”第25条第1款规定：“使用已经沙化的国有土地的使用权人和农民集体所有土地的承包经营权人，必须采取治理措施，改善土地质量；确实无能力完成治理任务的，可以委托他人治理或者与他人合作治理。委托或者合作治理的，应当签订协议，明确各方的权利和义务。”第26条第1款规定：“不具有土地所有权或者使用权的单位和个人从事营利性治沙活动的，应当先与土地所有权人或者使用权人签订协议，依法取得土地使用权。”

32. **答案**：BCD。《防洪法》第11条第2款规定：“防洪规划应当确定防护对象、治理目标和任务、防洪措施和实施方案，划定洪泛区、蓄滞洪区和防洪保护区的范围，规定蓄滞洪区的使用原则。”

33. **答案**：ABC。《防洪法》第21条第2款规定：“国家确定的重要江河、湖泊的主要河段，跨省、自治区、直辖市的重要河段、湖泊，省、自治区、直辖市之间的省界河道、湖泊以及国（边）界河道、湖泊，由流域管理机构和江河、湖泊所在地的省、自治区、直辖市人民政府水行政主管部门按照国务院水行政主管部门的划定依法实施管理。其他河道、湖泊，由县级以上地方人民政府水行政主管部门按照国务院水行政主管部门或者国务院水行政主管部门授权的机构的划定依法实施管理。”

34. **答案**：ABC。《防洪法》第34条第1、2款规定：“大中城市，重要的铁路、公路干线，大型骨干企业，应当列为防洪重点，确保安全。受洪水威胁的城市、经济开发区、工矿区和国家重要的农业生产基地等，应当重点保护，建设必要的防洪工程设施。”

35. **答案**：ABC。《防洪法》第41条第2款规定：“当江河、湖泊的水情接近保证水位或者安全流量，水库水位接近设计洪水位，或者防洪工程设施发生重大险情时，有关县级以上人民政府防汛指挥机构可以宣布进入紧急防汛期。”

36. **答案**：ABD。《防洪法》第49条规定：“江河、湖泊的治理和防洪工程设施的建设和维护所需投资，按照事权和财权相统一的原则，分级负责，由中央和地方财政承担。城市防洪工程设施的建设和维护所需投资，由城市人民政府承担。受洪水威胁地区的油田、管道、铁路、公路、矿山、电力、电信等企业、事业单位应当自筹资金，兴建必要的防洪自保工程。”第51条规定：“国家设立水利建设基金，用于防洪工程和水利工程的维护和建设。具体办法由国务院规定。受洪水威胁的省、自治区、直辖市为加强本行政区域内防洪工程设施建设，提高防御洪水能力，按照国务院的有关规定，可以规定在防洪保护区范围内征收河道工程修建维护管理费。”

37. **答案**：ABCD。《防震减灾法》第5条规定：“在国务院的领导下，国务院地震工作主管部门和国务院经济综合宏观调控、建设、民政、卫生、公安以及其他有关部门，按照职责分工，各负其责，密切配合，共同做好防震减灾工作。县级以上地方人民政府负责管理地震工作的部门或者机构和其他有关部门在本级人民政府领导下，按照职责分工，各负其责，密切配合，共同做好本行政区域的防震减灾工作。”

38. **答案**：ABC。《防震减灾法》第18条规定：“国家对地震监测台网实行统一规划，分级、分类管理。国务院地震工作主管部门和县级以上地方人民政府负责管理地震工作的部门或者机构，按照国务院有关规定，制定地震监测台网规划。全国地震监测台网由国家级地震监测台网、省级地震监测台网和市、县级地震监测台网组成，其建设资金和运行经费列入财政预算。”《地震监测管理条例》第8条第2款规定：“专用地震监测台网和有关单位、个人建设的社会地震监测台站（点）是全国地震监测台网的补充。”

39. 答案：ABCD。《防震减灾法》第50条规定：“地震灾害发生后，抗震救灾指挥机构应当立即组织有关部门和单位迅速查清受灾情况，提出地震应急救援力量的配置方案，并采取以下紧急措施：（一）迅速组织抢救被压埋人员，并组织有关单位和人员开展自救互救；（二）迅速组织实施紧急医疗救护，协调伤员转移和接收与救治；（三）迅速组织抢修毁损的交通、铁路、水利、电力、通信等基础设施；（四）启用应急避难场所或者设置临时避难场所，设置救济物资供应点，提供救济物品、简易住所和临时住所，及时转移和安置受灾群众，确保饮用水消毒和水质安全，积极开展卫生防疫，妥善安排受灾群众生活；（五）迅速控制危险源，封锁危险场所，做好次生灾害的排查与监测预警工作，防范地震可能引发的火灾、水灾、爆炸、山体滑坡和崩塌、泥石流、地面塌陷，或者剧毒、强腐蚀性、放射性物质大量泄漏等次生灾害以及传染病疫情的发生；（六）依法采取维持社会秩序、维护社会治安的必要措施。”

40. 答案：ABCD。《地震预报管理条例》第3条规定：“地震预报包括下列类型：（一）地震长期预报，是指对未来10年内可能发生破坏性地震的地域的预报；（二）地震中期预报，是指对未来一二年内可能发生破坏性地震的地域和强度的预报；（三）地震短期预报，是指对3个月内将要发生地震的时间、地点、震级的预报；（四）临震预报，是指对10日内将要发生地震的时间、地点、震级的预报。”

41. 答案：CD。地震分为天然地震和人工地震两大类。天然地震主要是构造地震，它是由于地下深处岩石破裂、错动把长期积累起来的能量急剧释放出来，以地震波的形式向四面八方传播出去，到地面引起房摇地动。其次是由于火山喷发引起的地震，称为火山地震。此外，某些特殊情况下也会产生地震，如岩洞崩塌（陷落地震）、大陨石冲击地面（陨石冲击地震）等。人工地震是由于人为活动引起的地震。如工业爆破、地下核爆炸造成的震动；在深井中进行高压注水以及大水库蓄水后增加了地壳的压力，有时也会诱发地震。

42. 答案：BD。《城乡规划法》第29条第2款规定，镇的建设和发展，应当结合农村经济社会发展和产业结构调整，优先安排供水、排水、供电、供气、道路、通信、广播电视等基础设施和学校、卫生院、文化站、幼儿园、福利院等公共服务设施的建设，为周边农村提供服务。

三、名词解释

1. 答案：根据《野生植物保护条例》第2条第2款的规定，野生植物是指原生地天然生长的珍贵植物和原生地天然生长并具有重要经济、科学研究、文化价值的濒危、稀有植物。

2. 答案：土地沙化是指因气候变化和人类活动所导致的天然沙漠扩张和沙质土壤上的植被破坏、沙土裸露的过程和现象。

3. 答案：洪水影响评价制度是指在洪泛区、蓄滞洪区内建设非防洪建设项目，应当就洪水对建设项目可能产生的影响和建设项目对防洪可能产生的影响作出评价，编制洪水影响评价报告，提出防御措施的制度。

4. 答案：城市规划是指一定时期内对城市经济、社会和各项建设活动的总体安排，一般表现为法定机关通过或批准的反映城市在一定时期的发展方向、布局和经济、社会等活动的总体部署的书面文件。

5. 答案：生态中心主义（Ecocentrism）是环境伦理学的一种研究视角。它提出环境伦理学的中心问题应该是生态系统或生物共同体本身或它的亚系统，而不是它所包括的个体成员。生态中心论的根据是，生态学揭示了人类和自然的其他成员既有历时性（时间过程）也有共时性（同一时间）的关系，他们共同是生命系统的一部分。因此，应该考虑整个生态系统，而不是把个体与其中的母体和其他个体分隔开。多数现代的道德理论，把注意力集中于个体的权利或利益，与此不同，生态中心主义是一种整体论的或总体主义的方法。它依据对环境的影响判断人类行为的道德价值。因此，当其他方法力图把传统的道德规范扩展至关于动物和环境问题时，生态中心主义力图建立一种新的伦理模式。“土地伦理学”和“深层生态学”是这种倾向的最重要的代表。生态中心主义者所面临的主要问题是如何把环境的利益与人类个体的权利与利益相协调。

6. **答案**：生态保护红线是指在自然生态服务功能、环境质量安全、自然资源利用等方面，需要实行严格保护的空间边界与管理限值，以维护国家和区域生态安全及经济社会可持续发展，保障人民群众健康。

7. **答案**：略。

8. **答案**：风景名胜区是指具有观赏、文化或者科学价值，自然景观、人文景观比较集中，环境优美，可供人们游览或者进行科学、文化活动的区域。自然保护区是指针对有代表性的自然生态系统，珍稀、濒危野生动植物物种的天然集中分布区，有特殊意义的自然遗迹等保护对象所在的陆地，陆地水体或者海域，依法划出一定面积予以特殊保护和管理的区域。

四、简答题

1. **答案**：根据《自然保护区条例》第10条的规定，凡具有下列条件之一的，应当建立自然保护区：

　　(1) 典型的自然地理区域、有代表性的自然生态系统区域以及已经遭受破坏但经保护能够恢复的同类自然生态系统区域；

　　(2) 珍稀、濒危野生动植物物种的天然集中分布区域；

　　(3) 具有特殊保护价值的海域、海岸、岛屿、湿地、内陆水域、森林、草原和荒漠；

　　(4) 具有重大科学文化价值的地质构造、著名溶洞、化石分布区、冰川、火山、温泉等自然遗迹；

　　(5) 经国务院或者省、自治区、直辖市人民政府批准，需要予以特殊保护的其他自然区域。

2. **答案**：生态环境体系是一个包含自然生态系统和人文生态系统在内、比较完备的“生态—社会—经济—人口”复合生态系统，自然生态系统由森林生态系统、草原生态系统、荒漠生态系统、海洋生态系统、淡水生态系统和湿地生态系统6个子系统构成；人文生态系统则由城市生态系统、农村生态系统和农田生态系统3个子系统构成。森林生态系统、淡水生态系统和城市生态系统三者共同构成了生态环境的主体，森林生态系统和淡水生态系统对于保障生态安全具有决定性的作用，城市生态系统是区域财富增长和社会进步的主要推动力，代表了生态环境体系发展的方向。

3. **答案**：生态系统的物质循环是指无机化合物和单质通过生态系统的循环运动。生态系统中的物质循环可以用库和流通两个概念来加以概括。蓄库是由存在于生态系统某些生物或非生物成分中的一定数量的某种化合物所构成的。对于某一种元素而言，存在一个或多个主要的蓄库。在库里，该元素的数量远远超过正常结合在生命系统中的数量，并且通常只能缓慢地将该元素从蓄库中放出。物质在生态系统中的循环实际上是在库与库之间彼此流通的。在单位时间或单位体积的转移量就称为流通量。

　　生态系统的物质循环可分为三大类型，即水循环（water cycle）、气体型循环（gaseous cycle）和沉积型循环（sedimentary cycle）。生态系统中所有的物质循环都是在水循环的推动下完成的，因此，没有水的循环，也就没有生态系统的功能，生命也将难以维持。在气体循环中，物质的主要储存库是大气和海洋，循环与大气和海洋密切相连，具有明显的全球性，循环性能最为完善。凡属于气体型循环的物质，其分子或某些化合物常以气体的形式参与循环过程。属于这一类的物质有氧、二氧化碳、氮、氯、溴、氟等。沉积型循环物质的主要储库在土壤、沉积物和岩石中，而无气体状态，因此这类物质循环的全球性不如气体型循环、循环性能也很不完善。属于沉积型循环的物质有：磷、钙、钾、钠、镁、锰、铁、铜、硅等，其中磷是较典型的沉积型循环物质，它从岩石中释放出来，最终又沉积在海底，转化为新的岩石。

生态系统中的物质循环，在自然状态下，一般处于稳定的平衡状态。也就是说，对于某一种物质，在各主要库中的输入和输出量基本相等。大多数气体型循环物质如碳、氧和氮的循环，由于有很大的大气蓄库，它们对于短暂的变化能够进行迅速的自我调节。

4. 答案：野生动物保护法，是有关保护、拯救濒危野生动物，保护、发展和合理利用野生动物资源的各种法律规范的总称。综合《野生动物保护法》等有关法律法规，我国保护野生动物的法律措施主要有：

(1) 关于野生动物资源的权属的规定。野生动物资源属于国家所有，国家对野生动物实行加强资源保护、积极驯养繁殖、合理开发利用的方针，在实行野生动物资源的国家所有权的同时，国家还依法保护单位和个人开发、利用野生动物资源的合法权益，这类权益主要包括狩猎权和驯养繁殖权等。

(2) 关于野生动物保护的行政管理体制。国务院林业、渔业行政主管部门分别主管全国陆生、水生野生动物管理工作。省级政府林业行政主管部门主管本行政区内陆生野生动物管理工作，县级以上人民政府渔业行政主管部门主管本行政区内的水生野生动物管理工作，市场监督管理部门对进入市场的野生动物或者产品，应当进行监督管理。

(3) 关于野生动物保护的具体法律措施。首先，国家保护野生动物及其生存环境，禁止任何单位和个人非法猎捕或者破坏；其次，国家对珍贵、濒危的野生动物实行重点保护，国家重点保护的野生动物分为一级保护野生动物和二级保护野生动物；再次，各级野生动物行政主管部门应当监视、检测环境对野生动物的影响，国家和地方政府保护野生动物受到自然灾害威胁时，当地政府应当及时采取拯救措施；最后，因保护国家和地方重点保护野生动物，造成农作物或者其他损失的，由当地政府给予补偿。

(4) 关于野生动物管理的法律规定。包括国家建立野生动物资源档案，禁止猎捕、杀害国家重点保护野生动物，国家鼓励驯养繁殖野生动物，实行猎捕许可证制度，规定禁猎期、禁猎区和禁止使用的工具和方法，严格管理动物及其产品的经营利用和进出口活动以及加强进出口动植物检验检疫。

5. 答案：我国《水法》对防洪和抗洪作出了以下规定：

(1) 关于防洪与抗洪的管理体制。《水法》规定，各级人民政府应当加强领导，采取措施，做好防汛抗洪的工作。任何单位和个人，都有参加防洪的义务。县级以上人民政府防汛指挥机构统一指挥防汛抗洪工作。在汛情紧急的情况下，防汛指挥机构有权在其管辖范围内调用所需的物资、设备和人员，事后应当及时归还或者给予适当补偿。

(2) 关于防御洪水方案的法律规定。县级以上人民政府应当根据流域规划和确保重点兼顾一般的原则，制订防御洪水方案，确定防洪标准和措施。全国主要江河的防御洪水方案，由中央防汛指挥机构制订，报国务院批准。防御洪水方案经批准或者制订后，有关地方人民政府必须执行。

(3) 关于防洪抗洪的具体法律措施。在防洪河道和滞洪区、蓄洪区内，土地利用和各项建设必须符合防洪的要求。①按照天然流势或者防洪、排涝工程的设计标准或者经批准的运行方案下泄的洪水、涝水，下游地区不得设障阻水或者缩小河道的过水能力；②上游地区不得擅自增大下泄流量。在汛情紧急的情况下，各级防汛指挥机构可以在其管辖范围内，根据经批准的分洪、滞洪方案，采取分洪、滞洪措施。采取分洪、滞洪措施对毗邻地区有危害的，必须报经上一级防汛指挥机构批准，并事先通知有关地区。国务院和省、自治区、直辖市人民政府应当分别对所管辖的滞洪区、蓄洪区内有关居民的安全、转移、生活、生产、善后恢复、损失补偿等事项，制定专门的管理办法。

6. 答案：生态补偿制度是以防止生态环境破坏、增强和促进生态系统良性发展为目的，以从事对生态环境产生或可能产生影响的生产、经营、开发、利用者为对象，以生态环境整治及恢复为主要内容，以经济调节为手段，以法律为保障的新型环境管理制度。它可以分为广义和狭义两种。广义的生态补偿制度包括对污染环境的补偿和对生态功能的补偿。狭义的生态补偿制度，则专指对生态功能或生态价值的补偿，包括对为保护和恢复生态环境及其功能而付出代价、作出牺牲的单位和个人进行经济补偿；对因开发利用土地、矿产、森林、草原、水、野生动植物等自然资源和自然景观而损害生态功能或导致生态价值丧失的单位和个人收取经济补偿。这是建设资源节约型、环境友好型社会，最终实现和谐社会目标的重要组成部分，也是建立生态补偿制度的出发点。

五、论述题

1. 答案：自然保护区与风景名胜区、文化遗迹地、森林公园之间，有区别又有交叉。

（1）自然保护区主要强调保持特定地域的原貌，严禁人为的干扰和破坏，目的在于保留和提供环境“本底”，而且在同一区域内还要分成不同的区域，采取严格程度不同的保护措施。

（2）风景名胜区特别强调具有特定美学价值的自然和人文景物遗迹风土人情，并具有相当的欣赏价值，可以供游人游览和参观，它允许一定的人工修饰与恢复。我国有些风景名胜区与自然保护区是重叠的，一个区域既被划定为自然保护区，又被定为风景名胜区，这种现象是不正常的，也是不科学的。因此，2016 年修订的《风景名胜区条例》第 7 条规定：“设立风景名胜区，应当有利于保护和合理利用风景名胜资源。新设立的风景名胜区与自然保护区不得重合或者交叉；已设立的风景名胜区与自然保护区重合或者交叉的，风景名胜区规划与自然保护区规划应当相协调。”

（3）文化遗迹地与自然保护区交叉重叠的较少，但与风景名胜区交叉重叠的较多，许多文物保护单位都位于风景名胜区。

（4）森林公园与自然保护区的主要不同在于：森林公园主要以特别的森林景观和人文景物供人们游览或进行科学、文化与教育活动，而不是像自然保护区那样严格限制人为活动。在我国也存在森林公园与自然保护区过多交叉和重叠的问题，这种现象是由于自然保护区和森林公园的审批程序以及管理部门的不同造成的，它在一定程度上影响对特殊区域环境的保护。

2. 答案：为了保护和管理自然保护区，国家规定了一系列保护管理措施。其中主要有：

（1）设立自然保护区的管理机构，明确其职责。要求国家有关自然保护区行政主管部门应当在自然保护区内设立专门的管理机构，配备专业技术人员，负责自然保护区的具体管理工作。另外，自然保护区所在地的公安机关，可以根据需要在自然保护区设置公安派出机构，维护自然保护区内的治安秩序。

（2）明确自然保护区管理经费的来源。管理自然保护区所需的经费，由自然保护区所在地的县级以上地方人民政府安排。国家对国家级自然保护区的管理给予适当的资金补助。

（3）禁止和限制自然保护区内的人为活动。除对自然保护区不同区域特殊的保护管理措施外，还有一些对自然保护区一般的保护管理措施。包括：

①禁止在自然保护区内进行砍伐、放牧、狩猎、捕捞、采药、开垦、烧荒、开矿、采石、挖沙等活动（除非法律、法规另有规定）；

②严禁开设与自然保护区保护方向不一

致的参观、旅游项目；

③外国人进入自然保护区的，接待单位应当报经有关自然保护区行政主管部门批准；

④进入自然保护区的外国人，应当遵守有关自然保护区的法律、法规和规定；

⑤在自然保护区的核心区和缓冲区内，不得建设任何生产设施；

⑥在自然保护区的试验区内，不得建设污染环境、破坏资源或者景观的生产设施；

⑦建设其他项目，其污染物排放不得超过国家和地方规定的污染物排放标准；

⑧在自然保护区的试验区内已经建成的设施，其污染物排放超过国家和地方规定的排放标准的，应当限期治理；造成损害的，必须采取补救措施。

另外，在自然保护区的外围保护地带建设的项目，也不得损害自然保护区的环境质量；已经造成损害的，应当限期治理。

(4) 对违反规定，破坏自然保护区的单位和个人给予行政处罚或者追究刑事责任。

3. 答案：防洪工作应当遵循的基本原则有：

(1) 实行全面规划、统筹兼顾、预防为主、综合治理、局部利益服从全局利益的原则。所谓全面规划，是指要对一个地区或者一个流域的自然地理、社会经济、洪水规律、洪灾特点等进行全面细致的调查研究和分析，根据该地区或流域在国民经济建设中的地位、经济和社会发展规划、国家对防洪工作的要求等，结合国土整治以及该地区或者流域的水资源的综合开发和生态环境的保护，确定经济合理的防洪综合治理方案，形成完整的综合性防洪系统。所谓统筹兼顾，是指要兼顾上下游、左右岸的关系，局部利益与整体利益的关系，一般保护与重点防护的关系等。所谓预防为主，是指防洪的各项工作，都要把预防工作放在首位。所谓综合治理，是指采取各项措施相互结合进行治理。所谓局部利益服从全局利益，就是强调全局一盘棋，以全局利益为重。

(2) 防洪费用的筹集按照政府投入同受益者合理承担相结合的原则进行。

(3) 开发利用水资源，应当服从防洪总体安排，实行兴利与除害相结合的原则。

防洪的主要管理制度有：

(1) 统一规划，分级实施制度。该制度强调防洪工作要在统一规划下进行，即根据水害和水资源的具体情况，统筹考虑各方面的因素，兼顾各地区、各部门的要求和利益，制订合理可行的规划，并且按照规划付诸实施。

(2) 流域管理与行政区域管理相结合的制度。在防洪工作中，既要服从整个流域的规划，同时又要结合各个行政区域的规划，这样才能调动各方面的积极性，统分结合。

(3) 划分防洪区，分区管理制度。各级人民政府应当按照防洪规划对防洪区的土地利用实行分区管理。防洪区是指洪水泛滥可能淹及的地区，分为洪泛区、蓄滞洪区和防洪保护区。洪泛区是指尚无工程设施保护的洪水泛滥所及的地区；蓄滞洪区是指包括分洪口在内的河堤背水面以外临时贮存洪水的低洼地区及湖泊等；防洪保护区是指在防洪标准内受防洪工程设施保护的地区。

(4) 洪水影响评价制度。在洪泛区、蓄滞洪区内建设非防洪建设项目，应当就洪水对建设项目可能产生的影响和建设项目对防洪可能产生的影响进行评价，编制洪水影响评价报告，提出防御措施。

4. 答案：生物多样性是描述地球上生命的变化及其形成的自然格局的术语，它代表了地球上各种生命形式的相互依赖性。《生物多样性公约》第2条规定，生物多样性即为“所有来源的形形色色生物体中，这些来源除其他外包括陆地、海洋和其他水生生态系统及其所构成的生态综合体。这包括物种内、物种间和生态系统的多样性”。公约确认了生物多样性保护的三个层次：基因多样性、物种多样性和生态系统多样性。其中，对生物多样性的界定是广义的，既包括自然环境的多样性，又包括人类栖息地的多样性；既包括驯养物种的多样性，又包括野生物种的多样性。

我国是生物多样性特别丰富的国家之一，同时，我国又是生物多样性受到最严重威胁的国家之一。为保护生物多样性我国政府和社会一直做着不懈的努力，制定了一系列与生物多样性保护有关的法律法规，初步形成了生物多样性保护的法律法规体系，除在《宪法》中做了有关规定外，还颁布了《环境保护法》《野生动物保护法》《森林法》《草原法》《渔业法》等有关法律和《自然保护区条例》等20余件行政法规。各地方各部门也制定了相关的地方性法规和部门规章，使生物多样性保护有法可依、有章可循。本着部门分类管理的原则，初步建立起集中与分散相结合的生物多样性保护行政管理体系。在国际上，我国是《生物多样性公约》最早缔约国之一，并参加了“人与生物圈”“世界自然和自然资源保护联盟”等国际组织。积极承担保护生物多样性的国际义务。

尽管如此，我国生物多样性立法仍然存在着不少问题：(1) 法律体系不健全、滞后于实践发展；(2) 关于生物多样性方面的公众参与机制还很不健全；(3) 生物多样性保护缺乏专门的基金支持，管理机构设置不明确；(4) 外来物种入侵等。为此，我国必须健全和完善生物多样性法律保护制度。在重建立法目的的基础上，对生物多样性保护的法律规范进行重新清理，修改和废止现有的与现实不相适应部分，重新进行法律编纂，完善整个法律体系。同时，更多地学习和借鉴生物多样性立法的先进经验，制定一套符合我国国情并与国际接轨的法律法规体系，以满足生物多样性保护和可持续发展的需要。此外，完善政府职能，健全公众参与机制；建立科学的保护管理体制；健全和完善预防和控制外来物种入侵的法律制度；等等。

六、案例题

1. 答案：(1) 违反了禁止任何人进入自然保护区核心区的规定。《自然保护区条例》第18条、第27条规定核心区“禁止任何单位和个人进入”，A和B不仅擅自进入，还在其中进行了与自然保护区目的不一致的行为，显然是违法的行为。

(2) 违反了在自然保护区的核心区不得建设任何生产设施的规定。《自然保护区条例》第32条规定，“在自然保护区的核心区和缓冲区，不得建设任何生产设施”，B在核心区内开挖水塘、拉接高压线路、兴建大棚等活动，是对该条规定的直接违反。

(3) 违反了不得在自然保护区核心区从事经营活动的规定。《自然保护区条例》第26条规定：“禁止在自然保护区内进行砍伐、放牧、狩猎、捕捞、采药、开垦、烧荒、开矿、采石、挖沙等活动……”其目的是杜绝核心区内的经营活动。B在核心区内从事水产养殖的行为是对该条规定的违反。

2. 答案：《风景名胜区条例》第24条第1款、第3款规定：“风景名胜区内的景观和自然环境，应当根据可持续发展的原则，严格保护，不得破坏或者随意改变。风景名胜区内的居民和游览者应当保护风景名胜区的景物、水体、林草植被、野生动物和各项设施。”第26条规定：“在风景名胜区内禁止进行下列活动……（三）在景物或者设施上刻划、涂污……”所以，张某的行为是对长城这一风景名胜区的破坏，属于违法行为。

根据《风景名胜区条例》第44条的规定，长城管理机构可以责令张某责令恢复原状或者采取其他补救措施，处50元的罚款。

第十章　环境资源行政责任

重点知识讲解

重点知识一：环境资源行政责任的定义及构成要件

环境资源行政责任的定义	环境资源行政法律关系的主体违反环境资源行政法律规范或不履行环境行政法律义务所应承担的否定性的法律后果。
环境资源行政责任的构成要件	1. 行为违法； 2. 行为有危害后果； 3. 违法行为与危害后果之间有因果关系； 4. 行为人有过错。 行为违法和行为人有过错被有些学者称为“必要条件”，其他两项被称为“选择条件”。

重点知识二：环境资源行政处罚

环境资源行政处罚实施机关	（1）具有法定环境资源行政处罚权的行政机关包括：①县级以上地方人民政府生态环境主管部门；②依法对环境污染防治实施监督管理权的行政部门，包括海洋、港务监督、渔政渔港监督、公安、交通、铁道、民航管理部门；③县级以上人民政府的自然资源、矿产、林业、水利行政主管部门；④县级以上地方人民政府。 （2）经特别决定而获得环境资源行政处罚权的行政机关。国务院或者经国务院授权的省、自治区、直辖市人民政府可以决定一个行政机关行使有关行政机关的行政处罚权，但限制人身自由的行政处罚权只能由公安机关行使。 （3）由法律法规授予环境资源行政处罚权的组织，以及由具有法定环境资源行政处罚权的行政机关委托的组织。
环境资源行政处罚种类	警告、罚款、责令停止生产或使用、责令重新安装使用、责令停业或关闭。

续表

环境资源行政处罚的管辖	（1）地域管辖。县级以上地方生态环境主管部门管辖本行政区域的生态环境处罚案件。 （2）专属管辖。①对违反环境影响评价制度，或者需要配套建设的环境保护设施未与主体工程同时投入使用的建设项目的行政处罚，由负责审批该项目的环境影响报告书或环境影响登记表的生态环境主管部门决定；②对逾期未完成限期治理任务的企业事业单位的罚款处罚，由作出限期治理决定的人民政府所属的生态环境主管部门决定；③对无经营许可证或者不按照经营许可证的规定从事危险废物经营活动的行政处罚，由负责发证的生态环境主管部门决定。 （3）指定管辖。造成跨行政区域污染的行政处罚案件的管辖，由污染行为发生地和污染结果发生地的生态环境主管部门协商，协商不成的，报请共同的上一级生态环境主管部门指定管辖。两个以上的生态环境主管部门都有管辖权的行政处罚案件，由最先发现或者最先接到举报的生态环境主管部门管辖，对管辖权发生争议的，争议双方应报请共同的上一级生态环境主管部门指定管辖。 （4）移送管辖。环境保护法律、法规规定不属于生态环境主管部门管辖的案件，应当移送有管辖权的部门管辖。 （5）管辖权转移。下级生态环境主管部门对其管辖范围内的行政处罚案件实施处罚有困难的，可以报请上级生态环境主管部门指定管辖。上级生态环境主管部门认为下级生态环境主管部门实施处罚确有困难或者不能独立行使处罚权的，经通知下级生态环境主管部门和当事人，可以对下级生态环境主管部门管辖范围内的案件直接实施行政处罚。上级生态环境主管部门可以将其管辖范围内的案件交由下级生态环境主管部门直接实施行政处罚。
环境资源行政处罚的程序	（1）简易程序。适用简易程序的，环境资源行政执法人员当场作出处罚决定。适用简易程序的条件是：违法事实确凿、情节轻微并有法定依据，对公民处以 50 元以下、对法人和其他组织处以 1000 元以下的罚款或警告的行政处罚。 （2）一般程序。环境资源行政处罚的一般程序包括立案、调查取证、审查、作出处罚决定、制作处罚决定书、送达处罚决定书。 （3）听证程序。环境资源行政处罚主体在作出行政处罚决定前，在非本案调查人员的主持下，由该案的调查人员和拟被行政处罚的当事人参加的，由当事人进行陈述、申辩和质证的一种调查性活动。

配套测试

一、单项选择题

1. 根据责任的功能和目的不同，环境资源行政责任可以分为（　　）

A. 行政主体的环境资源行政责任和行政相对人的环境资源行政责任

B. 环境资源内部行政责任和环境资源外部行政责任

C. 惩罚性的环境资源行政责任和补救性的环境资源行政责任

D. 财产性的环境资源行政责任和非财产性的环境资源行政责任

2. 下列哪项责任形式既适用于环境资源行政相对人又适用于环境行政主体？（　　）

A. 行政处分　　B. 通报批评

C. 行政赔偿　　D. 行政处罚

3. 在我国，最主要的环境行政执法相对人是（　　）

A. 国家机关　　B. 企事业单位

C. 社会团体　　D. 公民个人

4. 环境行政执法机关进行执法检查或采取制裁措施的依据是（　　）

A. 环境行政处理

B. 环境行政处罚

C. 环境行政许可

D. 环境行政强制执行

5. 下列行政处罚方式属于自由罚的是（　　）

A. 警告　　B. 罚款

C. 责令支付费用　　D. 行政拘留

6. 享有环境行政强制执行权的是（　　）

A. 人民法院

B. 人民检察院

C. 公安机关

D. 环境行政执法机关

7. 行政主体工作人员承担环境资源行政责任的主要形式是（　　）

A. 引咎辞职　　B. 行政处罚

C. 行政处分　　D. 行政赔偿

8. 在我国现行的法律体制中，下列哪一主体无权追究行政主体的环境资源行政责任？（　　）

A. 权力机关　　B. 环境保护团体

C. 行政机关　　D. 人民法院

9. 公民、法人和其他组织直接向人民法院提出诉讼的期限为在知道具体环境资源行政行为之日起（　　）内。

A. 15 日　　B. 30 日

C. 2 个月　　D. 6 个月

10. 由行政机关委托的组织所作的具体环境资源行政行为，其被告是（　　）

A. 委托的行政机关

B. 具体实施行政行为的组织

C. 委托方和受托方共同的上级机关

D. 具体实施行政行为组织的上级机关

11. 违反下列哪项规定，由县级以上人民政府环境保护主管部门或者其他有关部门将案件移送公安机关？（　　）

A. 建设项目未依法进行环境影响评价的

B. 违反法律规定，未取得排污许可证排放污染物的

C. 生产、使用国家明令禁止生产、使用的农药的

D. 通过暗管、渗井、渗坑、灌注或者篡改、伪造监测数据，或者不正常运行防治污染设施等逃避监管的方式违法排放污染物的

二、多项选择题

1. 环境资源行政责任是一种（　　）

A. 积极责任　　B. 消极责任

C. 法律责任　　D. 政治责任

2. 下列哪些行政责任形式属于惩罚性的环境资源行政责任？（　　）

A. 消除危害　　B. 通报批评

C. 行政赔偿　　D. 行政处分

3. 下列哪些行政责任形式属于补救性的环境资源行政责任？（　　）

A. 赔礼道歉　　B. 消除危害

C. 行政处罚　　D. 停业治理

4. 下列哪些行政责任形式属于财产性的环境资源行政责任？（　　）

A. 责令停业　　B. 罚款

C. 没收违法所得　　D. 行政赔偿

5. 下列哪些主体有权从事环境行政执法？（　　）

A. 生态环境主管部门

B. 市场监督管理部门

C. 林业草原行政主管部门

D. 渔业行政主管部门

6. 下列关于环境行政执法行为基本要求的论述正确的是（　　）

A. 环境行政执法行为是由环境行政执法机构实施的行为

B. 环境行政执法机构的执法行为不得超越其职权范围或授权范围

C. 环境行政执法行为是针对环境行政执法相对人实施的行为

D. 有关环境问题的文件收发、资料保管、记录、复印等事务性行为不属于环境执法行为

7. 下列执法方式属于环境行政执法方式的有（　　）

A. 环境行政处理

B. 环境行政处罚

C. 环境行政许可

D. 环境行政强制执行

8. 按照处理决定的性质不同，环境行政处理可以分为（　　）

A. 排污收费的决定
B. 限期治理的决定
C. 权利性的环境行政处理决定
D. 义务性的环境行政处理决定

9. 我国行政法学界在理论上一般将行政处罚分为（　　）
A. 申诫罚　　B. 财产罚
C. 能力罚　　D. 人身罚

10. 根据内容的不同，环境行政许可可以分为（　　）
A. 确认相对人具有从事某种活动的权利的许可
B. 确认相对人免除某种义务的许可
C. 颁发许可证的许可
D. 发放审批证明的许可

11. 下列关于环境行政许可的论述错误的是（　　）
A. 环境行政许可机关可以依照职权实施行政许可
B. 环境法律的绝对禁止是实施环境行政许可的前提
C. 环境行政许可在绝大部分人没有资格或权利从事特定活动的情况下允许部分人从事这种特定活动
D. 环境行政主体在作出行政许可决定时不得附加一定的义务或责任

12. 环境行政机关强制执行或申请强制执行应当具备的条件是（　　）
A. 环境行政相对人依照环境法律、法规应当承担某种义务
B. 环境行政相对人在法定期限内故意没有履行该义务
C. 环境行政机关采取的强制执行措施必须有法律的明确规定
D. 作出强制执行决定的环境行政机关，必须享有该项行政强制执行权

13. 环境强制执行的对象是（　　）
A. 财产　　B. 人身
C. 行为　　D. 自然物

14. 环境行政执法中两种常用的实地环境监督检查方式是（　　）
A. 全面环境监督检查
B. 现场检查
C. 特定监督检查
D. 执法性的环境监测

15. 环境资源行政责任的构成要件是（　　）
A. 主体要件　　B. 客体要件
C. 主观要件　　D. 客观要件

16. 环境资源行政责任主体必须具备的条件是（　　）
A. 依法成立
B. 具有民事权利能力和民事行为能力
C. 具有法定的责任能力
D. 具有法定的环境资源行政职权和行政职责

17. 环境资源行政责任客观方面的构成要件包括（　　）
A. 行政违法行为
B. 危害后果
C. 违法行为与危害后果之间的因果关系
D. 行为人主观上有过错

18. 下列行政行为属于违法行政行为的是（　　）
A. 行政失职　　B. 事实依据错误
C. 适用法律错误　　D. 行政侵权

19. 有些学者将环境资源行政责任的构成要件分为必要条件和选择条件，下列属于必要条件的是（　　）
A. 行政违法行为
B. 行为的危害后果
C. 违法行为与危害后果之间的因果关系
D. 过错

20. 下列行政责任形式属于行政处分的是（　　）
A. 承认错误　　B. 引咎辞职
C. 警告　　D. 降级

21. 环境资源行政违法主体承担行政责任的方式有（　　）
A. 责任的免除　　B. 主动履行
C. 责任的转继　　D. 被动履行

22. 导致行政主体环境资源行政责任的转继的法律事实有（　　）
A. 法律的修订或新法的颁布
B. 行政主体被合并

C. 行政主体被撤销
D. 环境资源行政相对人要求转继

23. 行政主体环境资源行政责任的消灭主要基于下列哪些法律事实？（　　）
A. 责任者履行责任完毕
B. 权利人放弃了要求责任者承担责任的权利
C. 履行责任失去了意义
D. 追究责任的决定被依法撤销

24. 受委托实施水行政处罚的组织应当具备哪些条件？（　　）
A. 依法成立并具有管理公共事务职能
B. 具有熟悉有关法律、法规、规章和水利业务，并取得行政执法资格的工作人员
C. 需要进行技术检查或者技术鉴定的，应当有条件组织进行相应的技术检查或者技术鉴定
D. 受委托组织在委托权限内应当以委托水行政主管部门的名义实施水行政处罚

25. 下列关于委托实施水行政处罚的论述正确的是（　　）
A. 受委托组织在委托权限内，以委托水行政主管部门的名义实施水行政处罚
B. 受委托组织可以再委托其他组织或者个人实施水行政处罚
C. 委托水行政主管部门对受委托组织在委托权限和期限内行为的后果不承担法律责任
D. 委托不免除委托水行政主管部门的水行政处罚权

26. 下列哪些事项可以申请环境资源行政复议？（　　）
A. 环境资源抽象行政行为
B. 对行政机关作出的警告、罚款、没收违法所得、没收非法财物、责令停产停业、暂扣或者吊销许可证、暂扣或者吊销执照、行政拘留等行政处罚决定不服的
C. 对行政机关作出的关于确认土地、矿藏、水流、森林、山岭、草原、荒地、滩涂、海域等自然资源的所有权或者使用权的决定不服的
D. 认为环境资源行政机关违法要求其履行环境资源义务的

27. 企业事业单位和其他生产经营者超过污染物排放标准或者超过重点污染物排放总量控制指标排放污染物的，县级以上人民政府环境保护主管部门可以责令其采取以下哪些措施？（　　）
A. 停止生产
B. 限制生产
C. 停产整治
D. 限期治理

三、名词解释

1. 环境行政执法
2. 环境行政处理
3. 环境资源行政责任
4. 环境资源行政复议
5. 环境信息公开制度（中国人民大学2015考研真题）

四、简答题

1. 论环境行政责任的构成要素。
2. 试述环境行政处分与环境行政处罚的区别。
3. 试述《环境保护法》关于行政处罚的规定。

五、论述题

1. 论环境行政法律责任制度。
2. 论环境行政执法方式。

参考答案

一、单项选择题

1. 答案：C。环境资源行政责任具有丰富的内涵，根据不同的标准，可作不同的分类：根据责任主体的不同，环境资源行政责任可以分为行政主体的环境资源行政责任和行政相对人的环境资源行政责任；根据责任关系的

不同，环境资源行政责任可以分为环境资源内部行政责任和环境资源外部行政责任；根据责任的功能和目的的不同，环境资源行政责任可以分为惩罚性的环境资源行政责任和补救性的环境资源行政责任；根据责任内容的不同，环境资源行政责任可以分为财产性的环境资源行政责任和非财产性的环境资源行政责任。

2. 答案：B。在题中的四种责任形式中，只有通报批评既适用于环境资源行政相对人又适用于环境行政主体；行政处分适用于环境资源行政主体或环境资源行政相对人内部；行政处罚只适用于环境资源行政相对人，行政赔偿是环境资源行政主体因其违法行政行为给行政相对人造成的损失给予赔偿。

3. 答案：B。环境行政执法相对人是在具体的环境管理关系中处于被管理一方的当事人，是与环境行政执法主体相对应的一方主体。环境行政执法相对人不是单纯地指某一个人，我国境内的一切组织和个人，都可能成为环境行政执法相对人，包括：国家机关、企事业单位、社会团体及其他社会组织、中国公民、外国组织或者个人。其中，企事业单位是最主要的环境行政执法相对人。

4. 答案：A。行政执法机关在作出环境行政决定之后，常常需要对相对人执行该决定的情况进行监督检查（在某些情况下，是先监督检查，后做出环境行政处理决定），对不执行决定的相对人视情况作出环境行政处罚。因此，在这种情况下，环境行政处理又成为环境行政执法机关进行执法检查或采取制裁措施的依据。

5. 答案：D。人身罚又称自由罚，在环境法中，自由罚只有行政拘留一种。警告属于申诫罚，罚款和责令支付费用属于财产罚。

6. 答案：D。环境行政强制执行是环境行政管理相对人不履行环境法直接规定的或有关环境行政机关依法规定的义务时，有权的环境行政机关依法对相对人采取必要的强制措施，强迫其履行义务或达到与履行义务相同的状态的行政执法行为。由此可见，环境行政执法权是环境行政机关的主要职权，虽然环境行政机关往往要申请人民法院强制执行，但人民法院的强制执行只是环境行政机关强制执行的继续和延伸，它享有的是司法执行权而不是环境行政强制执行权。

7. 答案：C。行政主体工作人员承担环境资源行政责任的主要形式是行政处分。

8. 答案：B。在我国现行的法律体制中，有权追究行政主体环境资源行政责任的组织包括权力机关、人民法院和行政机关。权力机关追究行政机关行政责任主要通过撤销行政机关不适当的决定和命令来实现。人民法院追究行政主体行政责任的方式主要是行政诉讼。行政机关追究行政主体环境资源行政责任的方式主要是以行政决定、复议裁决等方式进行追究。

9. 答案：D。《行政诉讼法》规定，公民、法人或者其他组织直接向人民法院提起诉讼的，应当在知道作出具体行政行为之日起六个月内提出。法律另有规定的除外。

10. 答案：A。《行政诉讼法》规定，行政机关委托的组织所作的行政行为，委托的行政机关是被告。

11. 答案：D。《环境保护法》第63条规定："企业事业单位和其他生产经营者有下列行为之一，尚不构成犯罪的，除依照有关法律法规规定予以处罚外，由县级以上人民政府环境保护主管部门或者其他有关部门将案件移送公安机关，对其直接负责的主管人员和其他直接责任人员，处十日以上十五日以下拘留；情节较轻的，处五日以上十日以下拘留：（一）建设项目未依法进行环境影响评价，被责令停止建设，拒不执行的；（二）违反法律规定，未取得排污许可证排放污染物，被责令停止排污，拒不执行的；（三）通过暗管、渗井、渗坑、灌注或者篡改、伪造监测数据，或者不正常运行防治污染设施等逃避监管的方式违法排放污染物的；（四）生产、使用国家明令禁止生产、使用的农药，被责令改正，拒不改正的。"所以本题选D。

二、多项选择题

1. 答案：BC。环境资源行政责任，是指环境资源行政法律关系主体违反环境资源行政法律规范，所应承担的否定性法律后果。首先，环境资源行政责任是一种消极责任，是由于违反第一性法定义务而招致的第二性义务。其次，环境资源行政责任是一种法律责任，其责任上的形成是违反环境资源行政法律规范，它与其他社会责任，如政治责任、纪律责任、道义责任等有密切联系，但也有原则区别。

2. **答案**：BD。惩罚性的环境资源行政责任，是指环境资源行政违法行为必然导致的在法律上对违法主体进行惩罚的法律后果，能够给责任主体造成某种痛苦，从而起到教育和预防作用的环境资源行政责任。具体形式包括通报批评、行政处分和行政处罚。

3. **答案**：ABD。补救性的环境资源行政责任，是指环境资源行政违法主体补救履行自己的法定义务或补救自己的违法行为所造成的危害后果，以恢复遭受破坏的环境资源行政法律关系和行政法律秩序为目的的环境资源行政责任。其责任形式包括：承认错误、赔礼道歉、恢复名誉、消除危害、履行职务、撤销违法、纠正不当、返还权益、恢复原状、行政赔偿、支付治理费用、停业治理等。

4. **答案**：BCD。财产性的环境资源行政责任是指以财产的给付作为责任承担方式的环境资源行政责任，如罚款、没收违法所得、没收非法财物、行政赔偿等。与财产性的环境资源行政责任相对应的是非财产性的环境资源行政责任，即不以财产给付而以人身权利的限制、责令作出某种行为等作为责任承担内容的环境资源行政责任。例如，通报批评、赔礼道歉、承认错误、恢复名誉、消除影响、停止违法行为、撤销违法的行政行为、履行职务、纠正不当、警告、责令停止生产或者使用、责令重新安装使用、责令停业或关闭等。

5. **答案**：ACD。环境行政执法主体具有多部门性，有权从事环境行政执法的部门，除各级人民政府、生态环境主管部门外，还有许多相关部门，如林业草原行政主管部门、渔业行政主管部门、海洋行政主管部门、农业行政主管部门、水利行政主管部门、自然资源主管部门等。

6. **答案**：ABC。环境行政执法行为基本要求是：（1）在主体方面，环境行政执法行为是由环境行政执法机构实施的行为，其他部门或组织实施的行为不是环境行政执法行为；（2）环境行政执法机构的执法行为不得超越其职权范围或授权范围，执法机构非行使职权的行为或超越职权的行为不是环境行政执法行为，而且环境行政执法机构必须是有权的执法机构即依据环境法律、法规实施的行为；（3）环境行政执法行为是针对环境行政执法相对人实施的行为，一旦依法实施执法行为，则具有法律效力，即产生直接法律效果，有关环境问题的文件收发、资料保管、记录、复印等事务性行为属于环境执法行为。

7. **答案**：ABCD。环境行政执法方式是环境行政执法机构贯彻执行环境法律、法规，针对环境行政执法相对人所采取的各种方法、手段和措施。环境行政执法采取什么样的执法方式，是由环境行政执法的内容决定的，并为履行环境行政执法内容服务。环境行政执法的方式，包括环境行政处理、环境行政处罚、环境行政许可、环境行政强制执行、环境行政监督检查等。这些执法方式并不是各自独立、互不关联的，而是紧密联系在一起的。

8. **答案**：CD。环境行政处理可按不同的方法进行分类。按照环境行政处理是权利还是义务，可将其分为权利性的环境行政处理和义务性的环境行政处理；按照环境行政处理决定所包括的内容的不同，可将其分为排污收费的决定、限期治理的决定、批准环境影响报告书（表）的决定、批准环保设施竣工验收报告的决定、批准环保设施闲置的决定等。

9. **答案**：ABCD。我国行政法学界在理论上一般将行政处罚分为四种，即申诫罚、财产罚、能力罚和人身罚。在环境法中，有明确规定的申诫罚只有警告一种，能力罚即行为罚，是对具有某种法定资格或在环保方面具有作为或不作为义务的违法行为人实施的制裁。财产罚是对环境违法行为人的财产利益加以剥夺的制裁方式，在环境法中，罚款、没收、责令支付费用或赔偿都是财产罚的形式。人身罚又称自由罚，在环境法中，自由罚只有行政拘留一种。

10. **答案**：AB。根据不同的标准可对环境行政许可作不同的分类。根据环境行政许可内容的不同，环境行政许可可以分为确认相对人具有从事某种活动的权利的许可和确认相对人免除某种义务的许可；根据环境行政许可表现形式的不同，可将其分为颁发许可证的许可和发放审批证明的许可。

11. **答案**：ABD。首先，环境行政相对人的申请是实施环境行政许可的前提，如果没有相对人的申请，环境行政主体不能主动破坏环境法律规定的一般禁止原则而任意作出许可行为。其次，环境行政许可是以环境法律的一般禁止为前提，没有法律的一般禁止便没有行政许可存在的余地。环境行政许可是由有许可权的环境行政执法机关依法赋予环境行政管理相对人某种权利和资格的行政执法行为，是在相对人普遍没有资格和权利从事某种特定活动的情况下，允许一部分相对人从事这种特定活动。另外，环境行政主体有权力在作出许可决定时附加一定的义务或责任。

12. **答案**：ABCD。环境行政机关强制执行或申请强制执行应当具备的条件是：（1）环境行政相对人依照环境法律、法规应当承担某种义务。如果不存在法定义务，也就不存在环境行政强制执行问题。（2）环境行政相对人在法定期限内没有履行该义务，且不履行是出于故意，而非客观上不能履行。（3）环境行政机关采取的强制执行措施必须有法律的明确规定。（4）作出强制执行的环境行政机关，必须享有该项行政强制执行权。

13. **答案**：AC。我国的环境行政强制执行措施，具体包括强制划拨、强行扣缴、强行拆除、强行检查、强行停产、强制关闭等形式。环境行政强制执行的对象只能是财产和行为，不存在人身强制执行问题。

14. **答案**：BD。环境行政监督检查依据监督检查的方法不同，分为实地环境监督检查与全面环境监督检查，其中，现场检查与执法性的环境监测是环境行政执法中两种常用的实地环境监督检查方式。

15. **答案**：ABCD。行政主体的环境资源行政责任的构成，是指形成该行政责任所必须具备的各种条件之总和。环境资源行政责任的构成要件可以从主体、主观、客体、客观四个方面进行理解。

16. **答案**：CD。环境资源行政责任的主体必须具备两个条件：（1）具有法定的责任能力。一般而言，行政主体和行政主体工作人员都具有责任能力。（2）具有法定的环境资源行政职权和行政职责。

17. **答案**：ABC。环境资源行政责任客观方面是指构成该责任的客观外在表现，具体包括行政违法行为、危害后果和两者之间的因果关系。

18. **答案**：ABCD。根据我国《行政诉讼法》《行政复议法》的规定，行政违法行为主要有以下几种：行政失职、行政越权、行政滥用职权、事实依据错误、适法错误、违反法定程序、行政侵权等。

19. **答案**：AD。有学者指出，行为违法和过错，是行为人承担环境行政责任所必须具备的条件，可称为“必要条件”；危害后果、违法行为和危害后果之间的因果关系，则只有在法律明文规定的场合才成为行为人承担行政责任的必要条件，故可称为“选择条件”。

20. **答案**：CD。根据《公务员法》的规定，行政处分共有6种形式：警告、记过、记大过、降级、撤职和开除。

21. **答案**：BD。环境资源行政违法主体承担行政责任的方式有两种：一是主动履行，包括行政主体自觉主动发现违法，并主动承担责任和行政相对人要求行政主体承担行政责任，行政主体满足了行政相对人的要求。二是被动履行，在行政主体不主动承担责任的前提下，有权机关予以追究，按照法定形式和方式强制行政违法主体履行一定的义务。

22. 答案：BC。行政主体环境资源行政责任的转继，是指在法定条件下，行政责任从一个主体身上转移到另一个主体身上，原责任者的责任为另一个主体所继受。行政主体环境资源行政责任的转继，发生在行政责任已经确定，但尚未履行或尚未履行完毕时。导致行政主体环境资源行政责任转继的法律事实是行政主体被合并或撤销。

23. 答案：ABCD。行政主体环境资源行政责任的消灭，是指责任被确定后，因某些法律事实的出现而失去存在。行政主体环境资源行政责任的消灭主要基于以下法律事实：（1）责任者履行责任完毕；（2）权利人放弃了要求责任者承担责任的权利；（3）履行责任失去了意义；（4）追究责任的决定被依法撤销。

24. 答案：ABC。《水行政处罚实施办法》第7条规定："受委托组织应当符合下列条件：（一）依法成立并具有管理公共事务职能；（二）具有熟悉有关法律、法规、规章和水利业务，并取得行政执法资格的工作人员；（三）需要进行技术检查或者技术鉴定的，应当有条件组织进行相应的技术检查或者技术鉴定。"

25. 答案：AD。《水行政处罚实施办法》第6条第2款规定："受委托组织在委托权限内，以委托水行政主管部门的名义实施水行政处罚；不得再委托其他组织或者个人实施水行政处罚。"第9条规定："委托水行政主管部门应当对受委托组织实施水行政处罚的行为负责监督，并对该行为的后果承担法律责任。"

26. 答案：BCD。根据《行政复议法》和环境资源法律的相关规定，不可以申请环境资源行政复议的事项包括：（1）环境资源抽象行政行为；（2）环境资源内部行政行为；（3）对环境资源民事纠纷做出的调解或其他处理。题中的B、C、D项都属于环境资源行政复议的范围。

27. 答案：BC。《环境保护法》第60条规定："企业事业单位和其他生产经营者超过污染物排放标准或者超过重点污染物排放总量控制指标排放污染物的，县级以上人民政府环境保护主管部门可以责令其采取限制生产、停产整治等措施；情节严重的，报经有批准权的人民政府批准，责令停业、关闭。"所以本题选B、C。

三、名词解释

1. 答案：环境行政执法是指有关行政管理机关执行环境法律规范的活动，它又可以分为生态环境主管部门的执法和环境保护行政相关部门的执法。

2. 答案：环境行政处理是环境行政执法机关依法针对特定的环境行政管理相对人所作出的具体的、单方面的、能直接发生行政法律关系的决定。

3. 答案：环境资源行政责任是指环境资源行政法律关系主体违反环境资源行政法律规范，所应承担的否定性的法律后果。

4. 答案：环境资源行政复议是指行政相对人（公民、法人或者其他组织）认为环境资源具体行政行为侵犯其合法权益，向行政机关提出申请，行政机关依法对具体行政行为进行审查并作出决定的法律制度。

5. 答案：环境信息公开制度是指依据和尊重公众知情权，政府和企业以及其他社会行为主体向公众通报和公开各自的环境行为以利于公众参与和监督的制度。

四、简答题

1. 答案：环境行政责任的构成要素是指承担违反环境保护法的行政责任者所必须具备的条件。行为违法、行为有危害后果、违法行为与危害后果之间有因果关系、行为人有过错。行为违法和行为人有过错被有些学者称为"必要条件"，其他两项被称为"选择条件"。

（1）行为违法。学界对于违法的含义的解释有"主观违法说"和"客观违法说"。我国环保法采用的是"客观违法说"。"客观违法说"以行为效力为着眼点，以应受或者已受法律保护的权益为根本，即使行为未违反法律强制性或者禁止性规范，也构成违法。

(2) 行为的危害后果。行为的危害后果是承担环境行政责任的选择条件之一。在某些情况下，法律规定没有造成危害后果的违法行为也要承担环境行政责任，而在另外一些情况下，根据法律规定，环境违法行为必须产生了危害环境的后果才承担环境行政责任。此外，在某些场合，法律规定只有危害后果时，才能成为环境行政责任的条件。前面所说的“没有造成危害后果”是指没有造成现实的、直接的、有形的危害后果，但违法行为肯定会对环境造成危害，只不过这种危害后果是潜在的、无形的或是间接的。

(3) 环境违法行为与危害后果之间的因果关系。环境违法行为与危害后果之间的因果关系是构成环境行政责任的选择条件。环境违法行为是原因，行为的危害后果是结果，在没有规定不以危害后果作为承担环境行政责任条件的场合，则不存在确定因果关系的问题。在环境保护实践中，要准确认定产生环境危害后果的违法行为从而确定两者之间的因果关系，并不是一件轻而易举的事，多因一果、一因多果、多因多果的情形比较常见。

(4) 行为人主观上有过错。环境行政责任中的过错分为故意和过失，这是环境行政责任的必要条件之二。故意是指行为人明知自己的行为会造成环境损害的后果，并且希望或者放任这种后果发生的心理状态，故意分为直接故意和间接故意。过失是指行为人应当预见自己的行为可能产生危害环境的后果，因疏忽大意没有预见或者能够预见却轻信自己能够避免的心理状态，分为疏忽大意的过失和过于自信的过失。过错的形式不同，行为人承担环境行政责任的形式也不一样，对故意心理状态行政责任的追究，较之过失心理状态的行政责任追究要严厉。

2. 答案：行政处分和行政处罚均为对违法者的行政制裁，它们共同构成了环境资源行政责任，但两者有一定的区别，主要表现在以下几个方面：

(1) 实施制裁的主体不同。实施行政处分的主体是具有行政隶属关系的国家机关、企事业单位和社会团体，而实施行政处罚的主体只能是具有行政处罚权的环境资源管理部门。

(2) 制裁的对象不同。行政处分的对象是在环境资源保护中违法失职的人员，即本单位或者有行政隶属关系的工作人员，不适用于单位；而行政处罚的对象是所有污染和破坏环境资源的单位和个人，并且不需要存在行政隶属关系。

(3) 制裁的方式不同。行政处分采用警告、记过、记大过、降职、撤职、留用察看和开除等方式，而行政处罚则是采用罚款、责令停业或关闭、吊销许可证等多种处罚方式。

(4) 补救途径不同。对行政处分不服的，只能向上级机关或决定机关申诉；而对行政处罚不服的，不仅在法定期限内可以申请行政复议，对复议决定不服的，可以向人民法院提出行政诉讼，当事人也可以直接向人民法院提出行政诉讼。

3. 答案：根据《环境保护法》的规定，我国环境资源行政处罚的实施机关包括以下几类：

(1) 具有法定环境资源行政处罚权的行政机关包括：县级以上地方人民政府生态环境主管部门；依法对环境污染防治实施监督管理的行政部门，包括海洋、港务监督、渔政渔港监督、公安、交通、铁道、民航管理部门；县级以上人民政府的自然资源、矿产、林业、水利行政主管部门；县级以上地方人民政府。

(2) 经特别决定而获得环境资源行政处罚权的行政机关。国务院或者经国务院授权的省、自治区、直辖市人民政府可以决定一个行政机关行使有关行政机关的行政处罚权，但限制人身自由的行政处罚权只能由公安机关行使。目前，我国在依法开展集中行政处罚权工作中成立的集中行使行政处罚权的行政机关或者综合执法局也行使部分环境资源行政处罚权。

(3) 由法律法规授予环境资源行政处罚权的组织，以及由具有法定环境资源行政处罚权的行政机关委托的组织。

我国《环境保护法》规定的行政处罚种类有：罚款、责令停止建设、责令改正、责令限制生产或停业整治、责令恢复原状、责令停业或关闭、记过、记大过、降级处分、撤职、开除、拘留。

五、论述题

1. 答案：环境行政责任，是指环境行政法律关系的主体违反环境行政法律规范或不履行环境行政法律义务所应承担的否定性的法律后果。环境资源行政责任是环境资源行政违法行为所引起的法律后果。

根据环境行政责任承担主体的不同，可以把其分为所承担的责任和环境行政相对人所承担的责任。环境行政管理主体的责任种类主要包括：撤销违法行政行为；履行法定职责；赔偿行政相对人损失。另外，在某些情况下，还有赔礼道歉、恢复名誉、消除影响等责任形式。环境行政相对人的环境行政责任，是指因环境行政相对人违反环境法或不履行法定环境保护义务而受到的环境行政处罚和行政处分。环境法中主要规定了环境行政相对人的环境行政责任，以环境行政处罚为主。

根据环境行政处罚的性质和作用可分为三大类：(1) 申诫罚。申诫罚又叫精神罚，是指环境行政管理机关向违法者提出告诫，指明其违法行为，使受罚人在精神和名誉上受到损害的制裁方式。它主要适用于轻微的环境违法行为或尚未造成实际危害后果的环境违法行为。在环境法中，明确规定的申诫罚只有警告一种。(2) 行为罚。行为罚又称为能力罚，是指行政管理机关依法限制或剥夺环境违法行为人某种特定行为能力，令其作为或不作为的制裁方式。它是对具有某种法定资格或在环境保护方面具有作为或不作为义务的违法行为人实施的制裁。其方式主要有责令限期改正、责令停止建设、责令重新安装使用污染防治设施、责令停止生产或停业整顿、责令停业、责令关闭等。(3) 财产罚。财产罚又称为经济罚，是指行政管理机关依法对环境违法行为人的某种财产利益加以剥夺的制裁方式。在环境法中，财产罚的主要形式有：罚款、没收，包括没收违法所得和没收从事非法活动的工具、财物等；责令支付消除污染费用、责令赔偿损失、加收排污费等。

根据责任的功能和目的的不同，环境资源行政责任可以分为惩罚性的环境资源行政责任和补救性的环境资源行政责任。惩罚性的环境资源行政责任指的是行政违法行为必然导致的在法律上对违法主体进行惩罚的法律后果，具体形式包括通报批评、行政处分和行政处罚。补救性的行政责任是指环境资源行政违法行为的主体履行自己的法定义务或补救自己的违法行为所造成的危害后果的法律责任，这类责任既适用于环境资源行政主体，又适用于环境资源行政相对人。

关于环境资源行政责任的承担，通常表现为两种形式，即当事人主动承担和在法定组织追究下承担。一般而言，环境资源法律关系主体都是在法定组织追究下承担相应的责任。在我国，有权追究行政责任的法定组织包括权力机关、人民法院、各级人民政府、各级人民政府的环境资源行政主管机关和分管机关以及上级行政机关。

2. 答案：执法方式是行政机关实施行政执法行为的最直接的手段，没有执法方式，执法权将无法付诸实施。同等情况下，不同的执法方式，将导致不同的执法效果。我国的环境行政执法方式依然停留在传统的、单一的命令行政模式，即执法部门与相对人是一种命令与服从的关系，执法者与相对人主体地位不平等。执法机关惯用事后的环境行政处罚方式，忽视事前的预防方式和指导方式；着重于环境行政的管理权，忽视环境行政相对人的权利。

随着时代的发展，环境行政执法应该突出体现以下指导思想：(1) 转变观念，从单一管理职能模式向管理职能与服务职能相结合的模式转化。(2) 环境行政执法由封闭走向开放。在环境行政执法过程中要吸引公众参与，集思广益，调动社会各界积极性。(3) 环境行政执法方式多元化。环境行政机关在规范原先占有主导地位的管制、命令等方式的基础上，更应该创新执法方式，增加指导性、平等性、服务性的执法方式。以行政指导、行政合同等新的方式实现环境行政机关环境执法由“强制性—弱强制性—说服性”的转变。

环境行政机关在进一步完善传统的环境行政执法方式的基础上，可以尝试推广以下几种执法方式：

(1) 环境行政合同方式。在我国，环境合同制度在立法上尚未确立，但在环境行政执法领域，已经在尝试使用了，如污染源限期治理合同、建设项目的“三同时”承包合同、关于使用排污费合同等，并且取得了很好的效果。在我国环境行政执法领域出现的这类合同是环境行政机关为执行环境行政法律法规这一特定目的而与环境行政相对人意思表示一致而订立的协议，是一种环境行政合同。首先，这种采用环境行政合同的执法方式可以加强宏观调控，避免环境行政机关的直接行政干预，保护相对人的权益。其次，行政合同的形式比较灵活，可以根据具体的执法内容确定具体的执法措施。最后，环境行政合同的执法方式体现了执法机关事前的积极的预防作为，而不是机械地事后处罚。而就企业方面来说，环境行政合同还可以帮助企业更好地履行社会责任，提升企业的形象。因此，有必要在立法上规范、在实践中推广环境行政合同方式。

(2) 吸引公众参与环境行政执法，创设公众参与环境行政执法的途径。环境作为“公共产品”，公众有权参与其管理与分配。公众参与环境行政执法首先可以起到监督环境行政机关的作用，促使行政机关公正执法；其次公众参与还可以提升全社会的环境法律意识，促进守法积极性；最后也可以弥补行政执法机关执法人力的不足。目前，我国公众参与环境行政执法主要是通过公众监督的方式，真正实现公正监督，环境行政机关除要落实环境行政公开制度和环境听证制度外，还应该为公众监督环境行政执法提供方便渠道，如建立排污申报厅、公布举报电话、设立举报信箱等。此外，还应当进一步研究开创公众参与环境行政执法的新方式、新渠道，充分发挥公众的力量。

(3) 环境行政奖励方式。环境行政执法中的行政奖励，一般是指环境行政执法机关（授权或委托机关）依照法律、法规，对实施了优秀环境行为的单位和个人所给予的荣誉和奖励。环境行政奖励对于环境行政执法的有效开展，具有更为积极的意义。行政处罚可以打击违法者，起到威慑作用；行政奖励则可以鼓励先进，并对他人产生刺激作用。但是该方式在目前的环境行政执法中没有得到普遍的使用，环境行政奖励可以采取多样化形式，既可以是物质奖励，奖励一定数量的奖金或返还一定比例的排污费等，也可以是精神奖励，还可以是带有奖励性的优惠政策，如推行企业环境信誉等级评价制度，对好的企业挂 AAA 级信誉标志、对差的企业在新闻媒介上公布，等等。

第十一章　环境资源民事责任

重点知识讲解

重点知识一：环境资源民事责任的特点

环境资源民事责任的特点	（1）环境资源民事责任是一种污染侵权责任。 （2）环境资源民事责任的发生根据不仅有对财产权、人身权的侵害，还包括对环境权益的侵害；不仅要求损害人身健康和公私财产的污染者承担民事责任，也要求损害环境而没有损害人身健康和公私财产的污染者承担传统民事责任。 （3）环境资源民事责任的构成要件具有独特性。这是环境民事责任区别于普通民事责任的根本特征和最集中表现。 （4）环境资源民事责任主要是以补偿为目的的财产责任。这是环境民事责任与环境领域其他责任如行政责任、刑事责任等的重要区别。 （5）环境资源民事责任是体现“社会本位”价值观的责任。

重点知识二：环境资源民事责任的归责原则

环境资源民事责任的归责原则及定义	无过错原则。 环境资源法上的无过错责任是指因环境污染和破坏而给他人造成财产和人身损害的行为人，即使主观上没有过错，也要对其所造成的损害承担赔偿责任。

重点知识三：环境民事责任的免责事由

环境资源民事责任的免责事由	（1）不可抗拒的自然灾害造成他人损害的。 （2）战争行为。 （3）受害人自身的责任引起的。 （4）由于第三者的故意或过失引起的。

配套测试

一、单项选择题

1. 从环境法的历史来看，下列哪一项是环境领域最早应用的法律责任？（　　）

A. 民事责任　　B. 刑事责任

C. 行政责任　　D. 政治责任

2. 环境污染损害一般不包括下列哪一选项的内容？（　　）

A. 财产损害

B. 对身份权的侵害

C. 环境损害

D. 人身损害

3. 下列选项中不属于共同环境侵权行为的是（ ）

A. 每个行为人的单独行为都可以导致损害的发生

B. 单个行为人的行为不足以使损害发生，但其组合在一起则产生损害的复合污染行为

C. 能够判明侵害后果是由某一个侵权主体所为的污染危害行为所致

D. 侵害后果是由污染危害行为的多个主体中的一个或数个所致，但不能判明加害具体由谁所致

4. 下列选项中我国环境立法尚未规定的环境民事责任形式是（ ）

A. 损害赔偿　　B. 精神赔偿

C. 消除危险　　D. 排除妨碍

5. 对污染环境、破坏生态损害社会公共利益的行为，符合下列哪一条件的社会组织可以向人民法院提起诉讼？（ ）

A. 专门从事环境保护公益活动连续五年以上且无违法记录

B. 专门从事环境保护公益活动连续两年以上且无违法记录

C. 依法在本辖区人民政府民政部门登记

D. 依法在县级以上人民政府民政部门登记

6. 甲市某大型工厂长期向河流排放污水，甲市检察院对该工厂提起环境侵权公益诉讼，下列选项正确的是（ ）

A. 检察院可以与该市蓝天环保组织共同提起公益诉讼

B. 公益诉讼案件审理过程中，若甲市检察院与该工厂达成和解协议，可以撤诉

C. 若对一审法院判决不服，由甲市检察院的上一级检察院提起上诉

D. 该工厂败诉后迟迟不履行，法院不经过检察院申请直接移送执行

7. 光电公司违规排放工业废水，在S市造成严重环境污染，环保组织准备提起民事公益诉讼。对此，下列哪一主体可提起诉讼？（ ）

A. 连续十年从事环保工作的甲企业

B. 连续十年从事环保工作在乙省民政厅注册的环保联盟

C. 连续十年从事环保工作的国外丙环保协会

D. 在S市丁县民政局登记的某环保协会

二、多项选择题

1. 同传统的民事侵权相比，环境侵权的特征是（ ）

A. 当事人地位事实上不平等，受害主体不仅包括当代人，还可能包括后代人

B. 侵害对象的广泛性与复合性

C. 环境侵权行为在宏观上的价值双重性

D. 环境侵害具有持续性、潜在性、不明确性

2. 无过错责任为各国环境法所普遍采用的原因是（ ）

A. 现代工业生产排污具有高度危险性，企业即使无过错，也可能造成环境污染及他人巨大的财产和人身损害

B. 现代工业生产及其造成污染的复杂性，难以证实排污者的故意或过失

C. 无过错责任原则是民法公平原则的客观要求

D. 无过错责任原则可以弥补过错责任原则的不足

3. 我国法律对环境侵权适用过错责任和无过错责任分别作出了规定，下列说法正确的是（ ）

A. 过错责任原则适用于对森林资源、土地资源、野生动植物资源的保护

B. 过错责任原则适用于对自然保护区、风景名胜区、城乡环境等人文环境的保护

C. 无过错责任原则适用于对大气污染防治、水污染防治、海洋污染防治、噪声污染防治等

D. 无过错责任原则主要适用于对自然资源的保护

4. 与普通民事责任、环境行政责任、环境刑

事责任相比，环境民事责任所具有的特征是（ ）

A. 环境民事责任是一种污染侵权责任

B. 环境民事责任的构成要件具有独特性

C. 环境民事责任主要是以补偿为目的的财产责任

D. 环境民事责任是体现“社会本位”价值观的责任

5. 下列选项中不属于环境民事责任无过错责任构成要件的是（ ）

A. 环境损害的事实　　B. 因果关系

C. 行政责任　　D. 政治责任

6. 按照对环境的破坏形式，环境损害可以分为（ ）

A. 环境破坏

B. 生活环境的损害

C. 环境污染

D. 生态环境的损害

7. 某节目演出组到某山区演出，该地属于自然保护区范围。演出组在某一天入景点搭设了一座栈桥，为运送演出设备在区内修建了一条简易公路。区内环境和植被因此遭受了一定程度的毁坏。演出计划得到了主管部门和当地政府的批准，演出组并已付钱请当地人承担恢复原貌工作。关于该事件的下列哪些意见是错误的？（ ）

A. 演出组在该自然保护区内景点修建的是临时建筑物，其影响环境的行为不受我国《环境保护法》的约束

B. 演出组为了演出需要而搭设栈桥，不属于工业性项目，也没有排放污染，环境保护管理部门无须过问

C. 演出组的行为即使对当地环境有影响，也不构成跨区环境问题，不属于国务院环境保护行政主管部门的监管范围

D. 对于该演出组的上述行为，我国法律目前没有可适用的处罚规定

8. 某河流经 A、B 两个城市，位于上游 A 市的甲化工厂非法排放污水，污染了整条河，A、B 两市的两岸土地和百姓深受其害。A 市环保联合会已经对甲化工厂提起了环境侵权公益诉讼。现 B 市的环保公益组织也欲提起环境侵权公益诉讼，下列相关说法正确的是（ ）

A. A、B 两市的法院可分别受理案件

B. 由 A 市的受理法院管辖本案

C. 法院对公益诉讼作出裁决后，受害个人不能针对此污染行为提起侵权诉讼

D. 提起公益诉讼的环保组织应在设区的市级以上民政部门登记

三、名词解释

1. 环境民事责任

2. 共同环境侵权

3. 环境民事诉讼

4. 举证责任倒置

5. 环境保护责任制度（中国人民大学 2015 年考研真题）

四、简答题

1. 污染损害赔偿和一般民事赔偿在诉讼中的举证责任有何不同？因果关系的确定有何区别？

2. 简述我国《环境保护法》规定的解决环境污染赔偿纠纷的方式。

3. 试述环境污染无过失责任的法律特征和免责条件。

4. 简述环境污染民事诉讼的举证责任。（武汉大学 2014 年考研真题）

5. 简述环境民事纠纷的举证责任。（中国人民大学 2015 年考研真题）

五、论述题

1. 试述环境侵权的特征。

2. 论我国环境损害赔偿的立法完善。

3. 论述环境公益诉讼制度的构建。

4. 试述环境污染民事责任的概念和特点、归责原则及实行该归责原则的原因。

5. 结合《环境保护法》的规定，论述环境法损害者付费，受益者补偿原则。（武汉大学 2015 年考研真题）

六、案例题

1. 某地 231 户农民承包农田种植水稻。2019

年和2020年两年连续出现水稻受害症状，减产稻谷23万公斤。农民认为是某制药厂向作为农田灌溉水源的河流中排污所致，并有专家调查组的调查报告为证。在请求当地生态环境主管部门调解处理未果的情况下，231户农民推选3位代表人向人民法院提起损害赔偿诉讼。当地法院受理本案后，并未将其作为共同诉讼案件受理，而是作为231起案件分别立案和审理。在案件审理中，被告制药厂以原告不能举出被告排污与原告水稻受害之间有因果关系的证据为由，拒绝承担赔偿责任。同时还认为，向河中排污的有10多家企业，原告只起诉被告一家并让其负全部赔偿责任是不合理的。法院审理后认为，被告没有举出证据证明其排污与水稻受害之间无因果关系，也未提供其他企业向河道排污的证据。因此，判决其赔偿原告的全部损失，并作出内容类似的231份判决书。

问题：(1) 本案中被告以原告不能证明被告排污与原告水稻受害之间有因果关系作为抗辩理由是否成立？为什么？

(2) 法院将本案作为231起案件分别立案和审理的做法是否合理？为什么？

2. 2007年以来，王某等18户渔民经当地政府批准，集资数百万元，在某县滦河出海口沿海滩涂合伙开办经营了一个大型贝类养殖场。2010年10月上旬，来自某市造纸、化工等企业的工业污水沿滦河河道顺水流入大海，污染了王某等经营的贝类养殖场的海水水域，造成了大面积海洋生态破坏，致使即将成熟上市的滩涂贝类、鱼类成批死亡，直接经济损失惨重。

经渔政部门监测，贝类死亡的直接原因是养殖海域内存在的大量有机物和悬浮物所致。经生态环境部门沿滦河对上游排污企业的排查，发现有三家排污企业排放的有机物和悬浮物数量相当、排污口地理位置相近。其中，A造纸厂排放的有机物和悬浮物严重超标；B造纸厂排放污水虽然达标，但主要污染物仍为有机物和悬浮物；C化工厂也将大量未达标的工业污水直接排入滦河，虽其污染物中不含悬浮物，但有机物的排放也严重超标。

2010年12月，渔政部门对这次污染事件造成的经济损失进行了评估，污水造成贝类养殖场的损失为860万元。同时，污染事件对养殖区域及附近海域的海洋生态造成了重大损失，经有关部门评估，损失约为3600万元。为此，王某等18户渔民欲联合向法院提起损害赔偿诉讼。

问题：(1) 本案中A、B、C三家企业是否都能成为被告？为什么？

(2) 王某等18户渔民是否有权对污染事件引起的海洋生态破坏损失提出赔偿请求？

3. 某地农民甲承包农田种植水稻。2018年和2019年两年连续出现水稻受害症状，减产稻谷23万公斤。农民认为是上游四个造纸厂向作为农田灌溉水源的河流中排污所致，并有专家调查组的调查报告为证。在请求当地生态环境行政主管部门调解处理未果的情况下，甲向人民法院提出损害赔偿诉讼。在审理过程中，被告乙以自己达标排污为由，拒绝承担赔偿责任；其他三位被告以原告不能举出被告排污与原告水稻受害之间有因果关系的证据为由，也拒绝承担赔偿责任。

问题：(1) 被告乙以达标排污作为抗辩事由是否成立？为什么？

(2) 其他三位被告以原告不能证明被告排污与原告水稻受害之间有因果关系作为抗辩事由是否成立？为什么？

(3) 原告可否要求赔偿能力最高的被告乙承担全部的赔偿责任？

4. A县某石化染料厂、硫酸厂长期将含酸废水通过其排污管道排入离其厂区不远的一条河流，该河河水进入位于B县的镜花湖。2017年上半年，当地由于长期干旱无雨，湖水水位下降，但工厂排放的含酸废水却没有减少，致使湖水呈酸性。B县周楼村村民周某承包湖面养鱼多年，一直未发生大量死鱼现象。但从2017年6月开始，水面漂浮的死鱼却越来越多。生态环境部门对湖水监测的结果，pH 值为 4.8。对死鱼进行化验分析，其结论为受酸水腐蚀而死。经 B 县渔业行政管理部门核定，死鱼造成的直接经济损失为 25 万元。周某沿河找到石化染料厂和硫酸厂两家排污单位，要求其赔偿死鱼损失，均遭到拒绝。于是周某向 B 县人民法院提起诉讼。在案件审理过程中，被告石化染料厂提交了由 A 县生态环境局出具的其排放的废水 pH 值符合排放标准的监测报告，并认为不应由其承担污染死鱼的赔偿责任。硫酸厂认为，虽然自己排放的废水没有达到排放标准，但已经向生态环境部门缴纳超标排污费，也不应承担损害赔偿责任。但 B 县人民法院仍然判决石化染料厂向原告周某赔偿 10 万元，硫酸厂赔偿 15 万元。

问题：（1）周某在诉讼中是否还应当向人民法院提交其他相关证据？为什么？

（2）石化染料厂的辩解是否有道理？为什么？

（3）硫酸厂的辩解是否有道理？为什么？

参考答案

一、单项选择题

1. 答案：A。从环境法的历史来看，民事责任是环境领域最早应用的法律责任。如果把专门针对环境问题的单独的专门性环境法律的出现作为环境法产生的判断标准，可以发现环境民事责任的产生甚至早于环境法本身。

2. 答案：B。依据环境侵害对象的不同，一般可将环境污染损害分为下列几种：（1）财产损害。财产损害是指因为环境污染造成他人财物的减少或毁损。（2）人身损害。人身损害是指环境污染侵犯人身权而给自然人人身带来的损害。它主要包括如下几个方面：第一，对生命权的侵害；第二，对健康权的侵害；第三，对一般人格权的侵害。（3）环境损害。传统民事责任仅以对财产或人身的侵害为发生根据，环境民事责任则不限于此，如尚未对财产或人身产生损害，但对客观环境造成了实际损害，也应承担相应的民事责任。

3. 答案：C。共同环境侵权行为可分为环境共同致害行为与环境共同危险行为两类。环境共同致害行为是指行为人排放的污染物共同造成他人损害，又包括两种情形：一种是每个行为人的单独行为都可以导致损害的发生；另一种是单个行为人的行为不足以使损害发生，但其组合在一起则产生损害的复合污染行为。环境共同危险行为则是指侵害后果是由为污染危害行为的多个主体中的一个或数个所致，但不能判明加害具体由谁所致的情形。

4. 答案：B。我国法律规定的环境民事责任承担方式通常有以下几种：损害赔偿、停止侵害、排除妨碍、消除危险。此外，环境危害还有可能造成受害人精神损害，包括因严重污染造成受害者死亡，而给其亲属造成的精神上的巨大痛苦，也包括环境危害给受害人造成残疾，或是公民因环境享受权益受到损害引起的精神痛苦等。目前，我国立法上未规定对环境危害造成的精神损害予以赔偿，但这种损害确实是存在的。

5. 答案：A。《环境保护法》第 58 条规定："对污染环境、破坏生态，损害社会公共利益的行为，符合下列条件的社会组织可以向人民法院提起诉讼：（一）依法在设区的市级以上人民政府民政部门登记；（二）专门从事环境保护公益活动连续五年以上且无违法记录。符合前款规定的社会组织向人民法院提起诉讼，人民法院应当依法受理。提起诉讼的社会组织不得通过诉讼牟取经济利益。"所以本题选 A。

6. 答案：D。检察机关提起民事公益诉讼具有谦抑性。根据《民事诉讼法》规定，只有在没有有关机关和组织或者有关机关和组织不提起诉讼的情况下，检察院才可以向法院提起公益诉讼。有关机关或者组织提起公益诉讼的，人民检察院可以支持起诉。因此 A 项错误。民事公益诉讼案件审理过程中，检察机关只有在诉讼请求全部实现的情况下才能撤回起诉，因此 B 项错误。检察机关提起公益诉讼，是公益诉讼起诉人，地位相当于原告。人民检察院不服法院第一审判决、裁定的，可以向上一级法院提起上诉。法院审理第二审案件，由提起公益诉讼的检察院派员出庭，上一级检察院也可以派员参加。即应由甲市检察院直接提起上诉，而非其上一级检察院提起上诉。因此 C 项错误。检察院提起公益诉讼案件判决、裁定发生法律效力，被告不履行的，法院应当移送执行。因此，若该工厂败诉后迟迟不履行，法院不经过检察院申请即可直接移送执行。故 D 项正确。

7. **答案**：B。《环境保护法》第 58 条第 1 款规定："对污染环境、破坏生态，损害社会公共利益的行为，符合下列条件的社会组织可以向人民法院提起诉讼：（一）依法在设区的市级以上人民政府民政部门登记；（二）专门从事环境保护公益活动连续五年以上且无违法记录。"据此，符合条件的社会组织才可以提起环境公益诉讼，企业无此资格，故 A 项错误。外国环保协会未在我国设区的市级以上政府民政部门登记，无权提起环境公益诉讼，故 C 项错误。环保组织应在设区的市级以上人民政府民政部门登记，在县民政部门登记不符合要求，故 D 项错误。故本题选择 B 项。

二、多项选择题

1. **答案**：ABCD。环境侵权是指污染或破坏环境，从而侵害他人环境权益或财产、人身权益的行为。作为现代社会特有的权益侵害现象，同传统的民事侵权相比，环境侵权具有以下特征：（1）主体方面的特征。第一，当事人地位事实上的不平等。第二，环境侵权的受害主体不仅包括当代人，而且可能包括后代人。（2）客体方面的特征。环境民事侵权侵害对象具有广泛性与复合性。第一，环境侵权要通过环境这一中介作用于人身及财物，其侵害对象包括各种自然要素、无主物、公私财产与人身，远较一般侵权广泛。第二，环境侵权行为一旦造成具体的损害后果，就必然损害不特定的多数人的生命、健康、财产及其他利益。（3）内容方面的特征。第一，宏观上环境侵权行为具有价值双重性。第二，环境侵害具有连续性、潜在性及不明确性。第三，环境法权利义务内容的一些重大理论问题比一般民事权利义务内容要复杂得多，且存在许多争议，如环境权问题等。

2. **答案**：ABCD。无过错责任原则是为弥补过错责任的不足，解决工业化社会中的一系列新型侵权行为所带来的挑战和难题而设立的新型民事责任原则。无过错责任原则为各国环境法所普遍采用的原因是：（1）现代工业生产的排污使生产活动本身具有高度危险性，即使企业无过错，也可能造成环境污染及他人巨大的财产和人身损害。（2）现代工业生产及由此造成的污染往往涉及复杂的科学技术问题，难以证实排污者的故意或过失。（3）无过错原则也是民法公平原则的客观要求。因此，无过错责任原则很快成为当代各国环境法新的归责原则。

3. **答案**：ABC。我国法律对环境侵权适用过错责任和无过错责任分别作出了规定：关于过错责任原则，主要适用于对生态环境资源的保护，如森林资源、土地资源、野生动植物资源等，以及自然保护区、风景名胜区、城乡环境等人文环境的保护；而无过错责任原则主要适用于各种环境要素污染防治，如大气污染防治、水污染防治、海洋污染防治、噪声污染防治等。

4. **答案**：ABCD。环境民事责任的特征是指环境民事责任区别于其他责任的特点，既包括与普通民事责任相比所具有的特点，又包括与环境行政责任、环境刑事责任相比所具有的特性。主要包括：（1）环境民事责任是一种污染侵权责任。（2）环境民事责任的发生根据不仅包括对财产权、人身权的侵害，还包括对环境权益的侵害；不仅要求损害人身健康和公私财产的污染者承担民事责任，也要求损害环境而没有损害人身健康和公私财产的污染者承担传统民事责任。（3）环境民事责任的构成要件具有独特性。这是环境民事责任区别于普通民事责任的根本特征和最集中表现。(4) 环境民事责任主要是以补偿为目的的财产责任。这是环境民事责任与环境领域的其他责任如行政责任、刑事责任等的重要区别。(5) 环境民事责任是体现“社会本位”价值观的责任。

5. **答案**：CD。我国环境民事责任应分别适用过错责任原则（主要适用于破坏环境责任）与无过错责任原则（主要适用于污染环境责任），环境民事责任的构成要件也相应地分为过错责任要件和无过错责任要件两种。对过错责任的构成要件，一般认为包括四要件，即行为有违法性、有损害结果、违法行为与损害结果之间有因果关系、行为人有过错；而无过错责任的构成要件，包括环境侵害的事实、损害与污染环境行为之间的因果关系两方面。

6. **答案**：AC。环境损害，按对环境的破坏形式可分为环境破坏与环境污染，前者指人类活动使环境发生物理形状的改变，从而致使环境原有的和谐与美感被破坏；后者指人类活动使环境发生生物、化学等根本性质上的不良变化。按环境与人的关系可分为生活环境的损害与生态环境的损害，前者指与人类生产生活密切相关的环境损害，后者指对由各个环境要素相互联系、作用、制约组成的整个生态系统的破坏。

8. **答案**：ABCD。《环境保护法》第6条第1款规定：“一切单位和个人都有保护环境的义务。”第10条规定：“国务院环境保护主管部门，对全国环境保护工作实施统一监督管理；县级以上地方人民政府环境保护主管部门，对本行政区域环境保护工作实施统一监督管理。县级以上人民政府有关部门和军队环境保护部门，依照有关法律的规定对资源保护和污染防治等环境保护工作实施监督管理。”

9. **答案**：BD。根据《最高人民法院关于审理环境民事公益诉讼案件适用法律若干问题的解释》第6条第3款规定，同一原告或者不同原告对同一污染环境、破坏生态行为分别向两个以上有管辖权的人民法院提起环境民事公益诉讼的，由最先立案的人民法院管辖，必要时由共同上级人民法院指定管辖。针对甲公司对某河的污染行为，A市和B市两个环保公益组织均提起公益诉讼，应作为一个案件由一个法院审理，没必要重复审理，故A项错误。针对同一案件，两个以上法院都有管辖权，一般应由先受理的法院管辖，本案中，A市法院先受理，应由A市法院管辖，故B项正确。《最高人民法院关于审理环境民事公益诉讼案件适用法律若干问题的解释》第29条规定，法律规定的机关和社会组织提起环境民事公益诉讼的，不影响因同一污染环境、破坏生态行为受到人身、财产损害的公民、法人和其他组织依据《民事诉讼法》第122条的规定提起诉讼。环保公益诉讼与个人环境侵权诉讼的当事人、诉讼标的等各方面均不同，不是重复诉讼，彼此不影响，故C项错误。《环境保护法》第58条规定，对污染环境、破坏生态，损害社会公共利益的行为，符合下列条件的社会组织可以向人民法院提起诉讼：(1) 依法在设区的市级以上人民政府民政部门登记。(2) 专门从事环境保护公益活动连续五年以上且无违法记录。符合前款规定的社会组织向人民法院提起诉讼，人民法院应当依法受理。提起诉讼的社会组织不得通过诉讼牟取经济利益。提起环境公益诉讼的原告应具备市级以上民政部门登记+专门从事环境保护公益活动连续五年以上且无违法记录的条件，所以D项正确。

三、名词解释

1. **答案**：环境民事责任即因污染环境所产生的特殊的民事责任，它是民事责任之一种，但由于环境问题的特殊性，又具有不同于普通民事责任的特性，往往在环境保护法律法规中加以特别规定。它包括污染环境的民事责任和破坏环境资源的民事责任两大类。

2. **答案**：共同侵权行为是一种特殊的侵权类型，是指两个以上的民事主体基于共同的故意或者过失，侵害他人合法民事权益，由行为人承担连带民事责任的侵权行为。环境侵权以环境为媒介的特性决定了由多个侵权主体共同致害的情况更为普遍。共同环境侵权行为可分为环境共同致害行为与环境共同危险行为两类。前者是指行为人排放的污染物共同造成他人损害，又包括两种情形：一种是每个行为人的单独行为都可以导致损害的发生，另一种是单个行为人的行为不足以使损害发生，但其组合在一起则产生损害的复合污染行为。后者则是指侵害后果是因为污染危害行为的多个主体中的一个或数个所致，但不能判明加害具体由谁所致的情形。

3. **答案**：环境民事诉讼是指环境法民事主体在其环境民事权益受到侵害时依民事诉讼程序提出诉讼请求，人民法院对其审理并裁判的活动。它是环境争议公力救济方式之一，要遵循民事诉讼程序和规则。

4. **答案**：举证责任倒置是一种特殊的证明规则，即原告提出的事实主张不由其提出证据加以证明而由被告承担该事实不存在的义务，否则即推定该事实存在。举证责任倒置与过错推定极为相似，是实体法规定在诉讼法上的反映。在环境污染民事诉讼中，由于污染的间接性、多因素性、科学技术性等使得被害人要想清楚证明损害的发生及被告人的可责难殊为困难，因此，举证责任倒置也成为各国环境民事诉讼的普遍做法。2002年4月1日起施行的《最高人民法院关于民事诉讼证据的若干规定》中有明确规定。

5. **答案**：环境保护责任制度是指以环境法律规定为依据，把环境保护工作纳入计划，以责任制为核心，以签订合同的形式，规定企业在环境保护方面具体权利和义务的法律责任制度。

四、简答题

1. **答案**：(1) 在一般民事侵权损害赔偿的诉讼中，原告被害人应当对要件事实（加害行为和损害结果之间的因果关系、侵权行为与损害结果之间的因果关系、加害人过错）承担举证责任。我国《民事诉讼法》当事人对自己提出的主张，有责任提供证据的规定，即此原则的体现。但是，对于一些技术性较强、当事人地位悬殊、举证困难的特殊侵权行为则反之，坚持"谁主张谁举证"可能会使原告胜诉的可能性非常之小，从而使受害人得不到救济。为此，对一些特殊侵权予以特别规定，在规则原则上采用过错推定原则或无过错责任原则、在证明规则上采用举证责任倒置成为现代民法的普遍做法。而在环境污染民事诉讼中，由于污染的间接性、多因素性、科学技术性等使得被害人要想清楚证明损害的发生及被告人的可责难殊为困难，因此举证责任倒置也成为各国环境民事诉讼的普遍做法。

(2) 传统的民事责任要求违法行为与损害结果之间有因果关系。由于环境民事侵权不以违法行为为构成要件，因此致害行为与损害结果之间的因果关系是致害人承担民事责任的必要条件。但是，在环境污染的损害赔偿中，由于这种因果关系的认定比较困难，因此在审判实践中，多以因果关系的推定原则代替因果关系直接、严格的认定。因果关系的推定，即在确定污染行为与损害结果之间的因果关系时，如果无因果关系的直接证据，可以通过间接证据推定其因果关系。之所以要适用推定原则，是由这种因果关系的复杂性决定的。第一，环境违法行为的形式复杂多样，同一危害后果可能由数个不同的行为引起，而且绝大部分环境危害后果的发生，其因果关系具有不紧密性和隐蔽性，证据也易灭失。第二，由于人力、物力和科学技术的局限，要查明环境违法行为与危害后果之间的关系尚非力所能及。第三，在确定因果关系时，多因一果的现象经常出现，受害人很难或根本无法证明谁是致害人，其只需证明分别存在时间、地域和致害物质的同一性，则可成立共同侵权行为的推定。

2. **答案**：环境污染损害赔偿纠纷是发生环境污染损害时引起的赔偿责任纠纷和赔偿金额纠纷。赔偿责任纠纷是确定谁应承担赔偿责任而产生的争议，赔偿金额纠纷是确定负赔偿责任者应赔偿多少金额而产生的争议。

解决环境污染损害赔偿纠纷主要有以下两种途径，当事人可任选其中的一种。第一，行政处理。因环境污染损害而产生的赔偿纠纷，当事人可请求行政机关进行调解处理。有权对污染损害赔偿纠纷进行处理的行政机关有：一是生态环境主管部门；二是其他依照法律规定行使环境监督管理权的部门。第二，司法解决。当通过行政处理不能解决环境污染损害赔偿纠纷时，即当事人对行政机关就赔偿纠纷所作处理决定不服时，当事人可以向人民法院起诉；也可以直接向人民法院起诉。

3. 答案：（1）环境污染无过失责任的法律特征。

第一，不考虑双方当事人的过错。民法上的“过失”有两种含义，其一为固有意义上的过失，即违反不得侵害他人权利的义务所产生的过失；其二为非固有意义上的过失，指行为人对自己利益之维护照顾有所松懈，故又称对自己的过失，这两种过失也可以称为加害人的过失和受害人的过失。只有在不考虑这两种过失的情况下，确定责任时，才可称为无过失责任，若不考虑加害人的过失而要考虑受害人的过失（如产品责任等），就并未超出过失责任的范围。

第二，不能推定加害人有过错。就是说，即使通过过失概念的客观化和举证责任倒置的方式也难以确定加害人有过错。更确切地说，加害行为本身不具有非难性，很难用体现法律对某种行为之否定评价的过错概念来衡量。

第三，因果关系是决定责任的基本要件。在过错责任适用的情况下，过错不仅是责任的要件还是决定责任的最终的要件，即行为人是否应承担责任，最终取决于他有无过错，而在无过失责任情况下，行为人有无过错，不取决于他是否有过错，而取决于损害结果与其行为及其物件之间是否有因果关系。

第四，有法律的特别规定。从国外的立法和司法情况来看，有的是以特别法明确规定了无过失责任，有的是通过判例确定了此种责任。应该指出的是，许多国家的法律对无过失责任的范围，常常规定了法定的最高限制。

（2）环境污染无过失责任的免责条件。免责条件是指因环境污染造成他人财产或人身损害时，因具备法律规定的可以免除责任的条件而不承担民事法律责任。从各国的法律规定来看，无过失责任的免责条件主要有：战争行为；不可抗拒的自然灾害；因正当防卫和紧急避险而造成损害的；由于第三者或者受害人的过失所引起的情况等。

我国环境保护法所规定的免责条件主要有：

第一，不可抗拒的自然灾害造成他人损害的。《水污染防治法》第 96 条第 2 款及其他有关法律都规定把不可抗拒的自然灾害作为免责条件。

第二，战争行为。《海洋环境保护法》第 91 条规定，因战争行为造成海洋环境污染损害的，免予承担赔偿责任。

第三，受害人自身的责任引起的。《水污染防治法》第 96 条第 2 款规定：“由于不可抗力造成水污染损害的，排污方不承担赔偿责任；法律另有规定的除外。”

第四，由于第三者的故意或过失引起的。《海洋环境保护法》第 91 条、《水污染防治法》第 96 条第 4 款都明确规定，由于第三者的故意或过失所引起的污染损失应当由第三者承担责任。

4. 答案：略。

5. 答案：略。

五、论述题

1. 答案：环境侵权作为一个集合性名词，是对各式各样的环境污染与生态破坏所生权益侵害的总称。

环境侵权的特征主要有：

（1）主体不平等性、不可互换性与不特定性。侵权行为主体分为加害人与受害人，在环境侵权行为中，加害人与受害人大多具有不平等性、不可互换性乃至不特定性。第一，环境侵权行为主体大多具有不平等性和不可互换性。与传统侵权行为相比，其主体间显然已丧失了平等性与互换性。第二，环境侵权主体在特定情况下具有不特定性。现代环境侵权不光是特定的人或特定的企业的所谓违法、犯罪行为造成的，有不少是由不特定的多数人的日常行为蓄积造成的，要寻找加害人即使有可能，也是极为困难的。而就受害者而言，就更加难以确定。

（2）对象广泛性与客体多样性。在环境侵权中，加害人的行为通常并不直接作用于受害人，而往往是通过一系列中间环节的作用才致人与物损害。相对于传统侵权行为而言，环境侵权行为要复杂得多，总体上属于特殊的、间接的侵权行为。其危害地域往往相当广阔，如海洋污染甚至会涉及世界上几个不同的国家；危害人数往往众多，且不仅局限于当代人，有时还会损及后代人，危害权益繁多，如生命、身体、健康、财产、环境等。

（3）原因行为的价值双重对立性。在价值判断上，环境侵权的原因行为具有价值的双重对立性。一方面，其污染环境损害了人们的人身、财产与环境权益，应当受到社会的谴责；另一方面，它又为人类生存、发展所必需，具有相当的价值正当性与社会有用性。况且，自然界具有一定的自净和自我恢复能力，在不超越其净化和恢复能力的限度内，各种排污活动和开发建设活动并不会造成环境污染和生态破坏，对权益造成损害。只有当原因行为对环境的影响超过了环境的自净能力与生态系统的承载能力而产生环境污染或生态破坏时，才造成侵权现象。

（4）侵害过程的间接性、持续性与复合性。环境侵权是一种间接侵权行为，加害人的加害行为大多并不直接作用于受害人或其财产之上，而是通过“环境”这一中介物，对生存于其中的人或物等造成损害。同时，污染物的不断排放，其损害后果也将持续出现，即使停止了污染的排放，污染损害也不会立即消失，而会在环境中持续相当的时间。这就决定了侵害的过程在时间上是一个持续的、反复的过程。此外，各种污染物质来源广泛、性质各异，它们进入环境中以后，相互之间以及它们与环境要素之间往往又会发生复杂的物理、化学或生物化学反应，并通过各种自然规律发生迁移、扩散、富集等现象，从而使得损害过程变异常复杂，具有显著的复合性。

（5）损害结果的潜伏性、滞后性与放大性。环境侵权造成的损害，尤其是疾病损害，受害人往往不能及时发现，即使发现了也不能尽快消除，损害往往要潜伏很长时间。因此，环境侵权损害后果具有明显的潜伏性与滞后性。此外，环境侵权损害后果还有明显的放大性。某些并不引人注目的环境污染与破坏现象，经过环境的作用后，其危害结果，无论是深度还是广度，都会明显放大。

2. 答案：我国环境损害赔偿的立法完善应从下面几个层面展开。

（1）宪法层面：公民环境权的明确界定。

环境权理论是环境法律中基础性与核心性问题，是环境立法、执法、环境行政管理与环境诉讼的前提。我国目前的环境立法已经初成体系，其突出特点是管理型立法：①过多强调公民保护环境的义务，而忽视公民的环境权利；②过多强调环境监督机关的权力，而忽视其应尽的义务。为改变这一现状，维护公民的环境权益，只有将公民环境权作为公民的一项基本权利在宪法中加以明确，才能使环境权在环境法律体系中居于核心和基础的地位，成为环境立法的依据，从而使环境管理活动围绕公民的环境权展开。同时，环境权的明确，也为公民环境侵权损害赔偿请求的提出提供了有力的依据。

（2）民法层面：环境侵权损害赔偿理论的更新。

第一，违法性要件的抛弃。相对于“行为违法性”在一般民事侵权行为构成要件中的适用，越来越多的学者认为在环境侵权领域，它不能成为环境侵权的构成要件。国家对其排污行为的认可，并不代表不会造成环境侵权，更不代表加害人在损害受害人权益时可以免予赔偿，否则就违背了“有损害就有赔偿”的社会正义的要求。因此，遵守排污标准，只限于不受行政法上的制裁，而不能成为民法上的免责事由。

第二，因果关系推定理论的明确。原因和损害之间的因果关系是决定公害诉讼成立与否的最重要争点。基于侵权行为追究损害赔偿时，受害者必须科学严密地证明加害行为是其损害发生的直接或相当原因的传统因果关系理论，在环境侵权领域的采纳势必会剥夺受害人的请求权而无法得到救济。对于因果关系推定理论的实践，国外有盖然性理论、流行病学（疫学）理论、间接反证说等理论，针对不同的案件而采用。

(3) 环境保护法层面：生态环境主管部门环境执法权的加强。

第一，完善执法体制，加强执法监督。有必要建立环境保护工作垂直领导的管理体制，提高生态环境主管部门的独立性；明确各部门职责，强化部门执法监督，根除地方插手环保工作的现象，才能真正提高环境保护工作的执法力度和执法效率。

第二，强化执法手段，赋予其强制执行权。一要依据违法者的违法动机设立威慑性罚款额，赋予基层生态环境主管部门罚款额度的自由裁量权。二要改变对污染企业的责令停业、关闭决定由政府部门作出的规定，赋予生态环境主管部门强制执行权。

第三，提高执法技能，增强环境纠纷调处能力。行政调解的有效进行一方面可以给予受害人及时赔偿，提高环境侵权救济效率，化解社会矛盾，维护社会稳定；另一方面能够降低因环境诉讼所致的巨额社会成本支出，节约社会资源。生态环境主管部门行政调解的有效进行有赖于其执法技能的提高：一是环境执法设施的完备有助于生态环境主管部门对环境侵权事实的准确掌握；二是具备在生态环境主管部门管理下的损害赔偿额度评估机构，便于对损害后果的掌握；三是要有建立在环境强制执行权基础上的行政救济实施权，包括环境侵权的简易认定权、救济费用的支配权和生态环境主管机关的追偿权。

3. 答案：(1) 环境公益诉讼制度的概念。环境公益诉讼制度，是指特定的国家机关、相关团体和个人，对有关民事主体或行政机关侵犯环境公共利益的行为，向法院起诉，由法院依法追究行为人法律责任的制度。从国内外的实践看，建立健全环境公益诉讼制度，可以更加有力地保障公众的环境权利，维护社会公共利益和国家利益。为此，要建立健全环境公益诉讼制度，使广大人民群众真正掌握公众参与和监督环境保护的法律武器。

(2) 环境公益诉讼制度的特征。环境公益诉讼制度与传统的普通环境侵权救济诉讼方式相比，具有显著的特征：首先，它是指被诉行为侵害或危及社会性的公共环境权益，一般并不直接损害原告私人的利益。其次，环境公益诉讼具有显著的预防性。最后，环境公益诉讼并非一种独立的诉讼类型与领域，而只是一种与原告资格认定相关的诉讼方式和手段，这种诉讼形式既可在行政诉讼中采用，亦可适用于民事诉讼程序。

(3) 环境公益诉讼制度的构建。在环境公益诉讼制度的具体建构上，可以采用起诉主体宽泛化、受案范围扩大化、国家奖励、防止滥诉等原则。

第一，在环境公益诉讼的原告资格上，由于环境公益诉讼的目的是维护公共利益，其原告资格应突破我国现有的诉讼法律“直接利害关系”的限制，检察机关、环保非政府组织、个人三类主体都应具有提起环境公益诉讼的权利。

第二，在环境公益诉讼的范围上，环境公益诉讼可根据被诉对象的不同分为民事公益诉讼和行政公益诉讼两类。其中，环境民事公益诉讼范围应主要限于行政机关根据“依法行政”原则不能直接干预的、损害环境公共利益的民事主体的行为；环境行政公益诉讼的范围应在现有行政诉讼的受案范围上，适当予以扩展。行政机关不当作为、当作为而不作为等使环境公共利益受到损害的，均应纳入环境行政公益诉讼的受理范围。

第三，鼓励和激发公众积极参与维护环境公共利益，应建立鼓励公众参与的制度。在环境公益诉讼费用上，由国家承担法院审理案件的裁判费用，实现审判成本的“公共负担”。其他诉讼费用，如律师费用、鉴定费用等，仍应由败诉人承担。同时，应考虑建立由国家对胜诉原告给予适当物质利益补偿的机制。

第四，环境公益诉讼扩展了有权依法起诉的主体，这就存在滥诉的可能。对此，应设立一定的制度来防止滥诉的发生，包括：其一，公益诉讼前置程序。在提起环境民事公益诉讼前，必须先向相关行政主管部门进行举报。其二，原告资格审查制度。法院在正式受理环境公益诉讼前，应审查原告身份是否合法、提出的证据是否充分、起诉是否有理由。其三，不适用调解、撤诉制度。环境公益诉讼一旦受理，原告就无权要求撤诉或调解，并应按照法庭要求，积极参加庭审等诉讼活动。

4. 答案：（1）环境污染民事责任的概念、特点。环境污染民事责任（公害民事责任），是指单位或者个人因污染危害环境而侵害了公共财产或者他人的人身、财产所应承担的民事方面的法律责任。环境污染民事责任的特征是指环境污染民事责任区别于其他责任的特点，既包括与普通民事责任相比所具有的特点，又包括与环境行政责任、环境刑事责任相比所具有的特性主要包括：第一，环境民事责任是一种污染侵权责任。第二，环境民事责任的发生根据不仅包括对财产权、人身权的侵害，还包括对环境权益的侵害；不仅要求损害人身健康和公私财产的污染者承担民事责任，也要求损害环境而没有损害人身健康和公私财产的污染者承担传统民事责任。第三，环境民事责任的构成要件具有独特性。这是环境民事责任区别于普通民事责任的根本特征和最集中表现。第四，环境民事责任主要是以补偿为目的的财产责任。这是环境民事责任与环境领域的其他责任如行政责任、刑事责任等的重要区别。第五，环境民事责任是体现“社会本位”价值观的责任。

（2）环境污染民事责任的归责原则。对于环境污染致害行为适用无过错责任的归责原则是当代世界各国侵权行为法发展的基本趋势。无过错责任，是为弥补过错责任不足而建立的一种制度，环境资源法上的无过错责任是指因污染和破坏而给他人造成财产和人身损害的行为人，即使主观上没有过错，也要对其所造成的损害承担赔偿责任。这是环境民事法律责任的基本归责原则，这种规则原则既不考虑加害人的过错，也不考虑受害人的过错，其目的在于补偿受害人所受的损失。

（3）实行无过错归责原则的原因。第一，在环境侵权案件中，加害方多为国家许可的具有特殊经济、科技、信息实力和法律地位的工商企业或企业集团，而受害人则多处于弱势地位。环境侵权的主体往往具有不平等性，在环境侵权中如果恪守传统的过错责任原则，不仅个人的财产损害和人身伤害无法得到及时、充分的补偿，而且势必使高度社会化的生产秩序遭受破坏，甚至会放纵现代科学技术给社会生产力的发展和人类生存带来某些危害因素。所以，在环境侵权领域，无过失责任的适用成为必然。

第二，在环境侵权行为中，损害环境的污染行为往往不是即时完成的，要判断损害事实是否由某侵权行为造成的，通常比较困难；污染物进入环境以后，可能与损害后果发生之间在时间上间隔较长，使因果关系表现得十分隐蔽和不紧密；由于环境污染危害的潜伏期较长，一旦产生损害，又往往因历时久远、证据灭失，使因果关系的证明更为困难；要证明环境侵权与损害事实之间的因果关系，还必须具备相关的专门科学技术知识和仪器设备，而目前这些条件显然并不完全具备。因此，如果完全按照传统的民事责任因果关系理论，就会使受害人得不到有效的救济，也使环境侵权行为不能得到及时制止。在这样的背景下，因果关系推定的理论被提出，然而，因果关系推定则必须以无过错责任为前提。所以，目前各国立法均致力于通过实体法途径，对归责原则作出调整，在环境民事责任领域确立无过错责任归责原则来加强对环境侵权案件中受害人权益的保护。

(4) 其他注意问题。在环境侵权事件中，因第三人的过错导致环境损害的，被侵权人既可以向污染者求偿，也可以向第三人主张损害赔偿。如果有两个以上的污染者共同造成了损害结果，污染者承担责任的大小，根据具体情况确定。如果因污染环境发生纠纷，污染者应当就法律规定与因果关系承担举证责任与无法举证所带来的可能不利后果。

5. **答案**：略。

六、案例题

1. **答案**：(1) 不成立。根据《最高人民法院关于审理生态环境损害赔偿案件的若干规定（试行）》第7条规定，被告反驳原告主张的，应当提供证据加以证明。被告主张具有法律规定的不承担责任或者减轻责任情形的，应当承担举证责任。本案被告不能举证证明其排污与水稻受害无因果关系，就应当承担败诉的后果。

(2) 不合理。因为这种做法不符合《民事诉讼法》的便民原则和效率原则。

2. **答案**：(1) 依照我国环境保护法的法律规定，承担环境污染损害赔偿的责任并不以排污是否超标作为判断依据。只要排放污染物造成了他人损害，都应当承担损害赔偿的责任。所以本案中的A、B、C三家企业都具备成为被告的条件。

(2) 无权提起。根据《海洋环境保护法》的规定，对破坏海洋生态、海洋水产资源、海洋保护区，给国家造成重大损失的，由依照本法规定行使海洋环境监督管理权的部门代表国家对责任者提出损害赔偿要求。

3. **答案**：(1) 不成立。因为环境污染侵害实行的是无过错责任原则，无论被告是否达标排放，只要造成了损害就要承担民事赔偿责任。是否达标排放只是判断其行为是否合法的依据，而非确定是否承担民事责任的依据。

(2) 不成立。《最高人民法院关于民事诉讼证据的若干规定》第4条第1款第3项规定："因环境污染引起的损害赔偿诉讼，由加害人就法律规定的免责事由及其行为与损害结果之间不存在因果关系承担举证责任。"因此，本案应当由被告承担其排放污染物行为与损害结果之间不存在因果关系的举证责任。

(3) 可以。因为四位被告在本案中构成共同侵权，四位被告应当承担连带责任，原告可以要求被告中的任何一人承担全部责任。被告方之间的追偿问题是另一个问题。

4. **答案**：(1) 周某在诉讼中无须再向法院提交其他相关证据。根据我国法律规定，由被告承担举证责任，或者原告只需提出受到损害的事实证据，如果被告否认承担民事责任，则需要提出相反的证据。在因环境损害引起的损害赔偿诉讼中，被告人否认的，由被告人负举证责任，在本案中应当由石化染料厂和硫酸厂承担举证责任。

(2) 石化染料厂的辩解没有道理。因为我国法律规定，环境污染的损害赔偿实行无过错责任制。无过错责任，是指因污染环境而给他人造成财产或人身损害的单位或个人，即使主观上没有故意或过失，也要对造成的损害承担赔偿责任。因此，虽然石料厂排放的废水pH值符合排放标准，但是根据无过错责任原则，石化染料厂仍然应当承担赔偿责任。

(3) 硫酸厂的辩解没有道理。因为我国排污费制度，是指对于向环境排放污染物或超过国家排放标准排放污染物的排污者，按照污染物的种类、数量和浓度，根据规定征收一定费用的环境保护法律制度。向国家缴纳了排污费并不能免除硫酸厂由于排污给公民造成经济损失的民事赔偿责任。

第十二章　环境资源刑事责任

重点知识讲解

重点知识：环境资源犯罪的构成要件

环境资源犯罪的构成要件	（1）犯罪主体：达到法定年龄具备刑事责任能力的自然人和法人。 （2）犯罪客体：破坏环境资源罪的犯罪客体，是侵害各种环境要素和自然资源从而侵犯财产所有权、人身权和环境权。 （3）犯罪的客观方面：指有污染和破坏环境及自然资源的行为（作为和不作为）及其社会危害性。环境犯罪造成的危害后果可能特别严重，往往会造成重大污染事故，致使公私财产遭受重大损失或人身伤亡的严重后果。 （4）犯罪的主观方面：犯罪主体进行犯罪行为时的故意或过失的主观心理状态。犯罪的主观方面包括犯罪的故意和过失。

配套测试

一、单项选择题

1. 下列哪项是英美法系国家环境资源刑事立法模式的特点？（　　）

A. 刑法体系缺乏独立的环境资源刑事立法，其环境资源刑法主要以附属刑法为主

B. 修订普通刑法来规定环境资源犯罪

C. 制定环境资源犯罪特别刑法

D. 在环境资源法律中规定刑事条款

2. 下列关于我国环境资源刑事立法的说法不正确的是（　　）

A. 1979 年《刑法》将有关破坏环境资源保护的犯罪分别规定在分则各章之中

B. 1979 年《刑法》专设了“破坏环境资源保护罪”，并明确规定了相应的环境资源刑事责任

C. 1997 年《刑法》颁布以前，我国在一系列环境资源保护法律、法规中作出“依照”或者“比照”刑法有关条款处罚的规定

D. 1997 年《刑法》颁布以前，我国在一些单行的刑事法律中增设了诸如非法捕杀珍贵、濒危野生动物罪等新罪名

3. 下列关于我国环境资源犯罪的犯罪主体的说法不正确的是（　　）

A. 环境资源犯罪的犯罪主体是指实施了污染环境的行为，依法应负刑事责任的人

B. 环境资源犯罪的犯罪主体是指实施了破坏资源的行为，依法应负刑事责任的人

C. 环境资源犯罪的犯罪主体只能是自然人

D. 环境资源犯罪的犯罪主体可能是自然人也可能是单位

4. 环境资源犯罪的客观方面是环境资源犯罪活动外在表现的总称，它不包括下列哪一选项的内容？（　　）

A. 犯罪人所从事的危害环境资源的行为

B. 行为的危害后果

C. 行为与后果之间的因果关系

D. 环境资源犯罪的客体

二、多项选择题

1. 下列选项中属于根据环境资源犯罪行为性

质的不同而对环境资源刑事责任进行分类的是（　　）

A. 污染环境的刑事责任

B. 破坏资源的刑事责任

C. 作为犯的环境资源刑事责任

D. 不作为犯的环境资源刑事责任

2. 下列选项中属于国外环境形势法律新特点的是（　　）

A. 处罚危险犯、过失犯、未遂犯

B. 举证责任转移

C. 实行因果关系的推定原则

D. 加重处罚、扩大罚金刑的适用范围

3. 下列关于环境资源犯罪客体的说法正确的是（　　）

A. 环境资源犯罪客体主要是为环境资源刑法所保护的环境资源法益

B. 环境资源犯罪客体即环境资源刑法所保护的生态环境和自然资源

C. 在具体的犯罪案件中，环境资源犯罪的直接客体，因犯罪行为侵害对象的不同而不同

D. 环境资源犯罪客体也可以理解成环境资源犯罪行为所侵害的生态社会关系或环境资源社会关系

4. 在环境保护领域，环境资源犯罪适用的主要是（　　）

A. 自由刑　　B. 生命刑

C. 资格刑　　D. 财产刑

5. 我国西部地区——M 县为招商引资，将沿海地区淘汰的高污染化工企业引入本县化工企业，排出的污水中重金属超标造成所在地土地污染，当地村民食用从该土地产出的茶叶和农产品后出现集体中毒事件，造成严重后果。在发生该重大环境污染事件后，M 县政府及生态环境主管部门所应承担的责任是（　　）

A. M 县政府应当及时向县人大常委会报告该事件

B. M 县政府应当及时向县政协报告该事件

C. 如果 M 县生态环境主管部门违法批准化工厂排污，应当追究直接责任人员的责任

D. M 县生态环境主管部门依法应当作出责令停业、关闭的决定而未作出的，M 县生态环境主管部门相关负责人应当引咎辞职

三、名词解释

1. 环境刑事责任

2. 环境资源犯罪

3. 污染环境罪（武汉大学 2014 年考研真题）

四、简答题

1. 简述我国《刑法》中规定的破坏环境资源保护的犯罪的种类和罪名。

2. 我国《环境保护法》所规定的罚款，与《刑法》中的罚金有什么区别？

3. 简述环境刑事责任的构成要件。

五、论述题

论述我国环境刑法立法存在的问题及对策。

六、案例题

1. 2017 年，某市一化工公司将在生产除草醚替代品时封存的化工废料 197 桶，送到某市某区环保固体废弃物交换中心处置，并交付处置费用 19900 元。2019 年 3 月，某区生态环境局决定处理这批废料，并决定由时任分管副局长的李某具体负责此事。经时任某区环保固体废弃物交换中心主任朱某推荐，朱某的两位朋友刘某和杨某称可以处理这批废料。于是李某便提议先给 197 桶废料做化验以弄清废料的化学成分再行处理。不久李某便收到了一份没盖公章的“某市化学研究所检验报告单”，上面写着送检样品只含铁、锌等物质，无毒无害。这时李某已意识到此检验报告不符合规定要求但未明确指出，仅委婉提出化验单上需要加盖公章。

2009 年 3 月底，朱某告诉李某准备将此化工废弃物交给刘某和杨某处理，李某此时既未督促其提供加盖公章的化验单、也未予以制止，便同意将这批废料交给刘某和杨某处理。刘、杨二人遂将其中

80余桶化学废料随意倾倒在半山腰。倾倒完毕后恰逢天降暴雨，废料顺地势侵入下游的某村和龙阳湖，导致土壤、水中苯酚含量严重超标，村民鱼池、菜地、藕田和湖水遭受污染，直接经济损失达200万元。

问题：（1）本案中刘、杨二人的行为是否构成犯罪，为什么？

（2）本案中某区生态环境局分管副局长李某的行为是否构成犯罪，为什么？

2. 张某为了牟取暴利，窜入某自然保护区内猎捕国家重点保护的野生雪豹5只。后张某将捕杀的雪豹皮高价卖给了境外商杨某。杨某在出境时年携带的雪豹皮被海关查获。在海关人员的盘问下，杨某交代雪豹皮是从张某处购买的。张某遂被公安机关依法拘留，并承认了捕杀雪豹、出售雪豹皮的事实。

问题：（1）张某、杨某的行为违反我国哪些法律？该违法行为与我国参加的哪个国家条约有关？

（2）张某的行为是否构成犯罪？如果是，请列出具体罪名。

（3）杨某的行为是否构成犯罪？如果是，请列出具体罪名。

参考答案

一、单项选择题

1. 答案：A。由于各国经济发展水平和自然资源、环境条件的差异，以及历史文化背景和法律传统的不同，各国形成了不同的环境资源刑事责任立法模式。大陆法系国家的环境资源刑事立法多种多样，大致可归纳为三种：（1）修订普通刑法来规定环境资源犯罪；（2）制定环境资源犯罪特别刑法；（3）在环境法律中规定刑事条款。英美法系国家的刑法体系缺乏独立的环境资源刑事立法，其环境资源刑法主要以附属刑法为主，即把大量的环境资源刑事法律规范附属在环境资源行政法条文之中，而不采取另行修订刑法的形式，在具体适用上仍然以普通刑法及特别刑法的原理为辅助。

2. 答案：B。在1997年《刑法》颁布以前，我国环境资源刑事立法大致可归纳为以下三个方面：一是1979年《刑法》将有关破坏环境资源保护的犯罪分别规定在分则各章之中。二是在一系列环境资源保护法律、法规中作出“依照”或者“比照”《刑法》有关条款处罚的规定。三是一些单行的刑事法律中增设的新罪名。鉴于我国环境资源保护的现实需要和国际社会及各国关于环境资源刑事立法的趋势，1997年3月14日修订后公布施行的《刑法》，在分则第六章第六节中专设了“破坏环境资源保护罪”，共计9个法条14个罪名，并明确规定了相应的环境资源刑事责任。这是我国环境保护刑事立法的重大突破，表明国家重视通过直接的环境资源刑事立法形式，预防和惩治严重破坏环境资源的犯罪行为。

3. 答案：C。环境资源犯罪的犯罪主体是指实施了污染环境和破坏资源行为，依法应负刑事责任的人，既可能是自然人也可能是单位。

4. 答案：D。环境资源犯罪的客观方面是环境资源犯罪活动外在表现的总称。包括犯罪人所从事的危害环境资源的行为、危害后果以及行为与后果之间的因果关系。

二、多项选择题

1. 答案：AB。依据不同的标准，可以把环境资源刑事责任划分为以下几类：根据环境资源犯罪行为性质的不同，可以把环境资源刑事责任分为污染环境的刑事责任和破坏资源的刑事责任；根据环境资源犯罪行为方式的不同，可以把环境资源刑事责任分为作为犯的环境资源刑事责任和不作为犯的环境资源刑事责任；根据环境资源犯罪的主体不同，可以把环境资源刑事责任分为自然人环境资源刑事责任和单位环境资源刑事责任。

2. 答案：ABCD。概括起来，国外环境刑事法律的新特点如下：（1）处罚危险犯、过失犯、未遂犯；（2）举证责任转移、实行因果关系的推定原则、加重处罚、扩大罚金刑的适用范围；(3) 实行“两罚”制、代罚制；(4) 实体法和程序法相结合等。

3. 答案：ABCD。环境资源犯罪客体主要是为环境资源刑法所保护的环境资源法益，即环境资源刑法所保护的生态环境和自然资源。在具体的犯罪案件中，环境资源犯罪的直接客体，因犯罪行为侵害对象的不同而不同。如果将环境犯罪客体精神化，也可以将环境资源犯罪客体理解为环境资源犯罪行为所侵害的生态社会关系或环境资源社会关系。

4. 答案：AD。环境资源刑事责任的承担方式，实际上就是环境资源犯罪主体所受到的不同种类的刑罚处罚。我国《刑法》中规定的主刑和附加刑种类有生命刑、自由刑、财产刑、资格刑。而在环境保护领域，环境资源犯罪适用主要是自由刑和财产刑。即根据环境资源犯罪的事实、情节等，分别适用管制、拘役、有期徒刑和罚金或没收财产。

5. 答案：ACD。根据《环境保护法》第 27 条规定，县级以上人民政府应当每年向本级人民代表大会或者人民代表大会常务委员会报告环境状况和环境保护目标完成情况，对发生的重大环境事件应当及时向本级人民代表大会常务委员会报告，依法接受监督。因此，重大环境事件应当向本级人大常委会而非政协报告，故 A 项正确、B 项错误。根据《环境保护法》第 68 条规定，地方各级人民政府、县级以上人民政府环境保护主管部门和其他负有环境保护监督管理职责的部门有违法行为的，对直接负责的主管人员和其他直接责任人员给予记过、记大过或者降级处分；造成严重后果的，给予撤职或者开除处分，其主要负责人应当引咎辞职。因此，在政府和生态环境部门有环境违法行为的情况下，主要负责人才应当引咎辞职，故 C、D 项正确。本题答案为 A、C、D 项。

三、名词解释

1. 答案：环境刑事责任，是指行为人故意或过失实施了严重危害环境的行为，并造成了人身伤亡或公私财产的严重损失，已经构成犯罪要承担刑事制裁的法律责任。

2. 答案：环境资源犯罪又称危害环境犯罪、公害犯罪、破坏环境资源犯罪，多数国家称之为“环境犯罪”。因为在各国立法实践中，环境资源刑事立法的具体规定不完全相同，所以各国对环境资源犯罪这一概念的内涵和外延及其范围的理解也有差别。根据我国《刑法》对“破坏环境资源保护罪”的规定，环境资源类犯罪可以分为两大类，即污染环境类犯罪和破坏环境类犯罪。

3. 答案：污染环境罪是指违反防治环境污染的法律规定，造成环境污染，后果严重，依照法律应受到刑事处罚的行为。污染环境罪是最高人民法院、最高人民检察院对《刑法修正案（八）》罪名作出的补充规定，取消原“重大环境污染事故罪”罪名，改为“污染环境罪”。该罪具体的内容包括违反国家规定，排放有害物质。

四、简答题

1. 答案：(1) 环境资源犯罪又称危害环境犯罪、公害犯罪、破坏环境资源犯罪，多数国家称之为“环境犯罪”。由于在各国立法实践中，环境资源刑事立法的具体规定不完全相同，所以各国对环境资源犯罪这一概念的内涵和外延及其范围的理解也有差别。根据我国《刑法》对“破坏环境资源保护罪”的规定，环境资源类犯罪可以分为两大类，即污染环境类犯罪和破坏环境类犯罪。

(2) 1997 年修订的《刑法》中设立专门一节“破坏环境资源保护罪”。设立了重大环境污染事故罪、非法处置或擅自进口固体废物罪、非法捕捞水产品罪、非法猎捕和狩猎罪、非法占用耕地罪、破坏矿产资源罪和非法采伐、盗伐森林罪。

2. 答案：我国《环境保护法》所规定的罚款不同于《刑法》中的罚金。罚款和罚金都是国家机关强制违法行为者在一定期限内向国家缴纳一定数量现金的处罚方法，但两者存在以下区别：

(1) 法律性质不同。罚款属于行政处罚，而罚金则属于刑事处罚。

(2) 执法机关不同。罚款一般由行政执法机关决定，而罚金则由人民法院依法判决。

(3) 适用对象不同。罚款适用于违反行政法律、法规尚未构成犯罪的一般违法分子，而罚金则适用于违反刑事法律的犯罪分子。

3. 答案：环境刑事责任的构成要件包括：

(1) 犯罪主体。环境犯罪的主体，已打破了“个人刑罚观”，即只处罚自然人的界限。除了达到法定年龄具备刑事责任能力的自然人以外也包括法人。

(2) 犯罪客体。破坏环境资源罪的犯罪客体，是侵害各种环境要素和自然资源从而侵犯财产所有权、人身权和环境权。

(3) 犯罪的客观方面。是指有污染和破坏环境及自然资源的行为（作为和不作为）及其社会危害性。环境犯罪造成的危害后果可能特别严重，往往会造成重大污染事故，致使公私财产遭受重大损失或人身伤亡的严重后果。未造成严重后果的环境违法行为通常是追究其行政责任。危害后果是否严重是区别行政责任和刑事责任的重要依据。

(4) 犯罪的主观方面。即犯罪主体进行犯罪行为时的故意或过失的主观心理状态。因损害环境的行为可能产生极其严重的危害后果，在认定是否构成环境犯罪时，就不能仅看社会危害性一个方面，必须强调具备犯罪的故意和过失。这是区别罪与非罪的重要界限。

五、论述题

答案：(1) 我国现阶段环境刑事立法所存在的问题主要表现在以下几个方面：

第一，环境刑法的重要程度未得到应有重视。这体现在《刑法》仅将环境犯罪设立在分则第六章下属的一节中，且仅规定了有限的条款与罪名。这种立法的重视度与国家大力强调和实施的可持续发展战略是极不相称的，并且反映了立法者在人与自然对应关系的认识上存有严重误区。

第二，法网宽疏。《刑法》关于破坏自然资源类犯罪集中规定在分则第 340 条至第 345 条下，保护对象仅局限于水产资源、野生动物、森林资源、土地和矿产 5 种，忽略了诸如草原、湿地、滩涂等环境要素，这种做法暴露了在环境价值方面的认识缺陷。

第三，未设置危险犯，未能预防在先。虽然《刑法》在总则中规定了危险犯，但是涉及环境犯罪的条文并没有危险犯的相关规定。

第四，刑罚力度过于轻缓。《刑法》针对环境犯罪所设置的法定刑过于轻缓。综观相关条文，最高法定刑仅为 15 年有期徒刑（不考虑数罪并罚），大多为 7 年以下或 3 年以下有期徒刑，这与环境犯罪的社会危害性不相称。

(2) 我国环境刑法的完善对策。

第一，将环境犯罪的立法地位由节上升到章，并扩充条文，将草原、湿地、滩涂等环境要素以刑法修正案或单行刑法的形式纳入立法视野，使刑法对生态环境的维护面面俱到，法网严密。

第二，将危险犯引入环境刑事立法，对同种性质环境危害行为的危险犯、结果犯和结果加重犯设置轻重不一的法定刑，以有效遏制环境犯罪所造成的实质损害，将损失降到最低限度。

第三，综合考察危害环境行为的表征损害（人身伤亡和财产损失）及其对环境质的、深远的影响，将考核结果作为衡量罪与非罪、重罪与轻罪的标尺，使罪责刑达到真正的均衡。

第四，制定全面系统的衡量生态系统整体和局部受损程度的量化标准，那些依据环境污染指标体系未达严重程度的环境违法行为由相应的环境行政法规调整，超出严重程度的则由刑法规制，使两大部门法协调配合，相得益彰。

第五，增加针对环境犯罪的刑罚分配，增设无期徒刑和死刑，有效发挥刑罚威慑犯罪和防卫社会的功能。

第六，针对环境犯罪的独特性，设置责令补救、限期治理等非刑罚处置措施，弥补已有的刑罚方法不能遏制环境犯罪后果的持续危害，而只能预防再犯可能性的局限性，以收标本兼治之效。

第七，加强针对环境犯罪的国际合作，积

极参与涉及国际环境犯罪的公约与条约的制定和打击跨国环境犯罪的国际协作。

六、案例题

1. 答案：（1）构成犯罪。依照我国《刑法》规定，违反国家规定，向土地、水体、大气排放、倾倒或者处置有放射性的废物、含传染病病原体的废物、有毒物质或者其他危险废物，造成重大环境污染事故，致使公私财产遭受重大损失或者人身伤亡的严重后果的，是重大环境污染事故罪。本案中，刘、杨二人将化学废料随意倾倒在半山腰，后天降暴雨造成直接经济损失达200万元，致使公私财产遭受重大损失，故构成犯罪。

（2）构成犯罪。依照我国《刑法》规定，负有环境保护监督管理职责的国家机关工作人员严重不负责任，导致发生重大环境污染事故，致使公私财产遭受重大损失或者造成人身伤亡的严重后果，是环境监管失职罪。在本案中，首先，李某意识到此检验报告不符合规定要求但未明确指出属监管失职；其次，李某此时既未督促其提供加盖公章的化验单也未予以制止，便同意将这批废料交给刘某和杨某处理，这也属监管失职。因此，李某构成了环境监管失职罪。

2. 答案：（1）张某和杨某的行为违反了我国的《野生动物保护法》《刑法》，该违法行为与我国参加的《濒危野生动植物物种国际贸易公约》有关。

（2）张某的行为构成了犯罪。具体罪名为：非法捕杀和出售珍贵野生动物及其制品罪。

（3）杨某的行为构成了犯罪。具体罪名为：非法收购珍贵野生动物制品罪和走私国家禁止出口的珍贵野生动物制品罪。

第十三章　国际环境法

重点知识讲解

重点知识：国际环境法的基本原则

可持续发展原则	包括两个方面的内容：（1）跨代平等。（2）自然资源的可持续利用。
平等使用环境资源原则	该原则主要涉及两个方面：一是各国之间如何分配自然资源，特别是共享的自然资源；二是国家之间如何分担环境保护的义务和责任。
环境保护与发展相结合的原则	发展是必需的，但发展必须是可持续的。地球环境资源是各国经济社会发展的基础条件，可持续发展意味着对环境的保护和改善，以使当代人和后代人都能在良好的环境条件下满足发展的需要。
共同但有差别的责任原则	包含两个相互关联的内容，即共同的责任和有差别的责任。共同的责任指的是在保护和改善全球环境方面，所有国家负有共同的责任，每个国家都有义务，同时也有权利参加到解决环境问题的国际努力中来。有差别的责任是指各国责任的大小必须有差别，具体而言，发达国家应比发展中国家承担更大或更为严格的责任。
国际环境合作原则	国际环境合作原则是指在解决环境问题方面，国际社会的所有成员应当采取合作而非对抗的方式协调一致地行动，以保护和改善地球环境。
预防原则	预防原则是指在环境损害发生前，预先采取一定的措施去防止危害的产生，其主要包括损害预防原则和风险预防原则。
国家环境主权和不损害国家管辖或控制范围以外环境的责任原则	国家环境主权原则意味着在国际环境关系领域内，各国对国内环境事务享有独立的最高权力，对国际环境事务享有平等的参与权。在充分强调各国环境主权的同时，亦要强调其应承担的环境保护义务，即“不损害国家管辖或控制范围以外环境的责任原则”。

配套测试

一、单项选择题

1. 下列选项中不属于国际法主体应具备的要件的是（　　）
   A. 独立参加关系的能力
   B. 独立进行国际赔偿的能力
   C. 直接承受国际权利和义务的能力
   D. 独立进行国际求偿的能力
2. 海洋环境领域最早的多边国际条约是（　　）
   A. 1954年《国际防止海上油污公约》
   B. 1958年《领海与毗连区公约》
   C. 1958年《捕鱼及养护公海生物资源公约》
   D. 1958年《公海公约》
3. 著名的《人类环境宣言》（通称《斯德哥尔摩宣言》）、《人类环境行动计划》是于下列哪一年通过的？（　　）
   A. 1968年　　B. 1972年
   C. 1975年　　D. 1980年
4. 下列选项中不属于里约会议上通过的国际文件的是（　　）
   A.《21世纪议程》
   B.《森林原则》
   C.《世界自然宪章》
   D.《生物多样性公约》
5. “可持续发展”这一法律概念是何时被首次提出的？（　　）
   A. 1968年　　B. 1970年
   C. 1976年　　D. 1987年
6. 下列哪一国际文件是以控制人为温室气体的排放为目标的框架性文件？（　　）
   A.《气候变化框架公约》
   B.《京都议定书》
   C.《巴塞尔公约》
   D.《维也纳臭氧层公约》
7. 为保证危险废物和其他废物的管理包括其越境转移和处置符合保护人类健康和环境的目的，在联合国环境规划署的主持下，国际社会于1989年签署了下列哪一国际文件？（　　）
   A.《世界自然宪章》
   B.《公海公约》
   C.《巴塞尔公约》
   D.《防止倾倒废物及其他物质污染海洋公约》
8. 下列选项中首次针对船舶对海洋造成的污染所制定的国际环境条约是（　　）
   A.《海洋油污防止条约》
   B.《油污民事责任条约》
   C.《设立国际油污损害赔偿基金公约》
   D.《防止船舶污染国际公约》
9. 《濒危野生动植物种国际贸易公约》共包含几个附件？（　　）
   A. 2个　　B. 4个
   C. 1个　　D. 3个
10. 第一个希望全球都能参加的保护野生动物的国际公约是（　　）
    A.《国际重要湿地公约》
    B.《世界遗产公约》
    C.《濒危动植物种国际贸易公约》
    D.《生物多样性公约》
11. 20世纪80年代国际社会开始重视对所有生物及整个生态系统的保护，下列哪一国际文件即这一转变的标志？（　　）
    A.《国际重要湿地公约》
    B.《世界自然宪章》
    C.《濒危动植物种国际贸易公约》
    D.《生物多样性公约》

二、多项选择题

1. 与其他国际法相比，国际环境法具有如下特点（　　）
   A. 与科学技术的联系较密切
   B. “软法”是其重要组成部分
   C. 框架公约与议定书相结合的模式
   D. 差别待遇
2. 下列选项中，属于国际环境法渊源的有（　　）
   A. 国际条约
   B. 国际习惯

C. “软法”
D. 一般法律原则

3. 国际环境法领域中的政府间国际组织主要有以下哪几类？（　　）
A. 联合国系统的全球性国际组织和专门机构
B. 联合国系统以外的区域性国际组织
C. 根据国际环境条约和其他条约建立的国际组织
D. 非政府组织（NGOs）

4. 最早的国际环境保护条约主要涉及以下哪些方面？（　　）
A. 界河和国际河流的渔业管理和水污染治理
B. 大气污染防治
C. 野生动物保护
D. 海洋环境污染

5. 下列关于斯德哥尔摩会议后国际环境法发展表现的说法正确的是（　　）
A. 建立了专门处理国际环境事务的机构
B. 制定了许多国际条约
C. 国际环境保护的基本原则、规则已经形成
D. 国际环境法成为国际法的一个独立分支

6. 下列法律概念中是由里约会议通过的 5 个国际文件引入的有（　　）
A. 风险预防原则
B. 污染者付费原则
C. 共同但有差别的责任
D. 跨代平等、联合履约

7. 从历史上看，最早涉及平等使用环境资源问题的公约是（　　）
A. 1958 年《邻海和毗连区公约》
B. 1958 年《捕鱼与养护公海生物资源公约》
C. 1982 年联合国《海洋法公约》（海床矿产）
D. 1988 年《南极矿物资源公约》

8. 下列关于损害预防原则的说法正确的是（　　）
A. 是国家的一项责任
B. 它针对的对象是危险可能性
C. 即国家应尽可能早地在环境损害发生前采取措施以制止、限制或控制环境损害的发生
D. 它针对的对象是具体危险

9. 国家责任制度难以适用于环境保护领域的原因在于（　　）
A. 环境问题主要源于一国主权范围内的行为，国际法没有并且也不可能加以禁止
B. 环境问题一般是由私人和企业行为所引起的，任何国家都可以尽了“适当注意”义务为抗辩理由否认自己的责任
C. 环境损害多是由多个来源远距离和在较长时间内造成的，一般很难将损害归因于某一特定国家的行为
D. 对于何谓环境损害及环境损害达到什么程度才引起国家责任，国际上也没有一个标准和具体答案

10. 下列选项中属于“温室气体”的是（　　）
A. 二氧化碳　　B. 氮氧化物
C. 氟氯碳化合物　　D. 甲烷

11. 下列选项中属于《巴塞尔公约》规定的任务的是（　　）
A. 减少危险废物的产生
B. 促进有利于环境的废物管理
C. 尽可能地在废物产生地处置废物，将废物的越境运输降到最低限度
D. 防止危险废物的非法转移

12. 1972 年的《防止倾倒废物和其他物质污染海洋的伦敦公约》有以下几个显著特点（　　）
A. 适用于内陆水域以外的所有海域
B. 要求所有缔约国达到一定的国际最低标准
C. 将废物分为三类
D. 倾废受到一个国际机制即该公约磋商会议的监督

三、简答题

1. 论国际环境法的渊源。

2. 简述国际环境法的体系。
3. 简述政府间国际组织在环境保护领域的作用。
4. 简述共同但有区别的国家责任原则。

四、论述题

1. 论国际环境问题。
2. 试论国际环境争端的解决途径。

五、案例题

1. 1990年6月，利比里亚籍“春鹰”轮与巴拿马籍“玛亚8”轮在辽宁省大连市旅顺老铁山永道发生碰撞致使“玛亚8”沉没。沉没时大量燃油泄入海水，造成大面积海域污染。损失共计600万元。

问题：（1）应由哪一主管机关来处理此事故，应如何处理？

（2）处理这一事故时，涉及哪些法律、法规、公约？

2. 1994年7月15日，德国联邦政府正式颁布了《食品及日用消费品法》第2修正案，明确规定禁止生产和进口使用偶氮染料的纺织品及其他日用消费品。接着，日本、法国、捷克、奥地利、荷兰等国也要求进口的纺织品和服装不使用偶氮染料，使我国市场大大缩小。上海某服装集团对德国进口的单装内衣，因含偶氮染料而被迫终止出口，减少外销额500万美元。

问题：（1）德国、日本等国要求进口的纺织品和服装不使用偶氮染料是否属于环境技术标准？为什么？

（2）德国、日本等国的要求是否属于《关税及贸易总协定》（GATT）第20条例外之规定？为什么？

参考答案

一、单项选择题

1. **答案**：B。国际法主体是指能够独立参加国际关系并直接在国际法上享受权利和承担义务，并且有独立进行国际求偿能力者。国际法主体应具备如下三个要件：独立参加关系的能力、直接承受国际权利和义务的能力、独立进行国际求偿的能力。依据这三个相互联系、相辅相成的要件，在国际环境法领域中，国家是最基本的主体，政府间的国际组织是派生和有限的主体。
2. **答案**：A。20世纪50年代，海洋环境问题尤为突出，引起国际社会的广泛关注，保护海洋环境随之成为国际立法的重点。1954年《国际防止海上油污公约》是这一领域里最早的多边国际公约；1958年联合国第一次海洋法会议通过了四项海洋法公约，其中《捕鱼及养护公海生物资源公约》直接涉及海洋生物资源的保护，其他三个海洋法公约都不同程度地涉及海洋生物资源养护和海洋环境的保护。
3. **答案**：B。1972年6月在斯德哥尔摩召开了联合国人类环境会议，会议通过了著名的《人类环境宣言》（通称《斯德哥尔摩宣言》）、《人类环境行动计划》和其他若干建议和决议。
4. **答案**：C。里约会议通过了《里约宣言》《21世纪议程》《森林原则》这3个不具有法律约束力的国际文件和《气候变化框架公约》《生物多样性公约》这2个公约。
5. **答案**：D。1972年斯德哥尔摩会议以后，环境保护与发展应相互结合、共同提高的思想逐渐获得国际社会和各国的普遍接受。这一思想在20世纪80年代后又进一步发展成为一个新的法律概念——可持续发展。1987年世界环境与发展委员会在《我们共同的未来》报告中第一次阐述了可持续发展的概念，得到了国际社会的广泛共识。
6. **答案**：A。为了防止气候变化，1992年5月通过了联合国《气候变化框架公约》，并于1992年6月在里约大会上供各国讨论和签署。该公约共26条，其目标是控制人为温室气体的排放。这仅是一个框架性文件，并未对温室气体的控制作出具体规定。1997年该公约之缔约国在日本东京召开了第三次缔约国大会，并签署了《京都议定书》，主要对发达国家未来温室气体的排放控制规定了具体目标。

7. **答案**：C。

8. **答案**：A。随着海上交通运输的发展，来自船舶的海洋污染日趋严重。首次针对此一类型的污染所制定的国际环境条约是1954年的《海洋油污防止条约》，其目的是管制船舶排放废油和其他油性混合物。

9. **答案**：D。《濒危野生动植物种国际贸易公约》的目的是保护濒危物种，以免其因国际贸易而灭绝。该公约的核心是进出口许可证制度。该公约包含3个附件，附件1所列的是面临绝种危险的物种。附件2所列的是目前无绝种危险，但若对这些物种的国际贸易管理不当就有可能会使它们面临绝种危险的物种。附件3所列的是那些不在附件1和附件2中，但一些管理比较严格的国家已通过立法加以管制的物种。

10. **答案**：A。《国际重要湿地公约》是第一个希望全球都能参加的保护野生动物的国际公约，其宗旨是制止目前和未来湿地的逐渐侵占和损害，确认湿地的基本生态作用及其经济、文化、科学和娱乐价值。

11. **答案**：B。20世纪80年代国际社会开始重视对所有生物及整个生态系统的保护，1982年《世界自然宪章》即这一转变的标志，其庄严宣告："每种生命形式都是独特的，无论对人类价值如何，都应受到尊重。"

二、多项选择题

1. **答案**：ABCD。与其他国际法相比，国际环境法具有如下特点：（1）与科学技术的联系较密切。这主要表现在：国际环境法的制定与实施在相当程度上依赖科学技术；国际环境法本身包含许多技术性规范。（2）"软法"是其重要组成部分。"软法"是指严格意义上不具有法律约束力，但又具有一定法律效果的国际文件。在国际环境保护中，"软法"应用非常广泛，成为国际环境法的一大特色。（3）框架公约与议定书相结合的模式。环境危机的紧迫性和环境问题的科学不确定性使得国际社会不得不在科学不确定性的情况下采取行动，谈判和制定国际环境条约，这就要求条约自身具有足够的灵活性，适应科学发展产生的新变化。框架条约与议定书相结合的模式适应了这一特点。（4）差别待遇。这主要表现在两个方面：一是发达国家与发展中国家的义务不同，发达国家在国际环境保护上负有更加严格的义务；二是在国际环境条约的履行过程中，发达国家应给予发展中国家资金和技术支持。

2. **答案**：ABCD。国际环境法是国际法的一个分支，其渊源基本上与国际法相同，主要包括：（1）国际条约。主要可分为国际环境条约、双边或多边条约、议定书三类。（2）国际习惯。在国际环境法中，国际习惯与条约相比处于次要地位，主要原因是国际环境法的历史较短，尚未积累起充足的国家实践，相关的习惯法规则较少。（3）"软法"。这类性质的国际文件，尽管没有法律约束力，但国际法学者普遍认为其有重要的法律意义。（4）其他渊源。《国际法院规约》中列举的其他国际法渊源有：一般法律原则、司法判例、国际法学说、"公允及善良"原则。

3. **答案**：ABC。政府间的国际组织和非政府组织（NGOs）在国际环境立法和执法中发挥着越来越重要的作用。国际环境法领域中的政府间国际组织主要有三类：一是联合国系统以外的区域性国际组织，如联合国环境规划署；二是联合国系统以外的区域性国际组织，如欧洲联盟；三是根据国际环境条约和其他条约建立的国际组织，如国际原子能机构等。

4. **答案**：AC。最早的国家环境保护条约主要涉及两个方面，一是界河和国际河流的渔业管理和水污染防治，如美国与加拿大1909年签订的《美加界水条约》；二是野生动物的保护，如1900年《保护非洲的野生动物、鸟类和鱼类的伦敦公约》、1902年《保护对农业有益鸟类的公约》和1940年《西半球自然保护和野生动物保全的华盛顿公约》等。

5. **答案**：ABCD。斯德哥尔摩会议后国际环境法的发展表现在如下两个方面：（1）国际环境机构的建立。依据斯德哥尔摩会议的建议，同年联合国通过2977号决议，建立了一个专门处理国际环境事务的机构——联合国环境规划署（UNEP）。（2）国际环境条约的签订。斯德哥尔摩会议以后，在野生生物保护、臭氧层保护等各个方面制定了许多国际条约。总之，国际社会对环境与发展的关系这一环境保护的基本问题有了深刻的认识，国际环境保护的基本原则、规则已经形成，国际环境法成为国际法的一个独立分支。

6. **答案**：ABCD。里约会议通过的5个国际文件引入了一系列新的法律概念，主要包括：第一，风险预防原则，其要求各国采取行动消除可能产生严重或不可逆转的损害的危险；第二，污染者付费原则，其要求各国有关机关采取措施，内部化环境成本；第三，共同但有差别的责任，承认世界各国在环境保护中是一种伙伴关系，同时又强调发达国家应承担更加严格的责任；第四，跨代平等；第五，联合履约。

7. **答案**：CD。平等使用环境资源原则主要涉及两个方面：一是各国之间如何分配自然资源，特别是共享的自然资源；二是国家之间如何分担环境保护的义务和责任。平等使用环境资源要求抛弃"先到先用"的传统原则，一国在开发、利用环境资源时必须考虑别国的需求，特别是发展中国家的需要。从历史上看最早涉及该问题的是1982年联合国《海洋法公约》（海床矿产）和1988年《南极矿物资源公约》。

8. **答案**：ACD。预防原则是指在环境损害发生之前，预先采取一定的措施去防止危害的产生。其主要包括损害预防原则和风险预防原则。损害预防原则是国家的一项责任，即国家应尽可能早地在环境损害发生之前采取措施以制止、限制或控制环境损害的发生。它针对的对象是具体危险。风险预防原则是指在一定的危险性产生之前，就预先去防止其对环境及人类危害的产生，它针对的对象是危险可能性。

9. **答案**：ABCD。

10. **答案**：ABCD。二氧化碳、氮氧化物、氟氯碳化合物、甲烷等物质统称为温室气体。其在大气中的含量大量增加会加速破坏大气自动调节地球温度的能力，使得地球上的温度逐渐上升。

11. **答案**：ABCD。

12. **答案**：ABCD。对海洋倾废进行管制的主要公约是1972年的《防止倾倒废物和其他物质污染海洋的伦敦公约》。该公约有四个显著特点：一是它适用于内陆水域以外的所有海域；二是该条约要求所有缔约国达到一定的国际最低标准；三是它将废物分为三类，毒害最大的废物禁止倾倒，倾倒毒害较大的废物应事先获得特别许可证，对于其他废物的倾倒，事先需要获得一般许可证；四是倾废受到一个国际机制，即该公约磋商会议的监督。

三、简答题

1. **答案**：国际环境法的主要法律渊源应包括国际立法（国际条约）、国际习惯、"软法"司法判例、一般法律原则、法学家著述等。

（1）国际条约。国际环境条约是国际环境法的主要渊源之一。它包括有关环境问题的双边或多边的、区域性的或全球性的国际条约，包括条约、公约、协定、协议、议定书等。由国际环境法的性质和特点所决定，环境条约具有一些自身的特点：第一，在条约的内容方面，国际环境条约追求的不是"制度的稳定性"，而是"制度的不断发展变化"。第二，在条约的形式方面，环境条约较多地应用"框架公约+议定书+附件"的形式。

（2）国际习惯。由于国际环境法是一个新兴的法律部门，加上国际习惯的形成需要各国的反复实践以形成通例并由各国接受为法律，因此，国际环境法中的国际习惯法律规范并不多。在过去20年里，环境条约或司法判例中出现了一些有关环境保护的国际习惯和国际习惯的萌芽。

（3）"软法"。这类性质的国际文件，尽管没有法律约束力，但国际法学者普遍承认其有重要的法律意义：首先，这种性质的国际文件往往包含了有关国际法的原则、规则或制度陈述；其次，它反映了国际社会的共同意志，为国际法的发展确立了目标和纲领。“软法”作为国际法渊源的价值在司法判例和国际法学说之上。

(4) 司法判决。司法判决在使国际环境法具体化中具有重要作用，尽管正式的司法裁决并不能造法，只是具有宣告性质，但它们在确定和使用国际环境法方面具有重要意义。

(5) 一般法律原则。可以说无论一般法律原则来源于国内法律实践还是来源于国际法实践，对国际环境法都有重要作用。

(6) 法学家著述。《国际法院规约》在“确定法律规则的辅助手段”中包括了“各国权威最高之”公法家的学说，或法律文本中的理论。这种渊源只能构成国际法的依据。在国际环境法领域，法学家著述的影响力比司法判例的影响力显然小多了。

2. 答案：国际环境法把国际社会的、经济的、海洋的、宇宙的、卫生的等法规中关于保护自然环境方面的内容结成了一个新的整体。按保护的对象来分组，国际环境法可分为保护国际河流、国际海域、大气和宇宙空间、海洋生物资源和陆上野生动植物等规范。

(1) 河流及湖泊保护方面的国际环境法。国际性河流、湖泊是由两国或多国共有的。为了解决由于水资源污染所带来的一系列问题，一些国际性河流流域各国相继签订双边或多边条约，设立控制、防治水污染的国际合作委员会。

(2) 海洋保护方面的国际环境法。国际海洋保护法的对象包括公海和国际性的区域性海洋。联合国海洋法会议通过的一些公约已涉及保护海洋生物资源、矿物资源等许多方面。1972 年，邻接北海的欧洲 12 国签署了《防止船舶和飞机倾倒废物造成海洋污染公约》《防止倾倒废物及其他物质污染海洋的公约》。另外，还签署了许多保护区域性海洋的国际条约，如《保护地中海免受污染公约》《保护波罗的海地区海洋环境公约》。

(3) 大气及宇宙空间保护方面的国际环境法。鉴于大气污染造成的威胁远远超出一国的范围，许多国家要求签署控制跨国空气污染的国际协定。虽然目前这种世界性的国际协定还未产生，但已经产生了不少控制大气污染的地区性条约。第 18 届联合国大会在 1963 年 12 月 13 日通过了一项《各国在探索与利用外层空间活动的法律原则的宣言》。至今，不少空间法律文件已涉及宇宙空间保护，如《关于各国探索和利用包括月球和其他天体在内外层空间活动的原则条约》《空间物体所造成损害的国际责任公约》《关于登记射入外层空间物体的公约》《关于各国在月球和其他天体上活动的协定》。

(4) 自然资源保护方面的国际环境法。主要保护那些生存于两国或多国共有的大气、水域和公海之中，以及流动于两国或多国之间的那些生物资源。对这些生物资源的保护在许多国际条约、区域性协定中已有规定，其中为数较多的是有关捕鱼的协定。如为了保护南极洲及南冰洋的生物资源，继 1959 年《南极条约》签订后，1964 年又签署了《保护南极动植物协议措施》；1973 年波罗的海沿岸国家签订了《波罗的海及其海峡生物资源捕捞及养护公约》。

3. 答案：政府间国际组织在环境保护领域的作用主要有五个方面：

(1) 为各国在环境事务磋商和合作提供协商的场所；

(2) 收集和发布环境信息，为国家间的环境合作提供信息服务；

(3) 以召开国际会议或通过决议、宣言等方式推动和促进国际环境法原则和规则的发展；

(4) 在保证实施和执行国际环境法和环境标准中起着重要的作用；

(5) 为解决环境争端提供相对独立和中立的争端解决机制和场所。

4. 答案：共同但有区别的国家责任原则是指由于地球生态系统的整体性和导致全球环境退化的各种不同因素，各国对保护全球环境负有共同但又有区别的责任。它包括共同责任和差别责任。共同责任指的是在保护和改善全球环境方面，所有国家负有共同的责任，每个国家有义务，同时也有权利参加到解决环境问题的国际努力中来。差别责任是指各国责任的大小必须有差别，具体而言，就是发达国家应该比发展中国家承担更大或是更加严格的责任。实行差别责任的原因是：(1) 全球环境问题主要是发达国家造成的，其应当承担更多、更严格的责任；(2) 发达国家掌握了较多的技术和财产资源，而发展中国家的技术和经济水平则难以预防、降低和控制环境危险，发达国家在发展中国家解决环境问题的努力中应给予资金和技术支持。该原则在一系列国际环境法律文件中得到了体现，如《里约宣言》《气候变化框架公约》。

四、论述题

1. 答案： 国际环境问题，又称全球环境问题、地球环境问题或人类环境问题，是指超越一国国界的区域性的和全球性的环境污染和生态破坏问题。

第二次世界大战以前，人类在发展中遇到的国际环境问题主要表现在两个方面：一是生态破坏，生态破坏是国际环境问题的首要表现。这一问题在实际生活中有如下特点：范围不断扩大、时间延续长久、问题发生频繁，一些问题已超出自然界的自净与自救的极限。二是环境污染。

第二次世界大战以后，由于现代科学技术的迅速发展，国际环境问题有了新的变化，局部地区的问题逐步演变成为全球性的问题；暂时性的问题演变成为长远的问题；潜在性的问题进一步演化成为公开性的问题。这一时期，国际环境问题主要表现在以下几个方面：

(1) 全球性的气候变暖。由于世界能源消耗量大量增加和工业迅速发展，森林、草地及绿色植物的锐减，以二氧化碳为代表的温室效应猛增，使得全球气候正逐渐变暖。

(2) 臭氧层的破坏。由于人为地向大气大量排放臭氧层耗损物质，臭氧层变薄甚至出现空洞。

(3) 生物多样性的锐减。大规模工程建设和农林牧渔业开发，环境污染、过度捕捞以及国际性的野生动植物走私等原因，使得生物多样性一直呈锐减趋势。

(4) 有毒化学品的污染及越境转移。目前，发达国家纷纷向发展中国家越境转移危险废物，造成严重的污染扩散。

(5) 酸雨现象严重。酸雨对森林、土壤、水体等具有严重损害。目前世界上有三大酸雨中心，即斯堪的纳维亚地区、欧洲大陆和北美。

(6) 海洋污染严重。随着人类开发利用海洋活动的日益增强，海洋污染问题日益严重。造成海洋污染的最主要的原因是石油勘探开发和船舶污染重的海损事故。

此外，影响比较深远的是国际环境问题，还有国际水道污染、核污染以及外层空间环境问题。

2. 答案： 国际环境争端是指国家之间在环境资源领域的纠纷或者权益冲突。在国际环境法领域，也已形成较为完善的国际环境争端解决机制，具体来说，可以分为外交解决、法律解决和通过国际组织解决三种方式。

(1) 外交解决方式。外交解决方式指有关国家通过外交途径和平解决环境争端的方法。外交解决方式可以分为以下几种：第一，谈判与协商。谈判与协商是一种由当事国直接进行接触，共同商讨解决彼此间争议的方法。它是解决国际环境争端最早使用的也是最基本的方法，环境条约一般都将它作为缔约国之间解决争端的主要方式。谈判与协商的区别在于协商不限于当事国，可邀请有关国家或中立国参加。第二，斡旋与调停。斡旋是第三国向有关当事国提出建议，促使当事国双方进行直接谈判，而斡旋者本身不介入谈判，对解决争议也不提出具体的方案。调停则是指第三国为了和平解决争端而直接参与当事国之间的谈判，并提出参考性的条件或解决方案供争议双方参考。第三，调查和调解。在实践中，大部分国际环境争端是通过外交途径解决的，虽然结果不具有法律拘束力，但并不意味着当事国没有义务。

（2）法律解决方式。法律解决方式是指有关国家通过法律程序来解决它们之间的环境争端。法律程序包括仲裁和诉讼两种。法律程序是通过临时的或常设的机构如仲裁机构或法院来解决国际环境争端。作为带有强制性的解决方法，法律方法往往是用于外交解决或其他方法不能解决之争端。

（3）通过国际组织解决方式。在国际环境争端领域，争端当事国可以通过联合国、世贸组织、区域性国际组织或者根据条约设立的国际组织来解决纠纷。①

五、案例题

1. **答案：**（1）依照我国《海洋环境保护法》，此类海损事故造成海洋环境重大污染的，应由中华人民共和国港务监督主管。处理时，首先，应及时采取有效措施，包括强制清除污染或者强制拖行等措施，以减少污染损害。其次，应注意污染者有无违反我国法律规定，若构成违反，应依法给予行政处罚。最后，也是最重要的一点，应让事故双方对救助费用和污染损害赔偿负连带责任，同时应采取有效措施，以便于受害者行使索赔权。

（2）主要涉及《海洋环境保护法》《防止船舶污染海域管理条例》《联合国海洋法公约》。

2. **答案：**（1）属于环境技术标准。所谓环境技术标准即发达国家通过国际组织或国内立法制定的以环境保护为目的的技术标准，采用环境技术标准的国家有权对未达到该项标准的产品禁止或限制进口。

（2）属于。GATT 第 20 条“一般例外”条款（b）项、（g）项对背离 WTO 基本原则的与环境保护有关的例外情况作了规定。GATT 第 20 条“一般例外”的规定：“凡下列措施的实行在条件相同各国间不会构成任意的或无端的歧视手段，或者不会形成伪装起来的对国家贸易的限制，则不得将本协定说成妨碍人和缔约方采取或实行如下这些措施……（b）为保护人类及动植物的生命或健康所必需者……（g）关系到养护可用竭的天然资源，凡这些措施同限制国内生产与消费一道实施者。”

① 王健：《国际环境争端解决机制探讨》，载《中国环境管理》1999 年第 6 期。

期末测试题一

一、单项选择题

1. 一般将人为原因引起的环境问题称为（　　）
   A. 人口问题　　B. 原生环境问题
   C. 次生环境问题　　D. 第一类环境问题
2. 在各种环境权中，最基础的环境权是（　　）
   A. 公民环境权　　B. 单位环境权
   C. 国家环境权　　D. 人类环境权
3. 环境影响评价属于环境质量评价中的（　　）
   A. 回顾评价　　B. 现状评价
   C. 预断评价　　D. 综合评价
4. 目前，我国的环境资源保护行政主管机构是（　　）
   A. 生态环境部
   B. 国务院环境保护委员会
   C. 国家环保总局
   D. 自然资源部
5. 我国最早对固体废物进行管理的方式是（　　）
   A. 开展对固体废物的综合利用
   B. 提高资源的利用率
   C. 对固体废物实行最终处置
   D. 建立健全企业污染防治责任制
6. 根据我国《海洋环境保护法》对于需要向海域倾倒废弃物的单位的相关规定，下列选项说法不正确的是（　　）
   A. 禁止中华人民共和国境外的废弃物在中华人民共和国管辖海域倾倒
   B. 必须向国家海洋行政主管部门提出书面申请
   C. 经国家海事行政主管部门审查批准，发给许可证后，方可倾倒
   D. 经国家海洋行政主管部门审查批准，发给许可证后，方可倾倒
7. 根据我国《固体废物污染环境防治法》中关于危险废物的收集、贮存、处置等的相关规定，下列说法错误的是（　　）
   A. 从事收集、贮存、处置危险废物经营活动的单位，必须向省级以上人民政府生态环境主管部门申请领取经营许可证
   B. 禁止无经营许可证或者不按照经营许可证规定从事危险废物收集、贮存、处置的经营活动
   C. 禁止将危险废物提供或者委托给无经营许可证的单位从事收集、贮存、处置的经营活动
   D. 收集、贮存危险废物，必须按照危险废物特性分类进行

二、多项选择题

1. 关于环境法是一个独立的法律部门的理解正确的是（　　）
   A. 环境法作为一个独立的法律部门，主要是一个法学概念
   B. 环境法既是一个独立的法律部门，又是一门独立的法学学科
   C. 环境法作为一个独立的法律部门与其他法律部门存在密切的联系
   D. 环境法成为一个独立的法律部门的基本标志是有独特的调整对象
2. 关于建设项目环境影响评价程序的论述正确的是（　　）
   A. 建设项目有行业主管部门的，其环境影响报告书或者环境影响报告表应当由行业主管部门审批
   B. 审批部门应当自收到环境影响报告书之日起三十日内，作出审批决定并书面通知建设单位
   C. 预审、审核、审批建设项目环境影响评价文件，不得收取任何费用
   D. 建设项目的环境影响评价文件自批准之日起超过五年，方决定该项目开工

建设的，其环境影响评价文件应当报原审批部门重新审核

3. 我国《野生动物保护法》所保护的野生动物包括（　　）
   A. 珍贵的陆生、水生野生动物
   B. 濒危的陆生、水生野生动物
   C. 珍贵、濒危的水生野生动物以外的其他水生野生动物
   D. 有重要生态、科学、社会价值的陆生野生动物
4. 国家突发环境事件应急保障包括（　　）
   A. 物资与资金保障
   B. 技术保障
   C. 通信交通与运输保障
   D. 队伍保障
5. 固体废物的“三化”原则包括（　　）
   A. 减量化　　B. 无害化
   C. 回收化　　D. 资源化
6. 根据我国《海洋环境保护法》的规定，应当建立海洋自然保护区的是（　　）
   A. 典型的海洋自然地理区域、有代表性的自然生态区域，以及遭受破坏但经保护能恢复的海洋自然生态区域
   B. 海洋生物物种高度丰富的区域，或者珍稀、濒危海洋生物物种的天然集中分布区域
   C. 具有特殊保护价值的海域、海岸、岛屿、滨海湿地、入海河口和海湾等
   D. 具有重大科学文化价值的海洋自然遗迹所在区域
7. 根据我国《噪声污染防治法》的规定，夜间在城市市区噪声敏感建筑物集中区域内，进行产生噪声污染的建筑施工作业（　　）
   A. 原则上禁止夜间进行产生噪声污染的建筑施工作业
   B. 因特殊需要必须连续作业的，必须有省级以上人民政府或者其有关主管部门的证明
   C. 但抢修、抢险作业和因生产工艺上要求或者特殊需要必须连续作业的除外
   D. 因特殊需要必须连续作业并持有相关证明的，仍必须公告附近居民
8. 下列各项关于环境污染特点的表述正确的是（　　）
   A. 环境污染是人类正常活动的有害副作用
   B. 环境污染以环境为媒介对特定人体造成危害
   C. 环境污染具有综合性和积累性
   D. 环境污染往往不会同时对多种权益造成侵害
9. 因发生事故或者其他突发性事件，造成危险废物严重污染环境的单位，必须（　　）
   A. 立即采取措施消除或者减轻对环境的污染危害
   B. 及时通报可能受到污染危害的单位和居民
   C. 向所在地生态环境主管部门和有关部门报告
   D. 接受调查处理

三、名词解释

1. 可持续发展能力
2. 战略环境影响评价制度
3. “三同时”制度
4. 环境信息公开制度
5. 水体污染
6. 碳税

四、简答题

1. 简述环境保护同经济、社会发展相协调的原则。
2. 简述环境标准制度。
3. 简述噪声污染的特点。
4. 如何理解固体废物的二重性？固体废物污染与水污染、大气污染、噪声污染的区别是什么？

五、论述题

试分析我国环境影响评价制度存在的问题和改进办法。

参考答案

一、单项选择题

1. **答案**：C。环境问题，又称为环境资源问题。它包括由火山、地震、洪水等自然灾害所引起的第一类环境问题或原生环境问题，以及由人类活动作用于自然界并反过来对人类自身造成有害影响和危害的第二类环境问题，又称为人为环境问题或次生环境问题。
2. **答案**：A。公民环境权，有的学者称为个人环境权，应当说，个人虽然主要是指公民，但范围要大于公民。在各种环境权中，公民环境权是最基础的环境权，它不仅是单位环境权、国家环境权和人类环境权的基础，也是实现个人财产权、劳动权、休息权、生存权、生命健康权等其他基本权利的必需条件。
3. **答案**：C。环境影响评价是环境质量评价中的一种。环境质量评价一般包括三类：第一类是回顾评价，即根据历史资料，了解一个地区过去的环境质量及其演变；第二类是现状评价，即根据检测、调查的材料，对环境质量的现状作出评价；第三类是预断评价，即根据发展规划对未来环境状况作出评价。环境影响评价属于预断评价，因而环境影响评价又被称为环境质量预断评价。
4. **答案**：A。1974 年 12 月成立国务院环境保护领导小组；1982 年 12 月，国务院撤销国务院环境保护领导小组，将其业务并入城乡建设环境保护部，在该部内设立环境保护局；1984 年 5 月，成立了国务院环境保护委员会；1988 年成立了国务院直属的国家环境保护局；为了进一步加强环境行政管理，国家在 1998 年将环境保护局升格为部级的国家环境保护总局（简称国家环保总局），作为国务院的主管环境保护工作的直属机构，同时撤销国务院环境保护委员会，把国家科委的国家核安全局并入国家环境保护总局；2008 年，政府机构改革组建环境保护部，不再保留国家环境保护总局；2018 年，国务院机构改革，组建生态环境部，不再保留环境保护部。
5. **答案**：A。我国对固体废物采取的主要管理方式有：提高资源的利用率、开展综合利用以及对固体废物实行最终处置。而我国最早对固体废物进行管理的方式，是开展对固体废物的综合利用。
6. **答案**：C。《海洋环境保护法》第 55 条规定：“任何单位未经国家海洋行政主管部门批准，不得向中华人民共和国管辖海域倾倒任何废弃物。需要倾倒废弃物的单位，必须向国家海洋行政主管部门提出书面申请，经国家海洋行政主管部门审查批准，发给许可证后，方可倾倒。禁止中华人民共和国境外的废弃物在中华人民共和国管辖海域倾倒。”
7. **答案**：A。《固体废物污染环境防治法》第 80 条第 2 款、第 3 款规定：“禁止无许可证或者未按照许可证规定从事危险废物收集、贮存、利用、处置的经营活动。禁止将危险废物提供或者委托给无许可证的单位或者其他生产经营者从事收集、贮存、利用、处置活动。”第 81 条第 1 款规定：“收集、贮存危险废物，必须按照危险废物特性分类进行。禁止混合收集、贮存、运输、处置性质不相容而未经安全性处置的危险废物。”

二、多项选择题

1. **答案**：ACD。环境法作为一个独立的法律部门，主要是从法学上对具有共同宗旨、性质相似、相互联系的某类法律规范进行的理论概括和归纳，这并没有割裂环境法与其他法律部门如经济法、刑法、行政法、民法等之间的联系，以环境法这一独立的法律部门为研究对象的环境法学才是一门独立的法学学科。
2. **答案**：CD。《环境影响评价法》第 22 条规定，建设项目的环境影响报告书、报告表，由建设单位按照国务院的规定报有审批权的生态环境主管部门审批。海洋工程建设项目的海洋环境影响报告书的审批，依照《海洋环境保护法》的规定办理。审批部门应当自收到环境影响报告书之日起六十日内，收到环境影响报告表之日起三十日内，分别作出审批决定并书面通知建设单位。国家对环境影响登记表实行备案管理。审核、审批建设项目环境影响报告书、报告表以及备案环境影响登记表，不得收取任何费用。第24条第2款规定，建设项目的环境影响评价文件自批准之日起超过五年，方决定该项目开工建设的，其环境影响评价文件应当报原审批部门重新审核；原审批部门应当自收到建设项目环境影响评价文件之日起十日内，将审核意见书面通知建设单位。

3. **答案**：ABD。根据《野生动物保护法》第2条第2款的规定，该法规定保护的野生动物，是指珍贵、濒危的陆生、水生野生动物和有重要生态、科学、社会价值的陆生野生动物。

4. **答案**：ABCD。《国家突发环境事件应急预案》第6部分规定，国家突发环境事件应急保障包括队伍保障，物资与资金保障，通信、交通与运输保障，技术保障。

5. **答案**：ABD。“三化”是指对固体废物采取减量化、资源化和无害化的措施。该原则是各国防治固体废物污染立法中普遍适用的原则，是防治固体废物污染的富有成效的指导思想。固体废物减量化，又称废物最小量化，是指减少固体废物的产生。固体废物资源化，又称资源综合利用，是指通过回收、再利用、循环利用、再生利用、替代、提取、转换、交换等方式，对固体废物进行全部或部分直接利用，或使之转化为可利用的二次原料或再生资源予以利用。固体废物无害化是指对不能利用或暂时不能利用的固体废物，进行符合环境保护要求和标准的或者有利于环境安全的无害处置。

6. **答案**：ABCD。《海洋环境保护法》第22条规定：“凡具有下列条件之一的，应当建立海洋自然保护区：（一）典型的海洋自然地理区域、有代表性的自然生态区域，以及遭受破坏但经保护能恢复的海洋自然生态区域；（二）海洋生物物种高度丰富的区域，或者珍稀、濒危海洋生物物种的天然集中分布区域；（三）具有特殊保护价值的海域、海岸、岛屿、滨海湿地、入海河口和海湾等；（四）具有重大科学文化价值的海洋自然遗迹所在区域；（五）其他需要予以特殊保护的区域。”

7. **答案**：ACD。《噪声污染防治法》第43条规定：“在噪声敏感建筑物集中区域，禁止夜间进行产生噪声的建筑施工作业，但抢修、抢险施工作业，因生产工艺要求或者其他特殊需要必须连续施工作业的除外。因特殊需要必须连续施工作业的，应当取得地方人民政府住房和城乡建设、生态环境主管部门或者地方人民政府指定的部门的证明，并在施工现场显著位置公示或者以其他方式公告附近居民。”

8. **答案**：AC。与其他不法侵害相比，环境污染具有如下六个特点：(1) 环境污染是人类正常活动的有害副作用。(2) 环境污染以环境为媒介对不特定人体造成危害。即只有人类活动排放的污染物和能量进入了环境，使其质量下降之后，才对人体健康、生命安全造成危害，而且是对不特定人群的侵害。(3) 环境污染具有综合性和积累性。造成环境污染的原因多种多样，且往往是综合作用；某些环境污染具有积累性、连续性特点。(4) 环境污染往往同时侵害多种权益。如危害人体健康、生命安全，污染大气、水体、土壤、动植物、建筑物，造成健康权、生存权、财产权、环境权益等的损害。(5) 环境污染危及的范围广。不仅可以污染一条河流、一个地区、几个国家，甚至遍及全世界。(6) 环境污染引起的疾病往往难以发现和治疗。医学表明，人类的疾病多与环境污染有关，但病理复杂，短时间内难以发现和治疗，有的甚至不能根治，有的还会危及下一代。

9. **答案**：ABCD。《固体废物污染环境防治法》第86条规定：“因发生事故或者其他突发性事件，造成危险废物严重污染环境的单位，应当立即采取有效措施消除或者减轻对环境的污染危害，及时通报可能受到污染危害的单位和居民，并向所在地生态环境主管部门和有关部门报告，接受调查处理。”

三、名词解释

1. **答案**：可持续发展能力是指一个特定系统在规定目标和预设阶段内可以成功地将其发展度、协调度、持续度稳定地约束在可持续发展阈值内的概率，即一个特定的系统成功地延伸至可持续发展目标的能力。可持续发展能力的大小，既是衡量实施可持续发展战略成功程度的基本标志，又是可持续发展战略实施中着力培育的物质能力和精神能力的总和。
2. **答案**：战略环境影响评价制度是指对政策、规划或计划及其替代方案的环境影响进行正式的、系统的和综合的评价过程的制度。战略可以是大到全球和国家，小到区域和部门的战略，无论是政策还是计划或规划的环境影响评价都被称为战略环境影响评价。
3. **答案**："三同时"制度是指一切新建、改建和扩建的基本建设项目（包括小型建设项目）、技术改造项目、自然开发项目，以及可能对环境造成损害的其他工程项目，其中防治污染和其他公害的设施和其他环境保护设施，必须与主体工程同时设计、同时施工、同时投产的制度。
4. **答案**：环境信息公开制度，是指依据和尊重公众知情权，政府和企业以及其他社会行为主体向公众通报和公开各自的环境行为以利于公众参与和监督的制度。因此环境信息公开制度既要公开环境质量信息，也要公开政府和企业的环境行为，为公众了解和监督环保工作提供必要条件，这对于加强政府、企业、公众的沟通和协商，形成政府、企业和公众的良性互动关系有重要的促进作用，有利于社会各方共同参与环境保护。
5. **答案**：水体污染主要是指由于人类活动排放的污染物进入河流、湖泊、海洋或地下水等水体，使水和水体底泥的物理、化学性质或生物群落组成发生变化，从而降低了水体的使用价值的现象。
6. **答案**：碳税是指针对二氧化碳排放所征收的税。它以环境保护为目的，希望通过削减二氧化碳排放来减缓全球变暖。碳税通过对燃煤和石油下游的汽油、航空燃油、天然气等化石燃料产品，按其碳含量的比例征税来实现减少化石燃料消耗和二氧化碳排放。与总量控制和排放贸易等市场竞争为基础的温室气体减排机制不同，征收碳税只需要额外增加非常少的管理成本就可以实现。

四、简答题

1. **答案**：环境保护同经济、社会发展相协调的原则简称协调原则，是指环境保护与经济建设和社会发展统筹规划、协调发展，实现经济效益、社会效益和环境效益的统一。社会、经济与环境协调发展的原则实际就是可持续发展原则。

环境保护同经济、社会发展相协调的原则反映了当代世界文明进步成果的不断累积和深化，是中国环境、经济、社会工作的基本出发点和战略方针，包括十分丰富的内容，概括起来主要表现在如下几个方面：

（1）该原则正确反映了环境保护同经济、社会发展的关系（简称环境与发展的关系）。环境与发展是相互制约、相互促进的对立统一关系。环境是经济社会发展的物质基础和必要条件，保护环境就是保护生产力，就是保护经济和社会赖以发展的物质基础，环境资源问题可以直接影响、制约经济、社会发展的方向和速度，只有搞好环境保护，社会经济的发展才能持续。该原则的实质是人与环境的共同、协调发展，是人与环境发展的一体化。

（2）该原则突出了可持续发展的实质。可持续发展是从纵向历史过程对发展提出的要求，既满足当代人的需要，又满足后代需要的发展；协调是从横向关系对环境保护和经济社会发展提出的要求，既满足经济发展需要，又满足环境保护需要的发展。实际上，可持续发展就是环境保护与经济、社会协调发展，是人与自然和谐、平衡的稳定发展。

（3）该原则体现了社会经济规律和自然生态规律的客观要求，确定了国家科学决策和宏观调控的重要地位。社会、经济与环境协调发展原则的基本要求，是使发展立足于环境之上而又不超过环境的承载能力、环境保护立足于社会经济条件而又不能超出社会经济承受能力，这反映了社会经济规律、自然生态规律的客观要求。

(4) 该原则是对人类、国家、集体和个人利益，眼前、局部和长远、整体利益的综合考虑。协调发展，实际上是对经济利益、社会利益和环境利益的协调，是尽可能持续地保持和维护最佳的综合利益和效益，是对代内人类利益和代际人类利益的兼顾，是代内公平和代际公平的最佳结合。

(5) 该原则明确了协调发展的基本要求。该原则的基本要求是，经济、社会发展与环境保护相协调，统一实现经济效益、社会效益和环境效益。

环境保护同经济、社会发展相协调的原则的贯彻途径有：

首先，该原则作为国家活动的总体战略方针，应贯穿于各级政府的综合决策和计划调控之中。该原则应作为指导综合决策的基本原则，促进建立健全综合决策机制和协调管理机制；该原则作为市场经济目标，还应该贯穿于国家计划调控之中，要求国家调控要统筹兼顾、全面规划。

其次，该原则作为环境法的目标，应贯穿于整个环境法体系和环境法治建设中。

最后，该原则作为环境政策的指导思想，应贯穿于各项具体政策、制度和行动计划中。

2. 答案：环境标准是环境资源监督管理的重要技术支持和保证，环境标准是国家进行环境资源监督管理所遵循的技术基础和准则。环境标准制度是有关环境资源标准的编制、审批、发布、实施和监督管理的一系列法律规范的总称，是环境标准活动的正规化、程序化和法定化。

环境标准可以按照适用范围分级，包括国家标准、行业标准、地方标准、企业标准和国际标准；环境标准可以按照执行性质分为强制性标准和推荐性标准。

环境标准作为环境资源法体系的组成部分，在国家环境资源管理中起着重要作用。环境标准是制定国家环境资源规划和计划的主要依据；环境标准是环境资源法制定和实施的重要基础与依据；环境标准是国家环境资源管理的技术基础；环境标准是促进技术进步、产业结构调整、经济建设与社会发展的有效手段。

3. 答案：噪声污染是指所产生的噪声超过国家规定的噪声排放标准，并干扰他人正常生活、工作和学习的现象。噪声污染的特点如下：(1) 噪声是感觉性公害。噪声是人们可以直接感觉到的、不需要的、对人体健康有害的声音。(2) 噪声是局部性公害。噪声有一定的辐射距离，对周围环境的影响范围呈局部性现象，而不像大气污染、水污染、海洋污染等公害那样有着污染物迁移转化的广泛影响范围。(3) 噪声污染的暂时性（即时消除性）。物体振动产生噪声，按其产生的机制可以分为机械噪声、气体动力噪声和电磁性噪声等。当噪声源停止振动之后，噪声的污染就会立即停止，不像其他公害那样残留任何污染物，不会在环境中长期积累。

4. 答案：(1) 固体废物是在错误时间放在错误地点的资源，具有鲜明的时间和空间特征。从时间方面讲，它仅相对于目前的科学技术和经济条件，随着科学技术的飞速发展，矿物资源的日渐枯竭，昨天的废物势必又将成为明天的资源。从空间角度看，废物仅相对于某一过程或者某一方面没有使用价值，而并非在一切过程或一切方面都没有使用价值。某一过程的废物，往往是另一过程的原料。

(2) 固体废物问题较之大气污染、水污染、噪声污染的环境问题有其独特之处，简单概括为“四最”。①最难得到处理：固体废物由于含有的成分相当复杂，其物理性状也千变万化，因此是“三废”中最难处置的一种。②最具综合性的环境问题：固体废物的污染，不是单一的环境污染，它同时伴随着土壤污染、水污染及大气污染等问题。③最晚得到重视：固体废物的污染问题较之大气、水污染是最后引起人民重视的污染问题，也是较少得到人民重视的问题。④最贴近生活的环境问题：环境教育往往是从垃圾教育入手，这是因为固体废物问题，尤其是城市生活垃圾最贴近人们的日常生活，是与人类生活最息息相关的环境问题。人们每天都在产生垃圾、排放垃圾，同时也在无意识地污染生存环境，都会对资源、环境带来不良的影响。

五、论述题

答案：环境影响评价制度，是环境影响评价活动的法律化、制度化，是国家通过立法对环境影响评价的对象、范围、内容、程序等进行规定而形成的有关环境影响评价活动的一套规则。

环境影响评价制度是我国环境保护的主要法律制度之一，也是环境监督管理的主要制度之一，对于以贯彻预防为主的环境保护原则，预防新的污染源出现发挥着极为重要的作用。但是我国环境影响评价制度并不是完美无缺的，与发达国家的环境影响评价制度仍有较大差距，从我国自身环境影响评价制度的实践看，也有一定的局限性：

（1）评价对象上只限于具体的建设项目，对环境有重大影响的一些宏观决策没有纳入环境影响的评价对象。具体建设项目固然对环境有直接影响，需要进行环境影响评价，但与具体项目相比，国家的重大经济、技术和产业政策，区域和资源开发规划，城市和行业发展规划，重大基础设施建设等对环境的影响更大，而我国环境影响评价制度则对国家宏观决策的环境影响评价长期未能予以足够重视，不能不说是我国环境影响评价制度的一个缺陷。

（2）在评价程序上，缺少公众参与的民主决策机制。世界上绝大多数有环境影响评价立法的国家，几乎均将公众的参与作为环境影响评价程序的重要组成部分。虽然我国的《噪声污染防治法》作了类似的规定，但这些规定都过于原则，对于公众参与的方式、阶段、人员、效果等没有进行规定。因此，这些规定只不过是公众参与的宣言，并没有形成公众参与的完整机制。

环境影响评价制度的完善：

（1）建立宏观重大决策环境影响评价制度。鉴于进行重大决策环境影响评价的意义以及国外的经验，我国应建立对国家重大经济、技术政策和产业政策，区域和资源开发利用规划，城市和乡镇发展规划，行业发展规划，重大基础设施建设规划等的环境影响评价。

（2）建立公众参与环境影响评价制度。环境影响评价的公共参与制度，是指建设单位及审批环境影响评价报告书（表）机关以外的其他相关机关、地方政府、社会团体、学者专家、人大代表、政协委员、当地居民等，通过法定的方式，参与环境影响评价的制作、审查与监督等的活动。

期末测试题二

一、单项选择题

1. 省、自治区、直辖市人民政府批准的大型基础设施建设项目，涉及农用地转为建设用地的，其批准机关是（　　）

A. 国务院

B. 省、自治区、直辖市人民政府

C. 国务院土地管理部门

D. 省、自治区、直辖市土地管理部门

2. 探矿权人享有的权利不包括（　　）

A. 按照勘查许可证规定的区域、期限、工作对象进行勘查

B. 根据工程需要临时使用土地

C. 优先取得勘查作业区内新发现矿种的探矿权

D. 自行销售勘查中按照批准的工程设计施工回收的矿产品

3. 《土地管理法》规定，国家实行占用耕地补偿制度。下列关于这一制度的哪一表述是错误的？（　　）

A. 因非农业建设占用耕地的，占用单位应承担补偿义务，负责开垦与所占用耕地的数量和质量相当的耕地

B. 国家批准的重点建设项目占用耕地的，占用单位不承担占用补偿义务

C. 没有条件开垦的占用单位，应当按照规定缴纳耕地开垦费

D. 占用单位开垦耕地，应按照省级人民政府制订的开垦计划进行

4. 不属于国家鼓励与支持的草地建设是（　　）

A. 人工草地建设

B. 天然草原改良

C. 草种基地建设

D. 饲草饲料基地建设

5. 国家没有在以下哪个区域划定生态保护红线，实行严格保护？（　　）

A. 自然保护区

B. 重点生态功能区

C. 生态环境敏感区

D. 生态环境脆弱区

6. 关于风景名胜区总体规划的说法错误的是（　　）

A. 风景名胜区总体规划的编制，应当体现人与自然和谐相处、区域协调发展和经济社会全面进步的要求

B. 风景名胜区总体规划的编制，应坚持保护优先、开发服从保护的原则，突出风景名胜资源的自然特性、文化内涵和地方特色

C. 风景名胜区应当自设立之日起 2 年内编制完成总体规划

D. 总体规划的规划期一般为 30 年

7. 直接负责领导、组织全国的防汛抗洪工作的是（　　）

A. 国务院水行政部门

B. 国家防汛指挥机构

C. 国务院建设行政主管部门

D. 中央军委

8. 享有环境行政强制执行权的是（　　）

A. 人民法院

B. 人民检察院

C. 公安机关

D. 环境行政执法机关

二、多项选择题

1. 我国《土地管理法》将土地分为（　　）

A. 农用地　　B. 建设用地

C. 旅游用地　　D. 未利用地

2. 按照规定，下列征收土地的行为必须报国务院批准的有（　　）

A. 征收永久基本农田

B. 征收永久基本农田超过三十五公顷的

C. 征收永久基本农田以外的耕地超过三十五公顷的

D. 征收其他土地超过七十公顷的

3. 下列建设用地，经县级以上人民政府依法

批准，可以以划拨方式取得的是（　　）
A. 建设单位使用国有土地
B. 国家机关用地和军事用地
C. 城市基础设施用地和公益事业用地
D. 国家重点扶持的能源、交通、水利等基础设施用地

4. 农户甲外出打工，将自己房屋及宅基地的使用权一并转让给同村农户乙，5 年后甲返回该村。关于甲返村后的住宅问题，下列哪些说法是错误的？（　　）
A. 由于甲无一技之长，在外找不到工作，只能返乡务农。政府应再批给甲一处宅基地建房
B. 根据“一户一宅”的原则，甲作为本村村民应拥有自己的住房。政府应再批给甲一处宅基地建房
C. 由于农村土地具有保障功能，宅基地不得买卖，甲、乙之间的转让合同无效。乙应返还房屋及宅基地使用权
D. 由于与乙的转让合同未经有关政府批准，转让合同无效。乙应返还房屋及宅基地使用权

5. 下列关于新植物品种权归属权的论述正确的是（　　）
A. 完成育种的单位或者个人对其授权品种，享有排他的独占权
B. 执行本单位的任务或者主要是利用本单位的物质条件所完成的职务育种，植物新品种的品种权属于完成育种的个人
C. 委托育种或者合作育种，品种权的归属由当事人在合同中约定；没有合同约定的，品种权属于受委托完成或者共同完成育种的单位或者个人
D. 两个以上的申请人分别就同一个植物新品种同时申请品种权的，品种权可授予所有的申请人

6. 根据《文物保护法》的规定，在我国境内，下列哪些文物受国家保护？（　　）
A. 具有历史、艺术、科学价值的古文化遗址、古墓葬、古建筑、石窟寺和石刻、壁画
B. 与重大历史事件、革命运动或者著名人物有关的以及具有重要纪念意义、教育意义或者史料价值的近代现代重要史迹、实物、代表性建筑
C. 历史上各时代珍贵的艺术品、工艺美术品
D. 反映历史上各时代、各民族社会制度、社会生产、社会生活的代表性实物

7. 风景名胜区按其景物的观赏、文化、科学价值和环境质量、规模大小、游览条件等，划分为（　　）
A. 国家重点风景名胜区
B. 国家级风景名胜区
C. 省级风景名胜区
D. 市、县级风景名胜区

8. 下列各项应当列为防洪重点的是（　　）
A. 大中城市
B. 重要的公路干线
C. 大型骨干企业
D. 经济开发区

9. 环境资源行政责任主体必须具备的条件是（　　）
A. 依法成立
B. 具有民事权利能力和民事行为能力
C. 具有法定的责任能力
D. 具有法定的环境资源行政职权和行政职责

三、名词解释

1. 自然保护区
2. 开发者养护、污染者治理原则
3. 生态保护红线
4. 生态中心主义
5. 环境资源行政复议
6. 环境民事责任

四、简答题

1. 简述公众参与原则。
2. 简述自然资源保护与环境保护的关系。
3. 简述生态环境体系。

五、论述题

试论环境影响评价制度。

参考答案

一、单项选择题

1. **答案**：A。《土地管理法》第44条规定："建设占用土地，涉及农用地转为建设用地的，应当办理农用地转用审批手续。永久基本农田转为建设用地的，由国务院批准。在土地利用总体规划确定的城市和村庄、集镇建设用地规模范围内，为实施该规划而将永久基本农田以外的农用地转为建设用地的，按土地利用年度计划分批次按照国务院规定由原批准土地利用总体规划的机关或者其授权的机关批准。在已批准的农用地转用范围内，具体建设项目用地可以由市、县人民政府批准。在土地利用总体规划确定的城市和村庄、集镇建设用地规模范围外，将永久基本农田以外的农用地转为建设用地的，由国务院或者国务院授权的省、自治区、直辖市人民政府批准。"

2. **答案**：D。《矿产资源法实施细则》第16条规定："探矿权人享有下列权利：（一）按照勘查许可证规定的区域、期限、工作对象进行勘查；（二）在勘查作业区及相邻区域架设供电、供水、通讯管线，但是不得影响或者损害原有的供电、供水设施和通讯管线；（三）在勘查作业区及相邻区域通行；（四）根据工程需要临时使用土地；（五）优先取得勘查作业区内新发现矿种的探矿权；（六）优先取得勘查作业区内矿产资源的采矿权；（七）自行销售勘查中按照批准的工程设计施工回收的矿产品，但是国务院规定由指定单位统一收购的矿产品除外。探矿权人行使前款所列权利时，有关法律、法规规定应当经过批准或者履行其他手续的，应当遵守有关法律、法规的规定。"

3. **答案**：B。《土地管理法》第30条规定："国家保护耕地，严格控制耕地转为非耕地，国家实行占用耕地补偿制度，非农业建设经批准占用耕地的，按照'占多少，垦多少'的原则，由占用耕地的单位负责开垦与所占用耕地的数量和质量相当的耕地；没有条件开垦或者开垦的耕地不符合要求的，应当按照省、自治区、直辖市的规定缴纳耕地开垦费，专款用于开垦新的耕地。省、自治区、直辖市人民政府应制定开垦耕地计划，监督占用耕地的单位按照计划开垦耕地或者按照计划组织开垦耕地，并进行验收。"由本条可知，占用耕地进行非农业建设的单位，负有占用补偿义务，有条件进行开垦的，应当按照省级人民政府制定的开垦计划进行开垦，没有条件开垦的或者开垦的耕地不符合要求的单位，应当按规定缴纳开垦费。法律并没有豁免国家批准重点建设项目的建设单位占用耕地的补偿义务，所以B项错误。

4. **答案**：C。《草原法》第27条规定："国家鼓励与支持人工草地建设、天然草原改良和饲草饲料基地建设，稳定和提高草原生产能力。"

5. **答案**：A。《环境保护法》第29条第1款规定："国家在重点生态功能区、生态环境敏感区和脆弱区等区域划定生态保护红线，实行严格保护。"所以本题不选B、C、D。

6. **答案**：D。《风景名胜区条例》第12条规定："风景名胜区规划分为总体规划和详细规划。"第13条第1款规定："风景名胜区总体规划的编制，应当体现人与自然和谐相处、区域协调发展和经济社会全面进步的要求，坚持保护优先、开发服从保护的原则，突出风景名胜资源的自然特性、文化内涵和地方特色。"第14条规定："风景名胜区应当自设立之日起2年内编制完成总体规划。总体规划的规划期一般为20年。"

7. **答案**：B。《防洪法》第39条第1款规定："国务院设立国家防汛指挥机构，负责领导、组织全国的防汛抗洪工作，其办事机构设在国务院水行政主管部门。"

8. **答案**：D。环境行政强制执行是环境行政管理相对人不履行环境法直接规定的或有关环境行政机关依法规定的义务时，有权的环境行政机关依法对相对人采取必要的强制措施，强迫其履行义务或达到与履行义务相同的状态的行政执法行为。由此可见，环境行政执法权是环境行政机关的主要职权，虽然环境行政机关往往要申请人民法院强制执行，但人民法院的强制执行只是环境行政机关强制执行的继续和延伸，它享有的是司法执行权而不是环境行政强制执行权。

二、多项选择题

1. **答案**：ABD。《土地管理法》第4条第2款规定："国家编制土地利用总体规划，规定土地用途，将土地分为农用地、建设用地和未利用地。严格限制农用地转为建设用地，控制建设用地总量，对耕地实行特殊保护。"
2. **答案**：ACD。《土地管理法》第46条规定："征收下列土地的，由国务院批准：（一）永久基本农田；（二）永久基本农田以外的耕地超过三十五公顷的；（三）其他土地超过七十公顷的。征收前款规定以外的土地的，由省、自治区、直辖市人民政府批准。征收农用地的，应当依照本法第四十四条的规定先行办理农用地转用审批。其中，经国务院批准农用地转用的，同时办理征地审批手续，不再另行办理征地审批；经省、自治区、直辖市人民政府在征地批准权限内批准农用地转用的，同时办理征地审批手续，不再另行办理征地审批，超过征地批准权限的，应当依照本条第一款的规定另行办理征地审批。"
3. **答案**：BCD。《土地管理法》第54条规定："建设单位使用国有土地，应当以出让等有偿使用方式取得；但是，下列建设用地，经县级以上人民政府依法批准，可以以划拨方式取得：（一）国家机关用地和军事用地；（二）城市基础设施用地和公益事业用地；（三）国家重点扶持的能源、交通、水利等基础设施用地；（四）法律、行政法规规定的其他用地。"
4. **答案**：ABCD。根据《土地管理法》第62条规定，农村村民一户只能拥有一处宅基地，其宅基地的面积不得超过省、自治区、直辖市规定的标准。人均土地少、不能保障一户拥有一处宅基地的地区，县级人民政府在充分尊重农村村民意愿的基础上，可以采取措施，按照省、自治区、直辖市规定的标准保障农村村民实现户有所居。农村村民建住宅，应当符合乡（镇）土地利用总体规划、村庄规划，不得占用永久基本农田，并尽量使用原有的宅基地和村内空闲地。编制乡（镇）土地利用总体规划、村庄规划应当统筹并合理安排宅基地用地，改善农村村民居住环境和条件。农村村民住宅用地，由乡（镇）人民政府审核批准；其中，涉及占用农用地的，依照本法第44条的规定办理审批手续。农村村民出卖、出租、赠与住宅后，再申请宅基地的，不予批准。国家允许进城落户的农村村民依法自愿有偿退出宅基地，鼓励农村集体经济组织及其成员盘活利用闲置宅基地和闲置住宅。国务院农业农村主管部门负责全国农村宅基地改革和管理有关工作。本题甲已经将宅基地转让他人，政府不再批准宅基地。因此，A、B的说法错误。另外，根据《土地管理法》的规定，农村村民宅基地的所有权属于村民集体所有，村民只有使用权，没有所有权，禁止擅自买卖或非法转让。但因买卖、继承、赠与等而发生宅基地使用权转移的，买房户、继承人、被赠与人是本集体经济组织成员的，可依法办理宅基地用地手续。因此宅基地买卖，主要限制的是卖方不得再申请宅基地；而对于买方而言，如果是同村村民，可以取得房屋所有权，并依法办理宅基地用地手续，转让合同并不当然无效。由此，C、D说法错误。
5. **答案**：AC。《植物新品种保护条例》第6条规定："完成育种的单位或者个人对其授权品种，享有排他的独占权。任何单位或者个人未经品种权所有人（以下称品种权人）许可，不得为商业目的生产或者销售该授权品种的繁殖材料，不得为商业目的将该授权品种的繁殖材料重复使用于生产另一品种的繁殖材料；但是，本条例另有规定的除外。"第7条规定："执行本单位的任务或者主要是利用本单位的物质条件所完成的职务育种，植物新品种的申请权属于该单位；非职务育种，植物新品种的申请权属于完成育种的个人。申请被批准后，品种权属于申请人。委托育种或者合作育种，品种权的归属由当事人在合同中约定；没有合同约定的，品种权属于受委托完成或者共同完成育种的单位或者个人。”第8条规定：“一个植物新品种只能授予一项品种权。两个以上的申请人分别就同一个植物新品种申请品种权的，品种权授予最先申请的人；同时申请的，品种权授予最先完成该植物新品种育种的人。”

6. **答案**：ABCD。《文物保护法》第2条第1款规定：“在中华人民共和国境内，下列文物受国家保护：（一）具有历史、艺术、科学价值的古文化遗址、古墓葬、古建筑、石窟寺和石刻、壁画；（二）与重大历史事件、革命运动或者著名人物有关的以及具有重要纪念意义、教育意义或者史料价值的近代现代重要史迹、实物、代表性建筑；（三）历史上各时代珍贵的艺术品、工艺美术品；（四）历史上各时代重要的文献资料以及具有历史、艺术、科学价值的手稿和图书资料等；（五）反映历史上各时代、各民族社会制度、社会生产、社会生活的代表性实物。”

7. **答案**：BC。《风景名胜区条例》第8条规定：“风景名胜区划分为国家级风景名胜区和省级风景名胜区。自然景观和人文景观能够反映重要自然变化过程和重大历史文化发展过程，基本处于自然状态或者保持历史原貌，具有国家代表性的，可以申请设立国家级风景名胜区；具有区域代表性的，可以申请设立省级风景名胜区。”

8. **答案**：ABC。《防洪法》第34条第1、2款规定：“大中城市，重要的铁路、公路干线，大型骨干企业，应当列为防洪重点，确保安全。受洪水威胁的城市、经济开发区、工矿区和国家重要的农业生产基地等，应当重点保护，建设必要的防洪工程设施。”

9. **答案**：CD。环境资源行政责任的主体必须具备两个条件：(1) 具有法定的责任能力。一般而言，行政主体和行政主体工作人员都具有责任能力。(2) 具有法定的环境资源行政职权和行政职责。

三、名词解释

1. **答案**：自然保护区是指对有代表性的自然生态系统，珍稀濒危野生动植物物种的天然集中分布区、有特殊意义的自然遗迹等保护对象所在的陆地、陆地水体或者海域，依法划定一定面积予以特殊保护和管理的区域。

2. **答案**：开发者养护、污染者治理原则是强制污染和破坏环境与资源者承担责任的一项环境与资源管理的基本原则。开发者养护，是指对环境和自然资源进行开发利用的组织或个人，有责任对其进行恢复、整治和养护。污染者治理，是指对环境造成污染的组织或个人，有责任对其污染源和被污染的环境进行治理。

3. **答案**：生态保护红线是我国环境保护的重要制度创新。生态保护红线是指在自然生态服务功能、环境质量安全、自然资源利用等方面，需要实行严格保护的空间边界与管理限值，以维护国家和区域生态安全及经济社会可持续发展，保障人民群众健康。“生态保护红线”是继“18亿亩耕地红线”后，另一条被提到国家层面的“生命线”。

生态保护红线的实质是生态环境安全的底线，目的是建立最为严格的生态保护制度，对生态功能保障、环境质量安全和自然资源利用等方面提出更高的监管要求，从而促进人口资源环境相均衡、经济社会生态效益相统一。生态保护红线具有系统完整性、强制约束性、协同增效性、动态平衡性、操作可达性等特征。系统完整性是指生态保护红线的划定、遵守与监管需要在国家层面统筹考虑，有序实施；强制约束性要求生态保护红线一旦划定，必须制定严格的管理措施与环境准入制度，增强约束力；协同增效性要求红线划定与重大区划规划相协调，与经济社会发展需求和当前监管能力相适应，与生态保护现状以及管理制度有机结合，增强保护效果；动态平衡性是指在保证空间数量不减少、保护性质不改变、生态功能不退化、管理要求不降低的情况下可以对生态保护红线进行适当调整，从而更好地使生态保护与经济社会发展形势相统一；操作可达性要求设定的红线目标具备可实现性，配套的管理制度和政策具有可操作性。具体来说，生态保护红线可划分为生态功能保障基线、环境质量安全底线、自然资源利用上线。

4. 答案： 生态中心主义（Ecocentrism）是环境伦理学的一种研究视角。它提出环境伦理学的中心问题应该是生态系统或生物共同体本身或它的亚系统，而不是它所包括的个体成员。生态中心论的根据是，生态学揭示了人类和自然的其他成员既有历时性（时间过程）也有共时性（同一时间）的关系，他们共同是生命系统的一部分。因此，应该考虑整个生态系统，而不是把个体与其中的母体分隔开。多数现代的道德理论，把注意力集中于个体的权利或利益，与此不同，生态中心主义是一种整体论的或总体主义的方法。它依据对环境的影响判断人类行为的道德价值。因此，当其他方法力图把传统的道德规范扩展至关于动物和环境问题时，生态中心主义力图建立一种新的伦理模式。“土地伦理学”和“深层生态学”是这种倾向的最重要的代表。生态中心主义者所面临的主要问题是如何把环境的利益与人类个体的权利与利益相协调。

5. 答案： 环境资源行政复议是指行政相对人（公民、法人或者其他组织）认为环境资源具体行政行为侵犯其合法权益，向行政机关提出申请，行政机关依法对具体行政行为进行审查并作出决定的法律制度。

6. 答案： 环境民事责任即因污染环境所产生的特殊的民事责任，它是民事责任之一种，但由于环境问题的特殊性，又具有不同于普通民事责任的特性，往往在环境保护法律法规中加以特别规定。它包括污染环境的民事责任和破坏环境资源的民事责任两大类。

四、简答题

1. 答案： 环境法上的公众参与原则是指公众有权通过一定的程序或途径参与一切公众环境权益相关的开发决策活动之中，并有权受到相应的法律保护和救济，以防止决策的盲目性，使得该项决策符合广大公众的切身利益的需求。在环境法上确定公众参与原则，是民主法治理念和提升开发活动效率理念的重要体现，也是公众环境权理论在环境法上的具体体现。参与决策的公众主要是居民、专业人士和社会团体等。公众参与具体表现在：在环境影响评价和其他涉及公众利益的许可程序中建立公众参与的制度；建立决策信息公开与披露制度；鼓励各类非政府的环境组织代表公众参与环境决策；建立公众参与的司法保障制度。

2. 答案： 自然资源保护与环境保护二者之间有着十分密切的关系，但二者又不完全等同。（1）自然资源保护是环境保护的一个组成部分。（2）环境保护的范围大于自然资源保护的范围。（3）自然资源保护和环境保护各有侧重点。自然资源保护侧重于保护资源的经济价值，而环境保护侧重于保护作为资源的环境要素的环境价值。（4）自然资源保护与环境保护正趋向统一。自然资源保护更注重于生态平衡，环境保护也更注重于资源的永续利用。

3. 答案： 生态环境体系是一个包含自然生态系统和人文生态系统在内、比较完备的“生态—社会—经济—人口”复合生态系统，自然生态系统由森林生态系统、草原生态系统、荒漠生态系统、海洋生态系统、淡水生态系统和湿地生态系统6个子系统构成；人文生态系统则由城市生态系统、农村生态系统和农田生态系统3个子系统构成。森林生态系统、淡水生态系统和城市生态系统三者共同构成了生态环境的主体，森林生态系统和淡水生态系统对于保障生态安全具有决定性的作用，城市生态系统是区域财富增长和社会进步的主要推动力，代表了生态环境体系发展的方向。

五、论述题

答案： 环境影响评价制度是指对可能影响环境的工程建设、开发活动和各种规划，预先进行调查、预测和评价，提出环境影响及防治方案的报告，经主管当局批准才能进行建设的制度。

实行环境影响评价制度的意义在于：(1) 环境影响评价制度可以把经济建设与环境保护协调起来。(2) 环境影响评价制度是贯彻“预防为主”和合理布局的重要法律制度。(3) 从法理上说，把环境影响评价制度作为一种强制性的法律制度，是对民事侵权法律原则在环境与资源保护法里的运用。

我国环境影响评价的范围包括：建设项目对环境可能造成重大影响的，应当编制环境影响报告书；建设项目对环境可能造成轻度影响的，应当编制环境影响报告表；建设项目对环境影响很小，不需要进行环境影响评价的，应当填报环境影响登记表。我国环境影响评价的内容主要包括以下七个方面：建设项目概况；建设项目周围环境现状；建设项目对环境可能造成影响的分析和预测；环境保护措施及其经济、技术论证；环境影响经济损益分析；对建设项目实施环境监测的建设；环境影响评价结论。

我国环境影响评价和审批的程序是：(1) 建设单位或主管部门可以采取招标的方式签订合同，委托评价单位进行调查和评价工作。(2) 评价单位通过调查和评价制作《环境影响报告书（表）》，评价工作要在项目的可行性研究阶段完成和报批。铁路、交通等建设项目经主管生态环境部门同意后，可以在初步设计完成前报批。(3) 建设项目的主管部门负责对建设项目的环境影响报告书（表）进行预审。(4) 报告书由有审批权的生态环境部门审查批准后，提交设计和施工。

附录一：全国部分高校研究生入学考试环境资源法学部分历年真题

中国人民大学

2022 年

一、材料分析题

材料：《环境保护法》第 31 条。

问题：

1. 什么是生态保护补偿？我国在哪些具体领域确立了生态保护补偿制度？

2. 在我国，有法定义务进行生态保护补偿的主体有哪些？

3. 试分析生态保护补偿的形式。

二、论述题

试述我国环境资源管理体制存在的问题及其改革方向。

2021 年

一、材料分析题

材料：《民法典》有关环境污染和生态破坏的法条。

问题：

1. 简要说明《民法典》中环境侵权责任的构成要件。

2. 试分析《民法典》第 1234 条所规定的修复责任构成要件及其与其他条款的关系。

3. 试分析《民法典》第 1232 条的惩罚性赔偿条款。

二、论述题

试论环境影响评价制度与排污许可管理制度的关系。

2020 年

一、材料分析题

材料：我国《环境保护法》第 40 条规定：“国家促进清洁生产和资源循环利用。国务院有关部门和地方各级人民政府应当采取措施，推广清洁能源的生产和使用。企业应当优先使用清洁能源，采用资源利用率高、污染物排放量少的工 艺、设备以及废弃物综合利用技术和污染物无害化处理技术，减少污染物的产生。”

问题：

1. 什么是清洁生产？清洁生产和资源循环利用的意义是什么？

2. 我国对于清洁生产采取了哪些措施？

3. 企业实行清洁生产是自愿的还是强制的？为什么？

二、论述题

试论述环境公益诉讼和生态损害赔偿诉讼之间的关系。

2019 年

一、材料分析题

材料：《环境保护法》中有关环境信息公开的法条。

问题：

1. 何为环境信息公开制度？环境信息公开与公众参与之间是怎样的关系？

2. 请简述我国环境信息公开的主体与内容。

3. 环境信息公开对生产经营者的影响是怎样的？

二、案例分析题

甲公司与乙公司签订了一份盐酸销售的合同（甲为卖方，乙为买方）。刚开始的时候双方依法进行正常的买卖，后由于市场不景气，乙方要求中止合同，这时甲方提出给予乙方补贴和折扣，以维持双方买卖合同的继续履行。但是这时乙方购买盐酸后并没有依法进行运输和储藏，而是随意倾倒，进而造成了很严重的环境污染后果，附近渔民养殖的鱼类大量死亡。现养殖场对甲和乙提起诉讼，要求经济赔偿，且当地环境保护协会也对两公司提起了诉讼。

问题：

1. 在市场不景气前后，甲、乙公司双方之间的盐酸买卖合同法律性质有何不同？

2. 环境保护协会是否能够对甲和乙提起诉讼？为什么？

3. 养殖场提起的诉讼和环境保护协会提起的诉讼有何不同？

2018 年

一、材料分析题

材料：《环境保护法》第 31 条规定，国家建立健全生态保护补偿制度。国家加大对生态保护地区的财政转移支付力度。有关地方人民政府应当落实生态保护补偿资金，确保其用于生态保护补偿。国家指导受益地区和生态保护地区人民政府通过协商或者按照市场规则进行生态保护补偿。

问题：

1. 什么是生态保护补偿？我国在哪些具体领域确立了生态保护补偿制度？

2. 在我国，有法定义务进行生态保护补偿的主体有哪些？

3. 试分析生态保护补偿的形式。

二、论述题

试述我国环境资源管理体制存在的问题及其改革方向。

2017 年

一、材料分析题

1. 公益诉讼与个人环境诉讼。

2. 源头治理的概念是什么？为什么要源头治理？

二、论述题

论环境公益诉讼与环境侵权诉讼。

2017 年（复试）

一、材料分析题

1. 1989 年以来环境保护法的发展阶段，以及每个阶段的标志性事件、主要内容和历史意义。

2. 根据最高法、最高检对环境污染的解释，从法理的角度评述认为污染环境罪是纯粹的行为犯这一观点是否正确。

3. 结合具体案例分析环境公益诉讼的类型、内容及特点。

二、面试题

1. 根据常州毒地案判决原告承担天价诉讼的案例，分析现行有关环境公益诉讼的规定在平衡保护环境利益与防止滥诉二者关系方面的表现及不足，提出立法建议。环境公益诉讼起诉主体的资格，环境侵权与民事侵权的区别，以及公司法中原告败诉后需承担诉讼费的法理依据。

2. 试述环境法的基本原则。

2016 年

一、概念比较

1. 环境管理权和环境知情权

2. 风景名胜区和自然保护区

3. 工业噪声和交通噪声

二、法条分析题

试分析《环境保护法》第 25 条规定：“企业事业单位和其他生产经营者违反法律法规规定排放污染物，造成或者可能造成严重污染的，县级以上人民政府环境保护主管部门和其他负有环境保护监督管理职责的部门，可以查封、扣押造成污染物排放的设施、设备。”

2015 年

一、名词解释

1. 生态保护红线

2. 环境保护“邻避运动”

3. 森林生态效益补偿基金

4. 环境信息公开制度

二、简答题

简述环境民事纠纷的举证责任。

2015 年（复试）

一、名词解释

1. 政策环评
2. 按日计罚
3. 环境责任制度

二、简答题

1. 简述环保法的经济刺激制度。
2. 简述生态补偿制度。

三、论述题

1. 为什么说环保法是史上最严环保法。
2. 论述公民的环境权利和义务。

四、面试题

1. 试述环境标准概念、国家环境标准和地方环境标准之间的关系。
2. 试述公共参与制度。
3. 试述环境法律关系的主体，环境行政的执法主体。

2014 年

一、名词解释

1. 碳税
2. 绿色标志制度
3. 危险废物标识制度
4. 能效标识

二、简答题

简述大气“雾霾”的治理与《大气污染防治法》的完善。

2014 年（复试）

一、名词解释

1. 空气质量标准
2. 污染环境罪
3. 排污权
4. 海域使用权

二、简答题

1. 简述环境污染预防原则与风险预防原则的区别。
2. 简述环境信息公开制度及其立法进程。

三、案例分析题

1. 有关环境公益诉讼（题目给出了《环境保护法修正案（二次审议稿）》中有关环境公益诉讼的规定）

问题：

（1）该规定属于什么性质的诉讼？我国其他现行法律体系中有哪些关于该制度的规定？该制度的意义是什么？

（2）目前环境法修改，该制度争议较大，请给出看法。

2. 一个关于A公司装修房屋由于所用材料质量不合格，导致室内空气中甲醛等有害物质含量超标，致使房主李某志心肺疾病的案例。案件中，李某起诉要求A公司承担环境侵权责任，而A公司辩称此案中的“室内环境”不属于环境法所称的“环境”，因此其不应承担环境侵权责任，而应按照《合同法》和《产品质量法》的相关规定承担责任。但受诉法院认为：虽然是因装修材料不合格造成的甲醛含量超标，但李某是由于装修材料释放的甲醛等有害气体形成的环境致病的，因此属于环境法中所有的“环境”，应承担环境侵权责任。

问题：

（1）室内空气污染是否属于环境污染？原因。

（2）A公司为何不愿意承担环境侵权民事责任，而主张用合同法、产品质量法解决纠纷？

（3）在大气污染防治法修改中，有人建议对室内空气污染进行专门立法规定，请给出评价。

四、面试题

1. 环境法是权利本位还是义务本位？
2. 试述关于ISO14000的相关问题。
3. 试述违法成本低守法成本高。
4. 试述共同诉讼和环境公益诉讼的区别。

2013 年

一、名词解释

1. 可持续发展

2. 环境信息公开制度
3. 绿色环境标志制度
4. 环境监督权

二、简答题

简述环境法的基本原则。

2013 年（复试）

一、名词解释

1. 清洁生产
2. 环境影响评价制度
3. 共同有区别的责任
4. 环境信息公开制度
5. 总量目标制度

二、简答题

1. 简述我国环境法的法律渊源。

2. 简述污染者付费原则在我国的继承和发展。

3. 简述排污许可制度与总量控制制度在执法实践中的关系。

4. 简述环境管理许可的种类。

三、论述题

1. 论述我国环境法与其他法律部门之间的关系。

2. 论述我国《侵权责任法》第 66 条举证责任倒置的法理性分析。

四、面试题

1. 试述损害防御原则和风险防御原则的区别。

2. 试述环境影响评价制度和“三同时”制度的区别。

3. 试述环境公益诉讼制度。

2012 年

一、名词解释

1. 防止污染转嫁制度
2. 环境行政执法
3. 国际环境损害责任的免除
4. 林权

二、简答题

简述可持续发展观对环境保护的影响。

2011 年

一、名词解释

1. 温室气体
2. 自然资源保护法
3. 公众参与原则
4. 国际环境法

二、简答题

简述环境民事责任的规则原则。

2010 年

一、名词解释

1. 生态中心主义
2. 海域使用权
3. 水土流失
4. 巴塞尔公约

二、简答题

简述环境管理许可证种类。

2009 年

一、名词解释

1. 环境刑事责任
2. 森林植被补偿费
3. 流行病学因果关系
4. 可再生能源

二、简答题

1. 简述协调发展原则。
2. 简述环境法宪法性规定。
3. 简述噪声污染特点。
4. 简述循环经济促进法实施机制。

三、论述题

1. 试论生态环境的构成要素和分类。
2. 试论如何建设农村环境保护法制。

2008 年

一、名词解释

1. 社会法
2. 规划环评

3. 全球气候变化问题
4. 盖然性因果关系
5. 病原体水污染
6. 人文生态环境

二、简答题

1. 简述环境影响评价的分类。
2. 简述排污费的管理和使用。
3. 简述探矿权和采矿权的联系与区别。
4. 简述我国森林用途分类的法律意义。

三、论述题

1. 论述环境法的公众参与原则与国家干预的关系。
2. 如何理解环境民事责任的免责事由？

2007 年

一、名词解释

1. 国家环境责任
2. 可持续发展能力
3. 清洁生产
4. 环境要素
5. 水土保持
6. 自然保护区

二、简答题

1. 简述政府在防治大气污染中的作用。
2. 简述我国环境标准分类。
3. 简述生态环境体系。

三、论述题

1. 试述环境影响评价制度的效力。
2. 试述环境侵权的特征。

2006 年

一、名词解释

1. 环境影响报告书
2. 草原
3. 乡村环境
4. 清洁生产
5. 联合国《人类环境宣言》

二、简答题

1. 简述环境污染事故报告制度的内容。
2. 简述有毒有害物质污染的概念与特征。
3. 简述我国环境保护的宪法性规定。
4. 简述我国水资源保护的基本原则。

三、论述题

1. 论环境行政执法方式。
2. 论科学发展观与环境法治建设。

中国政法大学

2022 年

一、名词解释

1. 排污许可制度
2. 污染物排放标准
3. 气候变化
4. 探矿权

二、简答题

1. 简述环境法的特点。
2. 简述宪法对环境制度的规定。
3. 简述环评适用范围。
4. 简述提起民事公益诉讼条件。
5. 简述预防原则。

三、论述题

1. 论述环境法治的问题和解决措施。
2. 论述生物安全法治的问题和解决措施。

四、案例

化工厂排污诉讼相关内容。

2021 年

一、名词解释

1. 环境法律关系
2. 环境影响评价制度

3. 自然保护区

4. 污染环境罪

二、简答题

1. 简述环境资源法的特点。

2. 准确写出六部我国污染防治法的名称。

3. 简述我国环境标准类别及其作用。

4. 简述我国保护野生动物主要法律制度和措施。

5. 简述我国林木采伐许可证制度的内容。

三、论述题

1. 试论我国环境公益诉讼如何实现。

2. 试述生态文明建设法律保障体系的构建。

四、案例分析题

原告许某种植苗圃苗木，被告化工厂制造除草剂，原告2005年上半年发现其苗圃苗木受害的症状，2011年4月开始怀疑是化工厂排污造成的，原告2011年8月起诉化工厂，2011年11月法院判决原告胜诉。

1. 被告以达标排放污染物和合法生产为由要求驳回原告许某赔偿污染损失的答辩是否合理？为什么？

2. 法院在原告许某没有提供化工厂排污与其苗圃苗木受害之间存在因果关系证据的情况下，仍然判决原告胜诉，是否合法？为什么？

3. 原告许某在2005年上半年就发现了其苗圃苗木受害的症状，但到了2011年8月16日才去人民法院起诉请求赔偿，超过了三年诉讼时效，为什么人民法院还判决其胜诉？

2020 年

一、名词解释

1. 噪声污染

2. “三同时”

3. 国家公园

4. 名胜风景区

5. 野生动物

二、简答题

1. 论国家的环境保护义务。

2. 简述2014年《环境保护法》对于守法执行成本高、违法成本低所采取措施的亮点。

3. 简述《森林法》对于森林的分类保护措施。

4. 简述新《环境影响评价法》对环评审批和环评机构资质的亮点。

5. 简述我国采矿许可证的适用。

6. 论自然资源最优利用原则。

三、论述题

1. 论述环境质量标准和污染物排放标准的法律效果及意义。

2. 论述环境侵权行为的特点和与环境侵权法的关系。

四、案例分析题

某市甲公司把废盐酸低价卖给乙公司，乙公司将废盐酸倒进了运河。水体流量大、流速慢，污染造成下游渔场损失严重。污染物流到下游，某市下属的某县的自来水厂取水口被污染，停水36小时。

1. 是否构成污染环境罪，犯罪主体，依据和理由分别是什么？

2. 甲公司是否需要承担生态环境损害赔偿的责任？

3. 提起生态环境损害赔偿诉讼主体。

2018 年

一、名词解释

1. 环境权

2. 政府环境信息

3. 自然资源

4. 土地复垦

5. 危险废物

二、简答题

1. 请简述2016年《环境影响评价法》修改的重要内容。

2. 请简述环境法的调整主体和方法。

3. 请简述我国自然资源单行法中体现生态负载有额律的制度和措施。

4. 请简述我国《水法》中关于水事纠纷解决途的规定。

5. 辨析养殖权与捕捞权。

6. 辨析非法猎捕，杀害珍贵、濒危野生动物罪与非法狩猎罪。

7. 简述我国《刑法修正案（八）》将重大污染环境事故罪修改为污染环境罪的意义。

三、论述题

请结合我国近年来的环境立法趋势，从法理的角度分析，我国检察机关、行政机关、审判机关在保护环境公益的作用。

四、案例分析题

1. A县生态环境局于2017年6月13日对印刷厂的违法排污行为作出了限期治理决定书，要求其在4日内整改完毕，但又在6月14日对印刷厂作出了2万元人民币的行政处罚的决定。

请问什么是一事不再罚原则？A县生态环境局的做法是否违反了一事不再罚原则，应该作出怎样的决定最合适？

2. 张某等人未经渔业部门的授权许可，擅自在某河段用水网箱养殖鱼类，一日鱼类突然大量死亡，经查明，该河段上游的工厂未按照要求开启污水处理措施，把未经处理的污水排入河中导致下游鱼类死亡。张某等人将工厂告上法庭，并要求由工厂承担损害结果与污染行为之间因果关系的举证责任。

（1）张某等人要求由工厂承担损害结果与污染行为之间因果关系的举证责任。其主张是否能得到支持，依据何在？

（2）经过调查，张某等人养殖鱼类所在事发河段，其水质本身就不适合养殖鱼类要求，法官对这一案件要如何判决？

2017年

一、名词解释

1. 近岸海域功能区
2. 环境标准
3. 环境监测
4. 生态补偿
5. 生物多样性保护

二、简答题

1. 简述环境法律关系的特点。
2. 简述森林保护性开发的措施。
3. 简述政府环境信息公开制度。
4. 简述重点污染物总量控制。
5. 简述协调发展原则的定义、内容、适用。
6. 《环境保护法》中的环境行政处罚有哪些？

三、论述题

结合具体案例，论环境公益诉讼的立法及实施。

四、案例分析题

大学生闫某“掏鸟案”；捕猎鹰隼，购买凤头鹰。

1. 闫某的行为是否构成捕猎、买卖珍稀野生动物罪？

2. 认定是否构成捕猎、买卖珍稀野生动物罪的关键证据是什么？

3. 谈谈对我国野生动物保护法律责任的认识。

2016年

一、名词解释

1. 环境影响评价
2. 自然保护区
3. 非法狩猎罪
4. 采伐许可证
5. 按日计罚
6. 自然资源

二、简答题

1. 简述环境法与民法、行政法、刑法的关系。
2. 简述污染环境罪。
3. 简述重要自然资源共有制度。
4. 简述土地用途限制的规定。
5. 简述危险废物管理。

三、论述题

结合新环境法讨论如何通过公众参与完善环境法实施。

四、案例分析题

关于环境污染侵权责任/排污权的案例。

2015年

一、名词解释

1. “三同时”制度

2. 预防原则
3. 环境质量标准
4. 自然保护区

二、简答题

1. 简述环境法的特征。
2. 简述排污费的种类和用途。
3. 简述环境公益诉讼的条件。

三、论述题（二选一作答）

1. 论述环境影响评价制度的缺陷和建议。
2. 论述2014年《环境保护法》的亮点。

四、面试题

1. 论述环境公益诉讼的困境和建议。
2. 如何治理雾霾？
3. 论述环境法的渊源。
4. 如何理解检察院提起环境诉讼，与NGO进行对比？
5. 论述环境法基本原则和基本制度的联系与区别。
6.《环境保护法》下的“损益担责”原则如何更好地推行？

2014年

一、名词解释

1. 污染物排放的总量控制制度
2. 公众参与原则
3. 自然保护区法

二、简述题

1. 简述环境法的特征。
2. 简述环境影响评价的适用范围。
3. 简述环境侵权诉讼中的被告举证制及实行该制度的原因。

三、论述题（二选一作答）

1. 论述环境保护法修订的个人建议。
2. 论述环境诉讼的司法化。

四、面试题

1. 论述环境影响评价制度。
2. 论述“三同时”制度。
3. 论述环境侵害的行政处理。
4. 论述环境侵权归责原则。

2013年

一、名词解释

1. 协调发展原则
2. 征收排污费制度
3. 自然保护区
4. 森林法

二、简答题

1. 写出我国五部污染防治法的名称。
2. 论述我国环境标准的种类。
3. 论述环境法律责任的特点。

三、论述题（二选一）

1. 论述我国环境法体系及其完善。
2. 谈谈对《环境保护法》修订的个人建议。

四、面试题

1. 论述公众参与原则及其在我国现行环境立法中的体现。
2. 论述环境污染事故立法、执法中的问题。
3. 从法理的角度分析环境侵权。
4. 论述环境纠纷行政处理的现状及其不足。
5. 论述环境侵权因果关系的认定。
6. 论述环境公益诉讼。

2012年

一、名词解释

1. 环境质量标准
2. 海洋自然保护区

二、简答题

1. 简述公众参与原则。
2. 简述环境侵权特点及纠纷解决机制。
3. 简述《清洁生产促进法》修订内容。

三、论述题（二选一作答）

1. 简述农村环境污染问题及法律对策。
2. 简述大气气候保护的法律规定。

2011 年

简答题

1. 什么是自然资源？自然资源有哪些特征？

2. 我国对水污染源管理的主要内容是什么？

3. 简述自然资源有偿使用制度及其作用。

4. 简述我国《水法》关于解决水事纠纷的规定。

2010 年

简答题

1. 什么是环境影响评价制度？实行环境影响评价制度有什么意义？

2. 我国《水土保持法》所规定的水土流失预防措施主要有哪些？

3. 什么是“三同时”制度？我国对“三同时”制度如何有效执行？

中南财经政法大学

2013 年

一、简答题

1. 简述环境资源的概念。

2. 简述污染者付费原则。

3. 简述环境知情权。

4. 简述自然保护法的性质概念。

二、论述题

1. 论环境资源法的地位和特征。

2. 论环境监测制度。

三、材料分析题

1. 渤海海域油田溢油事故，评价和分析海洋资源保护法公益诉讼制度。

2. 宁波市一个化工项目，项目环境工程投入 16 亿元，且前期工程已经完成，结果在宁波市民的强烈反对下宁波市政府撤销了建设该项目。用环境法的角度评析。

2013 年（复试）

一、简答题

1. 简述国际环境法的客体及其法律地位。

2. 简述《联合国气候变化框架公约》的特征。

二、论述题

1. 论述国家资源开发主权和不损害国外环境责任原则。

2. 论述国际环境法的国内实施。

3. 论述环境争端的解决方式。

2012 年

一、简答题

1. 简述环境资源法学的概念及含义。

2. 简述环境统计制度的概念及其意义。

3. 简述环境标志制度。

4. 简述环境民事诉讼的特点。

二、论述题

论我国的环境民事公益诉讼制度。

三、材料分析题

1. “7.16”大连中石油泄漏材料，涉及环境侵权责任。

2. 涉及环境影响评价制度。

2011 年

1. 自然资源补救制度

2. 环境影响评价制度

3. 风险预防原则

4. 环境问题的分类

5. 污染物排放税费制度

6. 环境保护目标责任制

2010 年

一、简答题

1. 简述环境标准制度。

2. 简述自然资源补救制度。

3. 简述限期治理制度。

二、法律条文分析

法律条文：

2009 年 10 月 1 日实施的《规划环境影响评价条例》第 30 条规定，规划实施区域的重点污染物排放总量超过国家或者地方的总量控制指标的，应当暂停审批该规划实施区域内新增重点污染物排放总量的建设项目的环境影响评价文件。

问题：试从规划环评的角度分析区域限批。

三、材料分析题

1. 阅读材料略

问题：试从环境保护模板责任制的角度评价分析“河长制”。

2. 阅读材料略

问题：试从上述事件的处理评价分析我国的环境污染损害救济机制。

2009 年

一、论述题

1. 论经济发展与环境保护相协调原则。

2. 论环境信息公开对公众参与制度的影响。

二、选做题

1. 试论《大气污染防治法》的修订。

2. 试论集体林权制度改革对环境保护的影响。

3. 试论生态补偿制度。

三、材料分析题

材料略

问题：试由该事件的处理分析我国环境问责制的完善。

2008 年

一、论述题

1. 从环境友好型社会的建设看《水污染防治法》的修订。

2. 论战略环境影响评价制度。

二、选做题

1. 论《能源法》的制定对环境法的影响。

2. 论《循环经济法》的制定对环境法的影响。

三、资料分析题

有人大代表在《关于设立国家能源部和环保总局升格为环保部的建议》中提出，目前我国环境破坏问题已经相当严重，有必要将市以下环保局实行垂直管理，并建立健全街道、乡镇及居委会、村委会环保机构或设专职环保工作人员，使环保监管机制纵向到底，县、区和乡镇以下的环保人、财、物都由市一级环保统筹。

请分析评价环保局垂直管理的利弊及有效性。

2007 年

一、论述题

1. 试论述发展循环经济与环境法之间的关系。

2. 有人认为环境保护与物权立法无关，试评述之。

二、简论题

1. 简论期限治理制度。

2. 简论环境事件应急制度。

华东政法大学

2009 年

一、名词解释

1. 环境污染
2. 自然保护区
3. 环境质量标准
4. 国际环境保护法
5. 禁止超标排放污染物制度

二、简答题

1. 简述环境民事责任的特点。
2. 简述环境保护法体系。
3. 简述建设环境影响评价程序。

三、论述题

1. 论述可持续发展原则在环境保护法中的体现。
2. 论述自然资源法发展形态变化。

2008 年

一、名词解释

1. 环境保护
2. 协调发展原则
3. 环境质量标准
4. 环境污染
5. 环境侵权
6. 土地利用总规划

二、简答题

1. 简述环境问题产生的经济根源。
2. 简述对自然资源和资源产品进行区分的法律意义。
3. 简述海洋环境管理体制。
4. 现行《水法》与原《水法》相比主要的变化体现在哪些方面？

三、论述题

1. 试述我国环境影响评价制度的立法沿革及《环境影响评价法》中的新规定。
2. 如何理解自然资源法的部门法属性？

2007 年

一、名词解释

1. 环境
2. 环境资源法
3. “三同时”制度
4. 自然保护区
5. 《固体废物环境污染防治法》的“三化”原则

二、简答题

1. 简述当代环境问题的特点。
2. 简述可持续发展的基本原则。
3. 简述环境资源法的特征。
4. 公众参与原则在我国环境保护法中的体现。
5. 环境资源法中无过错责任的限制和免责条件。

三、论述题

1. 论述环境资源刑事责任的构成要件。
2. 论述当代中国环境问题产生的根源。

2006 年

一、名词解释

1. 共同但有区别的国家环境责任
2. 我国土地用途管制制度
3. 固体废物“三化”原则
4. 环境标准
5. 次生环境问题

二、简答题

1. 简述我国土地所有权公有制。
2. 简述我国《海洋环境保护法》的适用区域。
3. 简述当代环境问题的特点。
4. 简述我国环境保护法规定的民事免责条件。
5. 简述排污权交易的性质和作用。
6. 简述环境资源法体系在法律体系中的

地位。

7. 因环境污染损害赔偿提起诉讼的时效期间为何与一般民事诉讼期间不同？

三、论述题

谈谈对完善我国环境影响评价制度的设想。

武汉大学

2015 年

一、名词解释题

1. 大气污染
2. 环境质量标准
3. 生态补偿制度
4. 自然保护区

二、简答题

1. 简析环境法的目的。
2. 简述我国水污染防治的监督管理原则。
3. 简述生态补偿制度的主要内容。
4. 简述突发环境事件应急预案的适用范围。

三、论述题

1. 结合《环境保护法》的规定，论述环境法的损害者付费、受益者补偿原则。

2. 以具体环境公共事件为例，分析我国的环境影响评价制度。

2014 年

一、名词解释题

1. 噪声污染
2. 环境影响评价
3. 排污收费制度
4. 污染环境罪
5. 环境权

二、简答题

1. 简述环境保护规划制度的主要内容。

2. 简述环境行政处罚的特征及其种类。

3. 简要分析环境法“预防为主、防治综合、综合治理”原则的内容和意义。

4. 简述环境污染民事诉讼的举证责任。

三、论述题

1. 试论可持续发展理论及其对我国环境立法的影响。

2. 结合当前的环境形势，试论述我国环境监管管理体制的完善。

2013 年

一、名词解释

1. 风景名胜区
2. 环境行政处分
3. 破坏环境资源保护罪
4. 环境污染
5. 排污许可证

二、简答题

1. 简述我国环境影响评价制度中关于公众参与的规定。

2. 简析我国环境质量标准的分类及其法律意义。

3. 简述限期治理制度的意义、目的和主要内容。

三、论述题

1. 论述我国环境法律体系的完善。
2. 论述我国环境污染民事责任的特点与发展。
3. 试评析我国现行环境管理体制的利弊。

2012 年

一、名词解释

1. 环境保护
2. 环境影响评价制度
3. 污染物总量控制制度
4. 环境许可证制度
5. 危险化学品污染

二、简答题

1. 简述我国环境质量标准体系。

2. 简述限期治理制度。

3. 简述偶发性噪声污染防治制度。

4. 简述水事纠纷的处理程序。

三、论述题

1. 结合例子论述环境保护与经济、社会发展相协调原则。

2. 试论环境民事责任与环境行政责任的区别。

2011 年

一、名词解释

1. 循环经济

2. 环境监督管理体制

3. 环境影响评价制度

4. 环境法律责任

5. 突发环境事件应急制度

二、简答题

1. 简论环境法在环境保护中的地位和作用。

2. 简述我国排污费征收和使用的主要法律制度。

3. 简论环境民事责任的特点及其主要责任形式。

4. 简析我国环境许可证制度的立法发展。

三、论述题

1. 试论环境保护公众参与原则的意义及实现途径。

2. 试论我国污染防治立法存在的主要问题及完善建议。

2010 年

一、名词解释

1. 水污染

2. 环境法学

3. 自然保护区

4. 矿产资源补偿费制度

5. 非法处置进口固体废物罪

二、简答题

1. 简析环境质量标准的法律意义。

2. 简述我国专项规划环境影响评价的程序。

3. 简析我国环境管理体制的特点。

三、论述题

1. 试分析我国的环境法律体系。

2. 试论我国环境民事责任的归责原则。

3. 根据我国当前的环境形势，论述环境法的目的及其实现。

2009 年

一、名词解释

1. 环境问题

2. 环境保护规划制度

3. 环境质量标准

4. 水土保持

5. 重大环境污染事故罪

二、简答题

1. 简析我国现代环境法发展的主要阶段及其特点。

2. 简述我国关于建设项目环境影响评价的程序。

3. 简析突发环境事件应急预案制度。

三、论述题

1. 试述环境法的适用范围。

2. 试析环境行政处罚的特点及处罚的基本形式。

3. 结合我国环境法的新发展，论述“损害者付费、受益者补偿原则”。

2008 年

一、名词解释

1. 大气污染

2. 污染物排放标准

3. 总量控制制度

4. 环境法体系

5. 限期治理制度

二、简答题

1. 简述我国《环境影响评价法》规定的环

境影响评价适用范围。

2. 分析我国《水污染防治法》规定的水污染防治的法律原则。

3. 归纳并分析环境法的具体目的。

三、论述题

1. 结合我国循环经济发展战略，论述“预防为主、防治结合、综合治理”的环境法基本原则。

2. 论述环境法体系与环境法学体系的联系与区别。

2007 年

一、名词解释

1. 环境法

2. “三同时”制度

3. 污染者负担

4. 风景名胜区

5. 可再生能源

二、简答题

1. 简述限期治理制度。

2. 简述我国环境影响评价制度中关于公众参与的主要规定并分析其特点。

3.《国务院关于落实科学发展观加强环境保护的决定》第23条规定：“……要完善生态补偿政策，尽快建立生态补偿机制。中央和地方财政转移支付应考虑生态补偿要素，国家和地方可分别开展生态补偿试点……”谈谈对建立生态补偿机制的认识。

三、论述题

1. 试析环境许可证制度的主要内容。

2. 试析环境保护与经济、社会发展相协调的原则。

3. 就如何解决环保领域里“违法成本低、守法成本高”的问题，谈谈看法和具体建议。

2006 年

一、名词解释

1. 环境监督管理体制

2. 环境法律规范

3. 环境标准

4. 水污染

5. 自然保护区

二、简答题

1. 简述环境法的基本特点。

2. 简析环境法成为一个独立法律部门的历史必然性。

3.《固体废物污染环境防治法》第86条规定：“因固体废物污染环境引起的损害赔偿诉讼，由加害人就法律规定的免责事由及其行为与损害结果之间不存在因果关系承担举证责任。”谈谈对该条的理解。

三、论述题

1. 试论环境民事诉讼的主要特点。

2. 试论环境基本法的概念、地位和作用。

西南政法大学

2012 年

（总论部分）

一、多项选择题

1. 以下属于《环境保护法》规定的环境行政处罚形式的有（　　）

①责令重新安装使用

②责令停止生产或责令停业

③罚款

④撤职和开除

2. 下列哪些选项的表述是正确的？（　　）

①根据现行法，A村将家庭土地承包经营权发包给城市的B农业发展公司是合法的

②城市的居民甲可以将依法获得的乙村的“四荒”土地承包经营权设定抵押

③环境影响评价制度是贯彻预防原则的一项重要制度

④我国法律规定的环境影响评价的对象主要包括规划和建设项目两类

3. 根据现行法律法规的规定，以下属于排污费征收范围的有（　　）

①污水

②废气

③固体废物

④噪声

4. 下列表述正确的有（　　）

①在个人承包荒山上植树造林可以依法取得林木的所有权，这表明我国已经确认了个人森林资源的所有权

②土地征收是土地所有权主体变更的一种形式

③划拨土地使用权能够在市场上自由转让

④自然资源作为资源性资产具有经济价值、生态价值和社会价值

二、判断分析题

1. 地方政府只有针对国家污染物排放标准中未规定的项目，才有权制定地方标准。

2. 在环境侵权损害赔偿诉讼中，原告需就被告是否有过错承担证明责任。

三、简述题

简述现行环境立法所确认的环境与资源保护法的基本原则。

2006年

（环境侵权部分）

一、概念比较

1. 环境侵权法与环境的刑事保护

2. 环境污染与公害

二、简答题

1. 简述我国征收排污费制度存在的缺陷以及其改革的方向。

2. 简述环境侵权的种类与形态。

（生态法部分）

一、概念比较

1. 生态法与生态学

2. 自然资源恢复制度与一般民事责任制度

二、简答题

1. 简述污染者付费、利用者补偿原则的含义和意义。

2. 简述生态法律责任的概念和特点。

三、论述题

试述生态法的基本原则。

附录二：环境资源法学习所涉及的主要法律文件（截至2023年7月）

综　合

中华人民共和国环境保护法
（2014年4月24日）
中华人民共和国行政许可法
（2019年4月23日）
中华人民共和国民法典
（2020年5月28日）

环境污染防治

中华人民共和国水污染防治法
（2017年6月27日）
中华人民共和国固体废物污染环境防治法
（2020年4月29日）
中华人民共和国放射性污染防治法
（2003年6月28日）
中华人民共和国大气污染防治法
（2018年10月26日）
中华人民共和国海洋环境保护法
（2017年11月4日）
中华人民共和国噪声污染防治法
（2021年12月24日）
中华人民共和国环境影响评价法
（2018年12月29日）
规划环境影响评价条例
（2009年8月17日）
环境影响评价公众参与办法
（2018年7月16日）
消耗臭氧层物质管理条例
（2018年3月19日）
防治船舶污染海洋环境管理条例
（2018年3月19日）
中华人民共和国海洋倾废管理条例
（2017年3月1日）
废弃电器电子产品回收处理管理条例
（2019年3月2日）
危险废物经营许可证管理办法
（2016年2月6日）

自然资源与生态保护

中华人民共和国土地管理法
（2019年8月26日）
中华人民共和国渔业法
（2013年12月28日）
中华人民共和国野生动物保护法
（2022年12月30日）
中华人民共和国草原法
（2021年4月29日）
中华人民共和国水法
（2016年7月2日）
中华人民共和国防沙治沙法
（2018年10月26日）
中华人民共和国森林法
（2019年12月28日）
中华人民共和国进出境动植物检疫法
（2009年8月27日）
中华人民共和国水土保持法
（2010年12月25日）
风景名胜区条例
（2016年2月6日）
中华人民共和国濒危野生动植物进出口管理条例
（2019年3月2日）
退耕还林条例
（2016年2月6日）
中华人民共和国森林法实施条例
（2018年3月19日）
中华人民共和国土地管理法实施条例
（2021年7月2日）
中华人民共和国进出境动植物检疫法实施条例
（1996年12月2日）
中华人民共和国野生植物保护条例
（2017年10月7日）
中华人民共和国自然保护区条例
（2017年10月7日）
中华人民共和国水土保持法实施条例
（2011年1月8日）

环境标准与监察

生态环境标准管理办法
（2020 年 12 月 15 日）
环境监测管理办法
（2007 年 7 月 25 日）
生态环境行政处罚办法
（2023 年 5 月 8 日）
中华人民共和国行政处罚法
（2021 年 1 月 22 日）
中华人民共和国清洁生产促进法
（2012 年 2 月 29 日）
中华人民共和国循环经济促进法
（2018 年 10 月 26 日）
突发环境事件应急管理办法
（2015 年 4 月 16 日）

农村与城市环境保护

中华人民共和国城乡规划法
（2019 年 4 月 23 日）
中华人民共和国农业法
（2012 年 12 月 28 日）
村庄和集镇规划建设管理条例
（1993 年 6 月 29 日）
城市市容和环境卫生管理条例
（2017 年 3 月 1 日）
城市绿化条例
（2017 年 3 月 1 日）

纠纷解决与污染赔偿

中华人民共和国刑法
（2020 年 12 月 26 日）
中华人民共和国监察法
（2018 年 3 月 20 日）
中华人民共和国国家赔偿法
（2012 年 10 月 26 日）
中华人民共和国行政复议法实施条例
（2007 年 5 月 29 日）
自然灾害救助条例
（2019 年 3 月 2 日）
环境行政复议办法
（2008 年 12 月 30 日）
环境信访办法
（2021 年 12 月 13 日）
环境违法案件挂牌督办管理办法
（2009 年 9 月 30 日）

附录三：环境资源法学习参考及推荐书目

1. 国家法官学院、最高人民法院司法案例研究院：《中国法院2023年度案例·土地纠纷（含环境资源纠纷）》，中国法制出版社2023年版。

2. 最高人民法院环境资源司法研究中心：《中国法院环境资源裁判规则与案例精析》，中国法制出版社2019年版。

3. 蔡守秋：《中国环境资源生态法学的基本理论》，中国人民大学出版社2019年版。

4. 汪劲：《环境法学》，北京大学出版社2018年版。

5. 蔡守秋：《环境资源法教程》，高等教育出版社2017年版。

6. 吕忠梅主编：《环境法导论》，北京大学出版社2015年版。

7. 陈泉生等：《环境法学基本理论》，中国环境科学出版社2004年版。

8. 蔡守秋：《环境法案例教程》，复旦大学出版社2009年版。

9. 吕忠梅主编：《环境法案例辨析》，高等教育出版社2006年版。

10. 蔡守秋主编：《环境政策学》，科学出版社2009年版。

11. 吕忠梅、高利红、余耀军编著：《环境资源法学》，科学出版社2020年版。

12. 蔡守秋：《调整论：对主流法理学的反思与补充》，高等教育出版社2003年版。

13. 胡静：《环境法的正当性与制度选择》，知识产权出版社2009年版。

14. 王明远：《环境侵权救济法律制度》，中国法制出版社2001年版。

15. 吕忠梅：《超越与保守：可持续发展视野下的环境法创新》，法律出版社2003年版。

16. 王曦：《国际环境法》，法律出版社2005年版。

17. 肖国兴、肖乾刚编著：《自然资源法》，法律出版社2017年版。

18. 张梓太：《环境与资源保护法学》，北京大学出版社2007年版。

19. 刘俊：《中国土地法理论研究》，法律出版社2006年版。

20. 曹明德：《环境与资源保护法》，中国人民大学出版社2020年版。

21. ［日］原田尚彦：《环境法》，于敏译，法律出版社1999年版。

22. ［法］亚历山大·基斯：《国际环境法》，张若思编译，法律出版社2000年版。

附赠

高校法学专业核心课程配套测试

中华人民共和国野生动物保护法

中国法制出版社

中华人民共和国野生动物保护法

（1988 年 11 月 8 日第七届全国人民代表大会常务委员会第四次会议通过　根据 2004 年 8 月 28 日第十届全国人民代表大会常务委员会第十一次会议《关于修改〈中华人民共和国野生动物保护法〉的决定》第一次修正　根据 2009 年 8 月 27 日第十一届全国人民代表大会常务委员会第十次会议《关于修改部分法律的决定》第二次修正　2016 年 7 月 2 日第十二届全国人民代表大会常务委员会第二十一次会议第一次修订　根据 2018 年 10 月 26 日第十三届全国人民代表大会常务委员会第六次会议《关于修改〈中华人民共和国野生动物保护法〉等十五部法律的决定》第三次修正　2022 年 12 月 30 日第十三届全国人民代表大会常务委员会第三十八次会议第二次修订）

目　　录

第一章　总　　则

第一条　为了保护野生动物，拯救珍贵、濒危野生动物，维护生物多样性和生态平衡，推进生态文明建设，促进人与自然和谐共生，制定本法。

第二条　在中华人民共和国领域及管辖的其他海域，从事野生动物保护及相关活动，适用本法。

本法规定保护的野生动物，是指珍贵、濒危的陆生、水生野生动物和有重要生态、科学、社会价值的陆生野生动物。

本法规定的野生动物及其制品，是指野生动物的整体（含卵、蛋）、部分及衍生物。

珍贵、濒危的水生野生动物以外的其他水生野生动物的保护，适用《中华人民共和国渔业法》等有关法律的规定。

第三条　野生动物资源属于国家所有。

国家保障依法从事野生动物科学研究、人工繁育等保护及相关活动的组织和个人的合法权益。

第四条 国家加强重要生态系统保护和修复，对野生动物实行保护优先、规范利用、严格监管的原则，鼓励和支持开展野生动物科学研究与应用，秉持生态文明理念，推动绿色发展。

第五条 国家保护野生动物及其栖息地。县级以上人民政府应当制定野生动物及其栖息地相关保护规划和措施，并将野生动物保护经费纳入预算。

国家鼓励公民、法人和其他组织依法通过捐赠、资助、志愿服务等方式参与野生动物保护活动，支持野生动物保护公益事业。

本法规定的野生动物栖息地，是指野生动物野外种群生息繁衍的重要区域。

第六条 任何组织和个人有保护野生动物及其栖息地的义务。禁止违法猎捕、运输、交易野生动物，禁止破坏野生动物栖息地。

社会公众应当增强保护野生动物和维护公共卫生安全的意识，防止野生动物源性传染病传播，抵制违法食用野生动物，养成文明健康的生活方式。

任何组织和个人有权举报违反本法的行为，接到举报的县级以上人民政府野生动物保护主管部门和其他有关部门应当及时依法处理。

第七条 国务院林业草原、渔业主管部门分别主管全国陆生、水生野生动物保护工作。

县级以上地方人民政府对本行政区域内野生动物保护工作负责，其林业草原、渔业主管部门分别主管本行政区域内陆生、水生野生动物保护工作。

县级以上人民政府有关部门按照职责分工，负责野生动物保护相关工作。

第八条 各级人民政府应当加强野生动物保护的宣传教育和科学知识普及工作，鼓励和支持基层群众性自治组织、社会组织、企业事业单位、志愿者开展野生动物保护法律法规、生态保护等知识的宣传活动；组织开展对相关从业人员法律法规和专业知识培训；依法公开野生动物保护和管理信息。

教育行政部门、学校应当对学生进行野生动物保护知识教育。

新闻媒体应当开展野生动物保护法律法规和保护知识的宣传，并依法对违法行为进行舆论监督。

第九条 在野生动物保护和科学研究方面成绩显著的组织和个人，由县级以上人民政府按照国家有关规定给予表彰和奖励。

第二章　野生动物及其栖息地保护

第十条　国家对野生动物实行分类分级保护。

国家对珍贵、濒危的野生动物实行重点保护。国家重点保护的野生动物分为一级保护野生动物和二级保护野生动物。国家重点保护野生动物名录，由国务院野生动物保护主管部门组织科学论证评估后，报国务院批准公布。

有重要生态、科学、社会价值的陆生野生动物名录，由国务院野生动物保护主管部门征求国务院农业农村、自然资源、科学技术、生态环境、卫生健康等部门意见，组织科学论证评估后制定并公布。

地方重点保护野生动物，是指国家重点保护野生动物以外，由省、自治区、直辖市重点保护的野生动物。地方重点保护野生动物名录，由省、自治区、直辖市人民政府组织科学论证评估，征求国务院野生动物保护主管部门意见后制定、公布。

对本条规定的名录，应当每五年组织科学论证评估，根据论证评估情况进行调整，也可以根据野生动物保护的实际需要及时进行调整。

第十一条　县级以上人民政府野生动物保护主管部门应

当加强信息技术应用，定期组织或者委托有关科学研究机构对野生动物及其栖息地状况进行调查、监测和评估，建立健全野生动物及其栖息地档案。

对野生动物及其栖息地状况的调查、监测和评估应当包括下列内容：

（一）野生动物野外分布区域、种群数量及结构；

（二）野生动物栖息地的面积、生态状况；

（三）野生动物及其栖息地的主要威胁因素；

（四）野生动物人工繁育情况等其他需要调查、监测和评估的内容。

第十二条 国务院野生动物保护主管部门应当会同国务院有关部门，根据野生动物及其栖息地状况的调查、监测和评估结果，确定并发布野生动物重要栖息地名录。

省级以上人民政府依法将野生动物重要栖息地划入国家公园、自然保护区等自然保护地，保护、恢复和改善野生动物生存环境。对不具备划定自然保护地条件的，县级以上人民政府可以采取划定禁猎（渔）区、规定禁猎（渔）期等措施予以保护。

禁止或者限制在自然保护地内引入外来物种、营造单一纯林、过量施洒农药等人为干扰、威胁野生动物生息繁衍的行为。

自然保护地依照有关法律法规的规定划定和管理，野生动物保护主管部门依法加强对野生动物及其栖息地的保护。

第十三条 县级以上人民政府及其有关部门在编制有关开发利用规划时，应当充分考虑野生动物及其栖息地保护的需要，分析、预测和评估规划实施可能对野生动物及其栖息地保护产生的整体影响，避免或者减少规划实施可能造成的不利后果。

禁止在自然保护地建设法律法规规定不得建设的项目。机场、铁路、公路、航道、水利水电、风电、光伏发电、围堰、围填海等建设项目的选址选线，应当避让自然保护地以及其他野生动物重要栖息地、迁徙洄游通道；确实无法避让的，应当采取修建野生动物通道、过鱼设施等措施，消除或者减少对野生动物的不利影响。

建设项目可能对自然保护地以及其他野生动物重要栖息地、迁徙洄游通道产生影响的，环境影响评价文件的审批部门在审批环境影响评价文件时，涉及国家重点保护野生动物的，应当征求国务院野生动物保护主管部门意见；涉及地方重点保护野生动物的，应当征求省、自治区、直辖市人民政府野生动物保护主管部门意见。

第十四条 各级野生动物保护主管部门应当监测环境对野生动物的影响，发现环境影响对野生动物造成危害时，应当会同有关部门及时进行调查处理。

第十五条 国家重点保护野生动物和有重要生态、科学、社会价值的陆生野生动物或者地方重点保护野生动物受到自然灾害、重大环境污染事故等突发事件威胁时，当地人民政府应当及时采取应急救助措施。

国家加强野生动物收容救护能力建设。县级以上人民政府野生动物保护主管部门应当按照国家有关规定组织开展野生动物收容救护工作，加强对社会组织开展野生动物收容救护工作的规范和指导。

收容救护机构应当根据野生动物收容救护的实际需要，建立收容救护场所，配备相应的专业技术人员、救护工具、设备和药品等。

禁止以野生动物收容救护为名买卖野生动物及其制品。

第十六条 野生动物疫源疫病监测、检疫和与人畜共患传染病有关的动物传染病的防治管理，适用《中华人民共和国动物防疫法》等有关法律法规的规定。

第十七条 国家加强对野生动物遗传资源的保护，对濒危野生动物实施抢救性保护。

国务院野生动物保护主管部门应当会同国务院有关部门制定有关野生动物遗传资源保护和利用规划，建立国家野生动物遗传资源基因库，对原产我国的珍贵、濒危野生动物遗传资源实行重点保护。

第十八条 有关地方人民政府应当根据实际情况和需要建设隔离防护设施、设置安全警示标志等，预防野生动物可能造成的危害。

县级以上人民政府野生动物保护主管部门根据野生动物及其栖息地调查、监测和评估情况，对种群数量明显超过环境容量的物种，可以采取迁地保护、猎捕等种群调控措施，保障人身财产安全、生态安全和农业生产。对种群调控猎捕的野生动物按照国家有关规定进行处理和综合利用。种群调控的具体办法由国务院野生动物保护主管部门会同国务院有关部门制定。

第十九条 因保护本法规定保护的野生动物，造成人员伤亡、农作物或者其他财产损失的，由当地人民政府给予补偿。具体办法由省、自治区、直辖市人民政府制定。有关地方人民政府可以推动保险机构开展野生动物致害赔偿保险业务。

有关地方人民政府采取预防、控制国家重点保护野生动物和其他致害严重的陆生野生动物造成危害的措施以及实行补偿所需经费，由中央财政予以补助。具体办法由国务院财政部门会同国务院野生动物保护主管部门制定。

在野生动物危及人身安全的紧急情况下，采取措施造成野生动物损害的，依法不承担法律责任。

第三章　野生动物管理

第二十条　在自然保护地和禁猎（渔）区、禁猎（渔）期内，禁止猎捕以及其他妨碍野生动物生息繁衍的活动，但法律法规另有规定的除外。

野生动物迁徙洄游期间，在前款规定区域外的迁徙洄游通道内，禁止猎捕并严格限制其他妨碍野生动物生息繁衍的活动。县级以上人民政府或者其野生动物保护主管部门应当规定并公布迁徙洄游通道的范围以及妨碍野生动物生息繁衍活动的内容。

第二十一条　禁止猎捕、杀害国家重点保护野生动物。

因科学研究、种群调控、疫源疫病监测或者其他特殊情况，需要猎捕国家一级保护野生动物的，应当向国务院野生动物保护主管部门申请特许猎捕证；需要猎捕国家二级保护野生动物的，应当向省、自治区、直辖市人民政府野生动物保护主管部门申请特许猎捕证。

第二十二条　猎捕有重要生态、科学、社会价值的陆生野生动物和地方重点保护野生动物的，应当依法取得县级以上地方人民政府野生动物保护主管部门核发的狩猎证，并服从猎捕量限额管理。

第二十三条 猎捕者应当严格按照特许猎捕证、狩猎证规定的种类、数量或者限额、地点、工具、方法和期限进行猎捕。猎捕作业完成后，应当将猎捕情况向核发特许猎捕证、狩猎证的野生动物保护主管部门备案。具体办法由国务院野生动物保护主管部门制定。猎捕国家重点保护野生动物应当由专业机构和人员承担；猎捕有重要生态、科学、社会价值的陆生野生动物，有条件的地方可以由专业机构有组织开展。

持枪猎捕的，应当依法取得公安机关核发的持枪证。

第二十四条 禁止使用毒药、爆炸物、电击或者电子诱捕装置以及猎套、猎夹、捕鸟网、地枪、排铳等工具进行猎捕，禁止使用夜间照明行猎、歼灭性围猎、捣毁巢穴、火攻、烟熏、网捕等方法进行猎捕，但因物种保护、科学研究确需网捕、电子诱捕以及植保作业等除外。

前款规定以外的禁止使用的猎捕工具和方法，由县级以上地方人民政府规定并公布。

第二十五条 人工繁育野生动物实行分类分级管理，严格保护和科学利用野生动物资源。国家支持有关科学研究机构因物种保护目的人工繁育国家重点保护野生动物。

人工繁育国家重点保护野生动物实行许可制度。人工繁育国家重点保护野生动物的，应当经省、自治区、直辖市人民政府野生动物保护主管部门批准，取得人工繁育许可证，但国务院对批准机关另有规定的除外。

人工繁育有重要生态、科学、社会价值的陆生野生动物的，应当向县级人民政府野生动物保护主管部门备案。

人工繁育野生动物应当使用人工繁育子代种源，建立物种系谱、繁育档案和个体数据。因物种保护目的确需采用野外种源的，应当遵守本法有关猎捕野生动物的规定。

本法所称人工繁育子代，是指人工控制条件下繁殖出生的子代个体且其亲本也在人工控制条件下出生。

人工繁育野生动物的具体管理办法由国务院野生动物保护主管部门制定。

第二十六条 人工繁育野生动物应当有利于物种保护及其科学研究，不得违法猎捕野生动物，破坏野外种群资源，并根据野生动物习性确保其具有必要的活动空间和生息繁衍、卫生健康条件，具备与其繁育目的、种类、发展规模相适应的场所、设施、技术，符合有关技术标准和防疫要求，不得虐待野生动物。

省级以上人民政府野生动物保护主管部门可以根据保护国家重点保护野生动物的需要，组织开展国家重点保护野生动物放归野外环境工作。

前款规定以外的人工繁育的野生动物放归野外环境的，适用本法有关放生野生动物管理的规定。

第二十七条 人工繁育野生动物应当采取安全措施，防止野生动物伤人和逃逸。人工繁育的野生动物造成他人损害、危害公共安全或者破坏生态的，饲养人、管理人等应当依法承担法律责任。

第二十八条 禁止出售、购买、利用国家重点保护野生动物及其制品。

因科学研究、人工繁育、公众展示展演、文物保护或者其他特殊情况，需要出售、购买、利用国家重点保护野生动物及其制品的，应当经省、自治区、直辖市人民政府野生动物保护主管部门批准，并按照规定取得和使用专用标识，保证可追溯，但国务院对批准机关另有规定的除外。

出售、利用有重要生态、科学、社会价值的陆生野生动物和地方重点保护野生动物及其制品的，应当提供狩猎、人工繁育、进出口等合法来源证明。

实行国家重点保护野生动物和有重要生态、科学、社会价值的陆生野生动物及其制品专用标识的范围和管理办法，由国务院野生动物保护主管部门规定。

出售本条第二款、第三款规定的野生动物的，还应当依法附有检疫证明。

利用野生动物进行公众展示展演应当采取安全管理措施，并保障野生动物健康状态，具体管理办法由国务院野生动物保护主管部门会同国务院有关部门制定。

第二十九条 对人工繁育技术成熟稳定的国家重点保护野生动物或者有重要生态、科学、社会价值的陆生野生动物，经科学论证评估，纳入国务院野生动物保护主管部门制定的人工繁育国家重点保护野生动物名录或者有重要生态、科学、社会价值的陆生野生动物名录，并适时调整。对列入名录的野生动物及其制品，可以凭人工繁育许可证或者备案，按照省、自治区、直辖市人民政府野生动物保护主管部门或者其授权的部门核验的年度生产数量直接取得专用标识，凭专用标识出售和利用，保证可追溯。

对本法第十条规定的国家重点保护野生动物名录和有重要生态、科学、社会价值的陆生野生动物名录进行调整时，根据有关野外种群保护情况，可以对前款规定的有关人工繁育技术成熟稳定野生动物的人工种群，不再列入国家重点保护野生动物名录和有重要生态、科学、社会价值的陆生野生动物名录，实行与野外种群不同的管理措施，但应当依照本法第二十五条第二款、第三款和本条第一款的规定取得人工繁育许可证或者备案和专用标识。

对符合《中华人民共和国畜牧法》第十二条第二款规

定的陆生野生动物人工繁育种群，经科学论证评估，可以列入畜禽遗传资源目录。

第三十条 利用野生动物及其制品的，应当以人工繁育种群为主，有利于野外种群养护，符合生态文明建设的要求，尊重社会公德，遵守法律法规和国家有关规定。

野生动物及其制品作为药品等经营和利用的，还应当遵守《中华人民共和国药品管理法》等有关法律法规的规定。

第三十一条 禁止食用国家重点保护野生动物和国家保护的有重要生态、科学、社会价值的陆生野生动物以及其他陆生野生动物。

禁止以食用为目的猎捕、交易、运输在野外环境自然生长繁殖的前款规定的野生动物。

禁止生产、经营使用本条第一款规定的野生动物及其制品制作的食品。

禁止为食用非法购买本条第一款规定的野生动物及其制品。

第三十二条 禁止为出售、购买、利用野生动物或者禁止使用的猎捕工具发布广告。禁止为违法出售、购买、利用野生动物制品发布广告。

第三十三条 禁止网络平台、商品交易市场、餐饮场所等，为违法出售、购买、食用及利用野生动物及其制品或者禁止使用的猎捕工具提供展示、交易、消费服务。

第三十四条 运输、携带、寄递国家重点保护野生动物及其制品，或者依照本法第二十九条第二款规定调出国家重点保护野生动物名录的野生动物及其制品出县境的，应当持有或者附有本法第二十一条、第二十五条、第二十八条或者第二十九条规定的许可证、批准文件的副本或者专用标识。

运输、携带、寄递有重要生态、科学、社会价值的陆生野生动物和地方重点保护野生动物，或者依照本法第二十九条第二款规定调出有重要生态、科学、社会价值的陆生野生动物名录的野生动物出县境的，应当持有狩猎、人工繁育、进出口等合法来源证明或者专用标识。

运输、携带、寄递前两款规定的野生动物出县境的，还应当依照《中华人民共和国动物防疫法》的规定附有检疫证明。

铁路、道路、水运、民航、邮政、快递等企业对托运、携带、交寄野生动物及其制品的，应当查验其相关证件、文件副本或者专用标识，对不符合规定的，不得承运、寄递。

第三十五条 县级以上人民政府野生动物保护主管部门应当对科学研究、人工繁育、公众展示展演等利用野生动物及其制品的活动进行规范和监督管理。

市场监督管理、海关、铁路、道路、水运、民航、邮政等部门应当按照职责分工对野生动物及其制品交易、利用、运输、携带、寄递等活动进行监督检查。

国家建立由国务院林业草原、渔业主管部门牵头，各相关部门配合的野生动物联合执法工作协调机制。地方人民政府建立相应联合执法工作协调机制。

县级以上人民政府野生动物保护主管部门和其他负有野生动物保护职责的部门发现违法事实涉嫌犯罪的，应当将犯罪线索移送具有侦查、调查职权的机关。

公安机关、人民检察院、人民法院在办理野生动物保护犯罪案件过程中认为没有犯罪事实，或者犯罪事实显著轻微，不需要追究刑事责任，但应当予以行政处罚的，应当及时将案件移送县级以上人民政府野生动物保护主管部门和其他负有野生动物保护职责的部门，有关部门应当依法处理。

第三十六条 县级以上人民政府野生动物保护主管部门和其他负有野生动物保护职责的部门，在履行本法规定的职责时，可以采取下列措施：

（一）进入与违反野生动物保护管理行为有关的场所进行现场检查、调查；

（二）对野生动物进行检验、检测、抽样取证；

（三）查封、复制有关文件、资料，对可能被转移、销毁、隐匿或者篡改的文件、资料予以封存；

（四）查封、扣押无合法来源证明的野生动物及其制品，查封、扣押涉嫌非法猎捕野生动物或者非法收购、出售、加工、运输猎捕野生动物及其制品的工具、设备或者财物。

第三十七条 中华人民共和国缔结或者参加的国际公约禁止或者限制贸易的野生动物或者其制品名录，由国家濒危物种进出口管理机构制定、调整并公布。

进出口列入前款名录的野生动物或者其制品，或者出口国家重点保护野生动物或者其制品的，应当经国务院野生动物保护主管部门或者国务院批准，并取得国家濒危物种进出口管理机构核发的允许进出口证明书。海关凭允许进出口证明书办理进出境检疫，并依法办理其他海关手续。

涉及科学技术保密的野生动物物种的出口，按照国务院有关规定办理。

列入本条第一款名录的野生动物，经国务院野生动物保护主管部门核准，按照本法有关规定进行管理。

第三十八条 禁止向境外机构或者人员提供我国特有的野生动物遗传资源。开展国际科学研究合作的，应当依法取得批准，有我国科研机构、高等学校、企业及其研究人员实质性参与研究，按照规定提出国家共享惠益的方案，并遵守我国法律、行政法规的规定。

第三十九条　国家组织开展野生动物保护及相关执法活动的国际合作与交流，加强与毗邻国家的协作，保护野生动物迁徙通道；建立防范、打击野生动物及其制品的走私和非法贸易的部门协调机制，开展防范、打击走私和非法贸易行动。

第四十条　从境外引进野生动物物种的，应当经国务院野生动物保护主管部门批准。从境外引进列入本法第三十七条第一款名录的野生动物，还应当依法取得允许进出口证明书。海关凭进口批准文件或者允许进出口证明书办理进境检疫，并依法办理其他海关手续。

从境外引进野生动物物种的，应当采取安全可靠的防范措施，防止其进入野外环境，避免对生态系统造成危害；不得违法放生、丢弃，确需将其放生至野外环境的，应当遵守有关法律法规的规定。

发现来自境外的野生动物对生态系统造成危害的，县级以上人民政府野生动物保护等有关部门应当采取相应的安全控制措施。

第四十一条　国务院野生动物保护主管部门应当会同国务院有关部门加强对放生野生动物活动的规范、引导。任何组织和个人将野生动物放生至野外环境，应当选择适合放生地野外生存的当地物种，不得干扰当地居民的正常生活、生产，避免对生态系统造成危害。具体办法由国务院野生动物保护主管部门制定。随意放生野生动物，造成他人人身、财产损害或者危害生态系统的，依法承担法律责任。

第四十二条 禁止伪造、变造、买卖、转让、租借特许猎捕证、狩猎证、人工繁育许可证及专用标识，出售、购买、利用国家重点保护野生动物及其制品的批准文件，或者允许进出口证明书、进出口等批准文件。

前款规定的有关许可证书、专用标识、批准文件的发放有关情况，应当依法公开。

第四十三条 外国人在我国对国家重点保护野生动物进行野外考察或者在野外拍摄电影、录像，应当经省、自治区、直辖市人民政府野生动物保护主管部门或者其授权的单位批准，并遵守有关法律法规的规定。

第四十四条 省、自治区、直辖市人民代表大会或者其常务委员会可以根据地方实际情况制定对地方重点保护野生动物等的管理办法。

第四章 法 律 责 任

第四十五条 野生动物保护主管部门或者其他有关部门不依法作出行政许可决定，发现违法行为或者接到对违法行为的举报不依法处理，或者有其他滥用职权、玩忽职守、徇私舞弊等不依法履行职责的行为的，对直接负责的主管人员和其他直接责任人员依法给予处分；构成犯罪的，依法追究刑事责任。

第四十六条 违反本法第十二条第三款、第十三条第二款规定的，依照有关法律法规的规定处罚。

第四十七条 违反本法第十五条第四款规定，以收容救护为名买卖野生动物及其制品的，由县级以上人民政府野生动物保护主管部门没收野生动物及其制品、违法所得，并处野生动物及其制品价值二倍以上二十倍以下罚款，将有关违法信息记入社会信用记录，并向社会公布；构成犯罪的，依法追究刑事责任。

第四十八条 违反本法第二十条、第二十一条、第二十三条第一款、第二十四条第一款规定，有下列行为之一的，由县级以上人民政府野生动物保护主管部门、海警机构和有关自然保护地管理机构按照职责分工没收猎获物、猎捕工具和违法所得，吊销特许猎捕证，并处猎获物价值二倍以上二十倍以下罚款；没有猎获物或者猎获物价值不足五千元的，并处一万元以上十万元以下罚款；构成犯罪的，依法追究刑事责任：

（一）在自然保护地、禁猎（渔）区、禁猎（渔）期猎捕国家重点保护野生动物；

（二）未取得特许猎捕证、未按照特许猎捕证规定猎捕、杀害国家重点保护野生动物；

（三）使用禁用的工具、方法猎捕国家重点保护野生动物。

违反本法第二十三条第一款规定，未将猎捕情况向野生动物保护主管部门备案的，由核发特许猎捕证、狩猎证的野生动物保护主管部门责令限期改正；逾期不改正的，处一万元以上十万元以下罚款；情节严重的，吊销特许猎捕证、狩猎证。

第四十九条 违反本法第二十条、第二十二条、第二十三条第一款、第二十四条第一款规定，有下列行为之一的，由县级以上地方人民政府野生动物保护主管部门和有关自然保护地管理机构按照职责分工没收猎获物、猎捕工具和违法所得，吊销狩猎证，并处猎获物价值一倍以上十倍以下罚款；没有猎获物或者猎获物价值不足二千元的，并处二千元以上二万元以下罚款；构成犯罪的，依法追究刑事责任：

（一）在自然保护地、禁猎（渔）区、禁猎（渔）期猎捕有重要生态、科学、社会价值的陆生野生动物或者地方重点保护野生动物；

（二）未取得狩猎证、未按照狩猎证规定猎捕有重要生态、科学、社会价值的陆生野生动物或者地方重点保护野生动物；

（三）使用禁用的工具、方法猎捕有重要生态、科学、社会价值的陆生野生动物或者地方重点保护野生动物。

违反本法第二十条、第二十四条第一款规定，在自然保护地、禁猎区、禁猎期或者使用禁用的工具、方法猎捕其他陆生野生动物，破坏生态的，由县级以上地方人民政府野生动物保护主管部门和有关自然保护地管理机构按照职责分工没收猎获物、猎捕工具和违法所得，并处猎获物价值一倍以上三倍以下罚款；没有猎获物或者猎获物价值不足一千元的，并处一千元以上三千元以下罚款；构成犯罪的，依法追究刑事责任。

违反本法第二十三条第二款规定，未取得持枪证持枪猎捕野生动物，构成违反治安管理行为的，还应当由公安机关依法给予治安管理处罚；构成犯罪的，依法追究刑事责任。

第五十条 违反本法第三十一条第二款规定，以食用为目的猎捕、交易、运输在野外环境自然生长繁殖的国家重点保护野生动物或者有重要生态、科学、社会价值的陆生野生动物的，依照本法第四十八条、第四十九条、第五十二条的规定从重处罚。

违反本法第三十一条第二款规定，以食用为目的猎捕在野外环境自然生长繁殖的其他陆生野生动物的，由县级以上地方人民政府野生动物保护主管部门和有关自然保护地管理机构按照职责分工没收猎获物、猎捕工具和违法所得；情节严重的，并处猎获物价值一倍以上五倍以下罚款，没有猎获物或者猎获物价值不足二千元的，并处二千元以上一万元以下罚款；构成犯罪的，依法追究刑事责任。

违反本法第三十一条第二款规定，以食用为目的交易、运输在野外环境自然生长繁殖的其他陆生野生动物的，由县级以上地方人民政府野生动物保护主管部门和市场监督管理部门按照职责分工没收野生动物；情节严重的，并处野生动物价值一倍以上五倍以下罚款；构成犯罪的，依法追究刑事责任。

第五十一条 违反本法第二十五条第二款规定，未取得人工繁育许可证，繁育国家重点保护野生动物或者依照本法第二十九条第二款规定调出国家重点保护野生动物名录的野生动物的，由县级以上人民政府野生动物保护主管部门没收野生动物及其制品，并处野生动物及其制品价值一倍以上十倍以下罚款。

违反本法第二十五条第三款规定，人工繁育有重要生态、科学、社会价值的陆生野生动物或者依照本法第二十九条第二款规定调出有重要生态、科学、社会价值的陆生野生动物名录的野生动物未备案的，由县级人民政府野生动物保护主管部门责令限期改正；逾期不改正的，处五百元以上二千元以下罚款。

第五十二条 违反本法第二十八条第一款和第二款、第二十九条第一款、第三十四条第一款规定，未经批准、未取得或者未按照规定使用专用标识，或者未持有、未附有人工繁育许可证、批准文件的副本或者专用标识出售、购买、利用、运输、携带、寄递国家重点保护野生动物及其制品或者依照本法第二十九条第二款规定调出国家重点保护野生动物名录的野生动物及其制品的，由县级以上人民政府野生动物保护主管部门和市场监督管理部门按照职责分工没收野生动物及其制品和违法所得，责令关闭违法经营场所，并处野生动物及其制品价值二倍以上二十倍以下罚款；情节严重的，吊销人工繁育许可证、撤销批准文件、收回专用标识；构成犯罪的，依法追究刑事责任。

违反本法第二十八条第三款、第二十九条第一款、第三十四条第二款规定，未持有合法来源证明或者专用标识出售、利用、运输、携带、寄递有重要生态、科学、社会价值的陆生野生动物、地方重点保护野生动物或者依照本法第二十九条第二款规定调出有重要生态、科学、社会价值的陆生野生动物名录的野生动物及其制品的，由县级以上地方人民政府野生动物保护主管部门和市场监督管理部门按照职责分工没收野生动物，并处野生动物价值一倍以上十倍以下罚款；构成犯罪的，依法追究刑事责任。

违反本法第三十四条第四款规定，铁路、道路、水运、民航、邮政、快递等企业未按照规定查验或者承运、寄递野生动物及其制品的，由交通运输、铁路监督管理、民用航空、邮政管理等相关主管部门按照职责分工没收违法所得，并处违法所得一倍以上五倍以下罚款；情节严重的，吊销经营许可证。

第五十三条　违反本法第三十一条第一款、第四款规定，食用或者为食用非法购买本法规定保护的野生动物及其制品的，由县级以上人民政府野生动物保护主管部门和市场监督管理部门按照职责分工责令停止违法行为，没收野生动物及其制品，并处野生动物及其制品价值二倍以上二十倍以下罚款；食用或者为食用非法购买其他陆生野生动物及其制品的，责令停止违法行为，给予批评教育，没收野生动物及其制品，情节严重的，并处野生动物及其制品价值一倍以上五倍以下罚款；构成犯罪的，依法追究刑事责任。

违反本法第三十一条第三款规定，生产、经营使用本法规定保护的野生动物及其制品制作的食品的，由县级以上人民政府野生动物保护主管部门和市场监督管理部门按照职责分工责令停止违法行为，没收野生动物及其制品和违法所得，责令关闭违法经营场所，并处违法所得十五倍以上三十倍以下罚款；生产、经营使用其他陆生野生动物及其制品制作的食品的，给予批评教育，没收野生动物及其制品和违法所得，情节严重的，并处违法所得一倍以上十倍以下罚款；构成犯罪的，依法追究刑事责任。

第五十四条 违反本法第三十二条规定，为出售、购买、利用野生动物及其制品或者禁止使用的猎捕工具发布广告的，依照《中华人民共和国广告法》的规定处罚。

第五十五条 违反本法第三十三条规定，为违法出售、购买、食用及利用野生动物及其制品或者禁止使用的猎捕工具提供展示、交易、消费服务的，由县级以上人民政府市场监督管理部门责令停止违法行为，限期改正，没收违法所得，并处违法所得二倍以上十倍以下罚款；没有违法所得或者违法所得不足五千元的，处一万元以上十万元以下罚款；构成犯罪的，依法追究刑事责任。

第五十六条 违反本法第三十七条规定，进出口野生动物及其制品的，由海关、公安机关、海警机构依照法律、行政法规和国家有关规定处罚；构成犯罪的，依法追究刑事责任。

第五十七条 违反本法第三十八条规定，向境外机构或者人员提供我国特有的野生动物遗传资源的，由县级以上人民政府野生动物保护主管部门没收野生动物及其制品和违法所得，并处野生动物及其制品价值或者违法所得一倍以上五倍以下罚款；构成犯罪的，依法追究刑事责任。

第五十八条 违反本法第四十条第一款规定，从境外引进野生动物物种的，由县级以上人民政府野生动物保护主管部门没收所引进的野生动物，并处五万元以上五十万元以下罚款；未依法实施进境检疫的，依照《中华人民共和国进出境动植物检疫法》的规定处罚；构成犯罪的，依法追究刑事责任。

第五十九条 违反本法第四十条第二款规定，将从境外引进的野生动物放生、丢弃的，由县级以上人民政府野生动物保护主管部门责令限期捕回，处一万元以上十万元以下罚款；逾期不捕回的，由有关野生动物保护主管部门代为捕回或者采取降低影响的措施，所需费用由被责令限期捕回者承担；构成犯罪的，依法追究刑事责任。

第六十条 违反本法第四十二条第一款规定，伪造、变造、买卖、转让、租借有关证件、专用标识或者有关批准文件的，由县级以上人民政府野生动物保护主管部门没收违法证件、专用标识、有关批准文件和违法所得，并处五万元以上五十万元以下罚款；构成违反治安管理行为的，由公安机关依法给予治安管理处罚；构成犯罪的，依法追究刑事责任。

第六十一条 县级以上人民政府野生动物保护主管部门和其他负有野生动物保护职责的部门、机构应当按照有关规定处理罚没的野生动物及其制品，具体办法由国务院野生动物保护主管部门会同国务院有关部门制定。

第六十二条 县级以上人民政府野生动物保护主管部门应当加强对野生动物及其制品鉴定、价值评估工作的规范、指导。本法规定的猎获物价值、野生动物及其制品价值的评估标准和方法，由国务院野生动物保护主管部门制定。

第六十三条 对违反本法规定破坏野生动物资源、生态环境，损害社会公共利益的行为，可以依照《中华人民共和国环境保护法》、《中华人民共和国民事诉讼法》、《中华人民共和国行政诉讼法》等法律的规定向人民法院提起诉讼。

第五章 附 则

第六十四条 本法自 2023 年 5 月 1 日起施行。